百年经典学术丛刊

中国上古中古文化史

陈安仁 著

上海古籍出版社

图书在版编目(CIP)数据

中国上古中古文化史 / 陈安仁著. —上海: 上海古籍出版社, 2015.5(2023.4 重印)
(百年经典学术丛刊)
ISBN 978-7-5325-7594-7

Ⅰ.①中… Ⅱ.①陈… Ⅲ.①文化史—中国—上古②文化史—中国—中古 Ⅳ.①K203

中国版本图书馆 CIP 数据核字(2015)第 071440 号

百年经典学术丛刊
中国上古中古文化史
陈安仁 著
上海古籍出版社出版发行
(上海市闵行区号景路 159 弄 1-5 号 A 座 5F 邮政编码 201101)
(1) 网址: www.guji.com.cn
(2) E-mail: guji1@guji.com.cn
(3) 易文网网址: www.ewen.co
上海新艺印刷有限公司印刷
开本 635×965 1/16 印张 29.25 插页 2 字数 400,000
2015 年 5 月第 1 版 2023 年 4 月第 2 次印刷
ISBN 978-7-5325-7594-7
K·2018 定价: 138.00 元

出 版 说 明

陈安仁（1889—1964），字仁甫，广东东莞人。早年毕业于广东高等师范学校。1910 年加入中国同盟会，翌年春，参与援助黄花岗起义。1911 年 10 月武昌起义成功后，出任广东新军军部秘书。辛亥革命前后在广州等地参与编辑《觉魂》、《天声》等资产阶级革命派报刊。1918 年任南洋英属华侨教育总会议长。1924 年任岭南大学政治训育主任兼教授。1926 年任国民革命军总政治部编审委员。1929 年任国民政府侨务委员。1931 年，被广州中山大学聘为教授，讲授中国政治思想史、中国近代政治史、文化史、中国文学史、孙先生之思想及其主义等课程，并在东莞创办明智学校。抗日战争爆发后，陈安仁积极投身抗日。1938 年任第七战区编纂委员会委员。1944 年任第九战区少将参事。1946 年任国民政府立法院立法委员，兼任国民政府外交委员会委员、经济委员会委员、商法委员会委员。晚年在东莞创办了多所中学。1949 年后赴香港，在崇基学院、珠海学院教授中国文化课程。1964 年因病在香港逝世。

陈安仁一生，亦文亦武，亦政亦学。早年跟随孙中山在南洋开展革命活动，颇受孙中山先生器重。20 世纪 30 年代起，他逐渐淡出政界，集中精力从事学术研究，并长期在中山大学执教。他曾任多家中外报社的总编辑、特约撰述人，著述颇丰，其中由商务印书馆出版的论著就有十余种。进中山大学执教前已有《文学原理》、《人口问题》、《文明家庭教育法》、《六朝时代学者之人生哲学》等书问世，30 年代后又出版了《中国政治思想史大纲》、《中国近代政治史》、《中国上古中古文化史》、《中国近世文化史》、《中国文化演进史观》、《中国农业经济史》、《中国国民党党史概要》、《孙（中山）先生之思想及其主义》、《抗战与建国》、《中国近三百年学术思想史概论》等专著，在中国史学研究上影响深远。

陈安仁的《中国近世文化史》（1936年出版）是一部断代文化史著作，全书共四章，分述宋、元、明、清四朝文化，每章涉及政治、风俗、家族制度、商业、交通、币制、官制、军制、法制、宗教、美术、教育、理学、文学等。此书开断代文化史研究之先河，弥补了以往文化史研究详上古而略中古、近世的不足。该书问世后不久，陈安仁又著《中国上古中古文化史》，从远古至唐五代，将物质与精神两方面的文化形态叙列而评论之，旨在揭示中国文化史的完整发展脉络及其价值。两书共六十余万言，实为一部中国文化通史，出版后在学术界产生了较大的反响，故商务印书馆又于1947年将两书结集为《中国文化史》出版。

陈安仁的《中国文化史》力图综合诸文化学派之长，创建起自己的文化史理论框架。对于文化史料，陈安仁从考古学、地质学、生物学、人种学、人类学等各方面去探索，引用经史子集、近代中外著述、报刊资料达数百种，发掘出以往被他人忽略的重要材料，开创出整体性研究的新方法，拓展了新视野，并时有精辟的分析。其中不乏创见卓识且资料丰富，对今天的文化史研究颇有启迪和帮助。

由于《中国文化史》问世已逾七十余年，流传逐渐稀少。现本社据商务印书馆1936年和1938年版重新排印，并改为横排简体，以便阅读。对于原书的内容，除个别对少数民族歧视性的文字略作删改，明显的排印错误径行改正外，其他一仍其旧，特此说明。

上海古籍出版社
2014年5月

目次

序言 /1

第一编　中国上古文化之探讨

绪论 /3

第一章　中国上古期文化的溯源 /13

第一节　中国民族的来源与其所溯源的文化 /13

第二节　中国上古期（前期）之文化形态 /29

第二章　夏代之文化 /46

第一节　夏代之政治社会 /46

第二节　夏代之文化形态 /50

（一）农业 /50

（二）税制 /53

（三）币制 /54

（四）官制 /54

（五）兵制 /55

（六）法制 /56

（七）宗教 /56

（八）美术 /57

（九）教育 /59

（十）学术 /59

（十一）文学 /60

第三章　商代之文化 /62

第一节　商代之政治社会 /62

第二节　商代之文化形态 /66

(一) 社会风习 /66
(二) 农业 /67
(三) 税制 /68
(四) 商业 /69
(五) 币制 /70
(六) 官制 /70
(七) 兵制 /71
(八) 法制 /72
(九) 宗教 /73
(十) 美术 /73
(十一) 教育 /76
(十二) 学术 /77
(十三) 文学 /78
第四章　周代之文化 /81
第一节　周代之政治社会 /81
第二节　周代之文化形态 /91
(一) 社会风习 /94
(二) 农业 /99
(三) 税制 /107
(四) 商业 /108
(五) 币制 /110
(六) 交通 /111
(七) 官制 /112
(八) 军制 /116
(九) 法制 /118
(十) 宗教 /124
(十一) 美术 /126
(十二) 教育 /130

（十三）学术 /133
（十四）文学 /144
（十五）外交 /148

第二编　中国中古文化之探讨

第一章　秦汉时代之文化 /157
第一节　秦汉时代之政治社会 /157
第二节　秦汉时代之文化形态 /169
（一）社会风习 /170
（二）农业 /174
（三）税制 /183
（四）商业 /186
（五）币制 /189
（六）交通 /193
（七）官制 /196
（八）军制 /199
（九）法制 /202
（十）宗教 /213
（十一）美术 /216
（十二）教育 /220
（十三）学术 /223
（十四）文学 /230
第二章　三国时代之文化 /235
第一节　三国时代之政治社会 /235
第二节　三国时代之文化形态 /240
（一）农业 /240
（二）社会风习 /244
（三）税制 /246

（四）工商业 /248
（五）币制 /250
（六）交通 /252
（七）官制 /254
（八）军制 /255
（九）法制 /255
（十）宗教 /258
（十一）美术 /259
（十二）教育 /260
（十三）学术 /261
（十四）文学 /264
第三章　两晋时代之文化 /266
第一节　两晋时代之政治社会 /266
第二节　两晋时代之文化形态 /275
（一）社会风习 /275
（二）农业 /277
（三）税制 /280
（四）商业 /282
（五）币制 /283
（六）交通 /283
（七）官制 /286
（八）军制 /288
（九）法制 /289
（十）宗教 /291
（十一）美术 /294
（十二）教育 /296
（十三）学术 /297
（十四）文学 /301

第四章　南北朝时代之文化 /303
第一节　南北朝时代之政治社会 /303
第二节　南北朝时代之文化形态 /309
（一）社会风习 /309
（二）农业 /311
（三）税制 /316
（四）商业 /318
（五）币制 /319
（六）交通 /321
（七）官制 /322
（八）军制 /326
（九）法制 /326
（十）宗教 /331
（十一）美术 /332
（十二）教育 /334
（十三）学术 /336
（十四）文学 /339
第五章　隋代之文化 /342
第一节　隋代之政治社会 /342
第二节　隋代之文化形态 /346
（一）社会风习 /346
（二）农业 /347
（三）税制 /349
（四）商业 /349
（五）币制 /350
（六）交通 /351
（七）官制 /353
（八）军制 /354

（九）法制 /355
（十）宗教 /357
（十一）美术 /357
（十二）教育 /358
（十三）学术 /359
（十四）文学 /360
第六章　唐代之文化 /362
第一节　唐代之政治社会 /362
第二节　唐代之文化形态 /367
（一）社会风习 /367
（二）农业 /369
（三）税制 /372
（四）工商业 /375
（五）币制 /378
（六）交通 /379
（七）官制 /382
（八）军制 /384
（九）法制 /386
（十）宗教 /389
（十一）美术 /392
（十二）教育 /394
（十三）学术 /397
（十四）文学 /400
第七章　五代之文化 /404
第一节　五代之政治社会 /404
第二节　五代之文化形态 /408
（一）社会风习 /408
（二）农业 /409

（三）税制 /410

（四）商业 /412

（五）币制 /412

（六）交通 /413

（七）官制 /413

（八）军制 /414

（九）法制 /415

（十）宗教 /415

（十一）美术 /416

（十二）教育 /417

（十三）学术 /417

（十四）文学 /418

结论 /420

附录一 /422

附录二 /426

附录三 /433

附录四 /438

附录五 /442

附录六 /447

附录七 /450

序　　言

文化，是人类社会创造之产物，又是社会进化之产物；未有社会，而文化未有成立之可言也。社会未有进化，而文化未有发展之可言也。文化由传递而遗留，以纵的方面言之：文化是由过去历史以积累者也。文化，是在人类集团中互相影响，而交替其形态。以横的方面言之：文化之在一国家一民族，常表现其机能，以促社会集团之进步，控制自然界事物之更新者也。吾人欲了解社会进展之趋势，与民族集团之盛衰，吾人必先了解文化。吾人欲了解现代国家民族之文化形态，必先了解上古中古近代之文化形态。文化有物质的精神的两方面之表现：物质与精神未能平均发展，则文化亦未能平均发展。中国数千年来之文化如何，吾人须从物质与精神两方面之探讨，只从物质方面而弃其精神方面，抑只从精神方面而弃其物质方面，则文化之实质，未能明悉也。文化随人类历史以进展，又常随人类价值以进展。故在一时期之文化阶层，与在其他一时期之文化阶层，必有异；然而文化未有进步，则文化常在停顿中，如航舟漂海，失去推进之力，终未知诞登彼岸之何期。寖假文化失去其推进之力量，必陷于停顿，由停顿而陷于衰落，国家民族受重大之影响，或相率而沦胥以亡。是故文化衰落之国家，民族欲谈复兴，是犹缘木而求鱼者也。

（甲）民族之本质的价值与文化价值　民族之本质的价值，是指一个民族之品质才能力量，表现于文化之形态者而言。人类学家威士拉

(Clark Wissler）有曰："一切混合组成文化之物自身，都是内在行为之表现发展，或者是部分之修整。"剑桥大学教授哈登（A. C. Hadden）于《人类之种族》一书有曰："某民族之文化，全是根据于他们生活之方式，又是根据于地理之环境。"依此二说，文化之表现，一由于地理环境之影响，一由于民族本身意志之表现。二者有相互之影响作用，不是绝对相反者也。某一国家、某一民族虽有优良之环境，寖假民族之本质卑下，其对于文化，亦未有若何之发展也。今日之人种学者、人类学者，认定世界最卑下之民族，有曰：澳大利亚人（如斯宾塞、哈伯特 Spencer，Herbert 之说）顾澳洲之地理环境亦佳，动植物之资源甚富，何以英吉利人移殖而促进文化之旧观？而澳洲人之文化，则长此落后乎？为之解曰：民族品质之劣下有以阶之也。中国文化在上古中古时期，如汉唐之世，文化皆冠绝于当时邻居之民族，数千年来环居之异族，常并力以侵夺中国之领土，且有二次覆亡其邦家，中国民族终能奋发有为，以光复故国。在民族本身之品质而言，中国之民族固优胜于其他环居之民族也。然近代以来，中国文化每况愈下，而民族本质之品质，又复不如前，缺少自尊心与自信力，而自利性、保守性、涣散性又复潜伏于民族之本身，而消磨奋斗牺牲独立之精神。故民族本质之改进，与文化之更新，为目前民族起九渊而升九天之活命丹也。吾向者常言："民族之新生时代，是常少壮而不衰老之谓也；民族之少壮者，其于文化，常呈蓬勃复兴之景象，其精神事功，亦丕著而臻于光明灿烂之时代。寖假文化衰老矣，则不能推演进行，国家社会民族必受影响而毫无活气，甚或死气沉沉，生机斫尽，即古人所谓哀莫大于心死之谓。是故评断一国民族之盛衰，常可以文化之盛衰而推测之；评断一国文化之兴废，常可以民族之兴废而证验之。"（拙著《中国文化演进史观》一书第三页）由是观之：民族之本质价值与文化价值，固互相表里者也。

（乙）文化之本质的价值与民族价值　中国民族数千年来所创造文化，间有其本质之价值，此具有史的价值之文化当发展之，而未有价值的文化，则当淘汰以去之者也。欧美数百年之文化亦有其史的价值，此具有史的价值之文化当吸收之，而凡世界具有进步性的文化，则当利用之，以期至大同者也。各民族自有史以来所创造之文化，有其本质的价值。文化之优美者，常能扩展而浸润其他环居比较卑下民族之文化。例如：前汉于武帝时代，汉民族之文化皆取扩张形势；辽东半岛朝鲜以及西域等地，皆常沐浴中国之文化，所谓乐浪四郡为中国文化东北部分移殖之本营。又如日本中古之文化，全是由唐移殖，其负直接移殖之使命者，则日本赴唐之学问僧。可知中国文化之本质，于中古时代，常表现其价值者也。然而在中古时代以优异见称于世界之中国文化，至近代则不能维护其本身之价值，而今遂以落后，见讥于世矣。法国历史家及政治家居佐（Guizot）曾论及："文化即是暗示进步观念及增进人民生活之观念。"欧西近代与现代之文化，其表现文化之本质价值，固足以当之，而中国现代之文化，则不足以语此也。欧洲之近代史现代史臻于光明之灿烂时代者何耶？是由于欧洲近代与现代之文化，充分表其本质之价值与人类进步有关，人民生活有关者也。例如：培根发见之科学方法，牛顿之发明万有引力，一七六四年哈格里佛士氏之发明汽机，一七九二年辉特瓦氏之发明轧棉机，一八〇四年道尔顿氏之创《原子论》，一八〇七年富尔顿氏之实用汽船，一八七六年鄂图氏之发明内燃机，科和氏之证明细菌致病说，一八七七年爱迪生之发明留声机，一八九五年栾琴氏之发明爱克斯光线，林得氏之制造液体空气，一八九八年居礼夫人之发明镭质，一九〇三年来特氏之制成飞机飞船等；其他文学、算学、教育、思想、哲学皆有突越之进步，而促成世界未有之奇观。凡此者何耶？文化本质的价值之表现也。欧美人士，智周宇宙，怀实挺秀，表现文化之本质价值，而民族之本质的价值，因相得而益彰，遂以其驾御天然之伟力，鞭驱世界之弱小，可知文化价值之高下，常为民族兴衰民质优劣判决之标准也。中国于历史上表现文化之本质价值，如印刷、指针、火药、美术、文艺、哲学、史学等，然而因循故旧，未有改进，今后树立文化本质之价值，对于欧美优异之文化，为极度之吸收，并以最大之努力，创造未来之新文化，为目前民族复兴之基石，斯则国人所当致力者也。

予近著《中国近世文化史》既竟（由宋代以迄清代为期约一千年），复续著《中国上古中古文化史》（合前后两册约六十万言），将物质的精神的两方面之文化形态，叙列而评论之，中国文化之本质的价值，与中国民族创造文化力量之本质的价值，其实相如何？由兹隐栝大纲，以贯众理，亦沧海不厌细流之意也。昔柳冕与徐给事书有言："文章本于教化，形于治乱，系于国风。"吾于文化之影响于国家与民族者，亦云然。本书与《中国近世文化史》一书，均得王云五先生之介绍出版，遂得早而问世，当志其感谢之忱者也。时民国二十六年四月一日，陈安仁序于国立中山大学。

第一编

中国上古文化之探讨

绪　　论

中国是东亚一个大国家，中国民族是世界众多的民族。他有五千年的历史，在世界文明的古国，占一重要的位置。他的文化，可说是东亚文化的中心，不论横的方面，纵的方面，对于这个国家内容，都应该探讨的。中国的社会，是什么的社会？中国的文化，是什么的文化？都有申述的必要；中国古代的社会，是什么的社会？中国古代的文化，是什么的文化？亦有申述的必要。我们想了解世界各国的文化，必先了解中国的文化；想了解中国近代现代的文化，必先了解中国古代中代的文化。

人类历史，是人类在他的环境中演进的记录；人类的文化史，是人类在他的环境中征服自然驾御自然的记录；而且人类史的缩影，是在文化史中而表现，人类的行为，在一个人群圈活动，而活动是人类能力的表现，可说人类没有能力，就没有活动，没有活动，就不能征服自然驾御自然而创造各种文化。中国文化史是世界文化之一部，中国的历史，是自作起讫，与世界各国史异；中国的文化，是自成系统，与世界各国文化亦异。人类社会的活动是永不断止的，人们文化的进展，亦是永不断止的，这永不断止的形态，在他的历程有时若断若续，在他若断若续的历程中，必然留了许多的文化痕迹，这文化痕迹，是人类辛苦奋斗的成果，看他的成果，就知道人类过去的经验是什么样。在文化史上指示着人类许多的经验，这种经验是错误的幼稚的，要知道他的实在性，他错误的经验，不要跟着来走，他好的经验遗留着，给后人看，要仿效他，不要把好的经验废掉。历史是社会的缩影，文化是社会的写真。中国古代的历史和文化史，因为探究的方法不妥，许多湮没不彰，许多迷蒙不著，在浩如烟海的二十四史中，纵令读完，也很难找社会实际生活的系统。司马光的《资治通鉴》、袁枢的《通鉴纪事本末》、马端临的《文献通考》、郑樵的《通志》、杜佑的《通典》等书，他们搜讨之勤，致力之苦，值得赞叹，在这等巨量史料中，能将中国的社会实际生活，将中国整个民族的演进形态完全描写出来，实很少的。研究中国文化史，不单止知道过去，尤在创造现在与未来，单就知道过去说，过去的年代愈远者，知道愈少，从这愈远的年代中，虽知道不多，然亦不能终止搜讨之工。在过去的文化史料中能够从缺乏里求充实，从纷乱中得整理，从荒芜中来开辟，不单止在文字上研讨，应尽量推广人类历史的时期去扩充材料。换句话说：从考古学、地质学、生物学、人种学、人类学各方面去探索，然后人类有史以前的历史，在黑暗的长夜里，得到一线的曙光。

人类自发现地球上以来，为着生存的目的而活动，何以达到生存的主要目的，是要靠着生存的工具与方法，有史以后的人类需要生存的工具与方法，有史以前的人类也是需要生存的工具与方法。需要生存的工具与方法，就是创造文化的动机，所以进一步说，有史以后的人类需要文化的生活，而有史以前的人类也需要文化的生活，不过有史以前的人类所需要的文化生活是简单的、是粗鲁的而已，他们不能跳过当时的时代与环境，必受了时代与环境的限制与约束，因此他们所创造的文化是受限制的。比方在远古期的时代里，若果在文化很低团体的一般智识很小当中，即使在团体中有最优秀的人物，也很难发见新的创作，个人心力的卓越，最多不过能比团体文化略进一步，不能远出于团体文化之上；非常人物之行事大部分，仍须有团体生活所供给于他的物质东西和观念；大音乐家的天才，如果生长于未开化的非洲民族中，那是很不利的，他所能做到的，最多不过是学打大鼓，打得比他的同伴好一点，或者能发明一些简单的新乐器而已。同样，在远古期的社会里，个人的创作，为当时的环境当时的团体所限制所约束，最多不过是比他的同伴好一点，或超越当时一些简单的工具而已。人类的历史，是前进的，是发展的，在绵远渺茫的远古期是如此，在无涯的未来时间中，也是如此。人类史的远古期，他的进步性，虽然是很缓慢，很延误，但他不是停止毫无进步的。我们看见在今日进步很迅速的文化世界中，而探索到远古期狉狉榛榛许多蠢动未具高深文化的人类，必然想到他们可怜的生活，可怜的盲目行动，可是他们在可怜的生活可怜的盲目行动当中，也是经过许多年代在生存的领域挣扎的结果。文化的进化，社会的进化，是由于人类求生存的努力，人类不努力则不能得到生存的要素，他因为要得到生存的要素，不能不准备生存需要的方法和工具。生存需要的方法和工具有等是属于物质的，是维持人类的生活，保护个人生命所必需的；有等是属于精神的，即是关于社会的组织构造、风俗制度、文物典章、政治法律、宗教等，为精神生活的基础。物质生活和精神生活，是人类生活的两面，在文明的世界里，物质生活和精神生活平衡进行；在上古文化没有发展的社会里，物质生活重于精神生活，精神生活是受物质生活所影响的。在新石器时代人类之需要物质，无殊于今日，惟物质的享受，没有今日的丰富与复杂，但是他们精神生活中的意识形态，仅宗教崇拜观念的发达而已。在这宗教崇拜的观念中，有许多错误与幼稚的见解，这错误与幼稚的见解，是他们精神生活的寄托，在他们思想没有进步以前，决没有废掉的。我们知道文化的历程是一种学习的过程，在文化发展过程中的学习，必须经过尝试的方法，大自然没有教师，来引导他们走上文化的阶梯，他们必须暗中摸索他的道路，从许多曲折的途径度进，宗教崇拜的神秘观念，就是初民群众暗中摸索的小灯，盖由大自然许多的秘奥中，而想像他当然的道理，而为自己精神生活的慰安，等到文化略为进步，从宗教观念以发展伦理道德政治法律文学艺术，一直走科学之路，而人类文化乃有新开展的道路。

文化的开展，是经过几种阶段的。我们一想到上古，必然推想到上古时代人类是如何在浅演的社会中度活，是如何在粗野的文化领域中依存。文化学者摩尔根（Morgan）在《古代社会》一书中，划分文化进化阶段为野蛮（Savagery）未开化（Barbarism）和文明（Civilization）三阶段。他说明野蛮是渔猎时期，未开化是原始农业时期，而狭义的文明是开始于文字发明和纪录保留的时期。美国爱尔乌（Charles A. Ellwood）在《文化进化论》中，提出下列的分类：（一）野蛮民族：（a）低级野蛮民族，以采集野食及佃猎为主要生活的文化前的民族，例如南非洲的布西曼人（Bushmen），锡兰的维荼族（Veddahs），马来半岛的西门族（Semangs），中部非洲的亚加族（Akkas），安达曼岛（Andaman Island）的明可披族（Mincopies）。（b）中级的野蛮民族，文化前的渔猎者，例如澳洲的土人塔斯曼尼族（Tasmanians）、非支族（Fuegians）。（c）高级野蛮民族，仍以渔猎方法为生活的，文化前民族没有耕种，有皮制的衣服，有不甚舒服的住所，例如北美洲北冰洋沿岸的埃斯基摩民族（Eskimos），加拿大北方的亚达帕斯干印第安族（Athapascan Indians），巴西（Brazil）的波陀古多印第安族（Botocudo Indians），阿根廷（Argentina）的巴他峨尼印第安族（Patagonian Indians），以及北美洲许多西宛族（Siouan Tribes）。（二）未开化民族：（a）低级未开化民族，是仍依赖渔业为主要生活的文前民族，但他们多少也从事于农业及牧养家畜，衣服仍为兽皮和树皮所制的，住所建设稍进步，略知制造陶器，少数人能知粗型的纺织，例如北美印第安族之阿尔公坤族（Algonquians）、易洛魁族（Iroquoians）、西宛族，新几尼亚（New Guinea）的巴布族（Papuans），南非的霍屯督族（Hottentots），婆罗（Borneo）的戴亚克族（Dayaks）。（b）中级未开化民族，是耕种田地的文前民族，他们多少有些家畜以为一部分的食物供给，陶器和纺织大都实行制造，金工也有相当的程度，衣服做得比较好些，房屋也建筑得稍为坚固，例如西非洲大部分的黑人，如达荷美族（Dahomeyans）、阿散第族（Ashantees）、范第族（Fantees）、约鲁巴族（Yorubas），刚果河流域的大部分班图民族

(Bantu)，南非洲的苏鲁族（Zulus），太平洋的夏威夷族(Hawaiians)，西伯利亚的耶库族（Yakuts)。(c) 高级未开化民族，是牲畜大群家畜的文前民族。男子是照料这些东西，而妇女仍在家庭纺织，及从事别种家庭的职务，金工是很进展，也知道铁的应用，例如东非洲的伽拉斯族（Gallas)、山毛族（Somals)，西伯利亚的通古斯族（Tungus)，马大伽斯加（Madagascar）的马拉加西族(Malagasy)，阿拉伯沙漠的游牧民族。（三）文明民族：(a) 低级文明民族，有了文字发明的开始，并渐次扩充到文字普及化，有成文文学，成文法律，都可使他们的传说和习惯带有永久性；文字最初仅限于上层阶级和经济阶级才得应用，铁的应用成了很普通的，正式用犁为农业的工具，衣服是用纺织物制造的，上层阶级已有奢华的重要形式，城市开始用砖石建筑，公共建筑物已有很好的结构，正式法庭已经设立，职业阶级开始分化，政治大都是独裁的，奴隶制或农奴制是很普通的，宗教则为神学的，例如亚洲大部分的土耳其族，非洲的曼丁干族（Mandingans)，好萨族(Haussas)，山黑族（Songhays)，满洲的满族，印度支那的安那米族（Annamese)。(b) 中级文明民族，读写的技术在有闲的人民中成了普遍的情形，文学有了地位，科学开始兴起，各种技术与职业，开始找到了科学的基础。公共建筑物大都用石筑成的，城市开始美术化，成文的固定的民法渐次出现，政府官吏很多，而且很注意等级的差别，政治仍为独裁，奴隶制和农奴制仍为风习惯例，商业兴起，均势的和平为人民所要求，例如十九世纪的欧洲人，以及中国人、日本人，大部分的印度人，历史上的民族如希腊民族、罗马民族，以及地中海沿岸的其他民族，都可并入此类。(c) 高级文明民族，文字普及，教育普及，科学因学校之奖励而昌明，农业趋于科学化，科学管理用在食物和健康的情况中，一切人民都有适宜的衣住，民治主义定为政治组织的中心，法律之目的，在乎普遍的幸福，而不在乎阶级的统治，文学和美术成为大众所珍重的东西，宗教成为人道的，奴隶制和农奴制都被废除，增进各阶级幸福，财富公平分配，妨碍弊害之消灭，战争之废除，都可实现。[1] 现代世界的许多民族，有那一种民族，可以当这级的文明呢？可说是没有的。我们只可以说，现在世界所谓文明民族，刚刚从中级文明走到高级文明的过程中。我国上古时代的文化，是那一阶段的文化呢？在历来的传说习惯，均说古代为中国有史时代的盛世，所谓尧天舜日，是上古文化的点缀。旧史家的眼光，大都以为三代以后，世风日下，中国礼义文化，有愈趋愈下的景况；中国整个文化的历史进程，果真如旧史家的见解，有逆转的情势么？三代后之文化，果真一代不如一代么？三代以前及三代期间的文化，果达到了世界文化的最高期么？这种种问题，是值得注意而加以探讨的。

人类文化演进的历程，有共同的轨辙，这是世界各民族所共同的；有特殊的蜕变，这是世界各民族所特异的。因此，各国各民族间的文化历程，有时循相同的阶段，有时走歧异的途径；有时由传播得到文化相同的性质，有时由自创发生文化特殊的性质；决不能说有创而无因，亦不能说有因而无创。世界有非常发明能力的民族和人物是很少的，大部分的文化形式，都是转相模仿而成功的。欧洲环居的各国民族，因接触繁密的关系，互相模仿，互相传播，又互相自为创造，所以文化发展，很容易而敏速。中国屹立亚东，在东南方为大洋所隔离，在西北方有一部分崇山峻岭所隔离，其环居的民族，因文化的低下，虽有接触，但未得有利于模仿的条件；故他的文化在上古时代，虽因民族迁徙移殖，而带有原居地方的文化，而在殖居于中国本部后，因缺少较为高等民族文化之模仿，遂成独步的发展，陷于慢性的进行，依中国文化开发之早来说，是应该超越世界各国的文化，而为之先导；乃至今反居于世界各文化民族之后，根据上述的原因，不难解释的。旧史家因为看见中国文化几千年来慢性的进行，遂以为上古文化之美，是超越于后代了。

中国上古文化，到了周秦时代，曾经过一次大进展，汉唐之间，

---

〔1〕《文化进化论》汉译本三七页至四六页。

也有相当的进步，以后遂停顿没有什么进步。反之欧洲在宋代之后，约一千年来，文化大有进步，两相比较，不可同日语。文化的进展，不是走直线的，是走曲线的；有时看到进展很快，有时看到进展很慢。进展很慢，也许经过很久的时间，有相当的进步；然而一个民族的文化机能，失去其弹性的时候，他必有衰落的象征，等到文化衰落的象征达于相当程度的时候，文化遂由衰落而至于灭亡，而民族到那时也相随沉沦，不可振拔。这是我们研究文化史者，得到一个不可磨灭的定律。中国文化经过了相当的年代，也曾表现了光荣的时期，中国文化能否继续维持下去？能否吸收新的生命素，而创造优异的文化特质，与世界文化并驾齐驱？这就是要靠中国民族今后之如何努力以为断。我们知道治历史者，职在综合人类过去时代种种复杂之事实，以求因果之相互关系，诏示来兹。研究文化史者，也是一样。想知道现代文化的成果，不可不知道近代文化的造因；想知道近代文化的成果，不可不知道中古文化的造因；想知道中古文化的成果，不可不知道上古文化的造因。人类历史为说明之方便计，虽然分开许多年代，但人类历史有他的总合性全体性，不能有果而无因，亦不能有因而无果的。

文化进展有许多的原因，持地理环境说者，以为人类文化的进展，是由于适应他的地理环境，特别是由于他的地理环境的选择影响，人类文化像树上的果实一样，是依照气候和别种地理条件而产生的。地理要素虽是重要，然不是决定的原动的要素，地理环境不过是供给些物质情况和刺激文化之发展，因为同样的地理环境，常常包涵有不相同的文化；同样的地理环境，有一时期文化很进步，有一时期文化又衰落；文化之归于消失，有时很少由于地理原因的关系。中国现在的地理环境，无殊于数千年前的地理环境，何以周秦汉唐四代文化日益进步，而近代与现代的文化，何以仍然衰落呢？可见地理环境，虽为原因之一，惟不是唯一主要的原因。持种族生物说者，以为文化之产生和进步，是种族遗传和先天性癖的事情；血液种族和遗传的不同，可以解释一切文化，或文化中的主要异点。文化的继续是有赖于种族血统之继续纯粹，而文化之衰落，即主要的由于种族之混杂。人类思想行为之活动，是由于神经系统的结构，而神经系统的结构是先天的，所以文化的模式也是先天的。一个团体的人民血统能纯粹几久，则他们可以有同样长期的相同思想，他们的文化模式，也可以仍然保留相同的。如果他们的血统是混杂了，则他们相同的心理将被破坏，而冲突的趋势，也将出现于他们的文化中。种族学者是这样解释人类文化史，这说有相当的道理，但不足以解释文化全部的原因。中国民族在周秦汉唐等时代表见文化的特色，何以在近代文化不能继续发展呢？岂前者则血统纯粹么？后者则血统混杂么？抑前者种族遗传气质较为优异，后者种族遗传气质较为劣下么？凡此皆非单纯的原因能够解释整个文化之全体性的。其他有主张心理偶然模仿说者，以为各种工具的制造，经过模仿过程而制的，一个文化的特质，是偶然出现于别个文化特质之后，由模仿过程而传播的。主张习惯环境说者，以为主要事物经过心理偶然或别种方法，产生了发明以后，即有新环境之存在，人类必须有一种习惯，使其自己适应于这种新环境；物质文化的各种新成分，都使环境更加复杂，并足以唤起文化团体中一部分的人，有更加复杂的反应动作；一切进化都是对环境的适应，而适应的模型，在人类中就是经济或工艺的环境；地理环境和工艺环境比较起来，是在背后的地位。主张本能习惯环境说者，以为人类有些特殊本能趋势，由这些本能去获得文化和参加文化的活动，这些本能趋势，如建设的好奇的模仿的和慈爱的，都和人类文化活动很有关系。主张心理社会说者，以为人类有一个比较更有组织的头脑，由此而产生新颖的很有组织的脑膜和语言部位的高级中枢，以及产生更为复杂的总神经系统，此外还发达了一个更为精密的交互刺激和反应的机关，而成立一种良好的交通方法，产生了团体的文化。总之，各家立说不同，而所持的见解亦有片面的道理。我们知道，文化是有机进化和社会进化二者的产物。有机进化供给了创造文化的能力，而社会进化，人类因交互传达的作用，发展了这种能力。由这二者交互推演的作用，而人类活动没有停止，而文化的进步亦没有停止。世界各国民族所创造的文化是如此，而中国民族所创造的文化，亦是如此。

各国各民族的文化，都具有进步性发展性。但各国各民族的文化之进步发展，非均属同一的动向，非完全同具一定的特质的。哥登威萨曾说过："各地方的文化，有几点与任何文化相同，有几点与原始文化相同，所以有几点很像大陆的文化，有几点很像地方狭小的文化，最后有几点是他自己独有的文化，有地方独有的性质，个别而奇特。"〔1〕中国社会，有中国社会文化之特质；欧美社会，有欧美社会文化之特质；不能说中国文化之特质与欧美文化之特质完全相同，亦不能说中国上古文化之特质与上古其他国家其他民族文化之特质完全相同。文化虽可以由传播而得到许多类似之相同点，但不能说文化可以由吸收模仿得到完全相同的特质。〔2〕一切有机生物（包括人类）随时间演进而自起变异和选择淘汰作用，文化之吸收与模仿，亦不能避免这个定律。各国各民族中，都有个别的发明能力而创始文化特质，同时在邻近之各国各民族中，由传播而吸收模仿不相同之文化特质，并由许多复杂之文化特质中，而产生新异的文化，这是文化历程中不可磨灭的定律。

文化是人类行为的表现（Manifestation of human behavior），从历史演进的观点，可以发现他行为中的区别：一种是先天的行为，完全是生物地决定（Biologically determined），一种是后天的习惯（Acquired habits），完全学习得来。客观存在的社会现象是习俗的，而非自然的，或者可说是社会规程的形式，而非先天生物地决定的反应。虽然如此，可是一个邦族的风俗习惯，以及其他传统思想程式等，一切混合组成文化的东西，自身都是内在行为的表现发展，所以文化的创造，有他的自由意志（Free will）与选择能力（The power of choice），总在人类天性范围之内，不能超越的。文化之产生的原因，在他方面可以由习俗限制其特质的传播，或者使他的传播有一定的范围，但最大的限制，还是由于生物学上的情形来决定。

〔1〕 Goldenweiser，Alexandor A："*Early Livilization，An Introduction to Anthropology*"，New York，p. 123.

〔2〕 拙著《中国文化演进史观》中国文化与中国民族一章。

文化也是内在行为的表现，有些特质，也要在生物学范围之内传播，所以文化虽可以由各国各民族中吸收模仿，到底也由种族特质的范围所限制；故各国各民族有他不相同的文化，而中国上古的文化，与当时各国各民族的文化，有等是由传播得到相同，有等是由自创而得到独异，由上述的理由，亦不难解释的。

第一章

中国上古期文化的溯源

第一节　中国民族的来源与其所渊源的文化

我们想探讨中国民族的来源之先，要略为探讨世界人类的来源。人类寄迹托生于大地是始于何年代，考古学家是纷纷其说的。地球的构成，大约可分为四大时代：（一）前古生代（Pre-cambrian Eras）。（二）古生代（Palaeozoic Epoch）。（三）中生代（Mesozoic Period）。（四）近生代（Cenozoic Epoch）。至近生代地层达第十四层，即上第四纪（Holocene Period），一称冲积纪，这是地壳最表面的一层，人类的权威，至此大显，称此纪为人类纪亦可。[1] 现假定近生代为二百万年，中生代为五百万年，古生代为一千四百万年，而前古生代之悠久难考，不待论了。人类至近生代之洪积纪（Pleistocene Period）方始发现，人类发现于地球上，有以为在一百万年前，有以为在五十万年前。依日人西村真次《世界文化史》所记载，人类在这地球上面出现，距现在约有百五十万年，更详细说，

〔1〕 张国仁著《世界文化史纲》绪论。

约在百三十五万年之前。[1] 人类的历史，以创造文字为分野，未有文字以前与既有文字以后，有不同的界域，而有文字以后之历史不过数千年，这数千年有文字的历史，与百万年未有文字的历史比较，或与地球之年龄及悠久无始无终之太空相比较，则人类有文字之一阶段，实弹指的时光而已。

原始人类取怎样的途径而移动和繁殖，非今日之知识所能得详。人类学者以种种名字称呼四十万年以前的人类，如海得尔堡人（Homo Heidelburgensis）、内安得达尔人（Homo Neanderthalensis）、罗特西亚人（Homo Rhodesiensis）、格里马第人（Grilmaldi）、克鲁马囊人（Cromagnon），这些称呼与近代人不同，总称为原人（Homo Primigenius），又因易以区别，称现存诸型为近代人（Homo Recens）。前述诸型的原人，在最新统（Pleistocene）活动，其中也有成了近代人之祖者。例如：有人传说克鲁马囊与白人之祖，格里马第人与黑人之祖，属于同一模型。在最新统生活的原人，早已创造其他动物所没有的工具，那工具之材料是石材的，所以历史家称那时代为石器时代（Stone Age）。石器时代普通分为五期：(一) 曙石器时代（Eolithic Age），（二）旧石器时代（Palaeolithic Age），(三) 中石器时代（Mesolithic Age），（四）新石器时代（Neolithic Age），(五) 金石器时代（Eneolithic Age）。人类在各期代中，为了生存而创造发展，以推演他的文化生活。[2]

关于人类祖先的问题，欧洲法兰西、西班牙两国，已经发见了许多在今日科学上所知道的初期的遗迹和遗物。最初发见的纯粹人类有两种族：第一种族是高级的模型，身高脑大，所发见的女头盖以容积而论，比今日普通男子还要大，男骸骨有高至六英尺以上的，体格很像北美印度人，这骸骨最初在克鲁马囊（Cromagnon）的洞穴内发见的，故名为克鲁马囊人；他们虽是野蛮人，但已是高级的野蛮人。第二种族是在格里马第（Grimaldi）的洞穴内发见的，和黑

〔1〕 西村真次著《世界文化史》第二章，汉译本九页。
〔2〕 M. Rostovtzeff：“*A History of The Ancient World*”，p. 8.

人的特征极似。和这种族最相近似的种族，是南亚非利加的布西曼(Bushmen)霍屯督族（Hottentots），这些野蛮人，生在四万年以前的太古时代，他们的种种行为，都足以表示人类的特性。例如把贝壳打碎制造颈饰，以彩色涂于身上，或雕肖像于骨石，或刻物像于石岩与骸骨，又在洞窟滑壁表面或通路石岩表面画出兽类，及其他非常巧妙的壁画等等。他们最初的职业是狩猎，所猎得的野兽，大概是野马和有些髯毛的小马。他们用枪或投石以狩猎野兽，似乎还没有使用弓矢。他们是否知道驯服某种动物，是否知道采取动物的乳汁以做食品还是疑问。他们没有建筑房屋，只有兽皮的天幕，他们虽然用黏土作出各物的形像，却还没有知道制造陶器，他们又不知道耕种土地、编制纽带、织布做衣服，除了用毛皮缠身以外，尽是文身的裸体。这些原始人类，或许是在一百世纪间，徬徨于欧洲旷野，随着气候变化渐次移住于各地的。〔1〕这时代所以称为石器时代，是因为当时只有用石制成的器具之故。古石器时代欧罗巴的住民，大概都是长头的（Dolichocephalic），及至新石器时代始有短头的人种出现。短头人种，一说以为他们来自南方，另一说以为来自东方，或来自亚细亚一带罢。新石器时代人类的文化有了相当的进步，在这时代各地方的人类，有共通的特征五点：（一）创始农业，（二）饲养动物，（三）制造土器，（四）琢磨石器，（五）精炼金属。〔2〕人类分为黄白黑的三大人种，至少也是四十万年以前的事。当黑人住在亚非利加或澳洲及太平洋诸岛上，毫未见文化的发展时，黄种人早已在亚细亚建设了许多可观的文化，白人也已在西亚细亚及北亚非利加、南欧罗巴等处，造成优越的文化；白人历史家称为雅利安人种（Aryans）。雅利安族约在纪元前一万年顷，离开他们的故乡土耳其斯坦（Turkestan）向各处分布；居西亚细亚的为闪族(Semites)，分为巴比仑人、古亚述人、希伯来人、腓尼基人、萨拉森人；进亚非利加的为含族（Hamites），成为古代埃及人（Ancient-

〔1〕H. G. Wells：“*Short History of World*”，汉译本五五至五八页。
〔2〕M. C. Burkitte：“*Prehistory*”，p. 157.

Egyptians)；入印度的，便成了印度人。地球上最早创始文化者，大家都推古代的埃及人，但据最近历史家的研究，以为占据美索波达米亚（Misopotamia）地方的闪族（Semites）反比埃及人的含族更早建设文化。这些文化有些由希腊拉丁民族继承着，更有些由印度族传承下去；前者形成地中海的文化，后者完成印度的文化。

古中国	古埃及	古巴比仑	苏马连

上古人类有组织的能力，艺术的技能，记载的知识，积蓄的财富，是在埃及与美索波达米亚。那地方有尼罗河（Nile）、底格里斯

河（Tigris）、幼发拉底斯河（Euphrates）流域极肥沃的地土，可根据以产生文化，〔1〕所以苏马连人（Sumerians）到那里建了一个帝国，当公元前六〇〇〇年至五〇〇〇年间，开拓了特殊的文化，把他传给了闪族，闪族的最古文化，都承受自苏马连人，其中格外著名的，是楔形文字（Cuneiform），苏马连人的言语与雅利安族语不同，其容貌为类蒙古式的，假使以上的假定为不谬，那末，世界最古的文明，非说于亚细亚由类蒙古人即黄种人所建设不可。兹将古代数国之楔形文字列表如上。

巴比仑史研究的权威者钦格（L. W. King）关于苏马连人的事，他以为："苏马连文化直接或间接给与亚细亚诸种族、埃及、西方民众的影响很大。"〔2〕从上引表来看，上古国家的文化是有渊源的。

关于中国民族的起源，各方立说不同。据考古学家人类学家如奥斯本（Osborn）、韦斯莱（Wissler）、克鲁柏（Kraeber）及华莱斯（Wallis）等人，则以亚洲之中部，即中央亚细亚为人种的起源地，人文地理学家亨丁顿（Huntington）也以为中央亚细亚为人种起源的地方，是有绝大的可能性，因为古代的中亚气候极为温暖，而非常适合于人类的生存，以后人口渐多，西南向小亚细亚而至非洲，西向欧洲，东北向西伯利亚、外蒙边境而至美洲，南向印度而至南洋群岛一带，东南向中国而至中国台湾、日本等处。其他民族，大都由中亚散出去的。依据中亚与中国的文化联系看来，汉族之由中亚迁入，是无疑的。〔3〕中亚的人类，有一部分向中国边境移殖，而迁到巴勒克什湖、伊犁河附近，这就是汉族的祖先。有些也许经过伊犁河而入于新疆边境及其邻近的各地；伊犁河便是新旧石器过渡时代汉族从中亚迁入中国唯一的途径。汉族从伊犁河迁入新疆边境以后，多屯积于天山山脉附近，而过着狩猎的生活，经过多时人口更向东移动，从迪化附近入于天山南路，而渐渐向南迁移，沿焉

〔1〕J. S. Hoyland著《世界文化史要略》，汉译本一八页。
〔2〕西村真次著《世界文化史》第三章，汉译本四二页。
〔3〕曾松友著《中国原始社会之探究》二八页。

着移动，到罗布泊、塔里木河。汉族迁移到罗布泊、塔里木河附近的时候，因为生活安适的缘故，在新石器时代创了许多的文化，以后汉族藉着迁移的生活，渐渐把文化传播各地；因此，新石器初期的新疆文化与我国数千年来的文化，发生了血统的关系。到了新石器中期以后，向东迁移的汉人，便大批移动到甘肃、宁夏及沿青海边境，其大部分则屯积于甘肃。汉族在甘肃各地停留着许久以后，在新石器末期，即距今七八千年之时，更向绥远、陕西而至于山西、山东、河南及沿四川边境；到这个时候，大部分的汉人，皆屯积于黄河流域及其附近的山谷中。迁于黄河流域的汉人，多实行渔猎生活，除了主要的渔猎外，同时也有农业与畜牧之副业产生。新石器末期汉人，已大批迁到河南去，到了石铜兼用的时代，又有大批的汉人从甘肃陕西等地蜂拥于河南及山东、安徽、湖北等地带，这是由于人口增加与食料缺乏所致。此外，各地氏族间的斗争，也是迁移的动机。法人拉克柏里引据亚洲西方古文，证中西事物法制之多同，而彼处亦有民族东迁之事。[1] 中国学者如刘光汉之《华夏篇》、《思故国篇》，黄节之《立国篇》，章太炎之《种族篇》，蒋观云之《中国人种考》，及日人所著之《兴国史谭》，均以中国人种西来之说为信据。丁谦《中国人种从来考》有说："西亚古史，中国人种为丢那尼安族，其族分二派，一思米尔（按即 Sumerians），一阿加逊(Akkadian)，皆起于亚洲中境。思米尔人，先入美索波达米南境，建立加列底（Chaldean）国，阿加逊人后至沙蛟山麓，建都城于苏萨，称霸南国。其王廓特奈亨台，兼并加列底诸部，既乃率其种人迁入中华，谓即黄帝，以此王时代在西纪元前二千二百八十年间也。但其说不确，因此年数，即彼土亦不衷一，或谓在二十四世纪至二十七世纪，据《竹书》所纪之年，上推黄帝为二千六百二十年，与第一说不相应，但亦无实证，不足为凭。"又说："西史谓徙中国者为巴克民族，巴克乃盘古转音，中国人谓盘古氏开辟天地，未免失

〔1〕 Terrien de Lacouperle "*Origin of the Chinese Civilization*".

实，盘古之为中国始迁祖，则固有可考矣。”〔1〕王桐龄有说：“中国民族起源地，大概在葱岭一带，即亚洲中部的山脊，西洋书上称帕米尔高原。……现在世界人类祖宗，从帕米尔高原分道下山，迁到平原，往西迁的，大半移到中央亚细亚、阿富汗、俾路芝、波斯、美所波达米亚，小亚细亚、阿剌比亚及欧洲等地，后来成为白色人种。往东迁的，移到新疆、青海、西藏、蒙古、满洲、朝鲜及中国内地。黄色人种下了帕米尔高原以后，便分道为东南、东北两方面进行，往东南方面进行的有三族，历史家称之为南三系；往东北方面进行的亦有三族，历史家称为北三系；南三系中第一族，迁到中国中部南部——即扬子江流域七省，西江流域五省——同印度支那半岛——即安南暹罗等地——历史家称之为交趾支那民族。现在四川南部之僚，贵州之苗，广西湖南之瑶，云南之倮倮，广东之蜑，同暹罗越南境内之土人，皆属于此族。因中国唐虞时代，此族曾创立过大国，与汉对抗，国名三苗，所以后人就称之为苗族。第二族，迁到中国北部，就是黄河流域六省，因为此族在中国中古时曾创立过大一统之帝国，国名为汉，后人就称此族为汉族。第三族迁到青海、西藏，历史家称之为图伯特族（Tibet），因此族大多数住在西藏，所以现在就称之为藏族。北三系中第一系迁到中国东北方，历史家称之为通古斯族（Tunguse），因为此族大多数住在满洲，所以现在就称之为满族。第二系搬到中国正北地方，在中国近古时代，曾创立过蒙古大帝国，所以后人就称之为蒙古族（Mongol）。第三系迁到中国西北地方，即阿尔泰山系以东以西等地，历史家称为突厥族（Tuek），因为此族大多数奉回教，所以现在就称之为回族。”〔2〕依王桐龄所引证，中国民族的起源，由帕米尔高原东向移殖，非素来根据中国江河流域以为繁殖的。张国仁有说：“汉族为汉族三大支派黄色人种中的主族，亦起源于古地中盆地之东畔小亚细亚一带，与巴比仑人及色马人有若干之渊源；其后经里海之南兴都

〔1〕柳诒徵编著《中国文化史》上册一二至一三页引。
〔2〕王桐龄著《中国民族史》第一章第一节。

库什山以北而至葱岭，即古代之所谓昆仑，汉族游牧于此一带森林草野及山岳之地，不知经若干年，分为若干部，或依据森林，则其领袖谓之林蒸；或据山岳，则其首领号称为岳；其后越葱岭遵河源东下，故汉族游牧于塔里木河一带盆地，又不知经若干岁月，然后才到了真正的黄河流域。"〔1〕韦休有说："古书上载中国人民古代祭祀所供的神有昆仑之神，或者昆仑地方，就是汉族人的老家了。昆仑在那里，考据下来，就在现今新疆省西北一带高原上，这一带高原，据人种学家的意见，以为是世界各大民族的老家。所以研究中国历史的人，也大都以为我们汉族人是从这一带高原，经由现今的新疆、甘肃、两省地方，迁到黄河流域来的。"〔2〕吕思勉有说："古书上说昆仑的很多，《周礼·大宗伯》：'以黄琮礼地'，郑注'此礼地以夏至，谓神在昆仑者也。'《典瑞》：'两圭有邸，以祀地，旅四望。'郑注'祀地谓所祀于北郊，神州之神。'《疏》：'案河图括地象，昆仑东南万五千里，神州是也。'入神州以后，还祭昆仑之神，可见得昆仑是汉族的根据地。然则昆仑究在何处呢？《尔雅》：'河出昆仑墟。'《史记·大宛列传》：'《禹本纪》言河出昆仑，昆仑其高二千五百余里，日月所相隐蔽为光明也。其上有醴泉瑶池。'《说文》：'河水出敦煌塞外昆仑山，发源注海。'《水经》：'昆仑墟在西北，去嵩高五万里，地之中也，其高万一千里，河水出其东北陬。'都以河所出为昆仑。河源所在，虽有异说，然都起于唐以后，不能拿来解释古书。要讲古代所谓河源，《史记·大宛列传》所谓'汉使穷河源，河源出于阗（案即今新疆之和阗城），其山多玉石，采来。而天子案古图书，名河所出山曰昆仑云。'其说自极可靠。那么，如今于阗河一带，一定是汉族古来的根据地了。"〔3〕孟世杰有说："中国民族之有史据书契所载，可考之时代，几五千年。——自黄帝纪元元年至民国纪元十五年共四千六百二十三年。——以中国民族史与全人类史较，相去直不可以道里计；故论中国民族，在未有史以前，即

〔1〕张国仁著《世界文化史大纲》第五章《东方文化的起源引证》。
〔2〕韦休编《中国史话》第一章。
〔3〕吕思勉著《白话本国史》第一章引。

依昆仑山脉迁入黄河流域。”〔1〕蒋智由有说：“夫盘古事既邈茫，《世事类编》、《述异记》皆云生于火荒，莫知其始。今所传盘古坟者，殆不免后人之附会，而不能不附之阙疑之列。而天皇氏则古书已言其所自出，《春秋命历》：序天地初立，鸿蒙滋萌，岁起甲寅，有天皇氏出昆仑之东南无外之山。昆仑之下，古代实号柱州，故遂有谓天皇氏起于柱州昆仑之下者。盖中国古说有大九州，大九州之中有柱州，而中国则名为赤县神州。柱州神州皆大九州之一，而神州之中亦自有九州，此小九州也。……又古史言：共工氏头触不周之山。《淮南子》：西北方曰不周之山，又共工之力，触不周之山，使地东南倾。王逸、高诱皆云：不周山在昆仑西北，是则当共工之世，虽已入神州，尚有间涉昆仑之迹。又《拾遗记》云：庖牺所都之国在华胥，今人以昆仑为花，花即华，然则华胥亦当在昆仑欤？……又《山海经》云：羿与凿齿战于寿华之野，在昆仑虚东。又云：昆仑高华仞，非仁羿莫能上冈之岩。是皆记吾人民在昆仑时之事，羿当为上古时人，而夏时之羿乃袭用其名者。（《淮南子》以杀凿齿为尧时之事，今难确考。）故曰：昆仑之丘，实惟帝之下都，帝者非指天帝，盖谓吾古代之诸帝耳。近日本有贺长雄著《社会进化论》，亦云：汉土之社会，从昆仑移来之人民，与土著之诸族，争存立而相结合云云。是则我种人之祖国，推其原始当在昆仑之下之略有可证者也。”〔2〕张国仁有说：“假使我们民族从发源地向东进展，并不是一口气就到了黄河流域；这其中栖迟于两河流域（美索波大米亚）之上游者不知若干时日，然后进展至中央亚细亚巴克特里亚一带，度游牧之生活者，又不知若干岁月；然后族中之富于冒险精神之一部分种姓，复进展至帕米尔高原，雄踞世界之屋脊；美丽之风景，壮伟之地势，丰茂之水草，及快乐之生活，此种印象，遗留于我先民之脑际者，至为深刻。惟其后子孙繁衍，此一片高原已不敷分配，于是本我族富有之冒险精神，继续东进，而对于故土之印象，常不胜

〔1〕孟世杰著《先秦文化史》第一章。
〔2〕蒋智由著《中国人种考》第六章。

其眷恋之思，如黄帝之梦游华胥（即大夏），如周穆王之会西王母，皆可作眷念宗邦之表示。以后不知更经若干岁月，方始达于黄河流域。”[1] 俄国沙发诺夫有说：“中国人种起源问题，又要归结到原始的外来民和接触他们而到黄河上游及黄土地质区域来的那些游牧民如何过渡到农业的问题。原始的移民从中亚细亚带来了为过渡到农业所必需的一点文化的萌芽，只有在黄土区域的条件之下，才能发展而成为独立的经济力量。”[2] 以上诸说，皆论及中国民族，是从西方迁徙而植基于中土者。然亦有不以此说为是者，陈汉章有说：“近今一般社说，并谓中国黄种皆黄帝子孙，而黄帝实由西北迁徙而来，按法人拉克伯里说，以奈亨台为丢那尼安种，非塞米的（闪）种，与黄种合矣；底格里士河（Tigris）边地与幼发拉的河（Euphrates）侧地并即加勒底（Craldean）古国，而里海西岸之巴克，并其统领加勒底国之地，当时实为波斯、巴撒迦特族人所居，若率巴克民族东来，则东来者仍是白种，非黄种；且纪元前二千八百八十二年，当中国颛顼帝之二十二年，犹得谓底格里士河边之酋长，由土耳其斯坦来中国者为黄帝乎？”[3] 梁启超有说：“欲知中国何时始有人类，当先问其地气候何时始适于住居，据近年地质学者发掘之结果，则长城以北冰期已有人迹；即河南中原之地，亦新发现石器时代之遗骨及陶器多具；则此地之有住民，最少亦经五万年。若不能举出反证以证实此骨非吾族远祖所遗，则不能不承认吾族之宅斯土，已在五万年以上。故所传‘九头’‘十纪’等神话，虽不敢认为史实，然固足为我族渊源悠远之一种暗示。然则即云外来，亦决非黄帝、尧、舜以后之事。外来说之较有力者，则因有数种为此地稀乏之物，我先民习用而乐道之，例如玉为古代通宝，而除于阗外，此土竟无产玉之区；麟、凤、龙三灵，而其物皆中亚细亚以西所有。然此等事实，认为古代我族对西方交通频繁之证，差足言之

〔1〕 张国仁著《中华民族考》第三章。
〔2〕 沙发诺夫著《中国社会发展史》汉译本第一章。
〔3〕 陈汉章著《中国通史》。

成理，径指彼为我之所自出，恐终涉武断也。”[1] 夏曾佑有说：“种必有名，而吾族之名，则至难定。今人相率称曰支那，案支那之称，出于印度，其义犹边地也，此与欧人之以蒙古概吾种无异，均不得为定名。至称曰汉族，则以始通匈奴得名，称曰唐族，则以始通海道得名，其实皆朝名而非国名也。诸夏之称，差为近古，然亦朝名，非国名也。惟《左传》襄公十四年，引戎子支驹之言曰：我诸戎饮食，不与华同。华非朝名，或者吾族之真名欤？至吾族之所从来，尤无定论，近人言吾族从巴比仑迁来，据下文最近西历一千八百七十余年后，法、德、美各国人数次在巴比仑故墟掘地所发见之证据观之，则古巴比仑人与欧洲之文化相去近，而与吾族之文化相去远，恐非同种也。”[2] 章嵚有说：“近世欧洲学者谓华族之始源，本在亚洲西方之地，后由西方东徙，径行本国之黄河上流沿岸折入内部，攘斥苗人而有其地，遂为华族建国之起源。而其率族东徙之人，西士号为那苛贡特（Nakhunte），世俗浅信，或以黄帝拟之，此第就音译之近同，藉端推测；自余如纪时之分析，文字之简单，虽或相符，而究不足定吾族西来之铁证。故在今日华族西来之一语，尚无何种完全之论，即欲勉推其说，等诸假定，而亦有所不能者，诚慎之也。”[3] 缪凤林有说：“中国为黄人种，巴比仑之塞米的人与霭南人，则属白人种；其前之思米尔人（Sumerians）、阿加狄人（Accadiaus），虽有谓属黄人种之乌拉阿尔泰族（Ural Altaic Family）者，亦以属白人种之印度欧罗马系（Indo-Europeans）之丢那尼安族（Turanians Family）近是。（拉克伯里亦主此说。）从西来之说，则是伏羲、神农、黄帝为白种人，而国人亦皆白人之子孙矣。”[4] 其他西人主张中国民族西来之说者不一，以为来自埃及者，德国有基尔罕（Athanasiur Kircher），波兰有卜弥格（Michael Boym），法国有胡爱（Huet），英国有威尔金生（J. Gardner

[1] 《梁任公近著》第一辑下卷四三页《中国历史上民族之研究》。
[2] 夏曾佑著《中国古代史》第一章。
[3] 章嵚著《中华通史导言》一六页。
[4] 缪凤林著《中国通史纲要》第二章。

Wilkinson）等；以为来自巴比仑者，英国有湛约翰（John Chalmers），法国有拉克伯里（Terrien de Lacouperie）等；以为来自印度者，法国有哥比诺（A. de Gobinean）等；以为来自中亚细亚者，英国有鲍尔（Dr. Ball），美国有彭伯赖（B. Pumpelly）、威廉士（E. F. Williams）等；以为来自于阗者，德国有李希多芬（F. V. Richthofen）等；以为来自土耳其者，瑞典有加尔格伦（Karlgarn）等；以为来自甘肃者，日本有乌居龙藏等；以为来自印度支那半岛者，德国有卫格尔（Dr. Wieger）等。诸说各是所是，各非所非。我以为欲知中国民族的来源，当知世界诸民族所产生的区域，今假定考古学家人类学家，如奥斯本、韦斯莱、克鲁柏、华莱斯、亨丁顿诸氏，以为中央亚细亚气候温暖为人类起源的地方，其说如确，则中国民族之起源，在于中央亚细亚较有可能性。

又有以中国民族之起源是在于蒙古者，民国十年美国亚洲探险队安德鲁斯（R. C. Andrews）探讨蒙古，以世界大动物皆发现于蒙古一带，谓动物既发现于此，则最初依动物为生之人类，当亦导源于此，因主华人由蒙古南下之说。〔1〕美国纽约博物院院长奥斯本（H. F. Osborn）氏来蒙调查，亦谓蒙古或为原始人类之家。〔2〕美国人安德鲁斯在蒙古的探险有两个发见，一个是邃古的原始人文明的存在；一个是戈壁沙漠成就以前，极大的哺乳动物的存在。近年来在中国北部的发掘，是由几个齿而认出原始人类的存在，这些齿，是属于极似人的动物之齿型，但他们已同非人的类型不同；从这些发掘品上，看出人类之最初渐成人形，其地实在亚洲。这几颗齿发见之地点在周口店，其地离北平五十英里，最初的发见人，是澳洲古生物学家士丹斯基博士（Dr. O. Zdansky）。民国十七年间北平地质调查所杨钟健、裴文中二人，在周口店发掘三月余，得猿人化石牙齿数枚，不完整之牙床二个，破碎头骨数块；十八年十二月二日，

〔1〕民国十年五月号《亚细亚杂志》安德鲁斯著“Digging for the Roots of Our Family Tree”。

〔2〕民国十二年十月十日北京《英文导报》奥斯本著“Mongolia Might be the Home of Primitive Man”。

裴文中又在一洞内发现一未经破碎之成年人猿头骨及牙齿十余，于是人类最古之北京猿人，遂为科学界所公认。〔1〕因此，遂有主张中国民族之起源，是由于中国本部之北部者。

近年以来，许多学者皆信中部亚洲为人类之发源地，持此见解者具十大理由：（一）最初之人类骸骨为爪哇人猿，即发见于爪哇岛上，此岛在昔时为亚洲大陆之一部。（二）一九二一年在北平西南周口店洞中，发见前臼齿（Premolar tooth）及臼齿各一，据此研究，当为第四纪（Quaternary）初期之物。（三）有史以前人类之工艺品，计其年代，当不后于纪元前二万五千年，为安得鲁（Roy Chapman Andrews）在蒙古发见。（四）为沙漠所漂移之极古之废址，亦在蒙古发见，此处尚未完全探勘明白，或可代表极古之文化。（五）两种人猿发见于亚洲，如某种猩猩（Orangs）及长臂猿（Gibbons）是也。（六）灵长动物之遗骸，如最高级哺乳类，既为人猿之祖先，又与生存之人猿极近，亦在此大陆上掘得。（七）大部之家畜及谷类，皆从亚洲传来。（八）蒙古为全球最高之干地，约经二千万年之干期，至别处则皆沉没者。（九）亚洲地大物博，生活富庶，适宜于初民之发展。（十）亚洲位于各陆地之中央，向四方迁移皆极利便。〔2〕

我以为想知道中国民族的来源，须考证在上古时所渊源的文化，而后可得些信据。人类在中亚迁移，很早就开始了，他的开始时期，无疑是在始石器时代向东迁移的人种，至少在旧石器初期也已经开始了。中国旧石器之发现，是由法国博物学者德日进、桑志华（Père Teilhard de Charldin 及 Père Sicent）等，在陕、甘、河套一带，特别是宁夏南之水东沟，采掘的数目特多。其次中亚探险队，在外蒙亦有大批的旧石器之发现，但从中国原始文化分析之结果，中国民族（华族）在旧石器时代，是没有迁到中国地带来的。华人由中亚迁到甘、陕等地，是在新石器时代的事，因为在新石器中，同时发现的陶器，及其各种的文化特质复体，是与我国有史时代所承

〔1〕《科学杂志》一四卷八期裴文中著《中国猿人化石之发见》。
〔2〕《东方杂志》二七卷第四期。

继下来的文化相关，所以新石器时代的新疆、甘肃、河南等地的人种，是现代华人的祖先遗留下来的；同时甘肃所采掘的新石器时代之人骨化石与河南所采掘的，据解剖学家步达生（Dr. Davidson Black，北平协和医学院解剖学教授）之研究，以为和现代华人非常相似，可见新石器时代之人种，为现代华人之直接祖先是无疑的。新石器的发现，大部分都在黄河流域及西北一带：第一个发现的遗址，是在河南渑池县仰韶村。据安特生博士（J. G. Anderson）在《中华远古文化》上说，此处所发现的，有新石器甚多，石斧、石刀、石凿、石磅、扁平石环、石镞，有无数的陶器及骨器，同时亦有人骨化石之发现。第二个发现的遗址，在辽宁锦西县沙锅屯的洞穴。民国十一年夏，安特生与步达生等在沙锅屯觅得一洞穴，在穴中贮藏新石器器物极多，有磨光的小斧数枚，石刀、石箭簇四具，同时也发现有许多陶器，又发现人骨化石数具。第三个发现的遗址在甘肃，发现者为安特生。据安氏在《甘肃考古记》中说，以为甘肃的遗址可以分做六个时代：(1) 齐家期。在这一期中发现有研磨的石斧、石镰及许多尖锐的古器。(2) 仰韶期。此期与河南仰韶村所采掘的类多相同，然亦有与河南不同者，如琢磨之玉片、玉瑗与多数之骨刀等，同时河南发现的陶鼎陶鬲等，在甘肃遗址亦未有发现。(3) 马厂期。此期所发掘的墓地有两处，但无村落遗址，而陶瓮花纹却异常美丽。(4) 新店期。发现这期的器物，其所殉葬陶器却与上列各期完全相异。其石器、骨器，除牛马胛骨所制的鹤嘴锄外，其他也有相同的。(5) 寺洼期。这期的模范址在狄道县（属甘肃兰山道）之寺洼山，其中以马鞍口之单色大陶瓮及足部肥大之陶鬲为最具特色。(6) 沙井期。在镇番县（属甘肃甘凉道）附近寻获古址多处，为沙丘所没。这些古物颇为相近，故可视为一期所出，同时在葬地与村落遗址之中，获得很多的铜器，内有带翼之铜镞，为很精致的作品。由近年所采掘出来的新石器加以考证，最古的有甘肃的齐家期，次为河南之仰韶期与辽宁沙锅屯之石器，以考古上的证据来推论汉族（华族）祖先移动的路线，则可以假定汉族在旧石器末期或新石器初期，大概从中亚迁到巴勒克什湖、伊犁河附近，而入于新疆边境之上，后更向东移动而入于甘肃一带，与黄河流域南部几省，特别是河南一带，而成了汉族屯积之中心地带，那里因为气候土质与地势的优良，成了汉族文化的摇篮地。〔1〕大概在新石器时代的新疆，是一个中亚与远东文化交通的孔道，因为古代的新疆并无现在沙漠连绵，同时新疆的山岭亦不能阻止两处的民族接触，所以甘肃、河南一带的文化，皆和中亚发生了密切的关系。自汉族迁入黄河流域后，新疆便成了中国文化与西方文化交通的桥梁，自然这文化是非常复杂的，因为不只是具有远东的文化特质，同时也染有近东的成分。不过迁到中国来的汉族，因为环境之不同，亦产生了大量的异质文化，然在新石器时代，因为汉族迁入不久，故其文化的同质性，亦有显著的保留。瑞典人安特生（J. G. Anderson）于民国十年在河南渑池县仰韶村，发现新石器时代之遗物后，曾著《中华远古之文化》一文，有说："仰韶陶器中，尚有一部分或与西方具有关系者，近与俄属土耳其斯坦相通，远或与欧洲相关，施彩色而磨光之陶器即其要证，此项陶器，于仰韶层中发见极多，虽残破不全，而大概形态不难推见。其器体积不大，形式简单，多作碗状。其所用陶土之质，较他种陶器所用较细，器质颇薄，工作精美，面多磨光，红地施以黑白花纹。与此相似之陶器，欧洲新石器时代或其末期亦有之；如意大利之西西利岛，北希腊之科隆尼亚（Choeronia），东欧之格拉西亚（Glacia），俄国西南部鸠城（Kiew）附近之脱里波留（Tripal-ije），其尤有意味者，厥为彭伯莱（Pumpolly）在俄属土耳其斯坦、阿思喀巴（Askabad）附近阿瑙（Anau）地方所发见之陶器。此各处之陶器固各自有其特点，然取以为仰韶陶器相较，则皆有相似之点，而以阿瑙为最。夫花纹样式固未必不能独立创作，彼此不相连属。然以河南与阿瑙之器相较，其图形相似之点既多且切，实令吾人不能不起同出一源之感想，以为两地艺术彼此流传，固未可知也。诚知河南距阿瑙道里极远，然两地之间，不乏交通孔道，西藏高原之北，西伯利亚之南，东自太平洋，西至黑海，其间或为农地，或为

〔1〕曾松友著《中国原始社会之探究》五四至五八页。

草田，或为沙漠，据彭伯莱及亨丁顿氏（Huntington）之研究，以为该带古代气候，于人类生活当较今适宜。则两地艺术流传，非不可能，明矣。”〔1〕安氏发表此文后，更以陶器数片送瑞典王太子，瑞典王太子于游伦敦时，与英博物院中国陶器专家郝步森（Hobson）互相讨论，结果由郝步森提出意见如下：“红陶器带黑色彩纹与近东石器时代诸址所发见者，同属一类。其地址为：（甲）巴比仑，据浩鲁氏（Dr. H. R. Hall）以为在苏马连（Sumerian）之前（按即上文所称思米尔人），即公元前三千五百年；（乙）波斯东界；（丙）小亚细亚，约在公元前二千年至一千二百年间。以年代论，此种陶器历时颇久，自公元前四千年起，至一千五百年止，定属新石器时代之文化。其分布之范围，则自近东至俄属土耳其斯坦。今既在河南有发见，则可见其东西流传之远。其间连接之地，如新疆等地，亦应有同类发见之望也。然中国仰韶陶器，究属何代乎？如上所言，似可谓此种陶业创始于巴比仑，后乃四出流传。中国地处极东，达到之时日，自当较后。”〔2〕浩鲁氏之说，则以为仰韶期陶器与巴比仑文化有渊源。日本学者户水宽人有说：“支那之开化，与巴比仑之开化，其相似之点，固惊其多。例若十二律，巴比仑有之，支那亦有之；阴阳之说，巴比仑有之，支那亦有之；历法，巴比仑之与支那又甚相近，然是等文化，其源实本于阿加逊人。”〔3〕古代巴比仑历法，还要比埃及古远，古代巴比仑历法与埃及历法大致相同。古巴比仑历法，系一年分为十二月，一月为三十日，埃及历法，以每年所余之五日，加在每年末；巴比仑则以每年所余的五日，不加在每年之末，而于第五年或第六年之后，加一全月，就是置闰。同时，古巴比仑历，又使一年十二月与阴历年首配合，其后分月法渐变为阴历月法。埃及人分一月为三旬，每旬十日，巴比仑人则分一月为六周，每周五日。我国十二地支古名究竟起于何时，已不可考，若谓伏羲作甲历，则起于纪元前二九一〇年间（据最新世界年表所

〔1〕农商部地质调查所出版《地质汇报》第五号第一册。
〔2〕《地质汇报》第五号第一册《中华远古之文化》。
〔3〕蒋智由著《中国人种考》八三页引。

推定)，若谓始于黄帝，则起于纪元前二六四〇年间。古巴比仑历法、萨艮时代的各月名称，系纪元前二八四五年间之事，东西遥遥相对，可称同时，因此有人疑中国民族是自巴比仑迁来，或以巴比仑文化与中国文化是有渊源的。此外，巴比仑呼精灵之名为 Zi，与中国神祇之祇音合，又中国古音呼鬼为几。巴比仑古文之朴，中国为北；巴比仑古文之金，中国为金，而金字之音，两地皆同。又迦勒底称沙士，即中国之甲子。(迦勒底〈Chaldea〉是地名，古代巴比仑王国之州。)法国拉克伯里（Terrien de Laconperie）则以为《山海经》与巴比仑一古史相同。[1] 从上引说，各有一部分的理由，我以为人类起源的地方如确定是在中亚细亚，则中国民族与文化的来源，依据于中亚细亚，亦较有可凭的地方。

第二节　中国上古期(前期)之文化形态

此节论中国上古期之文化形态，是指尧舜及尧舜以前之文化形态而说，先论及尧舜以前之文化形态。

尧舜以前的历史，是渺茫难以稽考的；所以尧舜以前的文化，也是渺茫难以稽考的。但是无论如何渺茫，总要考究一下。中国史的上古期，经过多少年代，这是值得探讨的，司马贞《补三皇本纪》引《春秋纬》说：“自开辟至于获麟，凡三百二十七万六千岁，分为十纪：……一曰九头纪，二曰五龙纪，三曰摄提纪，四曰合雒纪，五曰连通纪，六曰序命纪，七曰修飞纪，八曰回提纪，九曰禅通纪，十曰流讫纪。”(《尚书序正义》引《广雅》作二百七十六万岁，修飞作循飞。流讫，毛刻本作疏仡。袁王《纲鉴合编》，回提纪作因提纪。)这里所说三百二十七万六千岁，如指地球的开辟，年岁或可相当；如指中国历史的开辟，当然是很不正确的年代。又说：“天地初立，有天皇氏……

〔1〕 蒋智由著《中国人种考》一一四页引。

兄弟十二人，立各一万八千岁。地皇氏……十一人……亦各一万八千岁。人皇氏……兄弟九人……凡一百五十世，合四万五千六百年。”这里所说的天皇、地皇、人皇各兄弟，经历如此长远的年岁，当然是属于神话。徐整《三五历》说：“天地浑沌如鸡子，盘古生其中，一万八千岁；天地开辟，阳清为天，阴浊为地；盘古在其中一日九变，神于天，圣于地；天日高一丈，地日厚一丈，盘古日长一丈，如此万八千岁，天数极高，地数极深，盘古极长。”〔1〕这里所说的九变，如指地球发生时的变化，是可以的，如指中国历史开创之君，是属于虚伪的。盘古之说，起自杂书，不足为信史，后人以为天地间的现象必有所自来，遂以创造之全功归之盘古，使诚如《五运历年纪》之所论，则凡天地间之风云雷电，日星雨泽，推而至于四极五岳江河田土之区，草木金石珠玉之微，无不自盘古一人之所化，可见造词之诡异。〔2〕盘为大之借训，盘古可说是大古，未必有是人，即有是人未必有此神化之创造功能。三皇之说，亦与盘古论同一游谈，旧说相传，盘古之后，即为三皇。（甲）天皇。项峻《始学篇》说：“天地立，有天皇十二头，号曰天灵。”《洞冥记》说：“古人质以头为数，犹今鸟兽以头计也。”《遁甲开山图》说：“天皇被迹在柱州昆仑山下。”（乙）地皇。项峻《始学篇》说：“地皇十二头，治万八千岁。”《遁甲开山图》说：“地皇兴于熊耳龙门山。”（丙）人皇。《春秋命历序》说：“人皇氏九头，驾六羽，乘云车，出谷口，分九州。”《遁甲开山图》说：“人皇起于形马。”昆仑山为亚洲大山脉之一，起自帕米尔东境之葱岭，沿西藏新疆之境，东走入内地。这种神话所述天皇氏的来源，亦恍惚为汉族西来说之一证。〔3〕谷永说：“夫周秦之末，三五之隆。”师古说：“三谓三皇，五谓五帝。”则三皇五帝之说，起自晚周，汉师古已言之。秦博士有说：“古者有天皇，有地皇，有泰皇，泰皇最贵。”武帝时人有上书说：“古者天子三年一用大牢祠三，天一、地一、泰一。”可知三皇

---

〔1〕《太平御览》卷二。
〔2〕章嵚著《中华通史》第一册一四九页。
〔3〕引说见《太平御览》卷七八。

之说，本于三一。世或据春秋后语，欲易泰皇为人皇，而不知泰皇之说，出自泰一，人皇之名，又出自泰皇。〔1〕双湖胡氏说："三皇之号，昉于《周礼》，外史掌三皇五帝之书而不指其名。其次，则见于秦博士，有天皇、地皇、人皇之议，秦去古未远，意三皇之称，此或庶几焉。汉孔安国书序，乃始以伏羲、神农、黄帝为三皇，少昊、颛顼、高辛、尧、舜为五帝，不知果何所本。盖孔子于《家语》，自伏羲以下，皆称曰帝，《易大传》、《春秋内外传》有皇帝之称，《吕氏月令》虽不可为据，然有曰帝太昊、帝炎帝、帝黄帝，亦足以表先秦未尝以伏羲、神农、黄帝为三皇也。至宋五峰胡氏，直断以孔子《易大传》，以伏羲、神农、黄帝、尧、舜为五帝，不信传而信经，其论始定，然三皇之号，不可泯也。则亦以天皇、地皇、人皇言之，但此三者本无所稽，意混茫初开，先有天而后有地，既有天地而人生焉。《皇极经世书》于元经会所谓天开于子，地辟于丑，人生于寅，始为开物之初，意三皇之说由此而称，所谓三坟者，亦必因文籍既生之后，述上古之事而有定书；大抵鸿荒辽远，不可得详，况夫子于《书》首唐虞，于《易》首伏羲，伏羲以前，皆未尝道，阙之可也。"〔2〕鸿荒辽远，不可得而详知，而三皇之说，亦言人人殊。三皇之后，有有巢氏。项峻《始学篇》说："上古皆穴处，有圣人教之巢居，号大巢氏，今南方人巢居，北方人穴处，古之遗俗也。"韩子说："上古之世，人民少而禽兽多，人不胜禽兽蛇虺，有圣人作，构木为巢以避群害，而人悦之使王天下，号之曰有巢氏。"有巢氏之后，有燧人氏。《古史考》说："古之初，人吮露精，食草木实，穴居野处，山居则食鸟兽，衣其羽皮，饮血茹毛；近水则食鱼鳖螺蛤，未有火化，腥臊多害肠胃；于是有圣人以火德王，造作钻燧出火，教人熟食，铸金作刃，民人大悦，号曰燧人。"《礼》说："昔者先王未有火化，食草木之实、鸟兽之肉，饮其血，茹其毛，后圣有作，然后修火之利，范金合土，以炮以燔，以烹以炙，以为醴

〔1〕蒙文通编《古史甄微》第一节引。
〔2〕《通鉴纪事本末》前编卷一。

酪。”燧人氏之后，有庖牺氏。《易下系》说：“古者庖牺氏之王天下也，仰则观象于天，俯则观法于地，中观鸟兽之文，与地之宜，近取诸身，远取诸物，于是始作八卦，以通神明之德，以类万物之情。”《礼纬·含文嘉》说：“伏者别也，牺者献也法也；伏牺德洽上下，天应之以鸟兽文章，地应之以龟书，伏牺乃则象作易卦。”庖牺氏之后有女娲氏，《帝王世纪》说：“女娲氏亦风姓也，承庖牺制度，亦蛇身人首，一号女希。”《淮南子》说：“往古之时，四极废，九州裂，天不兼覆，地不周载，火滥炎而不灭，水结漾而不息，猛兽食精民，鸷鸟攫老弱。于是女娲炼五色石以补苍天，断鳌足以立四极，杀黑龙以济冀州，积芦灰以止淫水。”庖牺氏之后，有神农氏。《易下系》说：“神农氏作，斲木为耜，揉木为耒，耒耨之利，以教天下，盖取诸益。”《礼纬·含文嘉》说：“神者信也，农者浓也，始作耒耜，教民耕种，其德浓厚若神，故为神农也。”以上有巢氏、燧人氏、太昊庖牺氏、女娲氏、炎帝神农氏，在上古前期的文化中，都是占一重要的位置。

人类在原始的阶段中，生活是很简单，文化是很粗鄙；在那时不知道用火，在不知道用火的时候，食物要靠自然的草木果实，居处则为禽兽一样的巢穴，衣裳则为草叶羽毛之类。中国古书中关于这类事情传说的记载就不少。《礼记·礼运》说：“昔者未有宫室，冬则居巢窟，夏则居橧巢。未有火化，食草木之实，鸟兽之肉，饮其血，茹其毛，未有麻丝，衣其羽皮。”《淮南子·要略训》说：“茹草饮水，采树木之实，食蠃之肉，时多疾病。”《韩非子》说：“古者丈夫不耕，草木之实足食也；妇人不织，禽兽之皮足衣也。”《墨子·辞过篇》说：“古之民……就陵阜而居，穴而处……衣皮带茭……素食而分处。”《庄子·盗跖篇》说：“古者禽兽多而人民少，于是民皆巢居以避之。昼拾橡栗，暮栖木上，故命之曰有巢氏之民。”《白虎通·三纲六纪》说：“饥即求食，饱而弃余，茹毛饮血而衣皮革。”以上一类的纪载，散在各种古籍中，都是关于中国上古期社会衣食住的说明，由这种说明，我们就知道中国上古期的文化原来就是如此。

衣食住是人类生存的要件，除却衣食住之外，而生殖以保存种族，是人类重要事件之一。中国上古期之婚姻制度是什么样？这里也要探讨一下：

上古是杂婚时代，以女子为男子所公有。《社会通诠》说："蛮夷眷属，男子于所昏图腾之女子，同妻行者，皆其妻也；女子于所嫁图腾之男子，同夫行者，皆其夫也；凡妻之子女，皆夫之子女也；其同图腾、同辈行，则兄弟姊妹也；与其同图腾、同辈行者，则诸父诸母也。母重于父，视母而得其相承之宗。"〔1〕上古之世，男女杂游，不媒不娉，且无君主，其民聚生群处，无亲戚兄弟夫妇男女之别，无上下长幼之道。〔2〕当时非特以女子为一国所共有，且有劫夺妇女之风，凡战胜他族必系累其妇女以备嫔嫱，故取女必在别的部分（如神农母为有娇氏，少昊母为西陵氏，颛顼母为蜀山氏），而妇女亦与奴婢相同（如妇字象持帚之形，而奴字古文象女子械系之形，婢字亦从女卑），其始是盛行杂婚之制，及伏羲之世，虑劫略之易以造乱，乃创为俪皮之礼，定夫妇之道，而女娲亦佐伏羲定婚礼，并置女媒；然俪皮之礼，即买卖妇女之俗，故视妇女为财产之一（如妃字本义为帛匹，帑字本义为库藏），后世婚姻行纳采、纳吉、问名、纳征、请期、亲迎六礼，纳采纳吉皆奠雁，而纳征则用玄纁束帛，所以沿买卖妇女之俗，而亲迎必以昏者，乃古代劫略妇女，必乘妇家不备，且使之不知为谁何，故必以昏时。〔3〕这时期经过多少年代，是我们不能知道的。关于婚姻嫁娶之礼的制定，是始于何时，则持说各有不同。主张始于庖牺氏者，如《史记·补三皇本纪》说："太皞庖牺氏始制嫁娶以俪皮为礼。"《通鉴外纪》说："上古男女无别，太昊始设嫁娶，以俪皮为礼。正姓氏，通媒妁，以重人伦之本，而民始不渎。"《白虎通号篇》说："古之时未有三纲六纪，民但知其母，不知其父；卧之祛祛，行之吁吁，于是伏羲仰观象于天，俯察法于地，因夫妇，正五行，始定人道。"《路史》说："太昊伏羲氏正姓氏，通媒妁，以重万民之俪。俪皮荐之以严其礼，示合姓之难，拼人情之不渎。"主张始于黄帝者，如《淮南子·览冥训》说："黄帝治天下，别男女，

〔1〕《社会通诠》汉译本一〇页。
〔2〕《列子·汤问篇》及《吕氏春秋》。
〔3〕刘师培《中国历史教科书》。

异雌雄。”主张始于颛顼者，如《淮南子·齐俗训》说：“颛顼（黄帝之孙昌意之子）之法，妇人不避男子于路者，拂之四达之衢；由是嫁娶取俪皮之俗。”这里所说的正姓氏，别男女，通媒妁，是否氏族社会的婚姻形式呢？氏族社会是建筑于血统关系之上而构成的一种社会形式（图腾社会是先于氏族社会）。图腾社会有一个特征，即族外婚姻，族外婚姻是禁止同一图腾内的男女结合。这种血缘之渐次认识，为形成氏族社会血统关系之主要成分。图腾社会虽然是实行族外婚姻，但却履行兄弟间的共妻制，即兄弟同妻，妻子同夫，所生下来的，是兄弟间共有的，他们互相称为父亲与儿子。对于这种方式，现在野蛮民族的图腾中多有流行，用摩尔根的术语来说，便是彭那鲁亚家庭（Panaluan Family）。族外婚姻为新石器时代之特征，但对于族内较远的结合却是有的。现今尼尔格利（Nilgiri）山附近之度达人（Toda）仍有这种风俗；达沙罗（Tartharol）族中的“潘”（Pan）小族的人，不能向泰华罗（Teivaliod）族去选择女人，但只能向自己达沙罗族中的另小族去选取。〔1〕这个转型期的婚姻形式，在现在世界的各图腾族中，有等仍有这样的残留。凡有这个形式残留的，大概亦有共婚制（Sexual Communism）的遗留。我以为庖羲以前的社会婚姻制度，或是行过族外婚姻，即多夫多妻制的家庭，到了庖羲的时代，见了这男女杂游不媒不娉的混乱婚姻制度大以为不宜，那末，就决定正姓氏，通媒妁。所谓正姓氏，就是不许在氏族社会内通婚姻的证据。

中国古史神农氏之后有黄帝，黄帝时代为中国文化的开展时期。《史记》说：“黄帝者少典之子，姓公孙，名轩辕，诸侯有不顺者从而征之，未尝宁居。东至于海，登丸山及岱宗；西至崆峒，登鸡头山；南至江，登熊湘；北逐荤粥合符釜山，而邑于涿鹿之阿。迁徙无常处，以师兵为营卫，官名皆以云，置左右大监，监于万国。”《春秋内事》说：“轩辕氏以土德王天下，始有堂室，高栋深宇，以避风雨。”《管子·五行篇》说：“黄帝得蚩尤而明乎天道，得太常而

---

〔1〕 曾松友《中国原始社会之探究》引 Lowie：*Primitive Society*，p. 17.

察乎地利，得苍龙而辨乎东方，得祝融而辨乎南方，得大封而辨乎西方，得后土而辨乎北方。黄帝得六相，天下治。”又说：“黄帝钻燧生火以熟荤臊，民食之无肠胃之病。”《通典》说：“昔黄帝始经土设井，以塞争端，立步制亩，以防不足，使八家为井，井开四道而分八宅，凿井于中，一则不泄地气，二则无费一家，三则同风俗，四则齐巧拙，五则通财货，六则存亡更守，七则出入相同，八则嫁娶相媒，九则有无相货，十则疾病相救。是以情性可得而亲，生产可得而均，均则欺陵之路塞，亲则斗讼之心弭。”《淮南子》说：“黄帝治天下而力牧太山稽辅之，以理日月星辰之行，治阴阳之气，节四时之度，正律历之数，明上下，等贵贱，使强不得掩弱，衆不得暴寡，人民保命不夭，岁时熟而不凶，百官正而无私，上下调而无尤，法令明而不暗，辅佐公而不阿，田者不侵畔，渔者不争隈，道不拾遗，市不豫价，城郭不关，邑无盗贼，商旅之人相让以财，狗彘吐菽粟于道路，而无忿争之心。”《纲鉴汇纂》说：“黄帝有熊氏，姓公孙，名轩辕，有熊国君之子也。帝生而神灵，弱而能言，幼而狥齐，长而敦敏，成而聪明，国于有熊（今河南新郑），故号有熊氏，长于姬水，故又以姬为姓。是时神农氏衰，诸侯相侵伐，炎帝榆罔弗能征，于是轩辕习用干戈，以征不享，诸侯咸来宾从。炎帝榆罔侵陵诸侯，诸侯益叛之，轩辕修德治兵，艺五谷，抚万民，度四方，与炎帝榆罔战于阪泉之野，三战而后胜之，又擒杀蚩尤于涿鹿（轩辕征师诸侯，与蚩尤战于涿鹿之野，蚩尤作大露，军士昏迷，轩辕为指南车以示四方，遂擒蚩尤于中冀）。于是诸侯咸归轩辕氏，代神农氏为天子，是为黄帝。黄帝既为天子，于是始立制度，天下有不顺者，从而征之，披山通道，未尝宁居；其土地东至于海，西至崆峒，南至于江，北逐熏鬻，合符于釜山（合诸侯符契圭瑞而朝之于釜山，釜山在保定府安肃县），邑于涿鹿之阿，迁徙无常处，以师兵为营卫。以云纪官，有土德之瑞。……帝受河图，见日月晨之象，于是始有星官之书。命大挠探五行之情，占斗纲所建，于是始作甲子。命容成作盖天（浑天仪），以象周天之形，综六术以定气运（六术谓羲和占日，常仪占月，臾區占星气，伶伦造律，隶首作算数，大挠作甲子）。……命荣猨铸十二钟，协月箫，以和五官，立天时，正人位焉。命大容作咸池之乐，命车区占星气，容成兼而总之。帝作冕，垂旒充纩，为玄衣黄裳，以象天地之正色。旁观翚翟（翚，飞举貌，翟，雉名。）草木之华，乃染五色为文章，以表贵贱，于是衮冕衣裳之制兴。命宁封为陶正，赤将为木正，以利器用。命共鼓、化弧刳木为舟，剡木为楫，以济不通。邑夷法斗之周旋，魁方杓直，以携龙角，作大辂以行四方。由是车制备，服牛乘马，引重致远，而天下利矣。帝作宫室之制，遂作合宫（即周明堂），祀上帝，接万灵，布政教焉。范金为货，制金刀，立五币，设九棘之利，为轻重之法，以制国用而货币行矣。帝以人之生也，负阴而抱阳，食味而被色，寒暑荡之于外，喜怒攻之于内，夭昏凶札，君民代有，乃上穷下际，察五气，立五运，洞性命，纪阴阳，咨于岐伯而作《内经》，复命俞跗、岐伯、雷公察明堂，宄息脉，巫彭、桐君处方饵，而人得以尽年。命元妃西陵氏教民蚕。于是画野分州，得百里之国万区，命匠营国邑，置左右大监，监于万国，万国以和。遂经土设井，以塞争端，立步制亩，以防不足。使八家为井，井开四道，而分八宅，井一为邻，邻三为朋，朋三为里，里五为邑，邑十为都，都十为师，师十为州，分之于井，而计于州，则地著而数详。”由上所引述，我们就知道黄帝的时代，是中国上古文化开展的时代；在那时代最重要的创作，就是武备、天文、音乐、衣服、陶业、舟车、宫室、货币、医术、养蚕、政治组织、田亩制度等，这是在中国文化演进史上值得注重的。

当黄帝时代，植基中土，频频战争，据史书所载，与战者有炎帝、榆罔、蚩尤。黄帝是少典之后，与神农（炎帝）为同族，何致互相战争？故有以《史记》本文之称炎帝为称蚩尤者，清代梁玉绳引《周书·尝麦解》，蚩尤攻逐赤帝于涿鹿，黄帝乃执蚩尤杀之。《左传》僖公二十五年，黄帝战阪泉之兆，亦指蚩尤。然则阪泉之战，即涿鹿之战，是轩辕勤王之师而非有两事，故《逸周书》称蚩尤曰阪泉氏，斯为碻证。始缘炎帝世衰诸侯不享，轩辕征之而来宾，为炎帝征也；既因蚩尤谋逆，炎帝蒙尘，轩辕征师以诛之，为炎帝诛也。纪中两炎帝，俱蚩尤之误。《路史后纪》云：“蚩尤姜姓，炎帝之裔，逐帝自立，僭号炎帝。”当是因此之误。〔1〕有人说：“蚩尤为九黎之君，黎即苗也。”黄帝率领汉族植基中土，同异民族的苗相战争，苗族最大的首领是蚩尤，他是一个苗族的英雄，有猛将夸父创制刀、戟、大弩、惊人的武器，先与神农分占江山，成立汉苗对峙的新局势。神农死后，蚩尤率领部族叛乱，出洋水，登九淖，伐神农后裔于空桑，神农的后裔遂避居涿鹿。当时神农的都城在鲁的曲阜，而空桑之地亦在鲁，蚩尤率其强悍的苗族，压迫汉族，北逾黄河。其时黄帝挺身而出，广征诸侯，大破蚩尤。黄帝与蚩尤大战，先后三回，第一次在阪泉，第二次在涿鹿，第三次在中冀，最后胜利，乃在中冀；这一次战役，是以应龙为元帅，居然把穷凶极恶的蚩尤杀死，而且把他的大将夸父斩了；后人因追崇这位将军——应龙——的功业，就把他当作神龙看待，传为神话。〔2〕我们知道黄帝统军与苗族的蚩尤搏战，把苗族之势力消灭，而使汉族在黄河两岸的地方安居，民族疆界为之扩展，社会基础因之确立。凡民族已成为安定生活组织之后，必在特定之区域中，以完成其政治之组织和制度。黄帝画野分州，是中国社会之最初组织，社会有了组织，而文化乃可逐渐发展。〔3〕《大戴礼·五帝德篇》说：“黄帝抚万民，度四方，生而民得其利百年，死而人民畏其神百年，亡而人民用其教百年。”这可以说是推崇备至了。

黄帝完成中国社会最初之组织和政治制度之雏形，是否需要法律而统治呢？在古代的社会里，人民有公约而无苛刑，《淮南子》说：“古之人，同气于天地，与世而优游。当此之时，无庆赏之利，刑罚之威，礼义廉耻不设，毁誉仁鄙不立。”又说：“伏羲女娲，不设法度。”《商君书·画策篇》说：“神农之世，男耕而食，妇织而衣，刑政不用而治，甲兵不起而王。神农既没，以强胜弱，以众暴寡，故黄帝作为君臣上下之义，父子兄弟之礼，夫妇妃匹之合；内行刀锯，外用甲兵，故时变也。由此观之，神农非高于黄帝也，然

〔1〕《中华通史》第一册一六二页引。
〔2〕《山海经·大荒北经》第一七，又易君左编《中国社会史》第一三页。
〔3〕拙著《中国政治思想史大纲》第一章第一节。

其名尊者，以适于时也。故以战去战，虽战可也；以杀去杀，虽杀可也；以刑去刑，虽重刑可也。”从上引证来看，黄帝以前是没有法制的，依《商君书》所说，神农之世，刑政不用而治，在黄帝之世，则“内行刀锯，外用甲兵”，所谓内行刀锯，即是以刑罚约束其民，因为政治的组织完成了以后，刑罚是不能少的。

有人说：黄帝时代和黄帝以前的时代，是图腾（Totem）的社会，所以他的文化，也是图腾社会的文化。黄帝的诞生，据说是由附宝感大电，大电能生子，似乎也有图腾的意思在里面；再考传说，黄帝所诞育的苗裔，则更给我们图腾的写照。《山海经·海内经》说：“黄帝生骆明，骆明生白马，白马是为鲧。”又《大荒北经》说：“黄帝生苗龙，苗龙生融吾，融吾生弄明，弄明生白犬，白犬有牝牡，是为犬戎。”《大荒东经》说：“黄帝生禺虢，禺虢生禺京，禺京处北海，禺虢处南海。”所谓白马、鲧、苗龙、白犬、禺虢、禺京，这一串名词，很像一幅动物图。在中国的古代，氏族的名称，亦几乎全部采取动物或无生物的名称，据传说的纪载：黄帝之族有蟜氏（《国语》），神农氏即神龙氏（《帝王世纪》：农母有神龙首感而生神农），黄帝少典之族有熊氏（谯周《古史考》），和有熊氏敌对的为蚩尤氏（《史记》），舜之先族穷蝉氏（《本纪》），尧之族有骀氏（《帝王纪》，《左传》说骀作邰），后稷之族有骀氏（《诗·大雅》），契之族有娀氏（《帝王纪》），夏之先族牛蟜氏。属于蚩尤之各族，有罴氏、熊氏、虎氏、豹氏（史称蚩尤率熊罴虎豹与黄帝战）。属于庖牺氏之各族，有飞龙氏、潜龙氏、居龙氏、降龙氏、土龙氏、水龙氏、青龙氏、赤龙氏、白龙氏、黑龙氏、黄龙氏（《竹书纪年》及《竹书笺注》）。属于轩辕氏之各族，有青云氏、缙云氏、白云氏、黑云氏（《左》昭十七年）。属于金天氏（《五帝外纪》少昊金天氏）之各族，有玄鸟氏、青鸟氏、祝鸠氏、鹍鸠氏、鸤鸠氏、爽鸠氏、鹘鸠氏（《左》昭十七年）。属于有熊氏之各族，有熊氏、貔氏、貅氏、貙氏、虎氏（《通鉴》：轩辕教熊貔貅貙虎以与炎帝战）、雕氏、鹖氏、雁氏、鸢氏（《列子》：黄帝与炎帝战于阪泉之野，帅熊罴虎豹貙为前驱，雕鹖雁鸢为旗帜）。以上所引之各氏族，作为证明图腾制的存在是有可能的。其次，传说中所谓庖牺氏以龙纪，神龙氏以火纪，轩辕氏以云纪，少昊氏以鸟纪，共工氏以水纪（《竹书纪年》、《史记》、《左》昭十七年郯子说），这对于原始图腾之存在，也有相当的说明。氏族之原始的图腾名称，到后来便渐次为个人的名称或地名所代替；如传说中之有骀氏之转换为陶唐氏，牛蛴氏之转换为夏氏，便都以地名而代替了原来的图腾名称。在中国上古传说式的记载中曾说过："太古至德之世以物纪，至尧舜以德纪，降及后世，以人或地纪。"这可以说明历史发展的顺序。〔1〕莫尔甘也说过："当家系转入男系，或者比此还早的时候，氏族的动物名称就被抛弃，而代之以个人或地方的名称，似乎是可能的。"〔2〕我们知道黄帝时代，假定是图腾社会的时代，能否有如传说中所创造武备、天文、音乐、衣服、舟车、宫室、货币、医术、养蚕、政治、组织、田亩制度等的文化呢？这是无从证明的。《史记·五帝本纪》说及黄帝："生而神异，弱而能言，幼而徇齐，长而敦敏，成而聪明。"又说他："披山通道，未尝宁居；东至于海，登九山及岱宗，西至于空桐，登鸡头；南至于江，登熊湘；北逐荤粥，合符釜山，而邑于涿鹿之阿。"像这样特具的神姿，而又能广辟疆土，奠定中国，是有为的大人物；他创造如传说中之种种文化，是有可能的。

黄帝之后，有少昊金天氏。《纲鉴汇纂》说："少昊金天氏名挚，姓己，黄帝之子玄嚣也，母曰嫘祖，感大星如虹，下临华渚之祥而生帝。黄帝之世，降居江水，邑于穷桑，故号穷桑氏（穷桑，地名，在兖州府鲁城址），国于青阳，因号青阳氏，以金德王天下，遂号金天氏，能修太昊之法，故曰少昊，都曲阜（鲁邑）。"《帝王世纪》说："少昊帝名挚，字青阳，姬姓也，母曰女节。黄帝时有大星如虹，下流华渚，女节梦接意感，生少昊，是为元嚣，降居江水，有圣德，邑于穷桑，以登帝位，都曲阜，故或谓之穷桑。帝以金承土，帝图谶所谓白帝朱宣者也，故称少昊，号金天氏，在位百年而崩。"又据《河图握矩记》所载，少昊的诞生，由于女节感大星，《春秋元命苞》

---

〔1〕吕振羽著《史前期中国社会研究》一二五至一三二页，李则纲著《始祖的诞生与图腾》第九页。

〔2〕摩尔根著《古代社会》。

及《宋书·符瑞志》所记略同。《拾遗记》则将皇娥与白帝子，构成一妖艳动人的故事，不问而知，是附会而成。《拾遗记》所说穷桑，就是西海之滨的孤桑，固然是荒唐，但少昊亦名穷桑，见于《左传》昭公二十九年，考穷桑两字，与古史里很多的人物发生关系。《路史·循蜚纪》有空桑氏，空穷音义相近，空桑即穷桑。《归藏》说："蚩尤出洋水，登九淖，以伐空桑。"《路史·共工氏传》谓共工"振滔洪水，以薄空桑。"《路史·禅通纪》又称："轩辕氏作于空桑之北。"（黄帝前之轩辕。）是穷桑之名，来历甚远。就故事起源处推测，空桑或穷桑，初时谅是族名。盖中国蚕事，在古代很早发生，未有蚕事之先，必有美茂之桑林，遍于境域，必以桑为图腾。古代既有以桑为图腾的氏族，则少昊之名为穷桑，似与此不无关系。〔1〕少昊对于文化之创作，是很少的。史称："帝之御世也，诸福之物毕至，爰书鸾凤，立建鼓，制浮磬，以通山川之风，作大渊之乐，以谐人神，和上下，是曰九渊。"〔2〕据元结《补乐歌序》说及："九渊，少昊氏之乐歌也，其义盖称少昊之德，渊然深远。"然少昊为德不卒，诸侯作乐，天下之人，相惧以神，相惑以怪，家为巫史，民渎于礼，荐祸叠至。他死后，兄昌意之子高阳立，是为颛顼。《帝王世纪》说："帝颛顼高阳氏，黄帝之孙，昌意之子，姬姓也，母曰景仆（《蜀国春秋》作景嫘），蜀山氏女，为昌意正妃，谓之女枢。金天氏之末，女枢氏生颛顼于若水，首戴干戈，有圣德，父昌意之嫡，以劣降居若水为诸侯。颛顼生十年而佐少昊，十二年而冠，二十而登帝位，平九黎之乱，以水事纪官，命南正重司天以属神，北正黎司地以属民，于是民神不杂，万物有序。"据《淮南子》说："颛顼之法，妇人不避男子于路者，祓之于四达之衢"（拂除其不祥之意），斯言如确，则中国男权的伸展，是在颛顼的时代了。《纲鉴汇纂》说："帝静渊以有谋，疏通而知事，养材以任地，载时以象天，依鬼神以制义，治气以教化，洁诚以祭祀北至于幽陵（今顺天府），南至于交

〔1〕《始祖的诞生与图腾》一二页，胡愈之译《图腾主义》五七页。
〔2〕《纲鉴汇纂》卷一。

趾，西至于流沙（甘肃张掖居延县），东至于蟠木。动静之物，小大之神，日月所照，莫不砥属；在位七十八年崩，年九十一，葬濮阳（今河南滑县东北），少昊之孙帝喾立。”颛顼之后，有帝喾高辛氏，名夋，姓姬，祖曰少昊，父曰蟜极。年十五，佐颛顼帝，受封于辛，年三十，以水德代高阳氏为天子，以其肇基于辛，故号高辛氏。即位之后，命咸黑典乐，为声歌，命曰九韶之乐。《大戴礼》说：“宰我曰：请问帝喾。孔子曰：元嚣之孙，蟜极之子，曰高辛氏，生而神灵，自言其名，取地之财而节用之，抚教万民而利诲之，历日月而送迎之，明鬼神而敬事之，其色郁郁，其德湙湙，其动也时，其服也士，春夏乘龙，秋冬乘马，黄斧绋衣，执中而获天下。”帝喾在位七十年崩，年一百五岁，葬顿丘（在直隶大名府清丰县），子挚嗣立，荒淫无度，不修善政，居九年，诸侯废之，而尊尧为天子。

中国上古前期的文化，至尧舜之世，可说是一个阶段。在这时代，有许多的历史事实，是属于神话传说，很难得到正确的信据。在这时代，黄帝是首出的伟大人物，他所创造的文化，为当时各帝所不及。总结这时代可注意之点，即（一）治术上之进化，（二）生产上之进化，（三）乐制上之进化，（四）历法上之进化，（五）地域区画上之进化。（高阳之世，有九州之建，如兖、冀、青、徐、豫、荆、扬、雍、梁分地而治，包有全国。）到尧舜时，中国古代文化，乃更进于开展的时期。《资治通鉴外纪》说：“帝尧，帝喾之子，年十五，长十尺，佐兄挚受封唐侯，姓伊祁，号陶唐氏，都平阳（山西临汾县）。尚白，荐玉以白缯。茅茨不翦，朴桷不斫，素题不枅，大路不画，越席不缘，大羹不和，粢食不毇，藜藿之羹，饭于土簋，饮于土铏，金银珠玉不饰，锦绣文绮不展，奇怪异物不视，玩好之器不宝，淫佚之乐不听，宫垣室屋不垩色，布衣揜形，鹿裘御寒，衣履不敝尽不更为也。不以私曲之故，害耕稼之时；吏忠正奉法者尊其位，廉贞平絜爱民者厚其禄；民有孝慈力耕桑者，遣使表其间；正法度，禁诈伪，存养孤寡，赈亡祸之家，自奉甚薄，赋役甚寡，巡狩行教，周流五狱，西教沃民，东至黑齿，存心于天下，加志于穷民。一民饥，则曰我饥之也；一人寒，则曰我寒之也；一民有罪，曰我陷之也。

百姓戴之如日月，亲之如父母，仁昭而义立，德博而化广；故不赏而民劝，不罚而民治，先恕而后教，单均刑法以仪民。”《帝王世纪》说：“帝尧陶唐氏，祁姓也，母曰庆都，孕十四月而生尧于丹陵，名曰放勋，或从母姓伊祁氏，年十五而佐帝挚，授封于唐为诸侯，身长十尺，常梦攀天而上之，故年二十而登帝位，以火承木，都平阳。置敢谏之鼓，天下大和；命羲和四子羲仲、羲叔、和仲、和叔分掌四岳。诸侯有苗氏，处南蛮而不服，尧征而克之于丹水之浦。乃以尹寿、许由为师。命伯夔访山川溪谷之音，作乐六章，天下大和，百姓无事。”《论语》说：“大哉尧之为君也，巍巍乎唯天为大，唯尧则之；荡荡乎民无能名焉，巍巍乎其有成功也，焕乎其有文章。”《大戴礼》说：“宰我曰：请问帝尧。孔子曰：高辛之子也，曰放勋；其仁如天，其智如神，就之如日，望之如云，高而不骄，贵而不豫。”《庄子》说：“昔尧之治天下也，使天下人欣欣焉，人乐其性。”《淮南子》说：“尧之治天下也，舜为司徒，契为司马，禹为司空，后稷为大田师，奚仲为工；其导万民也，水处者渔，山处者木，谷处者牧，陆处者农；地宜其事，事宜其械，械宜其用，用宜其人，泽皋织网，陵阪耕田，得以所有易所无，以所工易所拙。是故离判者寡而听从者众，譬若播棋丸于地，员者走泽，方者处高，各从其所安。”从上所引证来看，可以知道尧的时代，是上古政治安定的时代。

在尧的时代虽然政治很安定，但遭遇了一次大水灾。《吴越春秋》说：“尧遭洪水，人民泛滥，逐高而居，尧聘弃，使民山居，随地造区。”又说：“遭洪水滔滔，天下沉渍，九州阏塞，四渎壅闭。”《孟子》说：“当尧之时，水逆行，氾滥于中国，蛇龙居之，民无所定，上者为巢，下者为营窟。”《史记·夏本纪》说：“当尧之时，鸿水滔天，浩浩怀山襄陵。”在如此的大水灾中，尧举舜而敷治，舜使益掌火，益烈山泽，禹疏九河。以少数人之力量而治很大的洪水，这是不可能之事。据《史记》：“禹乃遂与益、后稷奉帝命，命诸侯百姓，兴人徒以传土，行山表木。”可见实际作治水工作的，还是诸侯百姓，换句说：就是散居岳滨的各氏族（百姓）全体人员，及各氏族的世袭酋长、普通酋长（诸侯）。有人说：尧时代的大水灾，或以冰河融解以后的长时间，大量的水还汇积在大陆内未曾流出，又因大量的雨水或上游高地水源的增加，致成为一次最大的水灾。但是我们要知道地球的冰河时代及其次数，大概可分为四期：第一次距今约五十万年，在这次冰河时代，地球上还没有人类。第二次距今约四十万年前。第三次距今约十七万年前。第四次距今约五万年前。尧帝距今不过四千二百九十二年左右，冰河的融解，断不至融解而迁延许久的年代。且冰河融解时，人类只有避居别处没有水患的地方，说不到治水的方法。尧舜时代第一重要的政治问题，便是禅让。《史记·五帝本纪》说："尧曰：嗟四岳，朕在位七十载，汝能庸命，践朕位。岳应曰：鄙德，忝帝位。尧曰：悉举贵戚及疏远隐匿者。众皆言于尧曰：有矜在民间曰虞舜。尧曰：然，朕闻之其何如？岳曰：盲者子，父顽，母嚚，弟傲，能和以孝，烝烝治，不至奸。尧曰：吾其试哉。于是尧妻之以二女，观其德于二女。舜饬下二女于妫汭（妫汭水名，在山西永济县南六十里），如妇礼。尧善之，乃使舜慎和五典，五典能从，乃遍入百官，百官时序；宾于四门，四门穆穆，诸侯远方宾客皆敬；尧使舜入山林川泽，暴风雷雨，舜行不迷；尧以为圣，召舜曰：汝谋事至而言可绩三年矣，汝登帝位。舜让于德不怿。正月上日，舜受终于文祖，文祖者，尧太祖也。于是帝尧老，命舜摄行天子之政。……尧立七十年得舜，二十八年而老，令舜摄行天子之政，荐之于天；尧避位凡二十八年而崩。……尧崩，三年之丧毕，舜让避丹朱于南河之南。诸侯朝觐者，不之丹朱而之舜；狱讼者，不之丹朱而之舜；讴歌者，不讴歌丹朱而讴歌舜。舜曰天也，夫而后之中国，践天子位焉。"尧举舜，咨询于四岳，四岳是什么人，就是当时部落之长。古代部落其酋长多居山林（《尚书》亦有四岳之名），这个四岳，是与尧共同统治各部落的，而尧为当时各部落首领之长，即是四岳共同推戴之长，尧之推位让贤，自然先征求他们的意思，所以说："汝能庸命，践朕位。"等到他们不允意，然后征求贵戚及疏远隐匿者。据清朝宋凤祥所考究，尧舜时候的四岳，一共有三起人，第一起就是羲仲、羲叔、和仲、和叔四个；第二起分做八伯，四个是驩兜、共工、放齐、鲧，余无可考。第三起就是伯夷等八人。《周礼疏序》引郑《尚书注》说：“四岳，四时之官，主四岳之事；始羲和之时，主四岳者，谓之四伯；至其死，分四岳事，置八伯，皆王官。其八伯惟驩兜、共工、放齐、鲧四人而已，其余四人，无文可知矣。”四岳是共几起人？他们所主持的是何种职务？我们无从考究。据《韩非子·外储》说：“尧欲传天下于舜，鲧谏曰：不祥哉，孰以天下而传之于匹夫乎？尧不听，举兵而诛杀鲧于羽山之郊；共工又谏曰：孰以天下而传之于匹夫乎？尧不听，又举兵而诛共工于幽州之都，于是天下莫敢言无传天下于舜。”《韩非子》之说，是尧之传位于舜，当时未得四岳之同意的。

舜是黄帝八代孙，黄帝生昌意，昌意生颛顼，颛顼生穷蝉，穷蝉生敬康，敬康生句望，句望生蟜牛，蟜牛生瞽瞍，瞽瞍生舜。《史记》说：“虞舜名重华，冀州人也，作什器于寿丘（在鲁东门之北），就时于负夏（负夏卫地），舜父顽，母嚚，弟傲，皆欲杀，不可得，即求在侧。舜耕历山，历山之人皆让畔；渔雷泽，雷泽之人皆让居；陶河滨，器皆不苦窳。尧乃赐舜絺衣与琴，为筑仓廪，与牛羊。舜举八凯，使主后土以揆百事；举八元，使布教于四方；皋陶为大理，民服其实；伯夷主礼，上下咸让，垂主工师，百工致功；益主虞，山泽开辟；弃主农，则百谷时茂；契主司徒，百姓和亲；龙主宾客，远人至；兴九韶之乐，凤凰来翔；舜年五十，摄行天子事，年五十八而尧崩，年六十一，代尧践帝位，践位三十九年，南巡狩崩于苍梧之野（今道州宁远县），葬于九疑（九疑亦名苍梧山），是为零陵。”《纲鉴汇纂》说：“帝广开视听，求贤人以自辅，立诽谤之木，恭己无为，弹五弦之琴……舜以乐教天下，重黎举夔，舜以为乐正，命延益八絃，为二十五絃之瑟，夔修九招六列六英，以明帝德；于是正六律，和五声，以通八风，而天下大服。”《论语》说：“舜有臣五人（禹、稷、契、皋陶、伯益）而天下治。”又说：“无为而治者，其舜也与，夫何为哉？恭己正南面而已矣。”《孟子》说：“舜流共工于幽州，放驩兜于崇山，杀三苗于三危，殛鲧于羽山，四罪而天下咸服。”《论语》所谓舜无为而治，都不是实际的话，证以孟子之说，则知舜曾与各部落的酋长（诸侯）发生很大的争斗，又和苗族发生很剧烈的战争。苗为远古之一强族，黄帝所戮之蚩尤，即为彼中酋长，少昊之衰，九黎乱德，黎即是苗族，颛顼起而诛之；高辛之衰，九黎再乱，尧复起而诛之，于是有丹水之役；尧既命舜摄位，苗族之在中国南方者，度必有兴师之事，古史说窜三苗于三危（山名，甘肃敦煌县南），三危在当日为西裔最远之地，若非苗之好乱，必不令徙至此地。舜代对付苗民，列为四凶之一，则其行动，必仍犹曩昔之不服中夏，及舜既命禹摄位，而苗民之在中国者，故态复萌，所以又有“有苗勿率，命禹徂征”之事。〔1〕苗族古称黎，汉以后称俚，亦作里，其地居正南，故古书多称为蛮，今所谓苗，即蛮字之转音，此族当五帝时曾据今长江中流洞庭、彭蠡之间，后为汉族所破；周时江域之地入楚，此族退居湖南；自汉以后沿洞庭流域西南退。这两大民族在上古时代的互相争斗，文化必有所模仿，如苗族的刑法、兵器、甲胄、宗教等，汉族有多少的因袭。〔2〕以上将上古期文化的溯源，和上古前期的文化形态，略为叙述。《列子·杨朱篇》有说：“太古之事灭矣。孰志之哉？三皇之世，若存若亡，五帝之事，若觉若梦；三皇之事，或隐或显，亿不识一；当身之事，或闻或见，万不识一；目前之事，或存或废，千不识一。”我们考证上古的历史，和上古的文化历程，因为证据的稀少，文字记载之缺乏，其所知，亦亿不得一也。

---

〔1〕《中华通史》第一册一七五页。
〔2〕吕思勉著《中国民族志》第一章第五页，拙著《中国文化演进史观》五三页。

第二章

夏代之文化

第一节　夏代之政治社会

夏代首出之君是大禹，大禹是黄帝的玄孙，姓姒氏。黄帝生昌意，昌意生颛顼，颛顼生鲧，鲧生禹。〔1〕《礼纬》说："禹母修己，吞薏苡而生禹，因姓姒氏。"《遁甲开山图》说："古有大禹，女娲十九代孙，寿三百六十岁，入九嶷山，仙飞去。后三千六百岁，尧理天下，洪水既甚，人民垫溺，大禹念之，乃化生于石纽山前。女狄暮汲水，得石子如珠，爱而吞之，有娠，十四月生子。及长能知泉源，代父鲧理洪水，尧帝知其功，如古大禹知水源，乃赐号禹。"《吴越春秋》说："鲧娶有莘氏之女，名曰女嬉，年壮未孳，嬉于砥山，得薏苡而吞之，意若为人所感，因而妊孕，剖胁而产高密。家于西羌，地曰石纽，石纽在蜀西川也。"由上面各种的传说，皆称禹是感神异之物而生，是氏族社会时代之一种神话。莫尔甘说："希腊氏族名之改变，由他们维持其氏族的宗祖之母亲的名称，而将其始祖之出生归之于这个母亲与一个特殊之神所拥抱而来。"〔2〕不啻给

〔1〕《纲鉴汇纂》卷一《夏纪》，又《史记·夏本纪》。
〔2〕杨译《古代社会》下册一二四页。

这传说下了一个解释。但是从另一方面来看，黄帝、少昊、颛顼、喾、挚、尧、舜、禹八代君统授受之制，同出于一族，不必传子，至禹乃确定传位之法，这表明世运的进步，〔1〕非浅演社会所能有的事。禹既受舜禅，不称帝而称王，循前代之政绩，作乐曰《大夏》，颁历日夏时（以建寅月为岁首，阴历正月为建寅，自汉至清皆用此历），任皋陶、益等以政，而国大治。南巡守，会诸侯涂山（安徽怀远县），诸侯远近毕至，执玉帛者万国。又济江而东，在会稽召集群臣与会，防风氏后至，加以杀戮。悬钟、鼓、磬、铎、鞀，以待四方之士曰：教寡人以道者击鼓，谕以义者击钟，告以事者振铎，语以忧者击磬，有讼狱者摇鞀。一馈而十起，一沐三握髪，以劳天下之民。〔2〕出见罪人，下车问而泣之。《大戴礼》说："宰我曰：请问禹？孔子曰：高阳之孙，鲧之子，曰：文命敏给克济，其德不回，其仁可亲，其言可信；声为律，身为度，左准绳，右规矩，履四时，据四海，平九州，戴九天，明耳目，治天下。"《论语》说："禹吾无间然矣，菲饮食而致孝乎鬼神，恶衣服而致美乎黻冕，卑宫室而尽力乎沟洫。禹吾无间然矣。"以上引说，均是称道禹之执政的。禹在位八年，子启继位，享诸侯于钧台的地方（河南禹州城北门之外），诸侯从之，归于夏都（即安邑）。有扈氏者，为夏同姓诸侯，以尧舜传贤，启独继父位，不服故伐启，启召六卿以征之，大战于甘（陕西鄠县附近），卒灭之，诸侯咸来朝。启在位九年没，子太康立。太康无道，游畋无艺，不恤民事，于是内乱发生，而太康因之失国。至内乱之所由生，各有异词：(1) 由《逸周书》之文观之，内乱之生，由于启之五子，而平其内乱者，则为彭寿。是书说："启之五子，忘伯禹之命，假国无正，用胥兴作乱，遂凶厥国。皇天哀禹，赐以彭寿，思正夏略。"据此则太康之失国，是启之五子所为，故夏有《五子歌》之作。（二）由《五子歌》观之，内乱之生，由于有穷后羿，而当时并未闻有平羿之人。是歌说："太康尸位，以逸豫灭厥德，黎民咸贰。乃盘游无

〔1〕夏曾佑著《中国古代史》第一章。
〔2〕《淮南子·氾论训》。

度，畋于有洛之表（洛水之外），十旬勿反。有穷后羿，因民勿忍，距于河。”据此则太康之失国，是由后羿所致。（三）由《竹书纪年》之文观之，启与太康之时，各有内乱，而不相涉。在启时为武观之乱，在太康时为羿之乱。是书说：“帝启十一年，放王季子武观于西河。十五年，武观以西河叛。彭伯寿帅师征西河，武观来归，十六年陟（启没）。帝太康元年，癸未，帝即位，居斟鄩（河南鞏县西南）。畋于洛表，羿入居斟鄩，四年陟（太康没）。”是武观与羿各为一事，时序亦先后不同。〔1〕太康即位，荒于游畋，卒见困于羿而没，后羿乃立太康之弟仲康，而自己为相。仲康即位后，首命胤侯掌六师以专征伐之权，时羲和沉乱于酒，胤侯承王命征伐之。仲康在位十三年崩，子相立。帝相既立，时权归后羿，相为羿所逐，居商丘（汤所居亳邑地，今归亳州），依同姓诸侯斟灌、斟鄩氏。有穷后羿，因夏民以代夏政，羿恃其善射，不修民事，好畋猎，弃武罗、伯困（《通鉴外纪》作伯因）、熊髡、龙圉，而用寒浞；寒浞是伯明后寒之谗子弟，弃浞于夷，羿收之，使相己，寒浞行媚于内，施赂于外，愚弄其民，娱羿于畋，羿至终不改其行，家众烹杀之，夏遗臣靡，奔有鬲氏（国名）。寒浞自立，寒浞因羿之妻室生浇（《论语》作奡）及豷，浇长，寒浞使浇灭斟灌、斟鄩氏，弑帝相，后缗方娠，逃出自窦，归于有仍，生少康，帝相二十七岁崩。少康既长，为仍牧正，浇使人臣椒求之，乃奔有虞为庖正，虞君以其女二姚妻之，以纶地居之（纶今平阳府荣河县），有田一成（十里），有众一旅（五百人）。能布其德，赖以中兴。夏有旧臣靡，自有鬲氏收斟灌、斟鄩之遗民，举兵灭寒浞而立少康。少康复使其臣女艾，灭浇于过，使其子季杼，灭豷于戈（过戈二国名），乃归故都安邑即位，夏代巨患，由是悉平。少康即位之后，其一复田稷之官，为周先世肇基之始。其一使商冥侯治河，为商先世肇基之始。少康初都安邑，后又迁原（河南济源县），在位二十一年没，子杼嗣位，自原迁至老丘（河南陈留县西北）。杼在位十七年而没，子槐嗣位。槐在位二十六年没，子芒嗣位。芒在位十八年没，

〔1〕《中华通史》第一册二〇八页。

子泄嗣位。泄在位十六年没，子不降嗣位。五十九年，不降逊其位于弟扃，历扃在位之十年而不降没，不降没后之十一年，扃没，子廑嗣位，复居西河（即安邑）。廑在位二十一年没，不降之子孔甲嗣位。孔甲主政，诸多失德，《周语》所谓："孔甲乱夏，四世而陨。"（孔甲至桀，凡四世而夏亡。）孔甲初立，居西河，后畋于萯山（泰山南城县东有东阳城，孔甲畋于东阳萯山即此），渐次失政，又好鬼神而有乱行，诸侯叛之，夏政以衰。孔甲在位三十一年没，子皋嗣位。皋在位十一年没，子发嗣位。发在位十一年没，子癸嗣位，世称为桀。桀初即位，居斟鄩（河南巩县西南），后又迁河南（河南禹县）。中国言暴君，必数桀纣，桀失政之大者如下：（一）杀戮忠良。《纲鉴汇纂》说："自孔甲以来，诸侯多叛，桀尤为无道，暴戾顽狠，有赵梁者，教为无道，劝以贪狠，天下颤怨而患之。"于辛为桀之暴臣，曹触龙为桀之谀臣，皆为桀所信用。大夫关龙逢惧，引黄图以谏，桀焚黄图，杀龙逢。《尚书·帝命验》说："夏桀无道，杀关龙逢，绝灭皇图，坏乱历纪，残贼天下，贤人遁逃。"（二）惑于女宠。《帝王世纪》说："帝桀淫虐，有才力，能伸钩索铁手，能搏熊虎，多求美女，以充后宫。"初桀得妹喜，筑倾宫以居之，妹喜美于色，桀嬖宠之，所言皆从。后伐珉山，珉山庄王进其二女，曰琬曰琰，桀嬖琬琰，遂弃妹喜于洛。《管子》说："桀女乐三万人，晨噪闻于衢，服文绣衣裳。"（三）奢靡宴乐。《纲鉴汇纂》说："为琼宫瑶台，殚百姓之财，肉山脯林，酒池可以运船，糟堤可以望十里，一鼓而牛饮者三千人。"《帝王世纪》说："为琼室瑶台，金柱三千，始以瓦为屋，以望云雨，大进侏儒倡优，为烂漫之乐，设奇伟之戏，纵靡靡之声，日夜与妹喜及宫女饮酒。"《尸子》说："昔者桀纣纵欲，欲长乐以苦百姓，珍怪远味，必南海之荤，北海之盐，西海之菁，东海之鲸，此其祸天下，亦厚矣。"从上引证而观，桀失政如是之甚，宜乎亡国。汤兴师伐桀，会战于鸣条（山西安邑县）。夏师败绩，桀出奔三朡（山东定陶县东北），商师征三朡，战于郕（山东汶上县西北），桀又败绩，被获于焦门（在今安徽巢县），汤放之于南巢（安徽巢县东北）。后三年，没于亭山（安徽和县），夏遂亡。自禹至桀，历十七主，凡四百四十年。

第二节　夏代之文化形态

近人谓中国之进化，始于禹，禹以前，皆宗教所托言，此虽未可据为定论，然中国上古文化至禹而发展加速，此是事实，兹将夏代之文化概述如下，以资参证。

（一）农业　中国农业之开始，是于神农时代，《新语》说："民人食肉饮血，衣皮毛，至于神农，以为行虫走兽，难以养生，乃求可食之物……教民食五谷。"《淮南子·修务训》说："古者民茹草饮水……时多疾病毒伤之害，于是神农乃始教民播种五谷。"中国农业，虽是开始于神农，而中国农业社会的安定，则是托始于夏禹。摧毁农业社会之基础是水患，而中国上古时代的水患，是夏禹所平治，水患平治，而后农业社会才能安定。上古的水患，不是始于禹，《尧典》上说："汤汤洪水方割，荡荡怀山襄陵，浩浩滔天，下民其咨。"《孟子·滕文公上》说："当尧之时，天下犹未平，洪水横流，泛滥于天下。"可知在尧时已有水患。案女娲氏时："四极废，九州裂，水浩溔而不息，于是女娲氏断鳌足以立四极，积炉灰以止淫水。"其后共工氏与颛顼争为帝，怒触不周之山，共工氏振滔洪水以薄穷桑，江淮流通，四海溟涬，民皆上丘陵，赴树木。似洪水之患，实起尧以前，不过至尧之时，始着平治水患，初命鲧治水，没有功绩，继命鲧的儿子禹治水。《淮南子》说："尧之时，天下大水，禹身执畚锸以为民先，疏河而导九支，凿江而通九路，辟五湖而定东海。"又说："禹沐淫雨，栉疾风，决江疏河，凿龙门，辟伊阙，修彭蠡之防，乘四载，随山刊木，平治水土，定千八百国；夙兴夜寐，以致聪明；轻赋薄敛，以宽民氓；布德施惠，以振困穷；吊死问疾，以养孤孀；百姓亲附，政令流行。"《庄子》说："昔者禹堙洪水，亲自操橐耜而涤天下之川，股无胈，胫无毛，沐甚雨，栉疾风，置万国。"禹的治水，非他个人的功劳，而是赖群众的协助。《史记》说："禹乃遂与益、后稷奉帝命，命诸侯百姓，兴人徒以傅土，行山表木，定高山大川。……乃劳身焦思，居外十三年，过家门不敢入。陆行乘车，水行乘船，泥行乘橇；左准绳，右规矩，载四时，以开九州，通九道，陂九泽，度九山；令益与众庶稻，可种卑湿；令后稷与众庶难得之食；食少，调有余相给，以均诸侯。”中国古代的传说中有一件大事，就是五帝时代的末期，有一场洪水之灾，幸大禹出来，把它治平，禹时的洪水古书上没有叙明来历，就地理上揣测起来，大概是黄河的水患：第一，是黄河流域，系我们汉族的先民繁殖的地方，当时灾情的重大和普遍，一定是受黄河泛滥的影响。第二，黄河从古以来常有水灾发生，在大禹的时代，预料亦有洪水。〔1〕禹见了黄河的水患，便决定先行整理黄河的水道，从黄河上游积石山地方整理起，一路疏通，把龙门、吕梁（在现今山西省离石县地方）和砥柱（在现今山西省垣曲县南）三处阻塞水道的山石，设法凿开，把下流分成九条水道，通入渤海与黄河中。水患平定，人民才能安居乐业，而农耕才有着手的地方；《禹贡》内有禹“开九州通九道”之事，所谓九州即兖州、冀州、青州、徐州、扬州、荆州、豫州、梁州、雍州。九州既定，而农业才有用力的基础。《尚书·大禹谟》记禹语舜说：“於！帝念哉！德惟善政，政在养民。水火金木土谷（六府）惟修，正德利用厚生（三事）惟和。”善政在于养民，而养民最要者惟谷，谷之产生在于农。中国自神农以后，即以耕稼立国，惟上古之时，农术未精，地力易竭，故有畅耕制度（场畅古通，谷田不耕则废为场，休田作牧），游牧与耕稼并行。至新田力竭，复辟旧田，而休田之制易为趄田，即爰土易居之义。夏代之田分三等：不易者为上田，一易者为中田，再易者为下田。〔2〕夏代授田制，是沿用井田之法，其详不可得考；农业初启之时，土地是归于部落所公有，而个人固各有分地，然各有分地至何种程度，则又不可详考。《通考》卷一言黄帝之时已有井田：“黄帝经土设井以塞争端，立步制亩以防不足，使八家为井，井开四道而分八宅，凿井其中：（一）不泄

〔1〕《中国史话》第一卷一〇页。
〔2〕《前汉书·食货志》。

地气，（二）无费一家，（三）同风俗，（四）齐巧拙，（五）通财货，（六）存亡更守，（七）出入相同，（八）嫁娶相媒，（九）有无相贷，（十）疾病相救。”《玉海》引李卫公问对，亦说：“黄帝始立丘井之法，井分四道，八家处之，其形井字，开方九焉。”此言井田之起于黄帝，然黄帝以后，此井田制度，未见称述。《史记》称：“舜耕历山，历山之人皆让畔。”而《韩非子·难一篇》则说：“历山之农者侵畔，舜往耕焉，期年甽亩正。”所谓“侵畔”、“让畔”，是没有一定的制度，故言井田之导源于黄帝，乃托古以见重，非真有其事。宋儒王应麟有说：“沟洫之成，自禹至周，非一人之力。”〔1〕井田制度，虽然是始自夏代，然亦代有变更，《孟子》说：“夏后氏五十而贡，殷人七十而助，周人百亩以彻，其实皆什一也。彻者，彻也，助者，籍也，龙子曰：治地莫善于助，莫不善于贡；贡者较数岁之中以为常，乐岁粒米狼戾，多取之而不为虐，则寡取之。凶年粪其田而不足，则必取盈焉。”朱子因而注之说：“夏时一夫授田五十亩，而每夫计其五亩之入以为贡；商人始为井田之制，以六百三十亩之地，划为九区；区七十亩，中为公田，其外八家，各授一区。”顾亭林对于夏殷之制怀疑起来，他说：“夫井田之制，一井之地，划为九区，故苏洵谓万夫之地，盖三十二里有半，而其间为川为路者一，为浍为道者九，为洫为涂者百，为沟为畛者千，为遂为径者万。使夏必五十，殷必七十，周必百，则是一王之兴，必将改畛涂，变沟洫，移道路以就之，为此烦扰而无益于民之事也，岂其然乎？盖三代取民之异，在乎贡助彻，而不在乎五十、七十、百亩；其五十、七十、百亩，特丈尺之不同，而田未尝易也；故曰：其实皆什一也。”〔2〕顾亭林所谓“五十”“七十”“百亩”特丈尺之不同，而田未尝易，然使周辟地日多，井田地亩之加多，亦有可能的。古代井田口分之制，究为几多呢？据《孟子》于《滕文公上》说：“方里而井，井九百亩，八家皆私百亩；同养公田，公事毕，然后敢治私

〔1〕《困学纪闻》卷四。
〔2〕《日知录》卷七。

事。”《韩诗外传》卷四说：“古者八家而井田，方里而为井，共田九百亩；八家为邻，家得百亩，公田十亩，余二十亩共为庐舍，各得二亩半。”《汉书》卷二十四上说：“理民之道，地著为本。故必建步立亩，正其经界。六尺为步，步百为晦，晦百为夫，夫三为屋，屋三为井，井方一里，是为九夫。八家共之，各受私田百晦，公田十晦，是为八家八十晦，余二十晦，以为庐舍。”古代力役生产，在于井田，在此田制中，诚有如班固在《汉书》所说：“出入相友，守望相助，疾病相救，民是以和睦而教化齐同。”有人说：古代是没有井田的制度，井田制度是一个理想，但是古代农业开始以后，在私有田土未发生以前，必有一种土地制度，在共同劳力的耕种之下，井田制度之发生，是有可能的。顾炎武《日知录》说：“古来田赋之制始于禹。水土既平，咸则三壤，后之王者，不过因其成迹而已。《诗》曰：‘信彼南山，维禹甸之，畇畇原隰，曾孙田之，我疆我理，南东其亩。’然则周之疆理，犹禹之遗法也。”总之，自夏禹以后，中国土地制度，是日渐详密的。

（二）税制　唐虞之时，中央之财政与地方之财政，亦截然划分，冀州甸服，有赋无贡。禹平水土，制为贡赋：“冀州：厥土惟白壤，厥赋惟上上错，厥田惟中中。兖州：厥土黑坟，厥田惟中下，厥贡贞，厥贡漆丝，厥篚织文。青州：厥土白坟，海滨广斥，厥田惟上下，厥赋中上，厥贡盐絺，海物惟错，岱畎丝枲铅松怪石，莱夷作牧，厥篚檿丝。徐州：厥土赤埴坟，厥田惟上中，厥赋中中，厥贡惟土五色，羽畎夏翟，峄阳孤桐，泗滨浮磬，淮夷蠙珠暨鱼，厥篚玄纤缟。扬州：厥土惟涂泥，厥田惟下下，厥则下上上错，厥贡惟金三品，瑶琨筿簜，齿革羽毛惟木，岛夷卉服，厥篚织贝，厥包橘柚锡贡。荆州：厥土惟涂泥，厥田惟下中，厥赋上下，厥贡羽毛齿革，惟金三品，杶干栝柏，砺砥砮丹，惟箘簵楛，三邦底贡厥名，包匭菁茅，厥篚玄纁玑组，九江纳锡大龟。豫州：厥土惟壤，下土坟垆，厥田惟中上，厥赋错上中，厥贡漆枲絺纻，厥篚纤纩，锡贡磬错。梁州：厥土青黎，厥田惟上下，厥赋下中三错，厥贡璆铁，金镂砮磬，熊罴狐狸织皮。雍州：厥土惟黄壤，厥田惟上上，厥赋中下，厥贡惟球琳琅玕。”至王城的外面：“五百里甸服，百里赋纳总，二百里纳铚，三百里纳秸服，四百里粟，五百里米。”夏时一夫受田五十亩，较赋税之中，不论丰歉，计五亩所入者以为贡，《孟子》所谓：“夏后氏五十而贡。”《朱子集注》所谓：“夏时一夫受田五十亩，而每夫计其五亩之人以为贡。”夏代税制，大概如上述。

（三）币制　《管子》说：“禹以历山之金铸币以救人之困。”《通考·钱币考》说：“虞夏商之币，金为三品，或黄或白或赤，或钱或布或刀或龟贝。”可知夏代已有钱币之制。钱文古作泉，帛币之兴，有谓始于黄帝，有谓始于伏羲神农之世。《易系辞》说：“神农日中为市，致天下之民，聚天下之货。”《说文》：“货，财也，从贝，化声。”《广韵》引《化清经》：“货者化也，变化反易之物。”古时贸易之物，或以贝代泉，及后用以代泉者，不止一贝，因而有变化，故定名为货。《汉书·食货志》说：“货谓布帛可衣，及金刀龟贝。”《通志》说：“自太昊以来有钱，太昊氏、高阳氏谓之金，有熊氏（黄帝）、高辛氏谓之货，陶唐氏谓之泉。”所谓钱，所谓货，所谓泉，是当时交易的媒介物，而简单的商业已兴起。《管子》称：“禹以历山之金铸币。”禹之时，已开始用金为交易之媒介物。叶水心于《策学备纂》说：“古者以玉为服饰，以龟为宝，以金银为币，钱只处其一，朝廷大用度，大赐予皆用黄金。”《汉书·食货志》说：“禹平洪水，定九州，制土田，各因所生远近，赋入贡棐，楙迁有无，万国作乂。”农业既兴之后，必继之于商业之开始也。

（四）官制　夏仍古制，沿用封建。夏代封建之制，爵分三等：公侯为一等，伯为一等，子男为一等（据《春秋繁露》及郑玄说）。封地：公侯方百里，伯七十里，子男五十里。每州之中，方百里之国二百，七十里之国四百，五十里之国八百，计一千二百国，合八州计之，共九千六百国，而畿内四百国，皆为子男，故夏称万国。〔1〕唐虞以上，世有五官之建，即春官、夏官、秋官、冬官、中官。唐虞之世，所设各官，有百揆，总理庶政；四岳，统治诸侯；司空，

〔1〕《先秦文化史》一一一页引《礼记·王制》及郑玄注。

典治水土；后稷，典司农事；司徒，典司教化；士，典司兵刑；共工，典司百工；虞，典司山泽；秩宗，典司祭祀，典乐，典司乐教；纳言，出纳帝命；州牧分治诸侯。官制渐为完备。上古官制，以五官为最明，有人以为自周以前皆为五官；六官之制，是自周代始。[1] 然《尚书·甘誓》有“乃召六卿”之文，《史记·夏本纪》亦有“乃召六卿”之句。《通考·职官考》复说：“虞为六官，以主天地四时，夏制六卿（六卿即六军之将，《周礼》六军皆命卿，按即《周礼》之大宰、大司徒、大宗伯、大司马、大司寇、大司空），其官名次，犹承虞制。”考《礼记·王制》说：“天子三公，九卿，二十七大夫，八十一元士。”石梁王氏注：“唐虞稽古，建官惟百，夏商官倍。”可知唐虞设官不及夏时之多。至夏代地方制，还为九州：如济河惟兖州（今直隶东南、山东西北），海岱惟青州（今山东东部以东），海岱及淮惟徐州（今山东南境及江苏北境及安徽东北一隅），淮海惟扬州（今江苏南境、浙江西北部、安徽全部），荆及衡阳惟荆州（今湖北南境、湖南北境），荆河惟豫州（今湖北北境、河南南境），华阳黑水惟梁州（今甘肃东南、陕西南境及四川），黑水西河惟雍州（今陕西、甘肃北境及嘉峪关外）。这地方制，是据《禹贡》所称述，而地方官吏为何，则未有说及。

（五）兵制 古代兵制之起，始自黄帝。其时以师兵分内外为营卫：立外卫二十八以包中卫，立中卫二十以包外营，立外营十二以包内营，立内营四以应外卫，攻守居行，一循是法。唐虞之世，关于军事上之设施，未闻其事。夏代兵制，其详不可得考，惟兵出于农，计田赋以出兵车。章鸿钊《中国铜器铁器时代沿革考》说：“《越绝书》谓禹以铜为兵，固不必禹始为之，特至禹而愈盛耳。《左传》云：天生五材，民并用之，谁能去兵？五材谓金、木、水、火、土，是似有兵以来，即用金矣，故金有兵之义。”兵车是一种车战的组织，而车战所用之兵器，必是以铜质做成的。又《尚书甘誓》载夏启有扈之征，有“大战于甘，乃召六卿”之文，孔安国释六卿为六军之将，而夏代设六军以为兵制的组织，可以无疑。《尚书·大

[1] 顾炎武《求古录礼说五官考》。

传》说："天子三公，一曰司徒公，二曰司马公，三曰司空公。"《月令正义》说："书传三公领三卿，此夏制也。"三公之司马公，是掌军旅之事，夏代之军权，是统于司马公的。

（六）法制 刑法之始，论者以唐虞为断，或谓唐虞以上无肉刑，而仅有象刑，象刑是画其象以治罪，于本人无伤。《白虎通》说："画象者其衣服象五刑也；犯墨者蒙巾，犯劓者以赭著其衣，犯膑者以衣蒙其膑，象而画之，犯宫者菲，犯大辟者布衣无领。"画象治罪，刑属至轻，《书》舜命皋陶作士，有"象以典刑流宥五刑"之说，刑之于象，而其宥之乃至于流，视象刑为更重，无当于理；象以典刑，即法用常刑之谓。五刑之目，始于唐虞，五刑为墨、劓、刵、宫、大辟，皆属肉刑。《尚书·吕刑》说："苗民弗用灵，制以刑，惟作五虐之刑曰法，杀戮无辜，爰始淫为劓、刵、椓（即宫）、黥。"是肉刑为苗民所创。夏时承虞制，沿用五刑，《大禹谟》说："帝曰：皋陶，惟兹臣庶，罔或干予正，汝作士，明于五刑，以弼五教，期于予治，刑期于无刑，民协于中，时乃功，懋哉。"至公布于人民之法律则有禹刑，《左传》晋叔向谓："夏有乱政而作禹刑。"《竹书纪年》说："帝芬（即帝槐）作圜土。"为夏有牢狱之征。《甘誓》说："用命赏于祖，不用命戮于社，予则孥戮汝。"为夏有孥戮之征。《书序》说："吕命穆王训夏赎刑，作《吕刑》。"为夏有赎刑之征。（吕侯为天子司寇，命穆王训刑以诰四方。）《唐律疏义》引《尚书大传》说："夏刑三千条。"《隋志》亦说："夏后氏正刑有五，科条三千。"《周礼·司刑》注："夏刑大辟二百，膑辟三百，宫辟五百，劓墨各千。"以上均说及夏刑有三千条。我们再看《夏书·五子之歌》，不但有治民之刑，且有正民之法，《五子之歌》说："明明我祖（禹），万邦之君，有典有则，贻厥子孙，关石和钧，王府则有，荒坠厥绪，覆宗绝祀。"违背此典则者，必致覆宗绝祀，其重视国家的法律可知了。

（七）宗教 中国是多神教的国家，当上古时民智未开，看见日月星辰，附丽于天者如此之光明，山川河海风雨雷霆，展布于地者如此之变化，遂以为天地之间，必有许多的神明主持之。古代圣人遂利用之，以为神道设教，使人民不敢为恶；君后亦利用之，以提高地位，使人民尊敬畏服。如神农之生，其母有神龙之感；黄帝之生，其母感电光绕斗之祥而有孕；少昊之生，其母感大星如虹下临华渚之祥而有娠；颛顼之生，其母感瑶光贯月之瑞；舜帝之生，其母握登亦有大虹之感。在上者已藉神权以资提倡，而在下的人民，更因之以媚神媚鬼，资为迷信之行。加以神仙阴阳五行之说，亦为当时宗教思想之对象。五行之教，惟夏为盛，洪范九畴，五行为其始。行为天行气之义，播五行于四时，迭相休旺，是为天行气。五行有位置，有性质，有支配。水、火、木、金、土，此位置之说。水曰润下，火曰炎上，木曰曲直，金曰从革，土爰稼穑，此性质之说。润下作咸，炎上作苦，曲直作酸，从革作辛，稼穑作甘，此支配之说。至于后世，凡世间事物之以五成者，往往以五行之说而附会之，此皆导源于夏代五行的宗教思想。

（八）美术　美术或艺术，是人类在原始生活中亦表现的。人类的好美和审美之感，可说是与生俱来的，是与人类同其范围的（Co-extensive with man）。美术是人类情感向外表现的倾向，表现的结果，增加快乐减少痛苦；同时也可以由表现的结果，增加他人的快乐减少他人的痛苦；所以美术是具有社会性的。野蛮人有野蛮人的美术，半开化人有半开化人的美术，文明人有文明人的美术；不过野蛮人的美术，不及文明人的美术进步而已。上古时代有上古时代的美术，中古时代有中古时代的美术，近代现代有近代现代的美术；不过上古时代的美术，不及近代现代美术的发展而已。兹将夏代的美术略述之如下：（甲）音乐。音乐在上古时已发明，庖牺神农之世，音乐代兴，黄帝作咸池之乐（《通典·注》：咸，皆也，池，施也，言德无不施也），金天作大渊之乐，高阳作六茎之乐（《通典·注》：茎，根也，谓泽及下也），高辛作五英之乐（《通典·注》：英，谓华茂也），尧作大章之乐，舜作大韶之乐（《通典·注》：章，明也，言尧德章明也，韶，继也，言韶能继尧之德），乐器至唐虞之世，八音（金、石、丝、竹、匏、土、革、木）始完备。《书·尧典》说："八音克谐，无相夺伦，神人以和。"《吕氏春秋·古乐篇》说："帝舜乃命质修九招六列六英（乐名）以明帝德。”又说：“禹立，勤劳天下，日夜不懈，通大川，决壅塞，凿龙门，降通漻水以导河，疏三江五湖注之东海，以利黔首。”于是命皋陶作为夏籥九成，以昭其功。至孔甲时复作破斧之歌，为东音所自始。（乙）绘画。上古之世，有所谓《河图》者，庖牺得之以画八卦，此即为古代画事之起源。史称黄帝臣史皇作画，黄帝画蚩尤形象，以威天下，当是绘事渐精之征。《尚书·益稷篇》帝舜说：“予欲观古人之象，日、月、星辰、山、龙、华虫作会，宗彝、藻、火、粉米、黼黻、绨绣，以五采彰施以五色，作服，汝明。”郑玄注：“会，读为绘，谓画也。”据此夏代绘事，当更进步。（丙）雕铸。伏羲制琴瑟，神农为耒耜，黄帝作舟车，其时必有雕刻之技。尧时有五瑞之辑，对于玉亦能雕琢成器。舜时西王母献白玉及玦。玦是玉佩，必雕刻成文理。关于冶铸：黄帝铸鼎于荆山之下。古器之最重者，莫如钟与鼎，铸鼎之术，固非小技所能。夏禹时，收天下美铜以铸九鼎，鼎为有邦之证，所谓传国之宝。且夏禹铸鼎象物，使民知神奸，其穷形尽状，非精于技者，不易为力。又《左传》言成王分鲁公以夏后氏之璜，璜为半璧，古人所宝，经历商周之时，其宝犹存，可知夏代玉工之精。古铜器之文，与使用最广之云雷文及罍之制，皆创于夏时，考罍字之缶（陶制之乐器），即雷之重文之省画，由此可知是雕刻文样于大陶器。[1]（丁）建筑。生民之初，穴居野处，没有宫室栋宇。庖牺以前，有所谓有巢氏，发明构木为巢之法。至于神农，始有明堂之作；明堂为用至广，凡君主禘祭、宗祀、朝觐、耕籍、养老、尊贤、飨射、献俘、治历、望气、行政等事，皆在其中。尧之世，宫室力崇俭约，茅茨不翦，采椽不斫，宫垣室屋不垩色。虞舜之时有岩廊，岩廊之制如何，不得而知。孔子称夏禹卑宫室，而启有钧台。《竹书纪年》说：“帝启元年，大飨诸侯于钧台，诸侯从帝归于冀都，大享诸侯于璿台。”《考工记》说：“夏后氏世室，堂修二七，广四修一。五室三四步，四三尺，九阶，四旁两夹窗，门堂三之二，室三之一。”其制略有可考。假定其时以六尺为

〔1〕日本大村西崖著《中国美术史》汉译本第三章。

步，其尺之长略等于周尺，则世室之长，不过今尺六丈有奇，广亦不过八丈有奇，而其中之深室不过二丈，宽亦不过二丈有奇。世室之制度，亦是褊狭，不算广大。[1]

（九）教育　上古之世，明堂与学校本非二地，教贤在此，举贤亦在此。唐虞之时，教育之法渐兴。舜忧人民逸居无教，乃使契为司徒，教以人伦，命伯夷典礼，夔典乐，设上庠、下庠、米廪之庠；可见明伦是尧舜时代所定之教育目的，礼乐是尧舜时代所定之教育方法，上下庠及米廪之庠（《明堂位篇》载，米廪，有虞氏之庠也），是尧舜时代所设之教育制度。夏代学校之名，不曰庠而曰序；大学曰东序，小学曰西序，惟乡学曰校，均为教民养老习射之所；是当时学校之制，必粗具规模。

（十）学术　上古学术属于粗浅，然亦循序发展：（甲）天文。神农时，因天时以相地宜，历学始有端绪。黄帝之世，命大挠探五行之情，占斗纲所建，于是始作甲子，命容成作盖天，以象周天之形，综六术以定气运。[2]颛顼高阳氏之世，命南正重司天以属神，使治历明时（南正，官名，重，少昊之子）。尧时命羲和历象日月星辰，敬授民时，岁三百有六旬六日，以闰月定四时成岁；尧之治历，以日之所在，不能以目视器窥，乃为之中星以纪之；又以日之出入，不可以一方之所见为定，乃为之立东西南北四方之宅以分候之；且治历别用璿玑王衡来测度，使日月星辰迟速合度。可知其时天文已有进步。夏代天文无显著的发明，惟斯学愈阐精，观禹之五畴，五纪居其一。五纪之别：一曰岁，所以纪四时；二曰月，所以纪一月，三曰日，所以纪一日；四曰星辰，所以分叙气节纪日月之会；五曰历数，所以为气节之度而授时。《史记·夏本纪》："孔子正夏时，学者多传夏小正云。"据此，可知夏代天文历法的进步。[3]（乙）数学。黄帝命隶首创作算数，为中国有数学之始。自数学既明，由是而有度，以度物的长短，所谓十分为寸，十寸为尺，十尺为丈，十丈为

---

〔1〕柳著《中国文化史》上册九八页。
〔2〕《纲鉴汇纂》卷一。
〔3〕《大戴礼补注·夏小正篇》。

引，是也。由是而有量，以量物的多少，所谓十龠为合，十合为升，十升为斗，十斗为斛，是也。由是而有权，以权物的轻重，所谓二十四铢为两，十六两为斤，三十斤为钧，四钧为石，是也。至夏禹治水时，随山刊木，必以勾股之算法，测量山川而定其高下。《路史》谓禹“审铨衡，平斗谷，立典则以贻子孙”。衡量之制，至夏亦确定。（丙）医术。中国医术之发明，实自古代：神农尝百草，以救生民夭伤之命，黄帝之臣岐伯首以医术著称，雷公则间接受之于岐伯。巫咸为唐尧之医，史称能以祝延人之福，愈人之病。《路史》谓：“禹生于蜀之广柔县石纽村，今之石泉县也；石鼓山，其山朝暮二时，有五色霞气，又有大禹采药亭在大业山，其地药气触人。”〔1〕可知禹时已注重药物的调剂。（丁）哲学。《易经》是古代的哲理，夏之《易》曰《连山》，以“艮”为首。夏代哲理，始于洪范的垂训。洪范九畴，初一曰五行，次二曰敬用五事，次三曰农用八政，次四曰协用五纪，次五曰建用皇极，次六曰御用三德，次七曰明用稽疑，次八曰念用庶征，次九曰向用五福，威用六极。凡此皆是详究宇宙发生的现象，以论究社会伦理政治思想之原理。（戊）历史。《汉书》班固有说：“古之王者，世有史官，君举必书；左史记言，右史记事，事为《春秋》，言为《尚书》。”刘知幾《史通》引《归云集》说：“孔甲，黄帝主书史之臣，执青纂记，言动惟实。”《尧典》有似于起居注，《皋陶谟·益稷》为朝廷琐记，《禹贡》为地志，均属于史类。孔子说：“夏礼吾能言之，杞不足征也。”夏礼能言，是文献之纪事足征故也。

（十一）文学 中国的文学，产生于什么时代，很难证实。《本国文学史》有说：“许叔重曰：仓颉之初作书，盖依类象形，故谓之文，其后形声相益，即谓之字；文者物象之本，字者言孳乳而寖多也。著于竹帛谓之书，书者如也，以迄五帝三皇之世，改易殊体，封于泰山者七十有二代，靡有同焉。由此观之：古文不尽由仓颉作也。晋卫恒《四体书势》云：自黄帝至三代，其文不改，与许说异。

〔1〕 罗泌《路史》。

韦续《字源》言庖牺氏获景龙之瑞作龙书，少昊金天氏以鸟纪官作鸾凤书，神农因上党生嘉禾八穗作穗书，黄帝因卿云见作云书，尧因灵龟负图作龟书，皆随所见而制者也。”〔1〕古代文学作品名目，有葛天氏乐歌八阕（见《吕氏春秋》卷五《古乐篇》），伏羲有网罟之歌，神农有丰年之咏（见《太平御览》引晋夏侯元《辨乐论》），尧时有击壤之歌（见《列子》），舜有卿云之歌（《太平御览》引《尚书大传》），如说上古时有文学，这些就是代表的作品。夏代文字之可考见者，有夏禹岣嵝碑（岣嵝，山名，在今湖南衡阳县北五十里，衡山之主峰，相传禹得金简书于此，夏禹碑，今已久佚，但传摹本），世或疑岣嵝碑为伪，然《路史》说：“《述异记》空同山有尧碑禹碣。”《舆地志》说：“江西紫霄峰下石室中有禹刻篆文七十余字，止鸿荒漾余乃檴六字可辨。”唐刘禹锡寄吕衡州诗说：“传闻祝融峰，上有《神禹铭》，古石琅玕姿，秘文龙虎形。”韩退之诗：“岣嵝山尖神禹碑，字青石赤形模奇。”则神禹纪功刻石之事，当或有之。

〔1〕汪剑余编《本国文化史》第一章第四节。

第三章

商代之文化

第一节 商代之政治社会

商王汤，帝舜司徒契之后，他欲王天下，乃任伊尹，内抚百姓以收人心，外征四方以服诸侯，遂代夏桀为天子，都于亳（河南省归德府治），据《殷本纪》说："契长而佐禹，治水有功……封于商（今河南睢县）。"《诗·商颂》有说："相土烈烈，海外有截。"崔述《商考信录》说："按商先世，诗书多缺，不可详考。窃以时世推之，相土为契之孙，当在夏太康世。盖因太康失国，羿、浞淫暴，诸侯无所归，而相土能修其德政，故东方诸侯咸归之。商丘在东，而西北阻于羿、奡，是以号令东讫于海，而云海外有截也。"商丘为相土所居，而成汤居亳，相距甚远，必有播迁之事。《史记》记夏殷兴亡的事有说："自契至汤八迁，从先王居。汤征诸侯，葛伯不祀，汤始伐之。……当是时，夏桀为虐政，淫荒；而诸侯昆吾氏为乱。汤乃兴师，率诸侯，伊尹从汤，汤自把越以伐昆吾，遂伐桀。……于是汤曰：吾甚武，号曰武王。桀败于有娀之墟，桀奔于鸣条，夏师败绩，汤遂伐三嵏，俘厥宝玉。……于是诸侯服，汤乃践天子位。"汤以征诛，得统一天下，故武力特别发扬。《诗·商颂》有说："昔有成汤，自彼氐羌，莫敢不来享，莫敢不来王。"即其证也。汤既即位，反桀之治，以宽治民，除其邪虐，顺民所喜，远近归之，乃改正朔。其得屡遭大旱，二十四年，汤祷桑林之野，幸而得雨，汤备旱之法不传，而仅以祷雨之举，传疑于后世，史称其以政不节、民失职、宫室崇、女谒盛、苞苴行、谗夫昌六事自责，言未已而大雨方数千里，这等神话，未足据信。〔1〕汤没，太子太丁未立而卒。《史记·殷本纪》说："汤崩，太子太丁未立而卒，于是乃立太子之弟外丙，是为帝外丙；帝外丙即位二年崩，立外丙之弟中壬，是为帝中壬；帝中壬即位四年崩，伊尹乃立太丁之子太甲。……帝太甲既立，三年不明，暴虐不遵汤法，乱德，于是伊尹放之于桐宫（今河南偃师县西南五里），三年，伊尹摄行政，当国以朝诸侯。帝太甲居桐宫三年，悔过自责反善，于是伊尹乃迎帝太甲而授之政；太甲修德，诸侯咸归，殷百姓以宁。"《孟子》说："太甲颠覆汤之典刑，伊尹放之于桐；三年，太甲悔过，自怨自艾，于桐处仁迁义；三年，以听伊尹之训己也，复归于亳。"太甲复统政，伊尹仍为相，并作《太甲》三篇以戒之，诸侯咸朝，百姓以宁，商于是再治。然古本《竹书纪年》则说："伊尹放太甲于桐，乃自立；七年，王潜出自桐，杀伊尹；天大雾三日，乃立其子伊陟、伊奋，命复其父之田宅而中分之。"何说为是，未得而知。太甲在位三十三年没，能绍先人之业，故称太宗；中国君主之有庙号，此其始也。子沃丁立，在位二十九年没，弟太康立，商代传系兄终弟及之例由此始。太康在位二十五年没，子小甲立。小甲在位十七年没，弟雍己立。雍己不能纲纪庶政，号令不行，诸侯不朝，在位十三年没，弟大戊立。大戊能修先王之政，明养老之礼，早朝晏退，问疾吊丧，远方重译而至者，七十六国，商以此复兴，诸侯归之，尊其德，称中宗，在位七十五年没，子仲丁立。〔2〕仲丁在位十三年没，国有内乱，弟外壬立。外壬在位十五年没，弟河亶甲立。河亶甲在位九年没，子祖乙立。祖乙用巫贤为相，诸侯顺服，在位十九年没，子祖辛立。祖辛在位十六年没，弟沃甲立。

〔1〕《纲鉴汇纂》卷一。
〔2〕《资治通鉴·外纪》卷二。

沃甲在位二十五年没，国内又乱，而传系更纷。祖辛之子祖丁，继沃甲即位，商代传系以侄继叔之例，又于此始。[1] 祖丁在位三十二年没，沃甲之子南庚继祖丁即位，商代传系从兄弟之继承又于此始。南庚在位二十五年没，祖丁之子阳甲即位，商代传系从侄之继其叔，又于此始。自仲丁以来，废嫡而更立诸弟子，诸弟子或争相代立，而至扰乱者，九世于兹，诸侯因此不朝。阳甲在位七年没，弟盘庚立，改国号曰殷。盘庚之改号为殷，乃以迁都北亳之故。清王鸣盛《尚书后案》卷六《盘庚上》以为亳在偃师。《史记集解》说："郑玄曰：治于亳之殷地，商家自此徙而改国号曰殷；亳，皇甫谧曰：今偃师是也。"盘庚迁都之后，行汤之政，遵汤之德，殷道复兴，诸侯来朝，商代政治，因以再振。盘庚在位二十八年没，弟小辛立，殷道复衰。商自仲丁以来，时兴时衰，未达于真正治平之境。小辛在位二十一年没，弟小乙立。小乙在位二十八年没，子武丁立。武丁贤明，与大戊盘庚齐誉而称高宗。刘恕说："武丁即位之初，殷道中衰，甘盘遁世，朝多具臣，傅说贤而隐于胥靡，一旦举而用之。"[2] 武丁立傅说为相，使总百官，朝夕规谏，至是礼废复起，国家大治。安内攘外，复有鬼方的征伐。鬼方为西藏族之一派，即后世西羌之别祖，当时散居西南荒服之地，即滇蜀区域之边，武丁用兵三年，遂克鬼方，征夷遂告成功。武丁在位五十九年没，子祖庚立。祖庚在位七年没，弟祖甲立。祖甲在位三十三年没，子廪辛立。廪辛在位六年没，弟庚丁立。庚丁在位二十一年没，子武乙立。武乙徙都河北，国中衰敝，东夷寖盛，分迁淮岱，在位四年时，畋河、渭间而死。子太丁立，自沬（河南淇县）复迁河北，太丁在位三年没，子帝乙立，仍自河北迁沬，帝乙在位三十七年没，子受辛立。受辛为人，资辨捷疾，闻见甚敏，材力过人，智足以拒谏，言足以饰非，以为天下皆出已之下。[3] 世号为纣，其失政多与桀同。大名崔述《商考信录》说："纣之不善，《尚书·微子》《牧誓》等篇，言之详

〔1〕《中华通史》第二编二二〇页。
〔2〕《通鉴外纪》卷三。
〔3〕袁王《纲鉴合编》卷一《商纪》。

矣，约其大概有五：一曰听妇言，《牧誓》所谓牝鸡之司晨者。二曰荒酒，《酒诰》所谓酣身，《微子》所谓酗酒者也。三曰怠祀，《牧誓》所谓昏弃肆祀，《微子》所谓攘窃牺牷牲者也。四曰斥逐贵戚老成，《牧誓》所谓昏王父母弟，《微子》所谓耄逊于荒，咈其耇长者也。五曰牧用憸邪小人，《牧誓》所谓多罪逋逃，是信是使，《立政》所谓羞刑暴德，同于厥邦，《微子》所谓草窃奸宄罪合于一者也。《论语》之称三仁，《晋语》之述妲己，即《大雅・荡》之篇，为后人之托言，而其讥切纣失，亦不外此五端。”然纣之恶，更有甚于是者，纣以九侯、鄂侯、西伯昌为三公，九侯入于纣，纣不喜其女杀之，并醢九侯，鄂侯争之，又脯鄂侯，西伯昌闻之嗟叹，为纣所知，又囚昌于羑里（河南汤阴县北九里），比干进谏，纣怒杀之，剖视其心。且滥用非刑，惨施炮烙。但《论语》说：“子贡曰：纣之不善，不如是之甚也，是以君子恶居下流，天下之恶，皆归焉。”钱塘夏曾佑亦说：“中国言暴君，必数桀、纣，犹之言圣君，必数尧、舜、汤、武也。今案各书中，所引桀纣之事多同，可知其间，必多附会。盖既亡之后，其兴者必极言前王之恶，而后己之伐暴为有名，天下之戴己为甚当，不如此不得也。”〔1〕大名崔迈《讷庵笔谈》说：“桀纣暴虐，止行于畿内耳，四方诸侯之国，不能暴虐也。”商纣的政治，是否有如上所说的残暴，抑他的残暴只行于畿内，没有行于四方诸侯之国，虽未能遽下判断，然使纣没有恶政，何以西伯昌得专征伐时，而西方之诸侯附昌者日多？又何至西伯发继父昌嗣位率兵东出伐纣时，诸侯叛殷会周者八百呢？商自成汤至受辛，历主三十，凡六百四十七年而亡。（此据章嵚《中华通史》本说，惟据《史记・殷本纪集解》谯周曰：殷凡三十一世，六百余年。《汲冢纪年》曰：汤灭夏以至于受，二十九王，用岁四百九十六年。袁王《纲鉴合编》注：商二十八君，按《经世》书，自汤乙未至纣戊寅，该六百四十四年。）

〔1〕夏曾佑著《中国古代史》第一章二八页。

第二节　商代之文化形态

商代之文化，比较夏代文化为进步，亦比较夏代文化为足征。兹分述之如下：

(一) 社会风习　(甲) 婚姻。商代的婚姻，有人说，是氏族社会的婚姻形式，约有三种：(1) 一妻多夫制，流行于石铜兼用时代，在年代上推论，是在夏商之际。(2) 暂时偶婚制，是从一妻多夫过渡到一夫多妻的一个短期的婚姻形式，推行这个婚姻形式的，大概是在商末殷初之际。(3) 一夫多妻制，盛行于殷代。〔1〕商代末年，及殷代初年，有一种暂时偶婚制的形式。例如《易经》中所载："屯如邅如，乘马班如，匪寇婚媾。"(屯六二)"乘马班如，求婚媾如。"(屯六四)"乘马班如，泣血涟如。"(屯上七)"入于其宫，不见其妻。"(困六二) 由这里可以看出，暂时偶婚制夫妻的关系，家庭的联系，是薄弱易以动摇的。到了殷代的时候，因父权的确立，遂由暂时偶婚制，转变到一夫多妻制的婚姻形式。例如《易经》中所载："畜臣妾，吉。"(遯九三)"得妾以其子，无咎。"(鼎初六)"纳妇吉，子克家。"(蒙九二) 在这记载中，可以找出下列数种事实：(1) 子可以承家。(2) 有妾的产生。(3) 妇女的商品化。这足以表现出殷代的父系家庭及一夫多妻的制度。《礼记·曲礼下》有说："天子有后有夫人有世妇有嫔有妻有妾。"天子娶十二人是夏制，殷增三九二十七人，总三十九人，所增二十七世妇。《公羊》何休注：谓殷制夫人不禄，或立娣以为继室。可知殷代贵者是行一夫多妻之制的。(乙) 丧葬。《礼记·檀弓上》说："殷人棺椁。""殷人尚白，大事敛用日中。""殷人殡于两楹之间。"《史记·殷本纪》裴骃《集解》引《皇览》说："汤冢在济阴、亳县北东郭，冢四方，方各十步，高七尺。"是殷人对于丧葬，是用棺椁，葬后有坟墓以妥置死者，且有殉葬物。

〔1〕《中国原始社会之探究》一〇八页。

中央研究院殷墟发现之俯身葬，其殉葬物有觚有爵。凡此皆商代丧礼之可考者。（丙）饮食。据《殷墟书契考释·文字第五》，有牛、羊、犬、龙、豕、豚、鱼、鸡、彘、雉等字，可见当时饮食的原料之多。又商人嗜酒之风独盛，商器之中，爵、尊、觯、斝、垒、壶、匜等，皆属酒器，《书·微子》说："我用沉酗于酒，用乱败厥德于下。""天毒降灾荒，殷邦方兴，沉酗于酒。"《酒诰》说："在今后嗣王酣身，厥命罔显于民，祗保越怨不易，诞惟厥纵淫佚于非彝，用燕丧威仪，民罔不衋伤心，惟荒腆于酒，不惟自息乃逸，厥心疾很，不克畏死，辜在商邑。越殷国灭无罹，弗惟德馨香祀，登闻于天，诞惟民怨，庶群自酒，腥闻在上，故天降丧于殷。"殷人好饮群饮之风，可以见了。（丁）衣服。商代衣服之制不详，据《殷墟书契考释·文字第五》有衣、裘、丝、帛等字，可知商代有以丝帛和兽皮等原料制为衣裘。

（二）农业　商代是畜牧社会，抑是农业社会，这是要考究的问题。据郭沫若在《中国社会研究》一书主张：（甲）商代和商代以前，都是原始共产社会。（乙）商代是畜牧盛行时代，农业已经发现时期，那么商代的社会，必然是一个原始共产的氏族社会。我们知道原始共产社会与氏族社会，是两个不同的社会形式；前者是使用粗糙的石器；后者金石并用。前者是采集、渔猎经济；后者是畜牧、农业经济。如何能把共产社会与氏族社会并为一谈，而说商代是原始共产的氏族社会呢？考古学家说原始社会，是出现于二十万年以前，商代至今约三千七百年，在时间上已相差很远，而且郭氏已主张商代是畜牧盛行时代，农业已经发现时期，如何能说商代还是原始共产社会时期呢？〔1〕商代是一个畜牧和农业混合的社会，从《诗》、《书》中可以证明如下。《盘庚上》说："若农服田力穑，乃亦有秋。"又说："惰农自安，不昏作劳，不服田亩，越其罔有黍稷。"《汤誓》说："今尔有众，汝曰：我后不恤我众，舍我穑事而割正夏。"《诗·商颂》说："自天降康，丰年穰穰。""稼穑匪懈。"《周

〔1〕李麦麦著《中国古代政治哲学批判》三页。

书·无逸篇》亦说："自时厥后立王，生则逸；生则逸，不知稼穑之艰难，不闻小人之劳，惟耽乐之从。"由这些史料，可以断定商代不是完全属于畜牧的社会。又据罗振玉《殷墟书契考释》卷下所记：《书契》之中，卜田狩者一百八十六，卜渔者十一，卜征伐者六十一，卜年者三十四，卜风雨者一百十二，卜出入者一百七十七，卜祭者五百三十八，杂卜四十七。其祭时用牷之数，或一，或二，或三，或五，或六，或十，或十五，或二十，或三十，或三十三，或三十七，或四十而至于百。卜风雨，是与农业有密切的关系。祭时用牷至于百数之多，可想见当时牧畜之盛。因此我敢断定商代是牲畜和农业混合的社会。但至于商代末年，这种情形就不同，只看周初农业之繁荣，就知道商代末年农业之发达，有连接的关系。且农业是与水患有重大的影响，有水患的地方，是不能容许农民的生产，而不能不迁徙的。《史记·殷本纪》说："自契至汤八迁。"其后"帝仲丁迁于隞，河亶甲居相，祖乙迁于邢，帝盘庚之时，殷已都河北。盘庚渡河南，复居成汤之故居。迁五迁，无定处。帝武乙立殷复去亳，迁河北"。清代毛奇龄有说："据《书序》及《本纪》，契至汤有八迁。汤至盘庚有五迁，共十二迁。且盘庚后更有迁者，似乎迁徙是殷家故事；然亦惟殷之所都，皆在河南北，屡受河患，故屡迁。"〔1〕商代经营农业所获的农产物中，有禾、黍、米、麦、桑等，可由卜辞中文字看出，而黍之文字，使用尤多；大抵黍之一物，为当时人民所耕种，是常食的农产物。至于土地的分配，仍与夏代相同，系属公有制度，非属于私人所有。所谓"殷人七十而助"一语，虽不能断定每人给田七十亩，但至少可以证明商代土地的分配，不是私有制度。〔2〕

（三）税制　商代租税制度，见之于经书者，只有助法。何谓助法？即将田地划为九井，周围八井，分与八户之民，中央一井，使八户共耕，将其所收获，作为租税而奉纳国家的。《孟子》说："殷

〔1〕毛奇龄著《经问》卷八。
〔2〕岑纪译《中国古代社会》附录五《中国古代土地制度之研究》。

人七十而助。”注云：“民耕七十亩田，其助公家，则七亩而已。”陈澧说：“古者君授民田，其君若今之业主，其民若今之田赋。”[1] 陈登原说：“行助法时，民有私田百亩，而公田百亩之中（据《韩诗外传》卷四，八家于公田中，家取二亩半以为庐舍，共二十亩），八家分耕八十亩，是人耕百十亩，而出赋仅十亩，是谓什一取一。”[2] 商代土地制度及税制如何，纷纷其说，我们没有可靠的资料来证实；惟可知者，商民耕种，必将其收获，用一部分供给于国家。又据《朱子集注》说：“商人始为井田之制，以六百三十亩之地，画为九区，区七十亩，中为公田，其外八家，各授一区，但借其力以助耕公田，而不复税其私田。”所谓助耕，亦是属于征税的一法。商代有一种圭田，是零星不成井之田，用为贵族的分地。《王制》说：“夫圭田无征。”《周官》制度说：“圭田自卿至士，皆五十亩，此专主祭祀，故无征。”《孟子》说：“卿以下，必有圭田，治圭田者不税，所以厚贤也。”凡此皆商代税制的大概。

（四）商业　章嵚于《中华通史》第二篇有说：“商典市之官，不粥之禁，见具于《王制》。”考《王制》说：“圭璧金璋，不粥于市；命服命车，不粥于市；宗庙之器，不粥于市；牺牲，不粥于市；戎器，不粥于市；用器不中度，不粥于市；兵车不中度，不粥于市；布帛精粗不中数，幅广狭不中量，不粥于市；奸色乱正色，不粥于市；锦文珠玉成器，不粥于市；衣服饮食，不粥于市（所以禁民之不俭）；五谷不时，果实未熟，不粥于市；木不中伐，不粥于市；禽兽鱼鳖不中杀，不粥于市。”假定《王制》所说典市之官，是属于商代的商业制度，则在当时对于商品之售出，有许多是加以限制的，有许多是不加以限制的。商业是随工业而发展的，商代器具之制造，如骨器、石器、玉器、铜器等物品，及其他舟、车、矛、矢、鼎、俎、皿、爵、日常用具之类亦不少，由土中遗物发掘出来的可以推测当时工业的状况。工业所造出来的商品，当然不是制造者的私用，

〔1〕 陈澧著《东塾读书记》卷七。
〔2〕 陈登原编《中国文化史》卷一，一一三页。

而是入于市场发卖的。据《管子》说：“昔者桀之时，女乐三万人，端噪晨乐，闻于三衢，是无不服文绣衣裳者。伊尹以薄（与亳通，《荀子》：古者汤以亳。）之游女工文绣，纂组一纯，得粟百钟于桀之国。”〔1〕这是说明商以工业制造品和夏的农业原料品互相交换，而利用过商业的政策。

（五）币制 商代的币制有三种，就是金属币、玉属币和贝属币。《竹书纪年》说：“成汤二十一年铸金币。”《管子》说：“汤以庄山之金铸币，而赎人之无粮卖子者。”贾逵说：“夏商钱币，分为三等：黄金上币，白金次之，赤金为下。”这是当时用金属的证明。至于玉币和贝币，则采用玉和贝积量之小者，其大者则不用以为货币。当时对于玉属币叫做珏，贝属币叫做朋。《通志》说：“商代币钱，亦谓之布。”〔2〕布是什么？据《诗·卫风》：“抱布贸丝。”《疏》：“此布币谓丝麻布帛之布，币者布帛之名。”可见商代亦有用布帛为货币。又据《史记·殷本纪》有说：“南宫括散鹿台之财。”（鹿台，商纣聚财之所，在今河南淇县。）清代王念孙说：“散鹿台之财，本作散鹿台之钱，今本作财者，后人依晚出古文《尚书》改之也。晚出《尚书·武臣篇》散鹿台之财，《正义》引《周本纪》曰：命南宫括散鹿台之钱。又曰：言鹿台之财，则非一物也；《史记》作钱，后世追论以钱为主耳。是《史记》本作钱，不作财也。”〔3〕据此，可知商代末年（包括殷代而说）已行使货币之钱。

（六）官制 商代对爵封地，与夏略同，而国数比夏为减少。封爵分公侯伯三等，子男为畿内诸侯及蛮夷之称，小国则称附庸。封地：公方百里，侯七十里，伯五十里。有八州，每州方千里。建百里之国三十，七十里之国六十，五十里之国百有二十，凡二百一十国，共得一千六百八十国。畿内方千里，建百里之国九，七十里之国二十一，五十里之国六十三，凡九十三国。所余之地，计方百里者六十四，方十里者九十六，以为元士禄田，合以八州（九州并王畿

〔1〕《管子轻重甲》第八〇。
〔2〕郑行巽编《中国商业史》三二页，孟世杰著《先秦文化史》一七五页引。
〔3〕王念孙著《读书杂志·史记》第一。

而言）所封之国，共得封国一千七百七十三。受禄之制，大国（公国）之君，食二千八百八十人。次国（侯国）之制，食二千一百六十人。小国（伯国）之君，食一千四百四十人。商制：天子建天官，先六太：曰太宰、太宗、太史、太祝、太士、太卜，为典司六典之官。次立五官：曰司徒、司马、司空、司士、司寇，为典司五众之官。次立六府：曰司土、司木、司水、司草、司器、司货，为典司六职之官。次立六工：曰土工、金工、石工、木工、兽工、草工，为典制六材之官。〔1〕其他如阿衡、左相、父师、少师各职，亦略见于古书，但不如周初官制的完备。

（七）兵制　古者寓兵于农，因田而制军赋。《汉书》卷二十三说："殷周以兵定天下矣，天下既定，戢藏干戈，教以文德，而犹立司马之官，设六军之众，因井田而制军赋。……有税有赋，税以足食，赋以足兵，故四井为邑，四邑为丘，丘十六井也，有戎马一匹，牛三头。四丘为甸，甸六十四井也，有戎马四匹，兵车一乘，牛十二头，甲士三人，卒七十二人，干戈备具，是谓乘马之法。一同百里，提封万井，除山川沈斥（沈谓居深水之下，斥，咸卤之地）城池邑居园囿，术路（术谓大道）三千六百井，定出赋六千四百井，戎马四百匹，兵车百乘，此卿大夫采地（因官食地，故曰采地）之大者也，是谓百乘之家。一封三百一十六里，提封十万井，定出赋六万四千井，戎马四千匹，兵车千乘，此诸侯之大者也，是谓千乘之国。天子畿方千里，提封百万井，定六赋六十四万井，戎马四万匹，兵车万乘，故称万乘之主。戎马车徒，干戈素具，春振旅以搜，夏拔舍以苗，秋治兵以狝，冬大阅以狩，皆于农隙以讲事焉。五国为属，属有长，十国为连，连有帅，三十国为卒，卒有正，二百一十国为州，州有牧，卒正三年简徒，群牧五载，大简车徒，此先王为国立武足兵之大略也。"商代六军之制，是沿袭夏代的，而兵事之政则专于司马，至于周代兵制则沿袭于商代。在商代之始，兵车不及万乘，《吕氏春秋》卷八《简选篇》说："殷汤良车七千乘，必死六千人。"（《御览》

〔1〕《礼记·曲礼下》郑玄注指为殷时制。

卷三百二十五必死下有士字。)《商书·汤誓》说:“王曰:格尔众庶,悉听朕言,非台小子,敢行称乱,有夏多罪,天命殛之。”据此,商汤之兵力,必远胜于夏桀,不然,汤岂敢誓师以讨伐么?

(八)法制 《韩非子》卷九说:“殷之法,刑弃灰于街者,子贡以为重,问之仲尼,仲尼曰:知治之道也,夫弃灰于街,必掩人,掩人人必怒,怒则斗,斗必三族相残也,此残三族之道也,虽刑之可也。”又说:“殷之法,弃灰于公道者断其手。”王应麟《困学纪闻》评说:“以商鞅之法为殷法,又托于仲尼,法家之侮圣言如此,均不足据也。”观此,则商代刑弃灰的重刑,是否事实,不得而知。商代五刑,仍沿古制,若公布于民之法律则有汤刑。《春秋传》昭公五年,晋叔向有说:“商有乱政而有汤刑。”此或以汤之官刑当之,故《墨子》谓殷汤亦作官刑。又《白虎通》以殷之牖里,与夏之夏台,周之囹圄同为圜土,是商亦有牢狱之征。《商书·汤誓》说:“尔不从誓言,予则孥戮汝,罔有攸赦。”是商亦有牢狱之征。《吕览·孝行篇》引《商书》说:“刑三百莫重于不孝。”是商代刑律成数有三百条,而以不孝为大罪之征。《书·盘庚上》说:“无有远迩,用罪罚厥死,用德彰厥善;邦之臧,惟汝众;邦之不臧,惟予一人有佚罚。”商代刑与德并用,刑与德兼重。《多方》说:“乃惟成汤,克以尔多方简,代夏作民主。慎厥丽乃劝,厥民刑用劝。以至于帝乙(商太丁之子),罔不明德慎罚,亦克用劝。要囚,殄戮多罪,亦克用劝,开释无辜,亦克用劝。”由上引证来看,商代不单是重刑罚,而并重德教的。〔1〕商代社会所有权,尚未甚确立,婚姻又从习惯,所以民事方面诉讼较少,刑诉方面诉讼较多。章太炎《蓟汉微言》说:“商律刑名法例最具,是以其言闳括,可以行远。”兹将商代刑名分列于后:(甲)徒刑。从《殷墟文字类编》里,可以考查出来的是“奚”字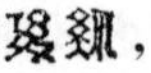,从手持索,以拘罪人(第十)。“执”字,象刑具之形,有罪而执之(《待问篇》第四)。“圉”字,象罪人入狱而犹拷之形(《待问篇》第六)。(乙)身体刑。“劓”字,《说文解

〔1〕 拙著《中国法律史大纲》三一页。

字》：“劓，刑鼻也，从刀臬声，或从鼻作劓。”此外《泰誓》有斮胫之刑，《盘庚》有割劓之刑。（丙）生命刑。《殷墟文字类编》：“杀字殺从《说文解字》：杀，戮也，从殳杀声。”据《史记·殷本纪》，死刑又有炮烙、盐脯、剖心之刑。（丁）族刑。《尚书·泰誓》：“罪人以族。”孔安国传说：“一人有罪，刑及父母兄弟妻子。”据沈家本《刑制分考》说：“《泰誓》为东晋人伪作。”商代是否真有族刑，不得而知。

（九）宗教　古代的宗教，是敬天的宗教，是以天为代表上帝的。《皋陶谟》说：“天聪明，自我民聪明；天明畏，自我民明威。”《太甲篇》说：“皇天眷佑有商，俾嗣王克终厥德，实万世无疆之休。”当汤伐夏之时，一则曰：“有夏多罪，天命殛之。”再则曰：“夏氏有罪，予畏上帝，不敢不正。”是以替天伐暴为理由。且商代进一步而尊神祀鬼信巫。《礼记·表记》说：“殷人尊神，率民以事神，先鬼而后礼。”《商颂》五篇皆祭祀之诗。《那篇》说：“猗与那与，置我鞉鼓，奏鼓简简，衎我烈祖。汤孙奏假，绥我思成，鞉鼓渊渊，嘒嘒管声。既和且平，依我磬声，于赫汤孙，穆穆厥声。庸鼓有斁，万舞有奕，我有嘉客，亦不夷怿。自古在昔，先民有作，温恭朝夕，执事有恪。顾予烝尝，汤孙之将。”《烈祖篇》说：“嗟嗟烈祖，有秩斯祜，申锡无疆，及尔斯所。既载清酤，赉我思成，亦有和羹，既戒既平。鬷假无言，时靡有争，绥我眉寿，黄耇无疆。约軧错衡，八鸾鸧鸧，以假以享，我受命溥将。自天降康，丰年穰穰，来假来享，降福无疆。顾予烝尝，汤孙之将。”《商书》亦多言祭祀鬼神之事。《盘庚上》说：“兹予大享于先王，尔祖其从与享之，作福作灾，予亦不敢动用非德。”《说命》中说：“黩于祭祀，时谓弗钦，礼烦则乱，事神则难。”《高宗肜日篇》说：“王司敬民，罔非天胤，典祀无丰于昵。”祭祖先是尚鬼，尚鬼故信巫。《君奭篇》说：“在太戊时，则有若伊陟、臣扈，格于上帝，巫咸乂王家；在祖乙时，则有若巫贤。”祭必择日，故卜筮在商代甚为兴盛。所以我敢说中国神权的制度，是确定于商代的。

（十）美术　（甲）音乐。《吕氏春秋·古乐篇》说：“殷汤即位，夏为无道，暴虐万民，侵削诸侯，不用轨度，天下患之，汤于是率六州以讨桀罪，功名大成，黔首安宁；汤乃命伊尹作为《大护》，歌《晨露》，修《九招》、《六列》，以见其善。”（大护、晨露、九招、六列，皆乐名。）大护，《左传》作大濩。今考甲骨文有濩字，即大濩之乐。至于辛受之时，好为靡靡之乐，而淫声由此兴。（乙）绘画。商初伊尹从汤言素王九主之事，所谓九主，即法君、专君、授君、劳君、等君、寄君、破君、国君、三岁社君，均图画其形。[1]这为商代画像之始。高宗武丁时，夜梦得圣人名曰说，以梦所见视群臣百吏皆非，乃审其像，以图形求之于天下，得之。[2]由此可知商代绘画艺术的进步。（丙）雕铸。汤初谋夏，受大球小球，其伐三朡，并俘宝玉。商代土工、金工、石工、木工、兽工、草工，皆有专职，所以雕刻冶铸的艺术，随之进步。土工为陶瓦之器，金工则冶铸铜器，石工、木工、兽工，则各为石作、木作及皮革细工之事。祭祀所用的礼器，亦有新制，如斝与著尊，著尊不加文饰，而斝则饰以禾稼。若食器虽杯觞之微，亦施以刻镂，当时所作的铜器，雅有文饰，即其鼎彝，随处可以考见。今所存之鼎、尊、卣、觚、爵、盘等古器，敝坏不可辨别。若一字铭，则几限于商代的器皿，如庚、辛、癸、子、孙、举、木、田、中、非等字，或为当时帝王之名，或纪年代先后之序。更有立戈、横戈、禾、斧、矢、车、兕、龙、虎兽之形，及人之持戈、戟、旂、刀、干等之款识，是商器的特征。器物之中，如上记之文字或象形者，即宗庙之器。铭文中之人名，有祖乙、小乙、武乙、天乙等字者，亦可断为商器。[3]清代末年，殷墟（河南彰德）出土的器物，与河南仰韶及山东龙山出土的器物相比较，其中类似之点甚多。殷墟的陶器，有蓝文、方格文，圆足，有盖，宽耳，多与龙山相同。其三足鬲、甗、皿诸器，尤显为自龙山陶器演化而来者。殷墟的骨蚌器及石器，龙山亦有之，惟石斧及小长石斧，则付阙如。殷墟的单色陶片、石粟鑿、石戈、陶弹、陶轮，多与仰韶

〔1〕《史记·殷本纪·索隐》。
〔2〕《国语·楚语》。
〔3〕日本大村西崖著《中国美术史》汉译本四页。

（河南渑池县仰韶村）相同，惟石镞则殷墟多带翼。殷墟的铜器，如矛、斤、矢镞、戈瞿（戟属），在西伯利亚多有之，欧洲方面亦有类似者。[1]中国铜器时代开始于何代，这是值得注意的。胡适与顾颉刚在《古史辨》中，以为商代是新石器时代，而不是铜器时代。缪凤林以为中国金属器之使用，远在殷商之前。[2]章鸿钊之分期，以为始用铜器时代，在炎黄之世，铜器全盛时代，在夏商周三代。[3]马衡以为始入铜器时代之时，至迟亦当在商初，虽其时或为石器铜器交替之时，但不能不谓之铜器时代，故言中国之铜器时代必数商周两代。[4]郭沫若以为殷代，都还是金石兼用的时代。[5]曾松友在《中国原始社会之探究》说及："紫铜器的发现，在年代上来推论，大概在夏商之际，安特生在甘肃采掘的，多属此项。到了殷代之时，铜（青铜）的应用，已经是非常的普遍了。据近年来在黄河流域，特别是河南各地出土之铜器，除了少数夏商之间的用具外，其余大部分的都是殷代产物。罗振玉在发掘龟甲文时，同时发现的铜器极多，较之安特生在甘肃所采掘的，精致而进步得多，而且多数是青铜做的。罗振玉、马衡两人，从甲骨文中证明此种器具为殷代之产物。因此，这里我们可以得到下列两个结论：（一）夏、商以前，为石器时代；而夏、商两代，为石铜兼用时代。（二）中国铜器时代之开始，实际上就是在殷代的时候。"上说如当，则商代雕铸事业，必比前代为进步。其次，关于雕玉，《周书》说："武王俘商旧宝玉万四千，佩玉八万。"可知商代雕玉之盛，商代积如许大量之玉材，其大部分必为雍州所贡，雍州西及和阗界，则此等玉材，必取自和阗。考和阗即于阗，于阗在葱岭之北，即今新疆之和阗城，有河出其南山，即于阗河，于阗为产玉最富之国，且为玉器最多之国，商代宝玉如是之多，文化必有所接触。（丁）建筑。商代初年，有说似为穴

---

[1] 周传儒著《甲骨文字与殷商制度》八五页。
[2] 缪凤林《评马衡中国之铜器时代》。
[3] 章鸿钊著《中国铜器铁器沿革考》。
[4] 马衡著《中国铜器之时代》。
[5] 郭沫若著《中国古代社会研究》。

居。民国十八年春季，中央研究院在殷墟之发掘，曾发现长方坑与圆坑的遗址，秋季发掘，所见长方坑更多，深六七米（合营造尺三·一二五尺），有至十米者；长二三米。坑中之物，皆比较完整而丰富，若非商人住居之穴，至少当为窖藏之穴。商代中叶及晚年，建筑已有进步，甲文中有室、宅、京、家、寝、门、牢、圂，皆是住宅。又有，即宫，为最普遍之屋。有，即墉，为家室之墙垣。有，王国维以为明堂，其制颇似北平之四合院。在殷墟发现遗址中，有版筑痕迹，又有石像柱础，足见建筑亦颇有整齐宏大者。〔1〕《考工记》说："殷人重屋：堂修七寻，堂崇三尺，四阿，重屋。"郑注："四阿，若今四柱屋，重屋，复笮也。"此殷初明堂制之可考者。《史记·殷本纪》说："纣为鹿台。"《集解》："《如淳》曰：《新序》曰：鹿台其大三里，高千尺。"又《御览》八十四引《帝王世纪》说："纣造倾宫瑶台，七年乃成，其大三里，其高千仞。"商代晚年，建筑工程高至千尺，等于百丈，想是过于铺张之词，未必有如是之崇高。

（十一）教育 据《礼记·王制》，殷有左右二学。《王制》说："有虞氏养国老于上庠，养庶老于下庠。夏后氏养国老于东序，养庶老于西序。殷人养国老于右学，养庶老于左学。"又说："五十养于乡，六十养于国，七十养于学。"按乡即乡学，国即国中之小学，学即在郊之大学。郑玄注："此殷制明矣。"《孟子》说："殷曰序。"乡学曰序，立于州遂。《书·说命下》说："念始典于学，厥德修罔觉。"又说："惟学逊志，务时敏，厥修乃来，允怀于兹，道积于厥躬。"可知在商代是提倡教学的。古代以天文学教民，设灵台于学校，以供观察天文之用。上古灵台在明堂中，与大学同地。商代亦有灵台，可知观象望氛，是属于学校的职责。《王制》说："命乡论秀士，升之司徒，曰选士；司徒论选士之秀者而升之学，曰俊士。升于司徒者不征于乡，升于学者不征于司徒，曰造士。乐正崇四术，立四教，顺先王诗书礼乐以造士；春秋教以礼乐，冬夏教以诗书。王太子，王子，群后之太子，卿大夫元士之适子，国之俊选皆造焉，

〔1〕《甲骨文字与殷商制度》八一页。

凡入学以齿。将出学，小胥大胥（皆乐官之属）小乐正简不帅教者，以告于大乐正，大乐正告于王，王命三公九卿大夫元士皆入学，不变，王亲视学，不变，王三日不举，屏之远方，西方曰棘，东方曰寄，终身不齿。大乐正论造士之秀者以告于王而升诸司马，曰进士；司马辨论官材，论进士之贤者以告于王而定其论，论定然后官之，任官然后爵之，位定然后禄之。”孔《疏》谓此为殷制，可见商代对于教育注意到奖劝惩戒的方法。

（十二）学术　（甲）天文学。商代纪时之法，比前代进步，其法以干支纪日，而以干为主，积十日为一旬，积三旬为一月，积十二月为一祀（年）。一年又分春夏秋冬四时，正二三为春，四五六为夏，七八九为秋，十十一十二为冬。月有大小，大月三十日，小月二十九日。一年为十二月，遇闰则置十三月。中国的太阴历，是起源于商代。夏商周三代，月正之建，各有不同，其法以斗柄所指为主，斗柄一岁而周天，画其周天之度为十二辰，以应十二月。子为正北，午为正南，卯为正东，酉为正西，其余以次左旋。天开于子，地辟于丑，人生于寅，斗柄建此三辰之月，皆可以为岁首。夏以寅为人正，故建寅为正月；商以丑为地正，故建丑为正月；周以子为天正，故建子为正月。凡此，皆上古天文学之可考者。（乙）历史学。殷代之史，列于《尚书》者，有《商书·盘庚》、《微子》，皆以人名篇，为后书本纪列传之所本。又采士大夫之歌咏以为《商颂》，则为史诗。中国是否有过像荷马伊里亚得（Iliad）与奥德赛（Odyssey）一类的史诗，这是文学史家所引为讨论的，而《诗经·商颂》、《鲁颂》等篇，记述东征西讨的战功，其性质和荷马史诗相同。[1]《书经·汤誓》，是汤伐桀的时候的誓师词，即是现在所谓告民众书，这是商代重要的文献，追索中国商代历史的起源，不能抹煞这篇古书。（丙）哲学。商代哲理之学，以《易经》为最著。商之易曰《归藏》，以坤为首，象万物之莫不归藏于地，故名。易出于卦而非卦，卦出于图而非图。《系辞上传》说：“生生之谓易，成象之

〔1〕曹聚仁著《中国史学》一三页，拙著《中国近代政治史绪论》五页。

谓乾，效法之谓坤，极数知来之谓通，通变之谓事，阴阳不测之谓神。”《说卦传》说：“昔者圣人之作易也，将以顺性命之理，是以立天之道曰阴与阳，立地之道曰柔与刚，立人之道曰仁与义。”《太极图》说：“乾道成男，坤道成女，二气交感，化生万物。万物生生，变化无穷也。”何谓易？易是表示自然界生命之绵延演进，表示宇宙之变动发展的法则。万物之生生，是根据宇宙之一部分的地球，地球亦随宇宙自然界的变化，而表现生命的扩展，所以说：“万物莫不归藏于地。”易常在运动不息之物理空间，由一动一静而分阴阳，阴阳合而五行生，由五行之变化，而构成化学上既知之八十余种原子，由原子而构成种种物质分子，所谓“万物莫不归藏于地”，是表示一动一静演变的实性也。

（十三）文学 商代之文，倍于前古，如《汤誓》、《汤诰》、《盘庚》诸篇，多臣谏君之作，文多质直，辞理充富。《说苑》汤大旱祝辞说：“政不节邪？使人疾邪？苞苴行邪？谗夫昌邪？宫室崇邪？女谒盛邪？何不雨之极也。”京房《易传·汤嫁妹辞》：“无以天子之尊而乘诸侯，无以天子之富而骄诸侯，阴之从阳，女之顺夫，天地之义也。往事尔夫，必以礼义。”《礼记·汤盘铭》：“苟日新，日日新，又日新。”凡此，多是韵文骈语，没有充分的文学意味。惟箕子的《麦秀歌》，为箕子过殷故墟而作：“麦秀渐渐兮，禾黍油油。彼狡童兮，不与我好兮。”〔1〕又伯夷叔齐的《采薇歌》，武王灭殷，夷、齐耻食周粟，隐于首阳山，采薇而食，饥饿将死而作歌：“登彼西山兮，采其薇矣。以暴易暴兮，不知其非矣。神农、虞、夏忽焉没兮，我安适归矣？吁嗟徂兮！命之衰矣！”〔2〕这两首歌，含着极丰富的诗歌意味。在寥寥十数字中，将亡国的惨状和亡国原因写出，表露凄凉悲惋的情绪，这是何等经济的文学手笔。关于商代之文字学，见于甲骨文，甲骨文之初步研究，限于文字，积三十年之经验，大部分文字，已能识别，其结果中国文字之学，大起变迁；向来一切

---

〔1〕《宋微子世家》。
〔2〕《伯夷列传》。

字义之解释，皆以《说文》为准则，等到金石之学兴，学者已能稍稍引用金文，以订正许书之得失；至甲骨文出，更能本之以说明文字本原，不特《说文》不尽可靠，亦可与金文比较研究，以证其字原；故论甲骨文字之功绩，当以影响文字学者为最大。向来研究甲骨文者，专重文字之研求，其所追寻的方向，约有六端：一为考释，二为分类，三为文例，四为礼制，五为地理，六为世系；后三者已拦入历史的范围。研究甲骨文者，由清代孙诒让始，继有罗振玉、王国维诸氏，其他商承祚、罗福成、唐兰、徐中舒、余永梁、吴其昌等，皆能成一家之说。研究结果，此类著作之出版甚富。[1] 甲骨文出土后，影响于中国文字学者甚大：(1) 考知原始文字之形体与文法。研究甲骨，始知原始文字，凹而下陷，仿鸟兽蹄迒之迹。其行款读法，或左，或右，或下，或上，颠倒错乱，初无一定之规则。且字上间涂朱墨，与古玉古陶同，与近人用朱用墨亦同。(2) 证明所谓籀文即古文。许慎说："宣王太史籀，著大篆十五篇，与古文或异。"然许书所载之籀与古或异之字，往往古籀本合。如四之古文作，籀文作亖，今卜辞中四字正作亖。从知许慎所谓籀文非古文是错误的。(3) 表明古象形字因形示意不拘笔画。甲骨文中犬、羊、马、鹿、豕、龟、龙等字，虽繁简不同，然皆为象形，一望而知。不特象形字是如此，其余指事、会意、假借之字，亦多有同文异体。可知字之初起，原非有一定的形式。(4) 与金文互相发明。甲骨文与金文，形体相似之处甚多。有甲骨文与金文全同者，如甲、乙、丙、丁、戊、己、庚、辛、壬、癸、一、元、天、方、且、王、中、平等字皆是。其不甚习见之字，如余、午、盂、鬯、归、母、鲁，亦是。有金文不识，赖甲骨文而识者，如甲文子字作，而巳字作或作。因之金文中叔娸鼎之乙子，史颂鼎之丁子，辂任簋之癸

〔1〕 孙诒让著《契文举例》，罗振玉著《殷商贞卜文字考》、《殷墟书契考释》，商承祚著《殷墟文字类编》，叶玉森著《殷契钩沉》，王襄著《簠室殷契征文》，郭沫若著《甲骨文字研究》，林泰辅著《龟甲兽骨文字》，胡光炜著《甲骨文例》，陆懋德著《甲骨文之历史及其价值》，余永梁著《殷墟文字考及续考》，闻宥著《研究甲骨文字的两条新路》，董作宾著《甲骨文研究之扩大》，冯宗麟著《甲骨文字学史》等论著。

子，皆为甲子表所无，昔人所不能解释者，今释为乙巳、丁巳、癸巳，数百年之纠纷，迎刃而解。（5）纠正许书之失误。《说文》一书，违失甚多。古籀之违失者，如古文一下出弌，二下出弍，三下出弎，中下出𠁩，册下出𠕋，皆为甲文及金文所无。又如籀文马下出影，车下出𨏳，亦为甲文金文马字之笔误。篆文之违失者，如福字，许注：备也，从示畐声。然卜辞中作福。从酉，乃尊也，会意，非形声字，许说误。又如鬥字，篆文鬥，许注：㒳士相对，兵杖在后，象鬥之形。然卜文惟像两手对搏形，不见兵杖之形，许说失之。又如邑字，许注：国也，从口从卪。今卜辞作邑，㔾即象人席地形，非从卪，许说亦误。（6）说明文字之变迁。如将甲文、金文、篆文、隶书排列观之，可见甲文之演化为金文，再演化为篆文，又演化为隶书、楷书，循序渐进，其逐步变迁之迹，可以考寻。〔1〕由上引证而观，商代之文学文字学，在历史上是具有价值的。

〔1〕《甲骨文字与殷商制度》四六至四八页。

第四章

周代之文化

第一节　周代之政治社会

周朝的先世是后稷，《史记》说："周后稷名弃，其母有邰氏女，曰姜嫄。……帝尧闻之，举弃为农师，天下得其利，有功。帝舜曰：弃，黎民始饥，尔后稷，播时百谷。封弃于邰（今陕西武功县），号曰后稷，别姓姬氏。后稷之兴在陶唐、虞夏之际，皆有令德。后稷卒，子不窋立，不窋末年，夏后氏政衰，去稷不务，不窋以失其官，而奔戎狄之间。"不窋以后的世系，是不窋生鞠，鞠生公刘，公刘生庆节，庆节生皇仆，皇仆生差弗，差弗生毁隃，毁隃生公非，公非生高圉，高圉生亚圉，亚圉生祖类，祖类生古公亶父，古公亶父子季历生昌，是为文王。自稷至文王，凡十五世，考其年代，自帝尧至殷末，至少已历千二百年。这一千二百年的时代，文物制度当然有许多的进步。《诗》："文王在上，于昭于天，周虽旧邦，其命惟新。"文王于受命之年称王，而先断虞、芮之讼（虞在今山西平陆县东北，芮在今陕西朝邑县），继伐犬戎、密须（今甘肃灵台县）、耆国（今山西长子县）、邘（今河南河内县境）；后又伐崇侯虎而作丰邑（今陕西鄠县境内），自岐下而徙都之。《淮南子》说："文王之时，纣为天子，赋敛无度，杀无止，康梁（耽乐）流湎，宫中成市，作为炮烙之刑，刳谏者，剔孕妇，天下同心而苦之。文王四世累善（大王、王季、文王、武王），修德行义，处岐周之间，地方不过百里，天下二分归之。文王欲以卑弱制强暴，以为天下去残除贼而成王道，故太公为之谋主也。”〔1〕文王何以统一天下？就是在他能裁制强暴除残去贼。换句话说：他的政治，比纣王好得多的缘故。《周书·无逸》说：“文王不敢盘于游田，以庶邦惟正之供；文王受命惟中身，厥享国五十年。”文王没，太子发立，是为武王。武王立后，曾举行伐纣的事，《史记》载：“九年，武王上祭于毕，东观兵，至于孟津。为文王木主，载以车中军，武王自称太子发，言奉文王以伐，不敢自专。……是时诸侯不期而会孟津者，八百诸侯。……于是武王遍告诸侯曰，殷有罪，不可以不毕伐，遂率戎车三百乘，虎贲三千人，甲士四万五千人，以东伐纣。……诸侯兵会者，车四千乘，陈师牧野。帝纣闻武王来，亦发兵七十万人，距武王。……纣兵皆崩，畔纣，纣走，反入，登于鹿台之上，蒙衣其珠玉，自燔于火而死。”这一场大战，两方的兵力相悬如此之大，而武王到底能扫除纣王的势力，非赖当时诸侯之归向，不能有此战功。武王既诛纣以定中原，又伐奄以奠东方，《孟子》说：“周公相武王诛纣伐奄，三年讨其君。”赵岐注：“奄，东方无道国，奄，大国，故伐之。”武王定商、奄之后，乃封太公于齐以表东海，封召公于燕以临其北，封周公于鲁以处其南。〔2〕封商纣子禄父，抚殷之余民，以京师封纣子武庚为殷后（有说武庚即禄父），三分其地置三监，使管叔、蔡叔、霍叔治而教之。自纣城而北谓之邶，南谓之鄘，东谓之卫。以三公镇东土，以三监镇殷墟，巩固他的统治权。武王没，成王幼，周公摄政，管叔、蔡叔疑周公专王室，不利于成王，乃挟武庚以作乱，周公兴师东伐，作《大诰》，遂诛管叔，杀武庚，放蔡叔，收殷之余民，以封康叔于卫（今河南淇县东北），遂迁殷顽民于洛邑。《尚书大传》说：“周公摄政一年救乱（谓管蔡），二年克殷（谓武庚），三年践奄，四年建侯卫，五年营成周，

〔1〕《太平御览·皇王部》卷八四引。
〔2〕蒙文通编《古史甄微》一一八页。

六年制礼作乐，七年致政成王。”据此，周公实为周代之大军事家大政治家。〔1〕

成王诵在位三十七年没，子钊立，是为康王。康王在位二十六年没，子瑕立，是为昭王。成康之世，刑措四十余年不用，号为太平之世。昭王在位五十一年，以德衰曾带兵南征，在汉水中溺死。据历史学家的考证，大概长江流域的楚国，在周初虽受封子爵，那时已渐渐强盛，有与周王室竞争的形势，周天子用兵征伐，不幸大败，昭王因此溺死。昭王死后，儿子穆王满继立。穆王是一位有作为的国君，曾征伐犬戎（是匈奴族一个部落），后世称为穆天子。〔2〕《帝王世纪》说：“穆王修德教，会诸侯于涂山，命吕侯为相，或谓之甫侯，五十一年，王已百岁老耄，以吕侯有贤能之德，于是乃命吕侯作《吕刑》之书。”穆王既内修政理，更外攘夷狄。穆王西征，是周代的一件大事。《匈奴列传》说：“武王放逐戎夷，其后二百有余年而穆王伐犬戎。后二百有余年，犬戎攻杀幽王骊山下。”《后汉书·东夷传》说：“徐夷僭号，乃率九夷以伐宗周，西至河上，穆王畏其方炽，乃分东方诸侯，命徐偃王主之，偃王处潢池东，地方五百里，行仁义，陆地而王者，三十有六国（《韩非子·五蠹篇》说，割地而朝者三十六国），穆王后得骥騄之乘，乃使造父御以告楚，令伐徐，一日而至；于是楚文王大举兵而灭之。”时穆王方有事西征，徐偃王乘之，率九夷以伐宗周，穆王之兵尚西征未返，不得已暂分东方命主之，而楚人亦欲得志于汉东，故穆王令楚伐徐，周楚之兵合，而偃王遂败。穆王西征，祭公谋父率师从之，初至阳纡（山名，本陕西凤翔府境），继进至昆仑之丘（帕米尔高原附近），由此益西，至于西王母，又进至旷原（里海傍近）然后东还，综穆王所经路程，共历一万余里，巡狩之远，实为历史上所少见。英人帕克尔（E. H. Parker）说：“穆王所行，即由现时大路，约自兰州、西宁之间，经新疆之罗布泊，至乌鲁木齐，此或即西王母之地。”帕克尔并就《穆天子传》

〔1〕《尚书大传》见《礼记·明堂位》疏。
〔2〕《中国史话》第四章二六页。

计算其行程："为去时三百日、回时三百日，共行一万三千三百华里，约日行二十英里。"[1]

穆王没，子翳扈立，是为共王。共王在位十二年没，子囏立，是为懿王。时西戎侵镐，狄人侵岐，懿王乃自镐徙都槐里（陕西兴平县东南）。其后王师北伐犬戎，败绩，王室遂衰。懿王二十五年没，共王弟辟方立，是为孝王。孝王在位十五年没，懿王子燮立，是为夷王。夷王在位十六年没，子胡立，是为厉王。《史记》说："厉王即位三十年，好利，近荣夷公；大夫芮良夫谏王不听，卒以荣为卿士用事，王行暴虐侈傲，国人谤王，召公谏曰：民不堪命。王怒，得卫巫使监谤，以告则杀之，诸侯不朝。三十四年，王益严，国人莫敢言，道路以目，三年相与叛袭，厉王出奔于彘。太子静匿召公之家，国人闻，乃围之，召公以其子代，太子竟得脱，召公周公二人相共行政，号曰共和。共和十三年，厉王死于彘，太子静长于召公家，二相乃共立之，是为宣王。"《帝王世纪》说："厉王荒沉于酒，淫于妇人。"中国历史上箝制人民言论的自由，人民受不了压抑，起来倡导革命，当以厉王统政时期始。宣王即位后，二相辅之，修政，法文、武、成、康之遗风，故能举周室中兴之绩。惟西戎灭大骆（非子之父）之族，猃狁（北狄）谋内寇之师，宣王因命秦仲征西戎，尹吉甫伐猃狁，方叔征荆蛮，召虎平淮夷；又亲率六师以征徐，徐人亦慑服，至是四方咸定。其后戎族日强，宣王连用师于戎，皆不利，先伐太原之戎，未有克胜，既伐条戎（《左传地名补注》，条即鸣条。鸣条冈在山西安邑县北三十里），败绩；伐姜戎，战于千亩（今山西安泽县），又败绩。可见周代初年，北方的外夷，既树立强固的基础。宣王在位四十六年没，子宫涅立，是为幽王。幽王伐有褒，褒人进褒姒，幽王嬖爱褒姒，生子伯服，以虢石父、褒姒之谮，废申后及太子宜臼。宜臼出奔申，王欲杀太子宜臼，求之于申，申侯弗与，王伐之。申侯与鄫人召西夷犬戎伐王，王举烽火征兵，兵不至，犬

[1] E. H. Parker, *Ancient China Simplified*, p. 217.

戎遂杀王于骊山下（骊山在西安府临潼县东北），虏褒姒，尽取周宝赂而去。〔1〕中国历史上以外夷的势力侵进国内，而诛杀其君主，当以幽王统政时期始。

幽王既为犬戎所杀，申侯、鲁侯及许文公立平王于申。平王以酆镐逼近戎狄，不可居，乃于元年迁居洛邑。（是年为西历纪元前七七〇年，民国纪元前二千六百八十一年。）

从周平王四十九年，即鲁隐公元年（民国纪元前二六三三年），至周敬王三十九年，即鲁哀公十四年止（民国纪元前二三九二年），中经二百四十二年，为春秋的时代。在这时代有势力的诸侯，有晋、齐、楚、秦、鲁、燕、蔡、曹、卫、郑、吴、宋、陈、越十四国；其中比较强的，有齐、晋、秦、楚、吴、越六国。（甲）齐国。齐国的始祖，姓姜名吕尚，是文王武王的谋臣。武王定天下之后，封于营丘（山东乐昌县），后世迁徙到薄姑（在博兴县境），又迁徙到临淄（今之临淄县），《史记》说："太公至国，修政，因其俗，简其礼；通商工之业，便鱼盐之利，而人民多归齐。"及周成王少时，管叔、蔡叔作乱，淮夷畔周，乃使召康公命太公说："东至海，西至河，南至穆陵（临海县南大岘山上的穆陵关），北至于无棣（今河北卢龙县），五侯九伯，汝实征之。"齐由此得专征伐，成为大国。至齐桓公时用管仲为相，先行整理内政，奖励工商业，竭力开发财富，训练军队，使国家强盛，提倡尊王攘夷的口号，帮助燕打退山戎；把敌人驱逐，恢复邢卫两国的封地；又召集诸侯兵进攻楚国，责备他不敬王室的罪过，因此，诸侯都知道齐国的声威，听他的号令。桓公死后，齐国大乱，霸业从此中止；宋襄公起兵替齐国代平乱事，并想继续齐桓公建立霸业，惟被楚国打败，受伤而死。从此成了晋、楚、秦三国争霸的局面。〔2〕（乙）晋国。晋国的始祖，是成王的兄弟，唤做唐叔虞，是周王室同姓的诸侯。唐叔虞的儿子燮，因地有晋水，改称晋侯，后世徙到曲沃，又迁到绛。到春秋时代，已灭了附近翼、霍、魏、

〔1〕《纲鉴汇纂·周纪》卷二。
〔2〕《中国史话》第六章，《白话本国史》第五章。

耿、虞、虢等小国，占有现今山西省的南半部和陕西省的东境、河南省的北境。《史记》说："当此时，晋疆西有河西，与秦接境，北边翟，东至河内。"晋国就成为一个强国。（丙）楚国。楚国是帝颛顼之后，受封的叫作熊绎，熊绎之后，五传而至熊渠。《史记》说："熊渠甚得江汉间民和，乃兴兵伐庸、扬、粤，至于鄂。……乃立其长子康为句亶王，中子红为鄂王，少子执疵为越章王，皆在江上楚蛮之地。"熊渠之后，七传而至熊仪，是为若敖；若敖再传而至霄敖，是为蚡冒，蚡冒卒，蚡冒的兄弟熊通，杀蚡冒的儿子而代立，是为楚武王。春秋时代，楚国的地方，已经西至现今四川省的东部，北至河南省的南部，东至江苏、安徽的北部，南至湖南、江西的北部。庄王时制郑服宋胜晋，遂以称霸。（丁）秦国。秦国之先，《史记》说是帝颛顼之苗裔。他的后世，有一个叫作造父的，替周穆王御而西游，周穆王封他于赵城（今山西临汾县），便是七国时赵国的始祖。又有一个叫作非子的，替周孝王主持马政，周孝王封之于秦（今甘肃天水县），为附庸，便是秦国的祖宗。周平王东迁以后，秦国遂有机会开拓疆土，到了春秋时候，已占有现今陕西甘肃一带的地方，当初西周发迹所据形势重要的区域，都归秦国所有。（戊）吴国。吴的先世是吴太伯，太伯弟仲雍，皆周太王之子，而王季历之兄。太王欲立季历以及昌，于是太伯、仲雍二人，乃奔荆蛮，文身断发，示不可用。太伯之奔荆蛮，自号句吴，荆蛮义之，从而归之者千余家，立为吴太伯。太伯卒无子，弟仲雍立，是为吴仲雍。自太伯至寿梦凡十九世，寿梦时，吴始通于中国，少子季札，历聘诸邦，声闻遂著。晋人结吴制楚，吴楚屡用兵，至阖庐破楚，夫差灭越，遂霸江南。后越国起而覆灭其国。（己）越国。越王句践，其先禹之苗裔，而夏后帝少康的庶子无余，始封于会稽（今浙江绍兴县），至允常称王。允常之时，与吴王阖庐战，而相怨伐；允常没，子句践立。夫差灭越，句践报之，卒以覆吴称霸。入战国灭于楚。除此六国以外，可称为二等国的，有鲁（今山东的曲阜县）、卫（康叔封于朝歌，春秋时，为狄所破，迁于楚丘，今河南滑县）、曹（武王弟叔振铎，封于陶丘，今河南定陶县）、宋（微子封于商，今河南商丘县）、郑（宣王的弟友封于郑，今陕西华县，后来东徙于虢郐之间，今河南郑县）、陈（陈胡公，舜之后，封于宛丘，今河南淮宁县）、蔡（蔡叔度之子胡，封于蔡，今河南上蔡县，平侯迁新蔡，今河南新蔡县，昭侯迁州来，今安徽寿县）、许（伯夷之后封于许，今河南许昌县，灵公迁于叶，今河南叶县，悼公迁于夷，实城父，今安徽亳县，迁于析，实白羽，今河南内乡县）等国。春秋时，诸侯互相战争，强并弱，大兼小，众暴寡，当初凡千八百国，至是时诸侯存者，只百六十余，其间最有关系者十四国而已。这等国家，互相争霸，或地丑德齐，待隙而动；或肆意兼并，无所顾忌；或剪除异己，残民以逞；那末，领土因此而日益割裂，社会受了剧烈的变动，而文化因此有急激的趋势。〔1〕其次，贵族在政治上具有雄厚的势力，常执诸侯的政柄，因为诸侯要连结贵族的势力，以扩张他的权威，久之，成为尾大不掉之势，各贵族之间，又因利害冲突时起政争，致成兼并的局面。〔2〕

春秋之后，是为战国。太史公作《六国表》始于元王元年，迄秦二世，凡二百七十年。实则《春秋左传》终于元王八年，当自贞王元年，始入战国，而秦始皇二十七年以后，即秦统一之时，未可附入于战国。考史家所谓战国时代，实无确定界限。刘向序《战国策》说："其事继春秋以后，讫楚汉之起，二百四十五年间之事。"司马光作《资治通鉴》，始于周威烈王二十三年（西历纪元前四〇三年，民国纪元前二三一四年）。柳诒徵于《中国文化史》说："战国之始末，自周贞王迄秦灭齐，凡二百四十八年。"〔3〕孟世杰于《先秦文化史》说："战国时代之起始，似宜断自三家分晋以后，即威烈王二十三年，命晋大夫魏斯、赵籍、韩虔为诸侯之年。"〔4〕日人高桑驹吉于所著《中国文化史》说："战国之世，自周威烈王二十三年起，至秦的统一止，其间凡百八十三年，便是这个时代；若把春秋以后就作

〔1〕拙著《中国文化演进史观》一八页。
〔2〕拙著《社会思想与社会问题》六三页。关于春秋时代之各国形势详述完备者，有顾栋高之《春秋大事表》。
〔3〕柳著《中国文化史》上册三二五页。
〔4〕孟著《先秦文化史》二二三页。

为战国，则共为二百六十年间。”[1]

春秋与战国最大的分水线，就是周代春秋期至战国期，兼并战争的局面，更愈趋愈下。顾亭林于《日知录》有说：“春秋时犹尊重礼信，而七国则绝不言礼与信矣；春秋时犹尊周王，而七国则绝不言王矣；春秋时犹严祭祀，重聘享，而七国则无其事矣；春秋时犹论宗姓氏族，而七国则无一言及之矣；春狄时犹晏会赋诗，而七国则不闻矣；春秋时犹有赴告策书，而七国则无有矣。邦无定交，士无定主，此皆变于一百三十三年之间，史之阙文而后人可以意推者也。”刘向《战国策》序有说：“仲尼既没之后，田氏取齐，六卿分晋，道德大废，上下失序，至秦孝公捐礼让而贵战争，弃仁义而用诈谲，苟以取强而已矣。夫篡盗之人，列为侯王，诈谲之国，兴立为强，是以转相仿效，后生师之，遂相吞灭，并大兼小，暴师经岁，流血满野，父子不相亲，兄弟不相安，夫妇离散，莫保其命，湣然道德绝矣。”赵岐《孟子题词解》有说：“周衰之末，战国纵横，用兵争强以相侵夺，当世取士，务先权谋，以为上贤。先王大道，陵迟隳废，异端并起，如杨朱墨翟放荡之言，以干时惑众者非一。”孙奭《孟子正义序》亦有说：“自仲尼既殁，战国初兴，至化陵迟，异端并作。仪衍（张仪公孙衍）肆其诡辩；杨墨饰其淫辞，遂致王公纳其谋以纷乱于上，学者循其踵以蔽惑于下。”从上引证来看，就知道战国的时代，是暴政横行、争战不息、豪强兼并、人民憔悴的时代。战国时代的形势就是：在春秋时代，号称大国的晋，分为韩、赵、魏；越灭于楚，而北边的燕渐强；于是韩、赵、魏、齐、楚、燕、秦，并为七国。兹略为分述于后：（甲）赵国。赵都晋阳（山西阳曲县），累徙至邯郸（直隶邯郸县）。初晋之范氏、中行氏、知氏及韩、赵、魏号六卿，擅国政。定公时，范、中行作乱，后败亡，六卿并为四。四卿之中，知氏独强，知伯（即荀瑶）向韩、魏求地，韩康子、魏桓子皆与之。又求地于赵，赵襄子不与。知伯愤怒，遂率韩、魏攻赵。襄子奔晋阳，三氏随而围之，知伯决晋水（在山西阳曲县西

[1] 高桑驹吉著《中国文化史》汉译本二九页。

南）灌其城，城不浸者三版。襄子使张孟谈潜出与韩魏约共图知氏，灭之，为三家分晋之始。襄子再传至列侯籍，始受周命，与韩、魏同列诸侯，时威烈王二十三年。及苏秦倡六国合从之说时，赵实主谋，赵武灵王胡服骑射，北破林胡、楼烦（在山西外），西窥秦。传子惠文王，用蔺相如为上大夫，廉颇、赵奢为上将，以折强秦，此赵之极盛时代。其后秦伐韩，韩上党（山西潞安府）降赵，秦移师攻之，赵败于长平（山西高平县），秦将白起坑赵降卒四十万，赵自是遂衰弱；然廉颇、李牧皆良将，秦尚忌之；末年，嬖臣郭开用事，屏斥廉颇，使不复任用。又受秦间金，诛李牧，牧死后，又四年，秦灭赵。（乙）魏国。魏都安邑（今山西夏县有故城），后徙大梁（河南开封），自魏桓子灭知伯，子文侯斯立，以卜子夏、田子方为师，任魏成为相，乐羊、吴起为将；胜秦，克中山（直隶定县），并能好贤礼士，国人称仁，上下和合，遂受周命为诸侯。文侯斯没，子击立，是为武侯。击没，子罃立，是为惠王。惠王之世，卑礼厚币以招贤者，孟子至梁，惠王不能用，东败于齐，南辱于楚，西困于秦，丧师失地，仅保大梁。惠王没，子赫立，是为襄王。周显王三十五年，襄王会齐宣王于徐州以相王。[1] 四十一年，秦张仪伐魏取蒲阳，既而归之，魏尽入上郡十五县以谢秦（今陕西延安府、榆林府、绥德州，战国初，魏上郡地）。秦用商鞅，以削魏为强秦之计，以后连岁侵夺，魏遂亡。（丙）韩国。韩都阳翟（河南禹县），康子之子武子虔列于诸侯，并郑而有国。当秦孝公之强，韩昭侯用申不害为相，遂免诸侯的侵伐。然六国中，韩为最小，后遂先灭于秦。（丁）齐国。春秋末年，田常弑简公，执齐政，四传至田和，受命为诸侯。齐当宣王辟疆之世，盛喜游说文学之士；驺衍、淳于髡、田骈、慎到、环渊之徒七十六人，皆赐列第为上大夫，故说客以齐为多。宣王没，子湣王地立，初谋合楚制秦；后楚与秦合，齐亦折而事秦。秦既出其谋以制楚，复谋制齐，齐与韩、魏合师以抗秦，遂有函谷之捷。齐湣王盛时，秦王稷谋合之伐赵，乃自称西帝，别遣使至齐，尊湣王为东帝。湣

〔1〕《御批通鉴辑览》卷九。

王轻视诸侯，燕素与齐不洽，乃谋伐齐，燕乐毅约秦、赵、楚、魏共出师，与齐兵战于济水之西。齐兵大败，燕师入临淄，湣王出奔莒，燕下齐七十余城，齐国几灭。（周赧王延三十一年，民国纪元前二千一百九十五年。）后齐王用田单计，先后复失地。惟不修战备，不助诸侯攻秦，及五国尽灭，齐亦随之以亡。（戊）燕国。燕是召公之后，都于蓟（今北平），入战国始大。及昭王时，卑礼招贤，任乐毅为上将，伐齐，收齐七十余城，尽郡县之以属县，惟三城（聊、即墨、莒）未下而昭王死，惠王即位，用齐人反间，疑乐毅，而使骑劫代为将，[1]齐大破燕军；燕、齐剧战，二国俱疲，秦乃更得志。燕太子丹见秦灭六国，恐其祸至，遣使荆轲刺秦王不中。乃遣军伐燕，五岁而卒灭燕国。（己）楚国。六国中楚最大，陈、蔡、吴、越、鲁等国之地，皆入于楚。楚威王时，苏秦以合从之说动之，然未有结果；及怀王时，受秦之煽动，离齐交，终为秦所败。秦得巴蜀，制楚上游，未几秦将白起拔郢，烧夷陵（湖北宜昌），顷襄王徙都以避之，最后徙寿春（安徽寿县），秦兵日逼，至负刍时，国遂亡。（庚）秦国。秦自孝公用商鞅，变法令，徙都咸阳（陕西咸阳县东），把全国的人都驱到农战一途，于是秦的国势，就骤然强盛。伐魏，魏献河西地（陕西东北部地），惠王任张仪，更东略魏地，诚有如张仪所说："秦地半天下，兵敌四国，被山带河，四塞以为固，虎贲之士百余万，车千乘，骑万匹，粟如丘山。"[2]在战国时代中，可算最强。及范雎说昭襄王以远交近攻之策，秦之作战计画，可以分三路看：民国纪元前二二二四年取汉中，至前二一九一年，司马错伐楚，取黔中，楚献河北之地；白起伐楚，取鄢（春秋时的鄢陵）、邓（今河南的南阳县）、西陵（今湖南的东胡县）再伐楚，拔郢（春秋时楚都，今湖北江陵县北十里之纪南城），烧夷陵（在宜昌县），这一支可以算出长江流域的兵。其出河南的一支兵，是从陕西出潼关的一条路，民国纪元前二二二二年，伐韩，拔宜阳（今河南的宜阳县），韩和东西周都入秦人的掌握。又出

---

〔1〕《战国策》卷三〇。
〔2〕《战国策》卷一四。

一支兵于河北，伐韩，拔野王（今河南的河内县），派白起大败赵军于长平（今山西高平县），坑降卒四十万，攻破上党（今山西晋城县），北定太原。由娘子关到河北，继围赵之都城邯郸（今河北邯郸县），赖魏国公子无忌败秦军于邯郸下，苟延残喘。纪元前二一六〇年，秦又伐韩，取荥阳（今河南荥泽县）、成皋（今河南汜水县），及秦始皇立，把赵、燕、魏等国吞灭。最后被灭者为齐国。齐地较远于秦，有三晋为之遮蔽，范雎所谓远交，其意在齐。齐自湣王地传襄王法章而至王建，关东诸国，或合从攻秦，而齐皆未参与，为诸侯所恶。秦始皇二十六年，乃使王贲、蒙恬攻齐，齐王建降秦，遂灭齐为郡，秦遂统一天下了。秦国能灭六国，有数种重要原因：（甲）秦居关中，据上游，扼地势的要害。（乙）秦和戎狄竞争最烈，以磨砺而强。（丙）秦国开化较晚，风气朴实，国力比六国充实。（丁）秦历代多英主，能吸收六国的人才为己用。（戊）秦之政策固定，不轻易变更，又能变法自强，努力农战。（己）秦能利用外交军事之所长，以应付六国。以上数端，皆为秦在战国时代能居于政治领导地位的缘故啊。

第二节　周代之文化形态

周代是中国上古文化的灿烂时代，亦是中国上古历史的剧变时代。因为历史变迁的急剧，所以文化的发展，亦比较的迅速。夏曾佑说："有周一代之事，其关系于中国者至深，中国若无周人，恐今日尚居草昧，盖中国一切宗教、典礼、政治、文艺，皆周人所创也，中国之有周人，犹泰西之有希腊。"〔1〕周代的文化详于《周礼》，《周礼》亦称《周官》，以与《尚书·周官篇》相混，改称《周官经》，今称《周礼》。《周礼》是书名，有说为周公居摄以后所作，拟

〔1〕夏曾佑著《中国古代史》第一章二九页。

周室之官制，书成而未实行者。[1] 易君左说：“《周礼》一名《周官》，为备录周一代政治之书，相传出于周公旦之制作。上自王室中央政府诸机关，下至诸侯国法制、经济、财政、军事、教育、产业之大小无论矣，小至于闾门村落之警察卫生，无一不详细记载，是诚研究中国古代之宝典，而其影响后世之政治，亦颇重大。……虽然，《周礼》果出于周公之手乎？此乃一重要之疑案。何者？如周初之上古，既已行如彼复杂而有秩序的政治耶？夫周代政治之为武断，吾前已言之而无疑矣。封建者，一种之联合国也。王室之势力，对其同姓诸侯，或可期其政令之划一，然谓其政令直能施行于异姓之国，夫孰能无疑？……《周礼》出自周公之手之传说，乃至《周礼》为纪录周初法制之想象，碍难成立，已如前言。虽然，若即斥《周礼》为一不足取之伪书，则较奉《周礼》为古大圣人之宝典者，尤为荒谬。据吾人思之，《周礼》者，实汉代学者书案上所撰而成之一种编纂物也。特其所搜集采取之材料，多为吾人前此所未知者耳。譬之《史记》，不以其书为汉代之著述，而没却上古之记事。《周礼》之价值亦然。故吾人但究其所记录之事实为何，初不必问其所著述之人物为如何也。”[2] 然周初得国，以武力经营天下，封爵至千七百七十三国，安见其政令不能施行于异姓之国呢？周公为周代杰出的大政治家，《周礼》为记载政制之书，即不是周公一人的撰述，亦当时才智之士所纂辑之书。秦汉时代，君权统制，断不需要此详细的近于地方分权的规制。《周礼》分《天官》、《地官》、《春官》、《夏官》、《秋官》、《冬官》六篇，秦火后，汉河间献王得之于山岩屋壁之中，而失《冬官》一篇，因以《考工记》补之；西汉之季，杜子春习《周礼》，能略识其字。光武以后，郑兴郑众，皆以《周礼》解诂著；郑康成（玄）乃集诸儒之说为《周礼注》。倘为汉代之著作物，则不致经秦火而后得之于山岩屋壁之中，又同时代之儒者，于同时代之人所著之书，又何致只能略识其字呢？章实斋说：“自有天

〔1〕《辞源》上卷《周礼》注。
〔2〕易君左著《中国政治史要》三三页。

地而至唐、虞、夏、商，迹既多，而穷变通久之礼亦大备，周公以天纵生知之圣，而当积古留传道法大备之时，是以经纶制作，集千古之大成，则亦时会使然。”〔1〕章氏以为周代既经过唐、虞、夏、商约一千五百余年时会之久，其鉴古创制，实有可能的。朱子说：“大抵说制度之书，惟《周礼》、《仪礼》可信，《礼记》便不可深信，《周礼》毕竟出于一家，谓是周公亲笔做成固不可，然大纲却是周公意思。某所疑者，但恐周公立下此法，却不曾行得尽。”〔2〕张震南说：“《周礼》一名《周官经》，凡六篇，为周代政典之总汇，相传为周公致太平之书；或以其中条目猥琐，且间与周制不合，因疑其为伪托者，然价值终在也。”柳翼谋说：“周秦西汉著书者多矣，今其书之存者，或第言立法之意，或粗举治国之方，无一书能包举天下万事万物，一一为之区分条理，而又贯串联络，秩然不紊如《周官》者。学者试思当经何等经验思想学力，而后能成此书乎？即令未尝实行，仅属于一个人之理想，然此一个人之理想，产生于此时代，已足令人惊诧，矧其官守法意，降至春秋战国，犹名遗迹可寻乎！”〔3〕毛奇龄《周礼问》说：“《周礼》断非周公所作，然周制全亡，所赖以略见大意，而其为周，则尚居十七。”〔4〕孙诒让治《周礼》特说：“中国开化数千年，而文明之盛莫尚于周，故《周礼》一经，政法之精详，与今泰西所以致富强者，若合符契。”柯金（M. Koknh）说：“《周礼》不能视为完全在汉代制作的东西。很显然的，这本书的底稿，就是周代的公文集录，而且很多旧的原稿都遗失了，这些原稿上的话，司马迁都引证过。周公制定的礼法之丧失，这一事实无论如何，不能作为怀疑现时《周礼》一书根据。”〔5〕德人夏德（Friedrich Hirth）于所著《支那古代史》（The Ancient History of China）引法人俾优（Edonard-Constant Biot）之说如下：“《周

〔1〕章实斋著《文史通义·原道上》。
〔2〕《朱子语类》卷八六。
〔3〕张震南著《国史通略》第二章引。
〔4〕钱基博著《古籍举要》卷七，四一页引。
〔5〕柯金著《中国古代社会》汉译本五九页。

礼》为周代文化生活最重要的典据，亦为后代之向导，对于为政家之模范，永受世人之尊重，殆无可疑，其于国民之教养，实居重大之位置，世界之书籍中，罕见其匹俦。且其关于公共生活及社会生活详细说明，于陶冶后代之国民，具有非常之势力，因袭之久，世人因此详细之规定，殊不能任意而行，社会万般之生活，无论一言一行，无不依其仪式。俾优氏以为此中详细的规定，其主要之目的，惟在使人除去公私生活上放纵粗野之行动，使肉体与道德，共具有一定不变之性格，更于其上筑成一不变易状态之政府焉。俾优氏此言，不可谓非卓识，支那王朝虽屡变更，彼等支那人，自《周礼》之时代至于现今，对于此种仪式因袭的尊敬之结果，至于使支那与支那人，国家与国民，均具有巩固不变之性质云。"〔1〕从上引证来看，《周礼》是表现周代文化生活重要之政书，不论其是否为周公一人所撰述，而于周代的文献上有重要的价值的。

（一）社会风习 周代社会风习之可考者如下：（甲）饮食。西周饮食常用谷类，谷类有稻、粱、菽、麦、黍、稷。蔬菜多用羹，肉食有牛、豕、羊、鸡、雁、雉、兔、鳖、鹿、鲤、鲂、鲔等，而犬、马、熊、狼之属，亦多捕食。春秋之世，鼋、蜃、蛤亦登食品。战国之世，鸡、豚、狗、彘是蓄，以此种为食品。烹调制作之法，在《礼记·内则》一篇，可得大概。凡取饭于器中皆以匕，而承之以手，故当未食先盥其手，将食则仰其手而奉之，既食则覆其手以弃余粒。若宾主会食，则主人以酒进宾谓之献，宾报主人以酒谓之酢，主人饮食劝宾谓之酬，正献既毕之酒谓之旅酬，旅酬既毕之酒谓之无算爵。饮物有酒、醴、浆湆等，周时有杜康者，改良酒之造法，为燕飨必需品，朝廷设酒正掌之。醴，是甘甜之酒；浆湆，为食物之附属品。至春秋战国，无甚变易。周代之制，食物之众寡，以爵位之贵贱为差；天子燕食，羞用百二十品；大夫燕食，有脍则无脯，有脯则无脍；上大夫庶羞二十品；羹食自诸侯以下，至于庶人无等；士以下恒食黍稷，大夫以上加稻粱。周代饮食之礼，详于《仪礼》。

〔1〕柳著《中国文化史》上册二四一页引。

（乙）衣服。周代平民衣服，大概相同，《周官》大司徒："以本俗六安万民……六曰同衣服。"郑注："民虽有富者，衣服不得独异。"闾师："凡庶民不蚕者不帛，不绩者不衰。"〔1〕其皇后及公卿大夫之礼服，则有专官掌之。有司裘一职，掌为大裘以供王祀天之服。有司服一职，掌王之吉凶衣服。有典丝、典枲、缝人、染人各职，为衣服来源的供给。据刘师培《中国历史教科书》所载："西周衣服之制，周代著衣之法，则行礼之时，必开服而袒其袖，凡吉凶礼均左袒，觐礼则右袒，衣之近体者为裼衣，裼衣亦名中服，裼衣以上之衣，名曰上服，袒上服亦谓之裼，不袒上服谓之袭（《礼记》）。又无论何服，均有缘饰，或谓之纯；在冠则纯其梁之两方（《曲礼疏》），在衣则纯领及袂口（《礼记疏》），在裳则纯其幅及下（《士丧礼注》），深衣则又纯其边（《礼记注》），此西周服饰之大略也。"周制深衣，如今之大领宽袖长衫，大约士以上以冕服为礼服（冕服有韨，韨制与韠同，长三尺，下广二尺，上广一尺，天子直，公侯前后方，大夫前方后挫角，士前后正），以深衣为便服；庶人以深衣为礼服，以短褐为便服，女子则衣裳相连，与男子之上衣下裳者不同，男女衣服多用袭衣（重衣），衣料有褐、帛、绨、绤、绉、布、锦、缟等品。周末贵族妇女，有衣罗、纨、绮、縠者。男女皆束带，男用革，女用丝，其著于首者，有冠、弁、冕，孙诒让《周礼正义》说："凡服，尊卑之次，系于冠，冕服为上，弁服次之，冠服为下。"其弁服冠服之差别，详于任大椿《弁服释例》。其著于足者，有舄、履、屦，是一物而异名。

（丙）婚姻。中国古代婚姻，是由于掠夺的形式而进于购买的形式。周代纳币的事情，就是这个遗意。《礼记·昏义疏》："纳征，纳聘财也。《春秋》谓之纳币，其则缁帛五两。"《礼记·杂记疏》："纳币，以物言也；纳征，以义言也。"《仪礼·昏礼注》："征，成也，使使者纳币，以成昏礼。"《周礼·春官大宗伯》郑锷注："婚礼有六，其五用雁，独纳征不用雁，以其束帛可执，故纳币用玄纁，天子加以谷圭。"《周礼》说："谷圭七寸，天子以聘女。"说到诸侯方面，如

〔1〕《周礼正义》卷二五，二八页。

《春秋》上："成公八年，夏，宋公使公孙寿来纳币。""庄公二十二年，冬，公如齐纳币。"可见诸侯娶妻，仍然要纳币。至士庶人方面，《周礼》上说："凡嫁子娶妻入币纯帛，无过五两。"《礼记·杂记》说："纳币一束，束五两，两五寻。"可见不纳币，是不能得妻子的。由赘婚中可以得到反证，《史记》说："淳于髡者，齐之赘婿也。"《说文》解赘字是"以物质质钱"，那末，赘婿不外是家贫没有聘财，以身为质的了。婚姻程序方面，要有父母之命、媒妁之言才可，所以《诗·齐风·南山》说："娶妻如之何？必告父母。"又说："娶妻如之何？非媒不得。"如有不告父母，不用媒人，而男女发生关系，便算违背礼法。《战国策·燕策》说："处女无媒，老且不嫁，舍媒而自炫，弊而不售。"《管子》也说："求夫家而不用媒，则丑耻而人不信也。"男女婚姻期限，大概男子三十而娶，女子二十而嫁，然《曲礼》定男子二十而冠，《内则》称女子十五许嫁，既冠则有为人父之道，许嫁亦有适人之义；而礼必以三十、二十为规定，特举其迟者言之耳。嫡庶之别，周代颇严，毋以妾为妻，见诸葵丘之命(僖九年)，《左传》哀公六年："公子荆之母嬖，将以为夫人，使宗人衅夏献其礼，对曰：无之。公怒曰：女为宗司，立夫人，国之大礼也，何故无之？对曰：周公及武公取于薛，孝惠取于商，自桓以下取于齐，此礼也则有，若以妾为夫人，则固无其礼也。公卒立之，而以荆为太子，国人始恶之。"立一个妾，臣子加以抗争，国人加以非议，可见当时界限之严。及春秋战国之世，男女杂乱，怪状百出，淫乱无耻，以郑卫为最，陈次之，各国亦不甚相远。考之《诗》，《国风》卫俗之淫乱，至于男女相约，俟于城隅，婚姻动怀，远其父母。郑俗之淫乱，至于遵大路而揽人祛，相轻薄而谓为子都。陈俗之淫乱，至于女子不绩麻，而赴男女歌舞之会。[1] 甚至有夺子妇者，如卫宣为其子伋娶于齐而自取之。有夺昆弟之妻者，如鲁穆伯为襄仲聘己氏而自取之。有妻好淫而夫纵之者，如卫侯为夫人南子召宋朝。有欲夺人妻而先灭人国者，如楚文王灭息取息妫。私约私

〔1〕 张亮采著《中国风俗史》四〇页。

奔，则有鲁庄公之从孟任（《左》庄三十二年传），鲁泉丘人女之奔孟僖子（《左》昭十一年传），郧阳封人女之奔楚平王（《左》昭十九年传），诸如此类，不胜枚举，可知春秋战国时代风俗之日下了。（丁）丧葬。周代丧葬之礼，贵贱异制，天子死曰崩，诸侯曰薨，大夫曰卒，士曰不禄，庶人曰死。在床曰尸，在棺曰柩。[1] 周制，人死必复。男子称名，人子称氏，复而不苏，然后敢行死事。送死之礼，周代最备，终时有初终之礼，葬有葬礼，致祭有祭礼，讣有讣礼，吊有吊礼，临有临礼，赠襚赙赗，有赠襚赙赗之礼。人死时必为之沐浴，又缘生食，死不欲虚其口，乃有饭含之事；故天子饭以玉，诸侯以珠，大夫以米，士以贝。饭含而后用袭（衣尸曰袭），袭而后设冒，乃陈小敛之衣而行小敛，小敛后则奉尸于堂。大敛必于阼阶上，既殡则置于西阶上。大殓则加以公服。棺周于身，椁周于棺。天子棺椁九重，诸侯五重，大夫三重，士二重，庶人有棺而无椁，棺椁均用木。其葬期：天子七月，诸侯五月，大夫三月，士逾月。树土为冢，置棺其下，冢人掌之。《周礼正义》说："冢人掌公墓之地，辨兆域而为之图，先王之葬居中，以昭穆为左右。凡诸侯居左右以前，卿大夫士居后，各以其族。"[2] 可见周代埋葬的地点，是依尊卑贵贱编定的。又说："墓大夫，掌凡邦墓之地域为之图。令国民族葬而掌其禁令；正其位，掌其度数，使皆有私地域。"《疏·注》云："古者万民墓地同处者，谓凡邦国都邑，各有广阔之墓地数区，令万民皆葬于其处，是为公地域。其族葬则每族各有私地域，为公地域所包。……得以族葬后相容者，谓于公地域中，分别区界，为某族之墓域，使合族同葬，足以相容，是为私地也。"据此则周代实规定有公共的墓地，与今日欧美各文明国家规定有公共墓地相同。令国民族葬而掌其禁令，是族葬各从其亲，不能违背的。《孟子》于《滕文公篇》有说："死徙无出乡。"赵注："死，谓葬死也；无出乡，即墓地同处之义。"可见此制延至战国时代都是如此，与后世各私其葬

〔1〕《礼记·曲礼下》。
〔2〕《周礼正义》卷四一。

地，而以风水相标榜者不同。周代服制，亲丧三年，哭踊均有常节，寝苫枕块，既葬而祭曰虞。期年而小祥，又期年而大祥，大祥更间一月则为禫祭，禫祭则除服，故三年之丧，二十五月而完毕，自天子至于庶人，皆通行之。其他服制，则自三年递降，分七等。（戊）巫觋。巫觋众多，可以知道社会之崇尚迷信。《周礼正义》说："司巫，掌群巫之政令，若国大旱，则帅巫而舞雩。"〔1〕《疏·注》："掌群巫之政令者，《叙官》云：男巫无数，女巫无数，司巫总掌之，故云群巫，明其人数多也；云若国大旱，则帅巫而舞雩者，《尔雅·释训》云：舞号雩也。"《周礼正义》又说："国有大烖，主帅巫而造巫恒。"杜子春云："司巫率巫官之属，会聚常处以待命也。玄谓恒，久也；巫久者，先巫之故事，造之，当案视所施为。"《风俗通义·祀典篇》说："《周礼》，女巫掌岁时以祓除衅浴。"可知周时民间有女巫祓除不祥之事。《韩诗》说："郑国之俗，三月上巳之溱洧两水之上，招魂续魄，秉兰草，祓除不祥。"此种风气，是行于春秋战国之时。（己）行动礼俗。凡迎宾，主人行匹敌之礼于大门外，主人尊者于大门内。凡入门，宾入自左，主人入自右，皆主人先入。入门必三揖，升阶皆三让；宾主敌等者，俱升俱降，不敌者不俱升，升阶均连步。周之拜礼有九：头至地者为稽首顿首拜，头叩地者为顿首拜，头至手者为空首拜，战栗变动之拜为振拜，拜而后稽颡者为吉拜，稽颡而后拜者为凶拜，先屈一膝者为奇拜，再拜者为褒拜，且俯下手者为肃拜。大抵门外之拜，皆东西面，堂上之拜皆北面，室中房中之拜，则以西面为敬。凡与尊者相见，必有所执，是谓之挚；天子用鬯，诸侯用圭，卿用羔，大夫用雁，士用雉，庶人用鹜，工商用鸡。凡宾执挚以见，主人必辞，故士见士，士见大夫，主人皆辞挚；两士相见，则以宾向时所执者还之于宾，宾亦辞护而后受。妇人之挚，枣栗腶修（捶脯肉施姜桂），无挚，不能成礼。古时皆席地而坐，坐必正席。行步视地而异名，室中谓之时，堂上谓之行，堂下谓之步，门外谓之趋，中庭谓之走，大路谓之奔。（庚）阶级。周

〔1〕《周礼正义》卷五一。

代阶级之风益盛，自士以上，贵者之阶级，为诸侯卿大夫；自士以下，非贵者之阶级，为庶人。当时阶级之制颇严，《左传》鲁桓二年师服说："吾闻国家之立也，本大而末小，是以能固；故天子建国，诸侯立家，卿置侧室，大夫有贰宗，士有隶子弟，庶人工商，各有分亲，皆有等衰，是以民服事其上，而下无觊觎。"昭公七年楚芋尹无宇说："天有十日（十天），人有十等，下所以事上，上所以共神也；故王臣公，公臣大夫，大夫臣士，士臣皁，皁臣舆，舆臣隶，隶臣僚，僚臣仆，仆臣台。"可知春秋时代各国自诸侯以下，必有许多阶级，名分之间，上尊下卑，井然不可混乱。〔1〕古代之奴隶，是由俘虏得来的，或由犯罪收为奴婢的。应劭《风俗通》说："古制无奴婢，奴婢皆是犯罪者。"《周礼·秋官司寇·司厉》："司厉……其奴男子入于罪隶，女子入于舂槀。"就是指此。〔2〕春秋时代的奴隶，完全是服于公役，很少是私人蓄奴的，其时有所谓丹书，大概就是奴隶的户籍簿。至战国时，社会之阶层，已不像春秋时之严，用人亦渐不拘资格，或由匹夫而为将相，或朝为贫贱而暮为公侯，或起自刑余，或出于盗薮。〔3〕贵族的阶级，到那时就渐崩溃起来，这是由于平民人口日益增加，势力日益膨胀，不久自然可以压倒贵族的势力。其次由于下层社会的抬头，如管仲起于罪隶，宁戚起于牧竖，百里奚起于乞丐，已开其风气。〔4〕（辛）任侠之风。任侠是表见人民的习性，齐国之民，贪而好勇，楚民轻而刻诈，燕赵慷慨悲歌，秦民质朴强悍；若任侠之风，则起于春秋，而盛于战国。春秋之时，晋有公孙杵臼、程婴，秦有偃息、仲行、鍼虎，吴有专诸。战国时代，有豫让、要离、聂政、朱亥、荆轲、高渐离、田光、樊於期等，此轻死重义的风操，皆足为社会之表率也。

（二）农业　周代是中国上古农业发展的时代。农业的基础是田

〔1〕拙著《春秋时代之贵族政制》，见拙著《社会思想与社会问题》一书附录六三页。
〔2〕《周礼正义》卷六九。
〔3〕《中国风俗史》三六页。
〔4〕拙著《社会思想与社会问题》六七页。

亩，而周代田亩制度如何，是值得考究的。周代的田亩制度是井田，而井田制度的有无，亦是值得考究的。胡适是不承认中国上古真有井田制度，他的假设是：(1) 古代从部落进为无数小国，境内还有无数半开化的民族，王室不过是各国中一个最强的国家，故能做一个名义上、宗教上、政治上的领袖；无论如何决不能有“豆腐干块”一般的封建制度。(2) 不但“豆腐干块”的封建制度是不可能的；“豆腐干块”的井田制度，也是不可能的。井田的均产制，乃是战国时代的乌托邦，战国以前，从来没有人提及古代的井田制，孟子也只能说“诸侯恶其害己也，而皆去其籍”，这是托古改制的惯技。〔1〕胡汉民对于井田的意见是：(1) 古代的井田制度，除了《孟子》再没有可靠的书；孟子所说是依据古制，或是参上他自己的理想，不必打这考据的官司；但以理想推测，井田制虽不必尽照孟子所说那么整齐，却也断不至由孟子凭空杜撰。土旷人稀的时代，人民以一部落一地方共有田地，不是稀奇的事。(2) 井田法虽不可详考，总是土地私有权未发生的时代，共有共用土地的习惯之整顿方法。廖仲恺对于井田的意见是：(1)《春秋》有初税亩这项纪事，可以证明鲁国到宣公时初坏井田，这个证据若确，那么井田制度不能断他是孟子的“托古改制”、“战国时代的乌托邦”了。(2) 井田制度，假定它是上古民族由游牧移到田园，由公有移到私有当中一个过渡制度，以社会进化的程序看来，这种井田制度，不只是可能的，而且是自然会发生的。(3) 中国行井田制度的时候，所谓“普天之下，莫非王土”，对于土地当然不会发生法律上私权的观念；人民是不能有地的，却无不能用地的。地之所出，一方养活人民，一方供给国用，好处就在这里。中国井田制度，和外国均地制度，自然有很多不同之点；但是于不同的地方不同的民族中，要寻出绝对相同的制度，除凑巧之外，是万不会有的事。至于豆腐干块不豆腐干块，是不关紧要。周得国之后，在绝对的领域内，画土分疆，封给同姓子弟和异姓功臣，也不是事实上万不能整齐。近世在新发见的土地上，新

〔1〕 岑纪译《中国古代社会》附录《井田制度的论战》一寄廖仲恺的信。

兴的国家如美国澳洲之类，他们所分的行政区域，也差不多是整方块头的，几千年后的论史家，难道也去怀疑。[1] 就以上三方面的主张来看，我是赞同胡汉民廖仲恺的意见。胡适说："古代井田制度，除了《孟子》再没有可靠的书。"据此以为井田制是"战国时代的乌托邦"。须知孟子是战国时人，战国距离西周不远，倘周代没有井田制度，孟子岂能凭空捏造，以欺骗当时诸侯？这去西周不远的史实，是容易明白的，当时诸侯，又何致受他的欺骗？孟子若托古改制，何不远溯尧舜以前的时代，而竟近溯相去不远的西周？井田制度，是上古由公有转移到私有一个过渡；当私有制未确定的时期，土地是公有公用的，上古时人口少土地多，将国家领有的许多地方，分配给人民耕种，人民用其余力，助耕国家的公田为赋税的一部分，非但是必要，而且是可能的。井田制，不过一个形容词，断不如胡适所说有如"豆腐干块"的形式，然后方可成为井田。《孟子》说："《诗》云：雨我公田，遂及我私。惟助为有公田，由此观之，虽周亦助也。夫仁政必自经界始，经界不正，井地不均，谷禄不平；是故暴君污吏必慢其经界。经界既正，分田制禄可坐而定也。请野九一而助，国中什一使自赋；卿以下必有圭田，圭田五十亩，余夫二十五亩。死徙无出乡，乡田同井，出入相友，守望相助，疾病相扶持，则百姓亲睦。方里而井，井九百亩，其中为公田，八家皆私百亩，同养公田。公事毕，然后敢治私事，所以别野人也。"[2] 孟子在这里所提出的，不但是井田的制度，而且是这种制度的精神。由此可知井田制不是战国时代的乌托邦，也不是孟子凭空杜撰的。我们看："请野九一而助，国中什一使自赋"这句话，野，是郊外都鄙之地，九一而助，为公田而行助法的；国中，郊门之内，乡遂之地，田不井授，但为沟洫，使什而自赋其一，是用贡法的。可知井田制是随地方情形不同而变更，此如山地与平原，山地不能画分井田，而平原则可画分。又于井田以外，尚有庄园、牧地、村落、城镇、

〔1〕《中国古代社会》附录《井田制度的论战》，一九二页至二〇〇页。
〔2〕《孟子·滕文公篇》。

菜圃、树林、荒地、河流、湖沼等，也是不可画分为井田，安能一概推论呢？孟子说到：“仁政必自经界始，经界不正，井地不均，谷禄不平，是故暴君污吏必慢其经界。”孟子在这里明明指出经界是古代已行过，后世暴君污吏，乃慢其经界而有侵夺之事，安能说孟子是凭空杜撰呢？我们知道从土地制度的历史变迁说，必经过四个时期：第一，自由耕种时期；第二，公有土地时期；第三，国有土地时期；第四，私有土地时期。据孟子说：“方里而井，井九百亩，其中为公田，八家皆私百亩，同养公田。”这是每家分田百亩，一井八家，合八百亩，加上公田百亩，为九百亩。《周礼·地官司徒》说：“乃经土地，而井牧其田野；九夫为井，四井为邑，四邑为正，四正为甸，四甸为县，四县为都，以任地事而令贡赋。”又说：“上地夫一廛，田百晦，莱五十晦；中地夫一廛，田百晦，莱百晦；下地夫一廛，田百晦，莱二百晦。”是其计口授田的单位为夫，一夫受田百亩。《春秋井田记》说：“人年三十，受田百亩，以食五口，五口为一户，父母妻子也。”[1]《汉书·食货志》说：“井方一里，是为九夫，八家共之，各受私田百亩，公田十亩，是为八百八十亩，余二十亩，以为庐舍。”何休《公羊解诂》说：“一夫一妇，受田百亩，以养父母妻子，五口为一家，公田十亩，即可谓什一而税也。庐舍二亩半，为田一顷十二亩半。八家而九顷，共为一井，故曰井田，庐舍在内，贵人也。公田次之，重公也；私田在外，贱私也。”穀梁氏在《春秋》宣公十五年初税亩传说：“古者三百步为里，名曰井田。井田九百亩，公田居一。”韩婴在《韩诗外传》说：“古者八家为井，方里而为井，广三百步，长三百步。一里其田成百亩。广一步长一步为一亩；广百步长百步为百亩。八家为邻，家得百亩，余夫各得二十五亩。余二十亩共为庐舍，各得二亩半。”从上引证来看，皆是说明古代实有井田制度，可以假定说，周代是由公有土地时期到国有土地时期，是适合于土地制度的历史变迁。日人长野郎说：“周朝的土地制度，就是井田制，这制度当然是周朝突然发生

〔1〕《后汉书·刘宠传》注引。

的，在黄帝时代，因人口的增加与部落自治的关系，已经有了这种制度的萌芽，周朝不过是随着人民的欲望完其大成而已。”〔1〕又说：“井田制，既不是一朝一夕所能完成，也不是一朝一夕所能废止。它是经过了长期的发展过程与崩溃过程的。就是说，井田制是由黄帝到周初，经过了一千多年的长时期完成的；在唐虞时代开始发生，至夏商已经备了完整的形态，至周朝完其大成。在春秋战国时代开始崩溃，至秦完全废止。这是井田制的发展过程与崩溃过程。在春秋战国制崩溃的时代中，同时有三代的遗制残存，并且还有许多人极力企图恢复这种已趋崩溃的井田制。当时井田制虽然崩溃，而实际上还是重农的。如管仲相齐，不许工商与农民杂居，依职业的异同而行自治。‘管仲相齐桓公，制国为二十一乡，工商之乡六，士农之乡十五，一乡之中，民人杂居，无见异思迁之弊，有观摩切磋之效。’西门豹治邺，凿十二渠，引川河而灌田。这些都是企图井田复活的明证。”〔2〕但是井田制崩溃的原因在哪里呢？（甲）经济的原因：(1) 在于人口的增加，从前画定的土地分配不足，给井田制以实施的困难。(2) 生产技术进步的结果增大生产力，从前使用木制的耒耜，至春秋战国冶金业发达，以铁制造犁耙的农具，耕作能力因此增大；又因经济发达，发生商业资本与土地资本，引起土地的私有和兼并。商人势力侵入农村后，动摇了农村经济的基础。（乙）政治的原因：(1) 周代及周以前，诸侯领土狭小，可以施行田之授受，后来因诸侯间互相争夺地盘，扩大自己的领土，领土扩大，难以实行调查户口；户口难以调查，则井田制没有实行的可能。(2) 春秋战国时代战争频仍，战争结果破坏了战争区域内的农村农地，因此井田制不能维持。(3) 春秋战国时代，商业资本发达，商人乘机抬头，如弦高之犒师，吕不韦之为秦相，在政治上得了活动的地位，有了活动地位，金钱日多，必以其资本购买田地，兼并之事行，而井田制自随之崩溃。(4) 战国时代的诸侯，与从前的封建诸侯不同，

〔1〕长野朗著《中国土地制度研究》汉译本一三页。
〔2〕《中国土地制度研究》汉译本四二页。

大诸侯成为独立的国家，经多次战争，巩固中央集权的力量，同时官僚士大夫攫取政权，于是领土制变为采邑制，而采邑渐渐变更性质，成为官僚士大夫阶级的私有地，许多的农民，遂由公民的地位，堕入农奴的地位；人民为要脱离农奴的束缚，反希望土地的私有。(丙) 社会的原因：(1) 井田制是建立于互助协同精神之上的，春秋战国，变乱日甚，争侵日多，这种精神加以破坏，而井田制也不能不随之破坏。(2) 上古人民是纯朴的，井田授受不能正确，没有甚么关系，及春秋战国人智日进，因土地肥瘠的不同，而授受不能正确，社会的豪强者不能不加以破坏了。

在周代实行井田时，也看到土地授受不能正确，所以想法子来救济这种情形。百亩授田，为井田制的原则，然土地肥瘠不同，有等每耕种二年，休耕一次；或每隔一年，休耕一次；或休耕二年，才可复种；则百亩授田，显然不均，乃有百五十亩，二百亩，三百亩授田的变例。《地官大司徒篇》说："凡造都鄙，制其地域而封沟之，以其室数制之，不易之地，家百晦；一易之地，家二百晦：再易之地，家三百晦。"郑司农说："不易之地，岁种之，地美，故家百晦；一易之地，休一岁乃复种，地薄，故家二百晦；再易之地，休二岁乃复种，故家三百晦。"〔1〕据此，土地分配的面积，虽有不同，实际还是百亩授田的原则。百亩授田既为周代定制，当时的亩，究竟有多少呢?《文献通考》中载："六尺为步，百步为亩。"古代的尺步，与现在当有差异。《孟子·梁惠王》章中有说："百亩之宅，树之以桑，五十者可以衣帛矣。鸡豚狗彘之畜，无失其时，七十者可以食肉矣。百亩之田，勿夺其时，数口之家可以无饥矣。"由此可以知道百亩田之出产，只可供一家数口之食，他的面积，不是怎样的大了。我们虽不能确定说，当时百亩之田，究竟等于现在多少的面积，但是可以说，百亩之田，仅可以供一家数口之食的一块不大的耕地。〔2〕周代治地之法，可分三种：(甲) 井田，《周诗·大雅》

〔1〕《周礼正义》卷一九。
〔2〕《中国历代耕地问题》七六页。

说："雨我公田，遂及我私。"是也。（乙）画井无公田，且税夫。《周礼·考工记》说："匠人为沟洫，九夫为井。井间广四尺，深四尺，谓之沟；方十里（即十井）为成，成间广四尺，深四尺，谓之洫；方百里为同，同间广二寻，深二仞，谓之浍。"一井之地，本为九区，今居九夫，则虽画井，已无公田。（丙）不画井而但制为沟洫者。《周礼·地官司徒·遂人》说："凡治野，夫间有遂，遂上有径；十夫有沟，沟上有畛；百夫有洫，洫上有涂；千夫有浍，浍上有道；万夫有川，川上有路；以达于畿。"〔1〕井田以一方里之地，画为九区，此则从十而进，不从九。从上述三种制度之异点，即在井与不井。一种固为井田，二种虽无公田，然仍有井之痕迹，惟沟洫则纯以十进，与一二种不同。因此，学者遂有三种不同的意见：(a) 言周制井之助法与不井之贡法互用者。沟洫以十为数，井田以九为数，井田沟洫，不可苟合，故郑康成以为周制畿内用夏之贡法，税夫无公田；邦国用殷之助法，制公田不税夫。〔2〕即孟子所谓"野九一而助，国中什一使自赋"是也。(b) 言纯用井田者。陈及之说："周制，井田之制通行于天下，安有内外之异哉？遂人言十夫有沟，以一直度之也。"〔3〕陈祥道说："遂人所言者，积数也；匠人所言者，方法也。积数，则就计其所有者言之；方法，则积其所围之内者言之；其实一制也。"换言之，即谓遂人所言，乃许多井和为一数时应有之沟洫；而匠人所言，则一个井地之设施，初无若何之不同。(c) 更有言井田乃周制，而沟洫非周制者。b 派混遂人之说，与匠人之说为一谈。易祓《周礼总义》说："或者欲以匠人沟洫，求合于遂人治野之制，若必欲以一面而牵合其数，则十夫有沟，为一里之井；十倍之而为十里之成，又十倍之而为百里之同，而至两山之川，得无太辽绝乎？以是匠人沟洫，不可拘以成周之法，或出于商夏之制，未可知也。"〔4〕周代之田，有这三种区别，有因袭前代者，有因地制宜者，并非举全

〔1〕《周礼正义》卷二九。
〔2〕《困学纪闻》卷四。
〔3〕《周礼订义》二五。
〔4〕柳著《中国文化史》一七九页引。

国方万里之土地，以一种法制限制而整齐之，不能有所异同也。

周代井田之制，至春秋战国时已经破坏，当时暴君均视土地为一己的私产，如襄公元年，赐季友汾阳之田是也；其他污吏亦乘机夺田，如襄公十年，郑之四族夺民之田是也。春秋时之地主，大抵乃政治上的豪族，如郑之司氏堵氏，是郑之大夫；晋之范宣子，分祈氏之田，皆是晋之大夫，当时所谓地主，非属于经济的富族，而属于政治的豪族。

周代有遂人之制："以土宜教甿稼穑，以兴耡利甿，以时器劝甿。"所谓以土宜教甿稼穑者，即高田种黍稷，上田种稻麦是也。兴耡利甿者，即兴起其民，以相佐助耕作也。时器劝甿者，即以耒耜之属，种莳之器，以劝民耕种也。此外掌理水田则有稻人："稻人掌稼下地，以潴畜水，以防止水，以沟荡水，以遂均水，以列舍水，以浍写水，以涉扬其舍作田。"所谓稼下地，是以水泽之地种稻也。所谓以潴畜水……以浍写水，均言田间如何节蓄水利之道；以涉扬其舍作田，是除所应舍之草，而后治田种稻耘耨也。对于惰农之处置颇严，《周礼·地官司徒篇》说："凡田不耕者出屋粟。"夫三为屋，出屋粟者，谓罚其出三家之税粟也。掌谷则有廪人："廪人，掌九谷之数……以岁之上下，数邦用，以知足否；以诏谷用，以治年之凶丰。""凡万民之食，食者人四鬴（四升为豆，四豆为区，区一斗六升，四区为鬴，鬴六斗四升，十鬴为钟，钟六斛四斗），上也；人三鬴，中也；人二鬴，下也；若食不能二人鬴，则令邦移民就谷，诏王杀邦用。"周代丰歉，以人食四鬴者为上年，即大熟之年。三鬴者为中年，二鬴者为下年，即饥荒之年。解凶荒之困，则有遗人："遗人，掌邦之委积，以待施惠。乡里之委积，以恤民之囏阨；门关之委积，以养老孤；郊里之委积，以待宾客；野鄙之委积，以待羁旅；县都之委积，以待凶荒。"水旱为天灾，无论那一代免不了，《诗经·大雅·云汉》章述周宣王忧旱自省情形，第一章说："天降丧乱，饥馑荐臻。"第五章说："旱既太甚，涤涤山川。旱魃为虐，如惔如焚。我心惮暑，忧心如熏。"春秋之世，列国有饥，互相乞籴之事亦所常有，如鲁隐公六年，京师（周室）来告籴，公为之请籴于宋、卫、齐、郑；鲁庄公二十八年，大无麦禾，臧孙辰告籴于齐；鲁僖公十三年至十五年，秦晋互相乞籴是也。

（三）税制　三代赋税法，皆由井田而生，孟子说："夏后氏五十而贡，殷人七十而助，周人百亩而彻，其实皆什一也。"〔1〕赵岐注："贡者民耕五十亩，贡上五亩；助者民耕七十亩，以七亩助公家；彻者民耕百亩，彻取十亩为赋。"孟子又说："野九一而助，国中什一使自赋。"可知周代的耕地税收制度，是一种复杂而非单一的制度。既有井田征取九分之一的公田税制，又有在农民的生产品中，而税取十分一的税制；并且因耕地之性质，而有超过和低于十分一的税收制度。《周官》大小司徒之下，掌土地赋税的专官是载师，他的职务如下："载师，掌任土之法，以物地事，授地职而待其政令。……凡任地（谓任土地以起税赋），国宅无征，园廛二十而一，近郊十一，远郊二十而三，甸、稍、县、都皆无过十二，唯其漆林之征二十而五。凡宅不毛者有里布，（江永说：《孟子》夫布，即闾师之夫布，里布即载师之里布，盖战国时为一切之法，凡居廛之民，不问其有职无职，而皆使出夫布，亦不问其毛与不毛，而皆使出里布，此为额外之征。）凡田不耕者出屋粟，凡民无职业者出夫家之征，（民无职业者，犹出夫税家税，夫税，是百晦之税；家税是出士徒车辇，给徭役。）以时征其赋。""闾师，掌国中及四郊之人民六畜之数，以任其力，以待其政令，以时征其赋。"《疏》说："掌国中及四郊之人民六畜之数者，主国中郊里版籍之法，与司民为官联也，此官为国中及四郊吏之长，而兼掌六乡赋贡之事。"〔2〕这时的赋税，完全是以自然生产品来缴纳。胡均《中国财政史讲义》引说："太宰以九职任万民，民有专职，即有物贡。闾师任农以耕事，贡九谷。任圃以树事，贡草木。任工以饬材事，贡器物。任商以市事，贡货贿。任牧以畜事，贡鸟兽。任嫔以女事，贡布帛。任衡以山事，贡其物。任虞以泽事，贡其物。"《周礼》说："以九赋敛财贿，一曰邦中之赋，二曰四郊之赋，三曰邦甸之赋，四

〔1〕《孟子·滕文公上》。
〔2〕《周礼正义》卷二四、卷二五。

曰家削之赋，五曰邦县之赋，六曰邦都之赋，七曰关市之赋，八曰山泽之赋，九曰币余之赋。”[1] 孙诒让说：“《周官》司稼以年之上下出敛法，是以年之上下为赋法轻重之差也；而载师任地，则四郊、甸、稍、县、都，有十一至十二三等之法，是又以地之远近，为轻重之差矣；周之彻法，盖当兼此二者。彻之云者，通乎地之远近，年之上下，以为敛取之法。”可知周代之税，是分有许多的等级的。到了周衰之末，战国纵横，用兵争强，以相侵夺，这时候各国相竞以剥削一般的平民，孟子看到这样，所以主张普及民众幸福，排斥剥夺民脂民膏的统治阶级。他说：“今之诸侯，取之于民，犹御也。”御是什么？御人于国门之外，取其财物，这岂不是强盗之行为么？孟子把他们剥夺的行为，叫做“富桀、辅桀”，又说是“率兽而食人”。[2]

（四）商业 周代一切设施之中，商政比较完善，据《周礼·天官》：“太宰以九职任万民……六曰商贾阜通货贿。”《地官大司徒》：“颁职事十有二……六曰通财。”这是专司商政的职官。大司徒以下，则设有下列职官：（1）载师，掌任土之法，商人要想市中空地，就要向他请领。（2）闾师，掌任商以市事，贡货贿。（3）司市，是市官之长，掌市治之教政刑量度禁令。司市以下设有：（a）胥师，掌其次的政令，并且平货贿，悬禁令；（b）贾师，掌辨别货贿，平定物价的事；（c）司虣，掌维持市场秩序的事务；（d）司稽，掌衣服视觇和商品是否合法的事务；（e）胥，掌出入的禁令；（f）肆长，掌肆的政令和货贿的平正。（4）质人，掌平市的物价和人民牛马兵器珍异之类。（5）廛人，掌征收税款和罚款，以缴纳于泉府。（6）泉府，掌操纵与持平物价，以适应人民的需要和供给。（7）司门，掌管国门，以视察货物的出入。（8）司关，掌国货之玺节，以检查奸商。[3] 据上的引证，就知道王朝与各国的商货交通，四方珍异，多集于京师，而诈伪饰行漏税犯禁者日多，国家有商政以为统治，有商官以为监督，其制度的严密可见。在商业政策上，凡百货之利于民生者，固然征

---

〔1〕《周礼正义》卷三。
〔2〕拙著《中国政治思想史大纲》三七页。
〔3〕《周礼正义》卷二八、卷二九，又郑行巽编著《中国商业史》三七页。

集，但不合格的货物，就加以禁止。至于市场的制度，则有三种：其一为大市，大市为日中之市，是百姓贸易最盛的市场。其二为朝市，朝市为早市，以家于城市的商贾居多。其三为夕市，夕市为晚市，交易者以贩夫贩妇为多。还有较进步的商业制度，就是信用制度和公司制度。前者如《天官・小宰》："以官府之八成经邦治……四曰听称责以傅别……六曰听取予以书契，七曰听买卖以质剂。"称责，就是借贷；傅别，就是契书，如今世借款存根收条之类；取予，就是出予和受入；而书契，则为关于记载款项的出予和受入簿书的目录，如今世支给来往银钱的票条之类；至于买卖所用的质剂，则如今世发票单据之类。后者如《秋官・朝士》："凡民同货财者，令于国法行之。"郑司农注："同货财者，谓合钱共贾者也；以国法行之，司市为节以遣之。"合钱共贾，有些像近代的公司组织。〔1〕

春秋战国时代，商业更加发展。从太史公《货殖传》的说明，就可以知道当时的商业经济的情形，在那里说出都会的发展，及城市与城市通商之普遍化。《货殖传》说："洛阳东贾齐、鲁，南贾梁楚，一都会也。""齐带山海，人民多文采布帛，极技巧，通鱼盐……集货多财。""邹、鲁滨洙、泗，地小人众，好贾趋利，甚于周人。""雍西、陇、蜀之货物多，多贾。""周人都河南，人民众多，西贾秦、翟，北贾种、代。""睢阳，亦一都会也。""郢都，西通巫巴，东有云梦之饶。""长安，四面辐凑并至而会。""陶为天下之中，诸侯四通货物交易所也。""邯郸、漳河之间，亦都会也。""陈在楚、夏之间，通鱼之货，其民多贾。""吴东有海盐之饶，章山之铜，三江五湖之利，江东一都会也。"《货殖传》所列举的，是各国的都会，各国的都会，是商业经济的中心。当时商业既有如斯的发展，而商品的种类，大概有下列各种：原料品或自然品，有牛、马、羊、彘、麻、茧、丝、鱼、盐、漆、皮、革、铁、铜、锡、羽、玳瑁、宝石，此外还有各种植物土产品，并且食粮在当时成为通货。制造品：铁器、铜器、陶器、轺车、牛车、素木器、竹器、布帛、丝、刺绣、细布、

〔1〕《周礼正义》卷六八。

文彩、熟皮货、雕刻等。《韩非子·外储》说："楚有卖其珠于郑者，为木兰之柜，薰桂椒之椟，缀以珠玉，饰以玫瑰，辑以羽翠，郑人买椟而还其珠。"可知在奢侈品中，有这样精致的商品。

（五）币制 周代币制，所以便利人民。周时原穆公之谏景王说："古者天降灾戾，于是乎量货币，权轻重以振救民；民患轻则为作重币以行之，于是有母权子而行，民皆得焉；若不堪重，则作轻而行，亦不废重，于是有子权母而行，小大利之。"其时交易之媒介物，种类甚多，有珠玉，有黄金，有刀布；以质来说，黄金为上，白金（银）为中，赤金（铜）为下。周初太公立九府圜法，黄金方寸，而重一斤，钱圜函方，轻重以铢。金以斤为重，钱以铢为重。盖自周以前，钱为泉形，降而为刀器，由周而来。钱为圜法。当时金与铜钱并用，均为合法之流通货币，黄金均为通用之品。《战国策》东周惠公条："赵取周之祭地，周君患之，告于郑朝，郑昭曰：君勿患也，臣请以三十金复取之。"是通用黄金之记载。又《周礼·地官》载师："凡宅不毛者有里布。"郑众注："布参印书广二寸，长二尺以为币，贸易物。"后人以为钞币之类。古代钱币轻重之制不一，周景王二十一年（民国纪元前二千四百三十一年），患钱轻，更铸大钱，径一寸二分，重十二铢，文曰大钱五十，此周代钱币之可考者。楚庄王旅在位，以为币重更以小为大，百姓不便，皆去其业，孙叔敖言于王，遂令复如故，此楚国钱币之可考者。古代太公币有杏字，杏为齐地，当为齐之货币无疑，此齐国钱币之可考者。赵国钱币，依晋国旧制，内外皆圆，此晋钱赵钱之可考者。苏秦往燕，贷人百钱，后偿以百金，此为燕国钱币之可考者。〔1〕周代使用金属货币，是无可疑的；依《汉书·食货志》所记载，太公之时，不仅以金为货币，似已铸造圆形而有方孔的钱。据梁启超《中国古代币制考》说："钱即铫，铫即锹，古者以农具之钱，为交易之媒介之要具，后此钱币仍像其形，而袭名曰钱，观古代之钱，其形与今之锹酷相类，则其命名之所由，可以见矣。钱为本字，周代或称为泉者，乃同音

〔1〕 章嵚著《中华通史》第一册三五七页。

假借字，后儒妄以如泉之流释之，实向壁虚造也。后世之钱，圆周方孔，此乃铸造技术之进化，形虽变而称不改，于是钱币之名，遂为钱币所夺，而世无复知钱之本为何物矣。”又《辞源》说：“古者以农器为交换媒介，其后制币因像其形为之，今见古钱有货布字者，其形即古钱鎛之钱也，后世始为圆形方孔形，仍沿钱之名耳。”太公立《九府圜法》，钱圜函方，可知是时铸造技术的进步。至战国时代，产业发达，交易繁盛，货币运用更多，就中以黄金的运用为普遍，《战国策》中，关于黄金的记载甚多，例如：“黄金万溢为用”（秦一第三），“予之五千金”（秦三第五），“郑褎亦以金五百斤”（楚第十六），“黄金千镒”（赵二第十九），“于是赍苏秦车马金帛以至赵”（燕一第二十九），战国时大都会已发生，商业繁盛，因而黄金货币之流通更广。

（六）交通　周代与国外交通，大概始自周武王。据《竹书纪年》卷上说：“周武王十五年，肃慎氏来宾。”挹娄即古肃慎之国，周武王及成王时，皆贡楛矢石砮。成王在位三年，有泥离之国来朝，其人称自发其国，从云里而行，闻雷霆之声在下，或入潜穴，又闻波澜之声在上，视日月以知方国所向，计寒暑以知年月。考国之正朔，则序历与中国相符，成王接以外宾之礼。[1]法国鲍梯氏（Pauthier）谓泥离国，或即埃及国尼罗河之转音。久良（Stan Julien）谓印度拿拉镇（Nala）之转音，法显《佛国记》作泥梨城，属摩竭提国。拉克伯里（Terrien Lacouperie）谓缅甸、伊勒瓦第河（Iravadi）西岸奴莱（Norai）古国。[2]周成王四年，旃涂国献凤雏。五年有因祇之国，去王都九万里，献女工一人。[3]十年，越裳氏来朝，交阯之南有越裳国，周公居摄六年，制礼作乐，天下和平，越裳以三象重译而献白雉，周公乃归之于王，荐于宗庙。[4]周昭王二十四年，涂修国献青凤丹鹊，各一雌一雄。[5]周穆王时，越昆

〔1〕《拾遗记》卷二。
〔2〕张星烺著《中西交通史料汇编》第一册五十九引 *Early Chinese Civilization*, pp. 39 - 41.
〔3〕《拾遗记》卷二。
〔4〕《后汉书》卷一一六《南蛮传》。
〔5〕《述异记》卷下。涂修音与途思相近，途思名见《元史地理志》。

仑，下至弇山。周孝王五年，西戎来献马。周幽王九年，申侯聘西戎及鄫。〔1〕这是周代在陆地或海上与各国交通的概略。至南洋菲律宾与中国之交通，或远溯于周秦之上，如菲律宾大学历史教授克来说："西历纪元前当中国周秦时，菲人已与中国来往，菲之政府，且屡致贡于中国。中国以天朝自居，亦赏以爵物及珍物，此政治上之关系也。中国商人常至菲贸易绸米等物，历三月至五月而返，此商业上之关系也。"克氏并举明证多端："一曰血统有关；二曰风俗礼节相仿佛；三曰农具相同；四曰宗教仪式亦与中国相同；可见菲律宾与中国最早已有关系云。"〔2〕周代中国与域外交通，仅据《竹书纪年》、《述异记穆天子传》等书的记述，未有充分的明证。

（七）官制 周初官制，太师、太傅、太保，即为三公，少师、少傅、少保，别为三孤，而三孤又号孤卿。其他又有天官冢宰以掌邦治，地官司徒以掌邦教，春官宗伯以掌邦礼，夏官司马以掌邦政，秋官司寇以掌邦禁，冬官司空以掌邦土，谓之六卿；各有徒属职分，用于百事。孤卿与六卿并，则为九卿。其下有中大夫、下大夫、上士、中士、下士，士之下有府、史、胥、徒、工、贾之职；可知周代官司之备，胜于夏商二代。

周代中央政府官制表

官	长	职 掌	属 官
1. 天 官	大冢宰	总理诸政	各有大夫士之属官六十官之总数为三百六十
2. 地 官	大司徒	掌民政教育	
3. 春 官	大宗伯	掌祭祀礼乐	
4. 夏 官	大司马	掌兵马出征	
5. 秋 官	大司寇	掌刑辟讼狱	
6. 冬 官	大司空	掌百工土木	

统计周代中央官数与地方官数，凡五六万人。杜佑《通典》说：

〔1〕《竹书纪年》卷下。
〔2〕刘继宣、束世澂合著《中华民族拓殖南洋史》三页引。

“周内官二千六百四十三人，外诸侯国内六万一千三十二人。”沈彤《周官禄田考》说：“六官凡五万九千三百余人。”周代官制，另有女职一万五千九百五十人，计内外官及内职掌人七万九千六百二十五人。〔1〕做官的人数既多，而最重者，是要遵守国家的法典，而后上下的秩序不致凌乱。《周礼》：“太宰之职，掌建邦之六典，以佐王治邦国：一曰治典，以经邦国，以治官府，以纪万民。二曰教典，以安邦国，以教官府，以扰万民。三曰礼典，以和邦国，以统百官，以谐万民。四曰政典，以平邦国，以正百官，以均万民。五曰刑典，以诘邦国，以刑百官，以纠万民。六曰事典，以任百官，以生万民。以八法治官府：一曰官属，以举邦治。二曰官职，以辨邦治。三曰官联，以会官治。四曰官常，以听官治。五曰官成，以经邦治。六曰官法，以正邦治。七曰官刑，以纠邦治。八曰官计，以弊邦治。”国家的法典，施于太宰，而掌之者，复有各种官职。如小宰、司会、太史、内史、御史、匡人、大行人，均是分掌及施行国家之法典的。周代法典，有详密之条文，其有不信者，则考诸太史，非一二人所能以意为出入高下；另有官联之一法，可知其立法之精密。《周礼·小宰》：“以官府之六联合邦治：一曰祭祀之联事。二曰宾客之联事。三曰丧荒之联事。四曰军旅之联事。五曰田役之联事。六曰弛敛之联事。凡小事皆有联。”此种组织，是使互相监视，不使一机关独断一事，以遂其营私舞弊之谋，是立法之善者。凡官吏供职至每岁之终，查验其施政之良否以为废置；每三年，则大计群吏之治而诛赏之；故吏治能澄清，而不致于腐败。又有司会一职：“以参互考日成，以月要考月成，以岁会考岁成。”此职是注重会计，严以钩考，以免官吏之贪黩营私。

春秋之世，列国僭窃纷纭，虽多更制，而命官之法，犹依据周初，例如：周室有宰，而鲁、宋、齐、楚、吴等国，皆有太宰。周有司徒，而鲁、宋、晋、楚、郑、卫等国，皆有司徒。周有司马，而鲁、晋、郑、蔡等国，皆有司马。周有司寇，而鲁、晋、齐、郑、

〔1〕《通典》卷三六。

卫等国，皆有司寇。周有司空，而鲁、郑、陈等国，皆有司空，是也。其他如卜祝之官，乐舞之司，行人之师，地方县大夫之秩，列国定名，大概相类，统是依据周制而创立。其立异者，如鲁之左宰，宋之右师，晋之三军将佐，齐之左相，楚之令尹，皆为一国所特有。至战国之世，变古之风日烈，战国官制上的要点有三：（甲）君，例如：秦商鞅之为商君，芈戎之为华阳君，白起之为武安君，张仪之为武信君，蔡泽之为刚成君，齐田婴之为靖郭君，田文之为孟尝君，田单之为安平君，楚昭希恤之为彭城君，黄歇之为春申君，赵成相之为奉阳君，赵豹之为平阳君，冯亭之为华阳君，乐乘之为武襄君，李牧之为武安君，廉颇之为信平君，赵奢之为马服君，乐毅之为望诸君，赵胜之为平原君，魏公子无忌之为信陵君，燕公孙操之为成安君，皆为战国有封君制度之证。（乙）侯，例如：秦魏冉之为穰侯，范雎之为应侯，吕不韦之为文信侯，嫪毐之为长信侯，齐邹忌之为成侯，楚卞和之为陵阳侯，赵李同父之为寿侯，魏庞涓之为除宁侯，皆为战国有封侯制度之证。（丙）客卿，例如：客卿灶之为秦攻齐，苏秦之为齐客卿，赵有客卿东里子，而魏尤重视客卿，皆为战国有客卿制度之证。[1] 周代职官班爵禄之制，据《通典》载："天子一位，公一位，侯一位，伯一位，子、男同一位，凡五等也。君一位，卿一位，大夫一位，上士一位，中士一位，下士一位，凡六等。大国君十卿禄，卿禄四大夫，大夫倍上士，上士倍中士，中士倍下士，下士与庶人在官者同禄。（赵岐注：庶人在官未命为士者。）次国君十卿禄，卿禄三大夫，大夫倍上士，上士倍中士，中士倍下士，下士与庶人在官者同禄。小国君十卿禄，卿禄二大夫，大夫倍上士，上士倍中士，中士倍下士，下士与庶人在官者同禄。皆禄足以代耕也。"[2] 周代班爵禄之制，大概如上述，其详不得而知。至于战国，禄或以石计，如《史记》所载燕王哙自三百石吏以上而效之子之者，即其一证。（燕王哙，燕易王子，哙愚暗，子之专国。）又如吕不韦舍人，

〔1〕《中华通史》第一册三五三页。
〔2〕杜佑《通典》卷三五。

六百石以上夺爵，孟子为齐卿，其禄十万钟，皆当日制禄大端之可见者。

周代之地方官制，据《通典》载："周官有县正，各掌其县之政令而赏罚之。春秋时列国相灭，多以其地为县，则县大而郡小，故传云：上大夫受县，下大夫受郡，县邑之长，曰宰曰尹曰公曰大夫，其职一也。至于战国，则郡大而县小矣，故甘茂谓秦武王曰：宜阳大县名曰县，其实郡也。"〔1〕按照《周礼》王城之外为乡，乡之外为外城，外城谓之郭，郭外为近郊，近郊之外为遂，遂之外为远郊，远郊谓之野，野之外为甸，甸之外为稍，稍之外为县，县为小都，小都之外为鄙，鄙为大都；甸、稍、县、都之地，都是采邑。乡以五家为比，五比为闾，四闾为族，五族为党，五党为州，五州为乡；比长是下士，闾胥中士，族师上士，党正下大夫，州长中大夫，乡大夫就是卿。遂则五家为邻，五邻为里，四里为酇，五酇为鄙，五鄙为县，五县为遂；遂大夫、县正、鄙师、酇长、里宰、邻长，比乡官递降一级。（遂大夫是中大夫，里宰是下士，邻长无爵。）六乡之吏，计乡大夫六人，州长三十人，党正百五十人，族师七百五十人，闾胥三千人，比长一万五千人；六遂之吏，同六乡相等；共有三万七千八百七十二人。乡遂之制，是直隶于天子而行自治之制的区域。乡遂之组织，法同而名异，《周礼·大司徒》："五家为比，五比为闾，四闾为族，五族为党，五党为州，五州为乡。"《周官·遂人》："五家为邻，五邻为里，四里为酇，五酇为鄙，五鄙为县，五县为遂。"其官多由民举，而受天子之命；其职等于王官，而为地方自治之领袖。《管子·立政篇》说："分国以为五乡，乡为之师；分乡以为五州，州为之长；分州以为十里，里为之尉；分里以为十游，游为之宗；十家为什，五家为伍，什伍皆有长焉。"《小匡篇》说："五家为轨，轨有长；十轨为里，里有司；四里为连，连有长；十连为乡，乡有良人；五乡一师。"两篇所载小有异同，然都与《周官》相近。《周礼正义》说："乡大夫之职，各掌其乡之政教禁令。""遂大

〔1〕《通典》卷三五。

夫，各掌其遂之政令。”乡遂之事，所掌之事，大概可分四项：（甲）调查人畜车辇旗鼓兵革以及田野稼器。（乙）教民读法以劝善戒恶。（丙）教民稼穑以力田亩。（丁）掌征敛以供国家财政。从上所引证来看，可以知道周代地方官制之完善。

（八）军制 周代计井田以出军赋，是寓兵于农的。《通考》说：“班固《汉志》：殷周以兵定天下矣。天下既定，戢藏干戈，教以文德，而犹立司马之官，设六军之众，因井田而制军赋。地方一里为井，井十为通，通十为成，成方十里，成十为终，终十为同，同方百里，同十为封，封十为畿，畿方千里，有税有赋，税以足食，赋以足兵。故四井为邑，四邑为丘，丘十六井也，有戎马一匹，牛三头；四丘为甸，甸六十四井也，有戎马四匹，兵车一乘，牛十二头，甲士（在车之士）三人，步卒七十二人，干戈备具，是谓乘马之法。一同百里，提封万井（举四封之内），除山川沈斥（沈斥，水田泻卤）城池邑园囿术路（术，大道）三千六百井，定出赋六千四百井，戎马四百，兵车百乘，此卿大夫采地之大者也（采官也，因官食地，故曰采地），是谓百乘之家。一封三百一十六里，提封十万井，定出赋六万四千井，戎马四千匹，兵车千乘，此诸侯之大者也，是谓千乘之国。天子畿方千里，提封百万井，定出赋六十四万井，戎马四万匹，兵车万乘之主，戎马车徒干戈素具，春振旅以搜，夏茇舍以苗，秋治兵以狝，冬大阅以狩，皆于农隙以讲事焉。”〔1〕《周礼·大司徒》：“令五家为比，使之相保；五比为闾，使之相受；五闾为族，使之相葬；五族为党，使之相救。”此种相保相救的互助方法，当然要靠各地方的民兵。此种民兵，是由何处产生呢?《小司徒》：“乃会万民之卒伍而用之，五人为伍，五伍为两，四两为卒，五卒为旅，五旅为师，五师为军。”《夏官序》：“凡军制：万有二千五百人为军，王六军，大国三军，次国二军，小国一军，军将皆命卿。二千有五百人为师，师帅皆中大夫；五百人为旅，旅帅皆下大夫；百人为卒，卒长皆上士；二十五人为两，两司马皆中士；五人为伍，伍皆有长。”

---

〔1〕《文献通考·兵考》。

此等军队之组织，伍两起于比闾，而兵与民为一，是因农事而定军令的。周制万有二千五百人为军，至五霸时此制遂见破坏。齐桓公作内政以寄军令，其法以五家为轨，五人为伍；十轨为里，五十人为小戎；四里为连，二百人为卒；十连为乡，二千人为旅；五乡一帅，万人为一军，国有三军。(《齐语》)晋文公濮城之战，有兵车七百乘。(《左传》僖公二十八年，杜预注：五万二千五百人。)楚庄王邲之战，为乘广三十乘，分为左右。(杜预注：十五乘为一广，百人为卒，二十五人为两，十五乘为大偏，言一广十五乘，有百二十五人从之。)可知春秋时霸国全军，皆不及十万人。至战国之世，则燕带甲数十万，车六百乘，骑六千匹。赵带甲数十万，车千乘，骑万匹。韩带甲数十万。魏武士二十万，苍头二十万，奋击二十万，厮徒十万，车六百乘，骑五千匹。齐带甲数十万。楚带甲百万，车千乘，骑万匹。此数皆十倍于春秋。〔1〕战国时代，各尚权谋以相侵夺，战争频繁，所以需要许多的兵士。陈汉章统计战国战争之数，"战国二百四十八年中，魏、赵用兵四十八，魏、韩四十九，魏、秦七，魏、楚二，魏伐宋、郑、中山各二，伐翟、燕、齐各一，韩、秦用兵二十一，韩伐齐、郑各三，伐宋二，救鲁一，赵、秦用兵二十，伐燕一，燕伐齐、赵各一，齐伐魏九，伐鲁、燕各三，伐赵、莒各一，楚救郑伐郑各二，攻鲁三，伐燕、齐、秦各一，秦伐楚九，伐燕伐齐各三，伐蜀三，五国伐秦二，三国击秦二，五国击秦一，四国击楚一，三国伐楚二，三国救赵一，六国敌秦无。"〔2〕统计二百四十八年中，大小战二百二十二次。在此战争频繁之世，少数的兵力，自然不能应付的。

关于周代的兵器，则有刀、剑、戈、矛、殳、戟之类，在春秋时代，皆属铜造，春秋以后，渐用铁兵。〔3〕又有弓、矢、杆、楯、犀甲、兕甲、合甲之类，皆为战时利器。战术在春秋时，尚用车战。一车甲士三人，一人主御，一人主射，一人持矛，凡持矛者居右，谓之车右，又有步卒七十二人。到战国时代，渐渐趋重于骑兵，赵

〔1〕夏曾佑著《中国古代史》一八六页。
〔2〕陈汉章著《中国上古史》卷下四七页。
〔3〕《石雅》卷一二《中国古代铜器铁器沿革考》。

武灵王之胡服习骑射（《史记·赵世家》），此为古今战术之一大转关。战术既异，所以杀人之数亦众，每战以斩首五六万为常。春秋以前，行征兵制，战国以后，为召募制；召募制既行，武事不普及于全体的民众，而柔弱的风气遂盛行了。

（九）法制 中国文化至周代而大有进步，法制亦至周代较为完备。周自文王时，即已有法，《左传》昭七年："周文王之法曰：有亡荒阅（注：荒，大也，阅，搜也，有亡人当大搜），所以得天下也；吾先君文王作仆区之法，（仆，隐也。区，匿也。）曰：盗所隐器，与盗同罪。"《左传》文十八年："先君周公制《周礼》曰：则以观德，德以处事，事以度功，功以食民。作誓命曰：毁则为贼，掩贼为藏，窃贿为盗，盗器为奸，主藏之名，赖奸之用，为大凶德，有常无赦，在九刑不忘。"《逸周书·尝麦解》："维四年孟夏，王命大正，正刑书，大史筴刑书九篇。"此是指成王四年修改刑书。《竹书纪年》："穆王五十一年作《吕刑》。"《史记》："诸侯有不睦者，甫侯言于王，作修刑辟，命曰甫刑。"是周律至穆王时，又修改刑律一次。周代的法制，详见于《周礼》，大司徒："以乡八刑纠万民：一曰不孝之刑，二曰不睦之刑，三曰不姻之刑，四曰不弟之刑，五曰不任之刑，六曰不恤之刑，七曰造言之刑，八曰乱民之刑。"〔1〕大司寇："大司寇之职，掌建邦之三典，以佐王刑邦国，诘四方。一曰刑新国，用轻典；二曰刑平国，用中典；三曰刑乱国，用重典。以五刑纠万民：一曰野刑，上功纠力；二曰军刑，上命纠守；三曰乡刑，上德纠孝；四曰官刑，上能纠职；五曰国刑，上愿纠暴。以圜土聚教罢民，凡害人者，置之圜土而施职事焉，以明刑耻之。其能改者，反于中国，不齿三年；其不能改而出圜土者杀。以两造禁民讼，入束矢于朝，然后听之。以两剂（今之券书）禁民狱，入钧金，三日乃致于朝，然后听之。以嘉石平罢民，凡万民之有罪过而未丽于法，而害于州里者，桎梏而坐诸嘉舍，役诸司空；重罪旬有三日坐，期役；其次九日坐，九月役；其次七日坐，七月役；其次五日坐，五月役；其下

〔1〕《周礼正义》卷一九。

罪三日坐，三月役；使州里任之，则宥而舍之。”[1]可见重轻之罪，皆有定制。又说：“凡诸侯之狱讼，以邦典定之；凡卿大夫之狱讼，以邦法断之；凡庶民之狱讼，以邦成弊之。”可见法制亦依阶级而核定的。小司寇：“以五声听狱讼，求民情：一曰辞听；二曰色听；三曰气听；四曰耳听；五曰目听。”很像法医检验制度。乡士说：“若欲免之，则王会其期。”遂士说：“若欲免之，则王令三公会其期。”县士说：“若欲免之，则王命六卿会其期。”由士而司寇，由司寇而王，很像三级三审制度。乡士说：“群士司刑皆在，各丽其法，以议狱讼。”很像陪审合议制度。秋官所载之下属，其所谓府者，即今日书记官之类；所谓史者，即今日司法机关录事之类；所谓胥者，即今日司法机关之承发吏或司法警长之类；所谓徒者，即今日司法机关之司法警察或庭丁之类；可见周代司法制度之详密。[2]

周代中央之司法机关，有大司寇卿一人，统率其属而掌邦禁，其下有小司寇、中大夫二人；士师、下大夫四人；乡士、上士八人，中士十有六人；旅，下士三十有二人；府，六人；史，十有二人；胥，十有二人；徒百有二十人。以下又有遂士、县士、方士、讶士、朝士、司民等职。小司寇之职是：“掌外朝之政，以致万民而询焉，一曰询国危，二曰询国迁，三曰询立君……以五刑听万民之狱讼，附于刑，用情讯之，至于旬，乃弊之，读书则用法。……以八辟丽邦法，附刑罚，一曰议亲之辟，二曰议故之辟，三曰议贤之辟，四曰议能之辟，五曰议功之辟，六曰议贵之辟，七曰议勤之辟，八曰议宾之辟。”虽有宽宥之典，而是依阶级而议减刑的。有三刺之制：“以三刺断庶民狱讼之中，一曰讯群臣，二曰讯群吏，三曰讯万民。听民之所刺宥，以施上服下服之刑。”以三讯并用，而要以民为断，所讯取于民，乃得其情之实，此是不滥用刑罚的。有司刑之制：“司刑掌五刑之法，以丽万民之罪，墨罪五百，劓罪五百，宫罪五百，刖罪五百，杀罪五百。”此五刑之法，是始于周代的。其他尚有司

〔1〕《周礼正义》卷六九。
〔2〕徐朝阳著《中国刑法总论》一六页及拙著《中国法律史大纲》三三页。

约，掌邦国及万民之约剂；司盟，掌盟载之法；职金，掌凡金玉锡石丹青之戒令；司厉，掌盗贼所用伤人兵器及所盗财物；司圜，掌收教罢民；掌囚，掌守盗贼；掌戮，掌斩杀贼谍；此设官分职，是井井有条的。

周代身体刑已如前述，分墨、劓、剕、宫、杀五刑，而在刑法分则上，则以诈欺窃盗罪、不孝不友罪、饮酒罪而科刑，《费誓》说："逾垣墙，窃马牛，诱臣妾，女则有常刑。"《康诰》说："元恶大憝，矧惟不孝不友……乃其速由文王作罚，刑兹无赦。"《酒诰》说："厥或诰曰：群饮汝勿佚，尽执拘以归于周，予其杀。"周人以饮酒细故，竟科以死罪，或者是害怕人民因群饮而造乱，所以非加以重刑不可。

周自平王东迁时候，晋、郑、鲁三国最强，后来郑、鲁衰了，就成五霸的局面。到春秋下半段，在那时代战争杀戮之事时时发生，其司法情形如何，无从详细考察。惟据《春秋》、《左传》、《国语》这几部书，仔细研究起来，觉得那时代的司法，大概是黑暗腐败的。《诗·大雅·瞻卬》篇有说："邦靡有定，士民其瘵。蟊贼蟊疾，靡有夷届。罪罟不收，靡有夷瘳。人有土田，女反有之。人有民人，女覆夺之。此宜无罪，女反收之。彼宜有罪，女覆说之。"《召旻篇》说："旻天疾威，天笃降丧。瘨我饥馑，民卒流亡。天降罪罟，蟊贼内讧。"《小雅·雨无止》篇说："昊天疾威，弗虑弗图。舍彼有罪，既伏其辜。若此无罪，沦胥以铺。"《菀柳》篇说："有鸟高飞，亦傅于天。彼人之心，于何其臻。曷以靖之，居以凶矜。"《秦风》的《黄鸟》篇说："交交黄鸟，止于棘，谁从穆公，子车奄息。维此奄息，百夫之特，临其穴，惴惴其栗。彼苍者天，歼我良人，如可赎兮，人百其身。交交黄鸟，止于桑，谁从穆公，子车仲行。维此仲行，百夫之防，临其穴，惴惴其栗。彼苍者天，歼我良人，如可赎兮，人百其身。交交黄鸟，止于楚，谁从穆公，子车鍼虎。维此鍼虎，百夫之御，临其穴，惴惴其栗。彼苍者天，歼我良人，如可赎兮，人百其身。"方玉润《诗经原始》卷七论及三良从死，命出穆公，或以为康公迫死，或以为秦俗如此。由此可以知道君主专制时期，是任意枉法，生杀予夺。顾栋高《春秋刑赏表叙》有说："余观春秋二百四十年，知天子之所以失其柄而旁落于诸侯，诸侯之所以失其柄，而僭窃于大夫陪臣者，皆由刑赏之失政为之，征诸经传可考而知也。盖当春秋之初，犹能爵命仪父为诸侯，而伐郑伐曲沃，犹能诛叛讨篡，刑赏未尽失也；而乃伐郑而射王中肩，伐曲沃而荀贾寻为晋所灭，其罪当灭国绝世，而天子不闻赫然震怒，列侯不闻敌王所忾，从此姑息养痈，驯至溃烂，此岂一朝一夕之故哉?"此可以证明春秋时代法律失效的概况。封建时代，诸侯各自有法，故在春秋战国时，诸侯各自有法，其初法律为少数人所掌握，不令一般人识其内容，其后则公开之。关于法典，《左传》："昭六年三月，郑人铸刑书。""定九年，驷颛杀邓析而用其竹刑。"此是郑国之法。《左传》："襄九年，宋使乐遄庀刑器。"此是宋国之法。《左传》："文六年春……宣子于是始为国政，制事典，正法罪，辟狱刑，董逋逃。由质要，治旧污，本秩礼，续常职，出滞淹，既成，以授太傅阳子与太师贾佗，行使诸晋国，以为常法。"此是晋国之法。《左传》："昭七年，楚芋尹无宇曰：吾先王作仆区之法曰：盗所隐器，与盗同罪，所以封汝也。"此是楚国之法。《管子》："昔吾先王，世法文武，设象以为民纪。"此是齐国之法。《说苑》："卫国之法，窃驾君车罪刖。"此是卫国之法。春秋时除周法外，各国均有自制的法律，看上所引证可以知道了。

春秋刑名之可见者如下：(甲) 身体形。(1) 贯耳。《左传》："子玉复治兵于蒍，终日而毕，鞭七人，贯三人耳。"(2) 刖刑。《左传》："晏婴讽景公以踊贵屦贱。"踊，是刖足者之屦，言刖者多，刑罚重也。(乙) 徒刑。《春秋》："僖五年冬，晋人执虞公。"〔1〕《左传》："襄二十一年，会于商任，锢栾氏也。"(丙) 流刑。流刑是放逐之意，《春秋》："宣元年，晋放其大夫胥申父于卫。"《左传》："晋人讨不用命者，放胥申父于卫，而立胥克。"(丁) 死刑。(1) 杀刑。《春秋》："隐四年九月，卫人杀州吁于濮。""宣十一年，楚人杀夏征

〔1〕 顾栋高《春秋大事表》十三刑赏执条。

舒。”(2)刺刑。《春秋》:“成十六年乙酉，刺公子偃。”(3)烹刑。《左传》:“楚白公为乱，既死，其徒微之生拘石乞而问白公之死焉，乞曰:此事也，克则为卿，不克则烹，何害，固其所也。乃烹石乞。”(4)枭首。《左传》:“叔孙昭子杀竖牛，授其首于宁风棘上。”(5)肆刑，既戮陈尸曰肆。《左传》:“尸崔杼于市。”其他有醢刑，如宋醢南宫万、猛获。有轘刑，如齐轘高渠弥。有人祭，如僖十九年邾人执鄫子，用之于社。有戮尸，如齐懿公为公子与邴歜之父争田，弗胜，及即位，乃掘而刖之。有族刑，如秦法有三族之罪。从以上简略之引证，可以知春秋时代用刑之严酷。但在那时有识之士亦不以为然的，如郑叔向所说:“仪刑文王，万邦作孚，将弃礼而征于书，锥刀之末，将尽争之，乱狱滋丰，贿赂并行，终子之世，郑其败乎?”〔1〕内史过说:“国之将兴，其君齐明衷正，精洁惠和，其德足以昭其馨香，其惠足以同其民人，神飨而民听，民神无怨，故明神降之，观其政德，而均布福焉;国之将亡，其君贪冒辟邪，淫佚荒怠，粗秽暴虐，其政腥臊，馨香不登，其刑矫诬，百姓携贰。”〔2〕以刑之矫诬，为国家将亡征象之一，可以知道严刑不为当世有识之士所重了。

关于民法之身份，春秋时阶级制度盛行，有许多的名目差别，《公羊》宣十二年传:“楚子重云:诸大夫死者数人，厮役扈养死者数百人。”《左传》昭七年传:“天有十日，人有十等。”在人民之身份上是不平等的。关于婚姻制度，须有父母之命，《诗经·齐风·南山》:“娶妻如之何，必告父母。”须有媒妁介绍，《南山》:“娶妻如之何，非媒不得。”须有相当聘礼，《春秋》:“成公八年夏，宋公使公孙寿来纳币。”可以一夫多妻，《公羊传》隐元年何注说:“等而上之，天子有十二女，士庶人有一妻一妾。”妻妾身份是不同的。

战国时代，诸侯各自有法，至李悝而集其大成，社会组织至那时有剧烈的变迁，灭国者踵趾相接，各国以战争的结果，其公卿大

〔1〕《春秋左传》卷一二。
〔2〕《国语详注》第一册。

夫或变为平民，或平民中以智识的增进，地位的转移，就可以与贵族比肩；各国注重人才，竞争强弱，就努力以招纳贤人；所以平民阶级，能走上政治活动的地位，而刑罚所加，不致贵贱区分，当然比较春秋时代为普及了。

关于法典：韩国有《刑符》，申不害所作；魏国有《法经》，李悝作；楚国有《宪令》（《史记·屈原列传》，怀王使屈原造为《宪令》）；秦有变法之令（以卫鞅为左庶长，卒定变法之令）；而各国法律以李悝《法经》为详。《嘉谷堂集》卷一说："李悝《法经》六篇，即《汉艺文志》之《李子》三十二篇，在法家者，后人援其书入律令，故隋以后志经籍诸家不载，据《唐六典注》称：魏文侯师李悝，集诸国刑书，造《法经》六篇，一盗法，二贼法，三囚法，四捕法，五杂法，六具法。"元王元亮《唐律疏议》云："盗法今贼盗律，贼法今诈伪律，囚法今断狱律，捕法今捕亡律，杂法今杂律，具法今名例律是也。"〔1〕《桓谭新论》引李悝《法经正律略》说："杀人者诛，籍其家及其妻氏，杀二人，及其母氏。大盗戍为守卒，重则诛，窥宫者膑，拾遗者刖，曰：为盗心焉。"《杂律略》说："夫有一妻二妾，其刑刵；夫有二妻则诛；妻有外夫则宫；曰：淫禁。盗符者诛，籍其家；盗玺者诛；议国法令者诛，籍其家及其妻氏；曰：狡禁。越城，一人则诛，十人以上夷其乡及族；曰：城禁。博戏，罚金三布；太子博戏则笞，不止则特笞，不止则更立；曰：嬉禁。群相居，一日以上则问，三日四日五日则诛；曰：徒禁。丞相受金左右伏诛；犀首（官名）以下受金则诛；金自镒以下，罚，不诛也；曰：金禁。"《减律略》说："罪人年十五以下，罪高三减，罪卑一减；年六十以上，小罪情感，大罪理感。"可见李悝立法的严密。

战国时代，韩秦二国用刑比较为残忍，《前汉书·刑法志》说："陵夷至于战国，韩任申子，秦用商鞅，连相坐之法，造参夷（夷三族）之诛，增加肉刑大辟，有凿颠抽胁镬烹之刑。"当时定刑有各种类：（甲）身体刑。魏国有刖黥，《史记》："庞涓既事魏，得惠王将

〔1〕 日本浅井虎夫著《支那ニ於クル法典编纂ノ沿革》一五页引。

军，而自以为不能及孙膑，膑至，庞恐其贤，以刑法断其两足而黥之。”楚国有笞，《史记》：“张仪尝从楚相，亡璧，意仪盗，执掠笞数百，不服，释之。”秦国有黥、劓、斩左右趾、宫刑，《史记·秦始皇本纪》：“隐宫徒刑者七十余万人。”（乙）流刑。《史记·秦始皇本纪》：“三十三年，筑亭障以逐戎人，徙谪实之初县。”《索隐》：“徙有罪而谪之，以实初县，即止自榆中属阴山以为三十四县是也。”（丙）名誉刑。（1）士伍。《秦本纪》：“武安君白起有罪，为士伍，迁阴密。”（以罪夺爵，皆称士伍。）《始皇本纪》：“自今以来，操国事不道如嫪毐、不韦者，籍其门，视此。”（谓籍没其一门，皆为徒隶，不得为仕宦。）（丁）死刑。（1）车裂。《史记》：“秦惠王车裂商君以殉。”（2）斩刑。《史记》：“斩首数百。”（3）枭首。《史记集解》：“悬首于木上曰枭。”（4）腰斩。《史记》：“不告奸者腰斩。”（5）矺死。《史记》：“十公主矺死于杜。”（6）阬刑。《史记》：“皆阬之咸阳。”（7）体解。《通典》：“后又体解荆轲。”（8）戮尸。《始皇本纪》：“将军壁死，卒屯留蒲鶮反，戮其尸。”（戊）族刑。《通考》：“秦文公二十年，法初有三族罪。”其他尚有诽谤朝廷罪，《史记·高帝本纪》：“父老苦秦苛法久矣，诽谤者族。”降敌罪，《史记·商君列传》：“匿奸者与降敌同罚。”（案律降敌者诛身没家。）偶语诗书及不烧诗书罪，《史记·始皇本纪》：“丞相李斯请烧诗书百家语，有敢偶语诗书者弃市，以古非今者族。”奸非罪，始皇出游，上会稽，祭大禹，颂秦德，叙及整饬风俗有禁止淫佚杀之无罪之文。社会愈进步，人事愈复杂，而法制亦愈严密，我们看自西周至战国时代，就可以知道了。

（十）宗教　周公郊祀后稷以配天，宗祀文王于明堂，以配上帝，有清庙以配享功臣。周代并重鬼神，分鬼神为四种：在天者为天神，即上帝，在地者为地示（即山川之神），人死曰鬼，即祖，百物曰彪；而即以鬼神之等级，见主祭者之贵贱。惟天子可祭天，诸侯祭其封内之山川，大夫祭其祖先，庶人无庙而祭于寝。[1] 古代典礼

〔1〕 夏曾佑著《中国古代史》三三页。

以祭为重，祭以天为尊，君主代表天可以祭天，他人则不能祭天。《周礼·春官》，冬日至，祭昊天上帝于圜丘，圜丘在南郊，故曰郊祭。郊祭不一，龙见而雩，则有雩酒；或祈农事，则有祈谷之祭。其时日先后各有不同，圜丘祭在冬至，祈谷在孟春，雩在仲夏，而均得以郊祭赅之。《周礼·春官》："大宗伯之职，掌建邦之天神、人鬼、地示之礼，以佐王建保邦国。以吉礼事邦国之鬼神示，以禋祀祀昊天上帝，以实柴祀日、月、星、辰，以槱燎祀司中司命风师雨师。以血祭祭社稷五祀、五岳，以狸沈祭山林、川泽，以疈辜祭四方、百物。以肆献祼享先王，以馈食享先王。以祠春享先王，以禴夏享先王，以尝秋享先王，以烝冬享先王。""小宗伯之职，掌建国之神位，右社稷，左宗庙，兆五帝于四郊，四望四类亦如之。"〔1〕由此可以知道当时对于祭祀的隆重。

周代祭天之外，有五帝之祭，五帝亦各有其所配，太皞配木，炎帝配火，黄帝配土，少皞配金，颛顼配水；五帝之祀，掌于太宰，裘冕而祭，掌于司服。有寒暑之祭，籥章有仲春逆暑仲秋迎冬之乐。有日月之祭，祭日于东，时在春分；祭月于西，时在秋分。古者祭以天为尊，而地次之，惟人君得祭地，诸侯不与；夏日至祭地于方泽，方泽在北郊，故亦称郊祭。周时祭地，如坛壝乐舞圭璧之属，均与祭天之礼相殊；祭天一岁有四次，而祭地则夏至以外无闻。祭地之外，又有社稷，社祭土神，稷祭谷神。经传于社稷或分或合，或仅言社，凡王为群姓立社曰大社，王自为立社曰王社，诸侯为百姓立社曰国社，诸侯自为立社曰侯社，古者社稷并称亦并祀。社稷之外又祭山川，同一山川，远而望之，则名曰望，祭于其地，则直曰祭山川。古时山川之祭，以四望为最尊，四望是祭五岳、四镇、四渎。人鬼之祭，为祭宗庙、祭帝王、祭功臣。三代祭祀，以周为最繁，可说是中国多神教之典型时代。古人认阴阳二力为万物的起源，他崇拜最大的对象，便是天地；崇拜天的对象，是日月星辰；崇拜地的对象，是山、川、河、海，春、夏、秋、冬的四时，金、

〔1〕《周礼正义》卷三三。

木、水、火、土的五行。由此原理以推衍发展，而成为多神宗教的理论，所以神仙、阴阳、五行、杂占之说，为宗教论之四纲。战国之初，屈原为赋有登仙之说，其时有宋毋忌、王子乔、充尚、羡门高之辈，各以仙术著名。燕人为方士仙道，侈言形解消化之术，大为列国人君所迷信。齐之威王因齐，宣王辟畺，燕之昭王平，闻海上蓬莱、方丈、瀛洲三神山有诸仙人及不死之药在，遂使人入海以求之，可见当时人君之宗教信仰。阴阳五行之论，在战国时亦与神仙之说相糅合，齐人邹衍，既以阴阳主运，显名诸侯。又创为五德终始之说，以为五行更旺，终始相生，王者易姓，取法于是。上古神权之论，与神仙阴阳五行之说，成为宗教形式的信仰，所以迷信之风独盛。

（十一）美术　（甲）音乐。周代是非常注意音乐的。周公以礼制作乐为治国要具，故音乐视夏商两代，较为进步。考武王克商，乃命周公作大武，大武，是周之征伐行武。《周礼·春官》有典乐之官，《春官宗伯》："大司乐，掌成均之法，以治建国之学政而合国之弟子焉，凡有道者有德者使教焉，死则以为乐祖，祭于瞽宗。以乐德教国子，中、和、祇、庸、孝、友。以乐语教国子，兴、道、讽、诵、言、语。以乐舞教国子，舞云门、大卷、大咸、大磬、大夏、大濩、大武（云门，大卷，黄帝乐，大咸，尧乐，大磬，舜乐，大夏，禹乐，大濩，汤乐，大武，武王乐）。"音乐是与宗教之典礼联系举行的，如祀天神时，乃奏黄钟，歌大吕，舞云门。祭地示时，乃奏大簇，歌应钟，舞咸池。享先祖时，乃奏无射，歌夹钟，舞大武。尚有乐师一职，掌国学之政，以教国子小舞。凡舞，有帗舞，有羽舞，有皇舞，有旄舞，有干舞，有人舞，音乐是与舞蹈共同举行。有大师一职，掌六律六同，以合阴阳之声。阳声：黄钟、大蔟、姑洗、蕤宾、夷则、无射；阴声：大吕、应钟、南吕、函钟、小吕、夹钟。皆文之以五声，宫、商、角、徵、羽；皆播之以八音，金、石、土、革、丝、木、匏、竹。故乐器的种类，甚为繁多。大师之外，有少师、大胥、少胥、磬师、钟师、笙师、籥师以掌乐器。当时以精音律著名者，有伶州鸠、师挚、师襄、师旷等。周代非常注重音乐，由音乐以观察国风与民俗，政治与教化。《左传》襄公二十九年《吴子使札来聘篇》说："请观于周乐，使工为之歌《周南》、《召南》，曰：美哉！始基之矣，犹未也，然勤而不怨矣。为之歌《邶》、《鄘》、《卫》，曰：美哉渊乎！忧而不困者也，吾闻卫康叔武公之德如是，是其卫风乎？为之歌《王》，曰：美哉！思而不惧，其周之东乎？为之歌《郑》，曰：美哉其细已甚，民勿堪也，是其先亡乎？为之歌《齐》，曰：美哉！泱泱乎大风也哉！表东海者其大公乎？国未可量也。为之歌《豳》，曰：美哉荡乎！乐而不淫，其周公之东乎？为之歌《秦》，曰：此之谓夏声，夫能夏则大，大之至也，其周之旧乎？为之歌《魏》，曰：美哉沨沨乎！大而婉，险而易行，以德辅此，则明主也。为之歌《唐》，曰：思深哉！其有陶唐氏之遗民乎？不然，何忧之远也，非令德之后，谁能若是。为之歌《陈》，曰：国无主，其能久乎？自《郐》以下无讥焉。为之歌《小雅》，曰：美哉！思而不贰，怨而不言，其周德之衰乎？犹有先王之遗民焉。为之歌《大雅》，曰：广哉！熙熙乎！曲而有直体，其文王之德乎？为之歌《颂》，曰：至矣哉！直而不倨，曲而不屈，迩而不偪，远而不携，迁而不淫，复而不厌，哀而不愁，乐而不荒，用而不匮，广而不宣，施而不费，取而不贪，处而不底，行而不流，五声和，八风平，节有度，守有序，盛德之所同也。"由此可以看出周代是如何看重音乐，由音乐以观察到国风民俗，则在其时音乐之造诣，是很深微的了。孔子在春秋时，是很注重音乐，又是提倡音乐，以为政教修明之本。《论语》说："子在齐闻《韶》，三月不知肉味，曰：不图为乐之至于斯也。""颜渊问为邦，子曰：行夏之时，乘殷之辂，服周之冕，乐则韶舞，放郑声，远佞人，郑声淫，佞人殆。"〔1〕《吕氏春秋》说："世浊则礼烦而乐淫，郑卫之声，桑间之音，此乱国之所好，衰德之所说；流辟诛越慆慞之音出，则滔荡之气，邪慢之心感矣。"〔2〕自春秋入战国，四国之新声作，而古乐日沦，于是魏人槌

〔1〕《论语·述而》及《卫灵公》。
〔2〕《吕氏春秋·季夏纪·音初》。

凿之声，楚人潇湘之乐，齐人房中之谱，燕人变徵之音，杂奏喧陈；又加以齐讴吴歈楚些巴孀之音，而乐奏更多变化了。（乙）绘画。绘画至周，日渐发达。据《周礼》有司常一职，掌九旗之物名，各有属以待国事，日月为常，交龙为旂，通帛为旜，杂帛为物，熊虎为旗，鸟隼为旟，龟蛇为旐，全羽为旞，析羽为旌，为画旗之证。司服所掌，有衮冕鷩冕毳冕之属，为画衮之证。司尊彝，掌六尊六彝之位，其别有鸡彝鸟彝山尊诸名。郑玄说：鸡彝鸟彝谓刻而画之为鸡凤凰之形，山尊，是刻而画之为山云之形。为画尊彝之证。〔1〕其他，在王宫之正门，则画之以虎；在射礼之侯，则画之以云气；又于王座之后，则画之以斧置扆（似屏风）以示威；在明堂四门之墉，则画尧、舜、桀、纣之像，及周公抱成王以朝诸侯之形。当时壁画，非仅限以明堂，即王侯公卿之家庙亦极盛行。在楚则有图成天地山川，神灵琦玮，及古圣贤与怪物之行事。〔2〕至于春秋，鲁公输班之画蠡，楚叶公之画龙，大要不离乎动物。齐景公柞臼好马，命画工图而访之。战国之世，绘画一科，注意到地形宫室，如燕太子丹使荆轲献督亢地图于秦，而秦每破诸侯，写仿其宫室，作于咸阳北阪之上，均其实例。（丙）雕铸。周代雕刻冶铸之术，亦有进步。有所谓玉人者，主于雕琢宝玉，又有雕人之官，掌雕刻之事。《周礼·大宗伯》："玉作六瑞，以等邦国。"所谓六瑞：（1）镇圭。王执之，长尺有二寸。（2）桓圭。公执之，长九寸。（3）信圭。侯执之，长七寸。（4）躬圭。伯执之，长七寸。（5）谷璧。子执之，径五寸。（6）蒲璧。男执之，径五寸。镇圭，则雕琢四镇之山；桓圭，则雕琢宫室之象；信圭、躬圭，则雕琢人形；谷璧则雕琢米粒；蒲璧，则雕琢编为网目之蒲席文。六器亦多有雕碾之文饰。白琥则有作虎形。其属于政治上之雕玉器，有冒圭，天子执冒四寸，以朝诸侯；有大圭，长三尺，天子服之；有土圭，长尺有五寸，建邦国以度其地而制其域；有琬圭，九寸，王使之瑞节；有琰圭，九寸，以除慝，

〔1〕孟世杰著《先秦文化史》四〇六页引。
〔2〕日人大村西崖著《中国美术史》汉译本五页。

以易行；有珍圭，以征守，以恤凶荒；有谷圭，七寸，天子以聘女。可见当时雕刻事业之发展。〔1〕周代的书籍，是写于竹简而雕刻的，《论衡·略知篇》："断木为椠，释之为版，刀加刮削，乃成奏牍。"《周礼》："司书，掌邦中之版。""司士，掌群臣之版。"版是册籍，而文字是雕刻于册籍的。据《考工记》："筑氏为削。"郑注："今之书刀。"书刀，是古时刊削竹简所用之刀。冶铸之术，始见于《考工记》："攻金之工，筑氏执下齐，冶氏执上齐，凫氏为声，㮚氏为量，段氏为镈器，桃氏为刃。"郑注："多锡为下齐，大刃削杀矢鉴燧也；少锡为上齐，钟鼎斧斤戈戟也。声，钟錞于之属。量，豆区鬴也。镈器，田器钱镈之属。刃，大刃刀剑之属。"《考工记》又载："金有六齐：六分其金，而锡居一，谓之钟鼎之齐。五分其金，而锡居一，谓之斧斤之齐。四分其金，而锡居一，谓之戈戟之齐。参分其金，而锡居一，谓之大刃之齐。五分其金，而锡居二，谓之削杀矢之齐。金锡半，谓之鉴燧之齐。"观此不惟冶铸有专官，即金锡参合之法亦甚详。〔2〕铜器之冶铸，周代更有成绩。周于祭祀宾客之礼之酒器，谓之六彝六尊；六彝是鸡彝、鸟彝、斝彝、黄彝、虎彝、蜼彝。六尊是牺尊、象尊、壶尊、著尊、大尊、山尊，各视其礼之用而异。炊烹之器，则有鼎、鬲、鍑、甗、盉等。盛酒之器，则有尊、罍、彝、舟、卣等。酒觞之属，则有爵、觚、觯、角、斝等。其余各饮食之器，则有簠、簋、豆、敦、瓿、壶等。盥涤之器，则有匜、盘等。量器则有钟、钫等。乐器则有镈、钟、錞、镯、铙、铎等。兵器则有剑、矛、戈、戟、戚等。〔3〕此等器物之创成，足征冶铸事业之发展。（丁）建筑。周代建筑之术，比夏商二代更有进步。《周礼·考工记·匠人》："匠人营国，方九里，旁三门。……周人明堂，度九尺之筵，东西九筵，南北七筵，堂崇一筵五室，凡室二筵。……王宫门阿（栋）之制五雉（雉长三丈、高一丈），城隅之制九

〔1〕《周礼正义》卷八〇，又谢英伯著《中国玉器时代文化史纲》二一页引。
〔2〕《周礼正义》卷七八。
〔3〕日人大村西崖著《中国美术史》汉译本九页。

雉。”〔1〕《周礼·夏官》：“量人掌建国之法，以分国为九州，营国城郭，营后宫，量市朝道巷门渠，造都邑亦如之。”又《逸周书·作雒解》：“乃位五宫、太庙、宗宫、考宫、路寝、明堂。”观此，周代建筑明堂、朝庙、宫寝所规划的制度，非浅演社会所可同日语的。周初明堂，沿殷旧制，方一百一十二尺，高四尺，阶广六尺三寸，其宫周垣方三十步，在镐京之近郊，为天子宗祀朝诸侯听政之地，列于五宫之一。天子诸侯，均有三朝：(1) 燕朝即内朝，在王寝门外，路门之内。(2) 治朝在应门之外，对内朝而言则曰外朝，对外朝而言则曰内朝。(3) 外朝在库门之外，为象魏所悬之地，亦为嘉石肺石所置之地。天子宫寝有六寝，一为路寝，其五为小寝，后有六宫，王后治之。凡民居必有内室五所，室方一丈，所谓环堵之室。东西室为库藏之所，中三室为夫妇所居之室，中一室，有门向南，中三室，前为庭院，院之东西各一室，东室西向，西室东向，谓之侧室，为妾妇所居之室。又前二步为外室，则正寝，亦平列五室，中三室，为男子所居之室，东为东夹室，西为西夹室，皆属于房；东夹之东，为藏祖考衣冠神主之室，西夹之西，为五祀神主之室。民居规模，亦井然有条，可见周代建筑术之进步。〔2〕至春秋之世，鲁有頖宫，齐有啧室，晋有施惠宫，越有飞见楼，秦有祈年观。战国时，建筑之事，比春秋为更多，田齐创为九重之台，不可谓不高，春申宫楚黄歇之所造，周一里二百四十一步，檐之高者至五丈二尺；霤之高者至二丈九尺；赵有野台，可以望见田齐中山之境；魏襄王且谋筑中天之台；可见战国时建筑术的进步。(戊) 陶器。周代常用之陶器有瓦陶，以之作镳铲之用者有钧。战国之时，有文饰瓦陶器之类，而遗存至今者，仅有丰宫四神之瓦当（青龙为东，白虎为西，玄武为龟蛇北，朱雀为南，皆星座之神，形如其名），及近年田土掘出有如铜器文样之半瓦当而已。

(十二) 教育 周代的教育，有国学和乡学的区别，又有大学和

〔1〕《周礼正义》卷八四。
〔2〕刘师培《中国历史教科书》，又庄氏《周官指掌》，焦氏《仪礼讲习录》。

小学的区别。大学和小学，是以程度浅深分的；乡学和国学，一个是贵族进的，一个是平民进的。〔1〕（甲）太学。周时文化发达，学校制度较为完备，大司乐、大胥、小胥、诸子，则掌大学教育者，《周礼·春官宗伯》："大司乐，掌成均之法，以治建国之学政而合国之子弟焉。""大胥掌学士之版，以待致诸子。""小胥掌学士之征令而比之。""诸子掌国子之倅，掌其戒令与其教治。"〔2〕周之学成均居其中，其左东序，其右瞽宗，此是大学。大学之学科：(1) 三德三行。师氏："以三德教国子，一曰至德以为道本，二曰敏德以为行本，三曰孝德以知逆恶。教三行，一曰孝行以亲父母，二曰友行以尊贤良，三曰顺行以事师长。"(2) 六艺六仪。保氏："教六艺，一曰五礼，二曰六乐，三曰五射，四曰五驭，五曰六书，六曰九数。教六仪，一曰祭祀之容，二曰宾客之容，三曰朝廷之容，四曰丧纪之容，五曰军旅之容，六曰车马之容。"(3) 乐德乐语乐舞。大司乐："以乐德教国子，中、和、祗、庸、孝、友。以乐语教国子，兴、道、讽、诵、言、语。以乐舞教国子，舞云门、大卷、大咸、大磬、大夏、大濩、大武。"〔3〕至大学之入学年龄，据《尚书大传》说："公卿之太子，大夫元士之适子，十有三年，始入小学，见小节焉，践小义焉；二十入大学，见大节焉，践大义焉。"朱子《大学章句序》说："人生八岁，则自王公以下，至于庶人之子弟，皆入小学，而教之以洒扫、应对、进退之节；礼、乐、射、艺、书、数之文；及其十有五年，则自天子之元子众子，以至公卿大夫元士之适子，与凡民之俊秀，皆入大学，而教之以穷理正心修己治人之道；此又学校之教，大小之节，所以分也。"〔4〕按八岁入小学，十五岁大学，是《大戴礼·保傅传》及《白虎通》之说；十三年入小学，二十入大学，是《尚书大传》之说；朱子是从《保傅》、《白虎通》

〔1〕吕思勉著《本国史》第一编一三一页。
〔2〕《文献通考》卷四〇学校考，《周礼正义》卷四二，柳诒徵编著《中国文化史》上卷一九二页。
〔3〕《周礼正义》卷二五、卷二六、卷四二。
〔4〕《文献通考》卷四〇引。

之说，二说未知孰是。（乙）小学。周时小学有三个：（1）在虎门之右，《大戴保傅》篇："王子年八岁，出就外舍。"卢注："小学谓虎门师保之学。"是。（2）在公宫南面，《王制》所谓"小学在公宫之南"是。（3）在西郊，《王制》所谓"虞庠在国之西郊"是。这三个小学，是专指王城以内说的。据《文献通考》引《礼书》说："四代之学，虞则上庠下庠，夏则东序西序，商则右学左学，周则东胶虞庠，而周则又有辟雍、成均、瞽宗之名，则上庠、东序、右学、东胶，大学也，故国老于之养焉；下庠、西序、左学、虞庠，小学也，故庶老于之养焉。记曰：天子设四学，盖周之制也。周之辟雍，即成均也。东胶，即东序也。瞽宗，即右学也。盖以其明之以法，和之以道则曰辟雍；以其成其亏，均其过不及，则曰成均；以习射事，则曰序；以纠德行，则曰胶，以乐祖在焉，则曰瞽宗；以居右焉，则曰右学。盖周之学，成均居中，其左东序，其右瞽宗，此太学也。虞庠在国之西郊，小学也。"又说："凡侯国皆立当代之学，而损其制曰泮宫。凡乡皆立虞庠，凡州皆立夏序，凡党皆立商校；于是四代之学，达于天下。"〔1〕

周代乡学，可分三级，《学记》："家有塾，党有庠，州有序。"家塾，即今之初级小学；党庠，即今之高级小学；州序，即今之初级中学；设于乡者，谓之乡庠，即今之高级中学。依周制二十五家为闾，四闾为族，五族为党，五党为州，五州为乡，一乡共有一万二千五百家，六乡就是七万五百家；遂、县、鄙、酂、里、邻之口数与乡相等，学校的数目相同，统计六乡六遂一十五万人口之中，有如现在之高级中学十二所，初级中学六十所，高级小学三百所，初级小学六千所，乡遂不及现在一个大县，而学校如此之多，地方教育之发达，可以知了。〔2〕至专门之学艺：有兵学，命大司徒教士以车甲；大司马，仲春教振旅以辨鼓铎，教坐作进退；仲夏辨号名，以教夜战；仲秋教治兵，以辨旗兵；仲冬教大阅，以修战法。有农

〔1〕《文献通考》卷四〇引。
〔2〕徐式圭著《中国教育史略》七页。

学，遂人以土宜教甿稼穑；遂大夫教稼穑，简稼器，修稼政；草人掌土化；稻人掌水利；司稼掌巡邦野之稼而辨种性。有工学，《考工》一书，皆教工艺之学。有廾（古文矿字）学，廾人掌金玉锡石之地，若以时取之，则观其地图之形色而授之。女子教育：据《礼记·内则》说："女子十年不出，姆教婉娩听从，执麻枲，治丝茧，织纴组紃，学女事以供衣服。观于祭祀，纳酒浆笾豆菹醢，礼相助奠。"家庭教育：据《礼记·内则》说："子能食食，教以右手；能言，男唯女俞，男鞶革，女鞶丝；七年，男女不同席，不共食；八年，出入门户，及即席饮食必后长者，始教之让。"据上所述，女子教育及家庭教育，可知其概。周代末年，孔子设教于洙泗，子夏设教于西河，苏秦、张仪学于鬼谷，韩非、李斯俱事荀卿，私人讲学之风亦盛。

周代选举取士之制，据《通典》说："《周官》大司徒职，以乡三物，教万民而宾兴之；诗、书、礼、乐，谓之四术；四术既修，凡士之有善，乡先论士之秀者，升诸司徒，曰选士；司徒论选士之秀者，而升诸学，曰俊士；既升而不征者，曰造士；大乐正论造士之秀者，升诸司马，曰进士；司马论进士之贤者，及乡老群吏献贤能之书于王，王再拜受之，登于天府，藏于祖庙，内史书其贰而行焉。任其职也，则乡大夫乡老举贤能而宾其礼，司徒教三物而兴诸学，司马辩官材以定其论，太宰诏废置而持其柄，内史赞与夺而贰于中，司士掌其版而知其数，论定然后官之，任官然后爵之，位定然后禄之；择材取士，如此之详也。"〔1〕周代选举取士，是根据教育之进修而为之阶梯，不但注重智术，而且注重道德的。

（十三）学术　学术之在一国，其直接影响者，关于人类文化之进步；其间接影响者，关于社会人群之盛衰。我在《人类进化观》一书《人类进化与学术之关系》篇曾说过："一国人之思想，各有其特异之点焉，由其特异之点，发挥光大而为学术之结晶体，必有异

〔1〕杜佑《通典》卷一三。

周代国家教育制度表

学校名	学官	弟子	学龄及学年	学科	考校	登进	绌罚
	大司徒小司徒						
小学 天子之小学 在虎门之左 诸侯之小学 在公宫南之左	师氏 保氏	太子 国子 国之贤族子弟	八岁至十三岁 学年为七年 谓之小成	就傅时学书 记学幼仪十 三岁学乐诵 诗舞勺成童 舞象学射艺 师氏教六德 六行 保氏教六艺 六仪	一年视离经辨志 三年视敬业乐群 五年视博习亲师 七年视论学取友		
大学 天子曰辟雍 诸侯曰泮宫	大司乐 乐师 籥师 大胥 小胥 大师	王太子 王子 群后之大子 卿大夫元士 之嫡子 国之俊选	十五岁至二十岁 学年为二年 谓之大成	冠时学礼舞 大夏 惇行孝弟 乐正教之以 诗书礼乐	知类通达 强立而不反	进士 大乐正论造士 之秀者而升诸 司马 官 司马论定其材 使之试守 爵禄 任官然后爵之 位定然后禄之	观礼 有不帅教者王 命三公九卿大 夫元士皆入学 习礼以化之不 变王亲视学 屏斥 不变屏之远方 终身不齿

也。”〔1〕所以一国家有一国家的学术，一时代有一时代的学术，不能尽属相同。周代春秋战国，为中国学术思想争鸣独盛千古的时代，究其原因，是由当时人士，能利用其思想言论之自由，以发挥独特的见解，故能树立一新旗帜。梁启超于《中国古代学术思想变迁史》有说：“周既不纲，权力四散，游士学者，各称道其所自得，以横行天下，不容于一国，则去而之他而已；故仲尼干十二君，墨翟来往大江南北，荀卿所谓无置锥之地，而王公不能与之争名。在匹夫之位，则一君不能独蓄，一国不能独容，言论之自由，至此而极。”据此可知这时代学术思想之进步，固非偶然的。兹略为分论如下：

(甲）天文学。天文学至周颇见进步，推测星宿运行之术，既经开始，将周天之星分为二十八宿，四方各有七星：即东方苍龙，有角、亢、氐、房、心、尾、箕；北方玄武，有斗、牛、女、虚、危、室、壁；西方白虎，有奎、娄、胃、昴、毕、觜、参；南方朱雀，有井、鬼、柳、星、张、翼、轸是也。又将列国领土，分配于各星，名曰分野，凡属于分野之分星，若有变异之时，则此分野国当有灾难，因此征候吉凶的占星术（Astrology）说发达起来，如周之史佚、苌弘，鲁之梓慎，晋之卜偃，郑之裨灶，齐之甘德，楚之唐昧，赵之尹皋，魏之石申，俱以星占名世。但候星气以察机祥，陷于迷信，惟于天文学之经验，间接亦有所补助。周代测天之器，设世官以掌之，《周礼·夏官》：“挈壶氏县壶以水火守之，分以日夜。”壶盛水以为漏，昼夜共百刻；冬至昼漏四十刻，夜漏六十刻，夏至反之；春秋二分，昼夜各五十刻，日未出前二刻半而明，既没后二刻半乃昏，于是减夜五刻以益昼。土圭为测日影之器，《周礼·春官典瑞》：“土圭以致四时日月。”《春官冯相氏》：“冬夏致日，春秋致月，以辨四时之叙。”（致谓立八尺之表，以致其景。）《地官司徒》：“以土圭之法，测土深，正日景，以求地中，日南则景短多暑，日北则景长多寒，日东则景夕多风，日西则景朝多阴，日至之景尺有五寸，谓之地中。”郑众注：“土圭之长尺有五寸，以夏至之日，立八尺之表，其

〔1〕见民国七年予所著《人类进化观》九四页。

景适与土圭等，谓之地中。”《周礼》匠人建国，水地以县（以水准望地之高下，于四角立柱，悬绳以正柱），置槷以县，眡以景（于所平之池，中央树八尺之臬，以县正之眡景，以正四方），为规识日出之景，与日入之景（测日出之景，规之求其交点），昼参诸日中之景，夜考诸极星，以正南北。〔1〕战国时，楚人甘德著《天文星占》八卷，魏人石申著《天文》八卷，后世谓之《甘石星经》，为世界最古之恒星录。〔2〕历法在周起了多少变动，夏以建寅之月为正月，殷以建丑之月为正月，周以建子之月为正月，此是以十二支分方位，正北为子，正南为午，正东为卯，正西为酉。据北斗星光芒所指之方向，而别为建寅建丑建子等。故周之正月，适当夏的十一月；而殷的正月，适当夏的十二月；夏的正月，则现在太阴历的正月是也。据《史记》说：“夏正以正月，殷正以十二月，周正以十一月，盖三王之正若循环，穷则反本，天下有道，则不失纪序，无道则正朔不行于诸侯；幽厉之后，周室微，陪臣执政，史不记时，君不告朔，畴人子弟分散，或在诸夏，或在夷狄，是以其禨祥废而不统……履端于始，序则不愆；举正于中，民则不惑；归邪于终（邪，余分也，终，闰月也），事则不悖；其后战国并争，在于强国禽敌救急解纷而已，岂遑念斯哉。”〔3〕可知当时司天文历法者，皆有专官。（乙）算学。算数之学至周代始有专书，即是《周髀算经》，《四库全书总目提要》说：“是书内称周髀长八尺，夏至之日晷一尺六寸。盖髀者股也，于周地立九尺之表以为股，以影为句，故曰周髀。其首章周公与商高问答，实句股之鼻祖。……其本文之广大精微者，皆足以存古法之意，开西法之源。”《周礼·地官》九数掌于保氏，所谓九数，即九章算数，所谓九章：即方田、粟米、差分、少广、商功、均输、盈不足、方程、勾股；九章之中，虽未有割圆之术，然《考工记》所记，轮辐三十以象日月，盖弓二十八以象星，弓人为弓，天子之弓，合九而成规；诸侯之弓，合七而成规；大夫之弓，合五而成规；士之弓，合三而成规；

〔1〕陈文涛编《先秦自然学概论》六四页引。
〔2〕朱文鑫著《天文考古录》五页。
〔3〕《史记》卷二三《历书》。

则古人于割圆弧矢之术，似已窥及，故能言之凿凿，不失规矩。(丙) 医学。周代医术，甚为进步，凡医皆属于太宰，而万民皆得从而治之。《周礼》："医师，掌医之政令，聚毒药以共医事，凡邦之有疾病者，有疕疡者，造焉，则使医分而治之；岁终，则稽其医事，以制其食。十全为上，十失一次之，十失二次之，十失三次之，十失四为下。……疾医，掌万民之疾病，四时皆有疠疾，春时有痟首疾，夏时有痒疥疾，秋时有疟寒疾，冬时有嗽上气疾，以五味、五谷、五药养其病；以五气、五声、五色眡其死生；两之以九窍之变，参之以九藏之动；凡民之有疾病者，分而治之；死终，则各书其所以，而入于医师。疡医，掌肿疡、溃疡、金疡、折疡之祝（注）药劀杀之齐。凡疗疡，以五毒攻之，以五气养之，以五药疗之，以五味节之。凡药以酸养骨，以辛养筋，以咸养脉，以苦养气，以甘养肉，以滑养窍，凡有疡者，受其药焉。兽医，掌疗兽病，疗兽疡，凡疗兽病，灌而行之，以节之，以动其气，观其所发而养之，凡疗兽疡，灌而劀之以发其恶，然后药之养之食之，凡兽之有病者，有疡者，使疗之，死则计其数以进退之。"〔1〕从上引证而看，周代之重视医学可知。其时医师之有名者，则有扁鹊，郑人，姓秦氏，名越人；在齐、赵治病，能见五脏症结，能识赵简子之疾，起虢太子之死，知齐桓侯之不治，名闻当世。扁鹊至秦，秦太医令李醯自知技不如扁鹊，乃使人刺杀之。扁鹊死后秦医独盛。至于关东诸国，亦有良医，其著名者，惟齐之文挚。文挚为威王因齐治疾，谓须以怒而解，因误用其药，以激怒因齐，因齐怒而疾果解；文挚不但明生理之学，而且兼通心理之学。医术之著名者，已如上述，而卫生养生之论亦盛。老聃主屏六害：一曰薄名利，二曰禁声色，三曰廉货财，四曰损滋味，五曰屏虚妄，六曰除嫉妒，谓此六者若存，则养生之道徒设。而《韩非》主张："神不注于外则身全，身全之谓得。"《吕览》亦说："凡生之长也，顺之也。使生不顺者，欲也，故圣人必先适欲。"凡此诸说，具见立论之精。(丁) 光学。古代已知铸金为阳燧，

〔1〕《周礼正义》卷九。

以取火于日，至墨子出，对于光学，始作较有系统之研究，惜其学不传，一二鳞爪，仅见于《墨经》上下：(1) 墨子已知光必直行，故说："景光之人煦若射，下者之人也高，高者之人也下。"人似为入之讹，煦，《说文》通昫，日出温也，若射，言直行也，光入密室，经小孔，则下影在高处，高影在下处，故说："下者之人也高，高者之人也下。"(2) 墨子已知光之复射，故说："光至影亡。"至，极也；孔愈小者，则影界愈清；径大一分，则光多一分；复射再展大，则影模糊不肖形，故说："影亡。"墨子又说："木柂，影短大；木正，景长小。"柂，斜也；短，淡也；大，光复射多也；小，光复射少也；淡者虽长，而视之如短，不清故也。(3) 墨子已知光必聚焦点，故说："在远近有端与于光，故景庫内也。"庫，当作库；内，纳也；景库即焦点，《墨经》或谓之正，或谓之内。镜上有端与光，则聚于焦点也。(4) 墨子已知凸球面镜生虚像，故说："景之臬无数，而必过正，故同处其体俱然。"臬，蓄也；过正，过焦点也；聚光之远近，视圆凸深浅：浅凸则聚光远，深凸则聚光近。同此圆凸，又视物光为远近：物远则聚光近，物近则聚光远。物之远者莫如日，凸镜焦点，则聚光最近限也；远物影至此而止，其体俱然，物与日两体俱远，则影合于近限。故曰：同处其体俱然，物若近则影加远，影与限亦不同处，此凸面镜所以所照皆虚，而直立于镜之背后。(5) 墨子已知凹球面镜之影必倒立，故说："临镜而立景到。""足敝下光，故成景于上；首敝上光，故成景于下。"(6) 墨子已知凹镜像之大小及正倒，故说："鉴者近中，则所鉴大，景亦大；远中则所鉴小，景亦小；鉴位（立字讹）量（景字讹）一小而易，一大而缶（正字）。"

凹面镜	光源位置	像之大小	位向
远中	球心以外	小	倒
近中	球心焦点间	大	倒
近中	焦点内	大	正

周代之研究光学，具有条理者仅此。〔1〕（戊）论理学。论理是分别是非真伪异同名实之学，周代虽没有系统之论理学，而各家之中，亦有许多关系于论理学上的理论，孔子要正名，墨子说："言有三表。"杨子说："实无名，名无实。"公孙龙有《名实论》，荀子有《正名篇》，庄子有《齐物论》，尹子有《刑名之论》，诸子之中，墨家所论尤精。墨子之《经上篇》，全是界说，《经下篇》全是许多定理，别墨有精密之知识论，《小取篇》说辩的各种方法。〔2〕（己）历史学。周代史官，有大史、小史、内史、外史、左史、右史之分。官史的记载，在西周以前已开其端，而私人撰史的风气，到春秋战国才大盛。考平王东迁以前，周室还是中央政府，古代只中央有正式的历史记载，所以孟子说："王者之迹熄而《诗》亡，《诗》亡然后《春秋》作，《春秋》，天子之事也。"又考《春秋》起于鲁隐，《秦记》起于周平王十八年，《史记》说："秦文公十三年，初有史以记事。"（文公十三年，即平王十八年。）《晋史》亦始于平王中年，《左传》昭十五年说："孙伯黡司晋之典籍以为大政……晋于是乎有《董史》。"汉班彪说："唐虞三代，诗书所及，世有史官，以司典籍，暨于诸侯，国自有史。"由上引证而观，可知平王东迁以前，各国诸侯尚不敢正式撰国史。《庄子·天运篇》说："孔子西藏书于周室。"《史记·六国年表》说："秦既得意，烧天下诗书，诸侯史记尤甚，为其有所刺讥也。《诗》《书》所以复见者，多藏人家，而史记独藏周室，以故灭。"可证当时西周史记藏于中央所在，经秦焚烧，其官家书籍流传于民间者，得以保留，《春秋》、《左传》、《国语》诸本，是出于私人之手，故得流传。〔3〕把《春秋》的价值，看得很高的有孟子，他说："孔子作《春秋》而乱臣贼子惧。"《春秋》一书，所述的史事起于鲁隐公元年，断于哀公十四年，其间凡二百四十年，这

〔1〕陈文涛编《先秦自然学概论》七一页引，南海邹伯奇所著《格术补》湘阴殷家儁为之笺，注中多援引墨说。

〔2〕胡著《中国哲学史大纲》一九九页至二五二页及范耕研著《墨辩疏证》卷二、卷三。

〔3〕周容编《史学通论》三五页引。

是一部中国最早的编年史。孔子所作的《春秋》，是根据鲁史旧籍而作的，所记的年月，都是鲁侯的年月，所记的事实，并不限于鲁国。春秋的时代，社会起了剧烈的变化，臣弑君，子弑父，常时发见，所以修《春秋》以寓褒贬，使乱臣贼子畏惧。《左传》与《国语》二书，一般人认为是左丘明所作，但是《史记》只说左丘撰《国语》，没有说过左丘撰《左传》，左丘与左丘明是否一人?《左传》与《国语》是否出于一人之手?现在无从辨证，但这两部书确是战国时人的历史名著。《左传》一书有三个特色："第一，不以一国为中心点，而将当时数个主要的文化国平均叙述。第二，其叙述不局于政治，常涉及全社会之各方面。对于一时典章与大事，固多详叙，而所谓琐语之一类，亦采择不遗，故能写出当时社会之活态，予吾侪以颇明了之印象。第三，其叙事有系统有别裁，确成为一种组织体的著述，对于重大问题，时复遡原竟委，前后照应，能使读者相悦以解。"[1] 刘知幾说："左氏为书，不遵古法……然而言事相兼，烦省合理。"[2] 至于《国语》和《左传》的不同点，《国语》是分国叙述的，比较《左传》编年统述的体裁，大不相同；《国语》不载年月，并且多记当时人的言论；《左传》载年月，所记的多是诸国间相关的行动。春秋战国间的史书，除了《春秋》、《左传》、《国语》之外，还有不知撰人名字的《竹书纪年》、《世本》、《战国策》，这三部书，都是当时的重要事记。据梁启超所考，《世本》的内容篇目，有《帝系》，有《世家》，有《传》，有《谱》，有《氏姓篇》，有《居篇》，有《作篇》，《作篇》是记各事物的起源，可说是完备的史籍。《战国策》至今存有三十三篇，是分国叙述的，所记的事是上继春秋，下至秦、楚之起，大抵是周末秦初人所撰。至于《竹书纪年》，所叙的事实，上自夏、商，下至战国，是战国时魏人作的。（庚）经学。《六经》之成为有系统的书，是始自孔子。如《易经》由孔子授商瞿，再传而为子弓，复三传而为田何。《书经》由孔子授漆雕开，凡

〔1〕 梁启超著《中国历史研究法》二五页。
〔2〕《史通·载言篇》。

九传而至孔鲋。《诗经》由孔子授子夏，六传而至荀卿，荀卿以之授浮丘伯及毛亨，浮丘伯为《鲁诗》之祖，毛亨为《毛诗》之祖。《春秋》自左丘明作传，而六传至荀卿，荀卿以之传授张苍，是为左氏学之祖。《公羊传》及《穀梁传》，咸为子夏所传，《公羊》由子夏授公羊高，公羊氏世传其学，五传而至胡毋生，是为公羊学之祖。《穀梁传》由子夏授穀梁赤，穀梁赤以之授荀卿，复由荀卿授申公，是为穀梁学之祖。《礼经》，孔门弟子如曾子、子游等，皆深于礼，六国之时，传《礼经》者，复有公孙尼子、青史氏诸人（见《汉书·艺文志》），而孔门弟子复为《礼经》作记，又杂采古代记礼之书，以及孔子论礼之言，成《大戴礼》及《小戴礼》。其他子思之作《中庸》，七十子之徒作《大学》，咸附列于《礼经》之中。《乐经》，孔门弟子如子夏、子贡，皆深于乐，惟当世学者，溺于墨子非乐之说，致战国之时，治《乐经》者益少。孟子通五经之学，作《孟子》七篇，邹、鲁之民，身习《六经》之文，至周末风气未衰。（辛）哲学。中国之哲学，至周代算是很发达了。哲学至周代，分许多源流派别，司马迁拿学说来分派，即是阴阳、儒、墨、名、法、道德；《汉书·艺文志》加以纵横、杂、农、小说十家，其中去小说家谓之九流；九流谓儒家、道家、阴阳家、法家、名家、墨家、纵横家、农家、杂家。诸家之学，《淮南要略》则以为起于救时之弊。当周代春秋战国之世，社会起了大变动，政治上亦发生纷扰，因此贤君良相，竞求才智以自辅，学者亦欲表见思想道术，以挽救时弊。孔子弟子三千，身通六艺者七十二；《孟子》后车数十乘，从者数百人；杨朱墨翟之言盈天下，云蒸霞蔚，成为大观。兹将此时代哲学派别，略为分述如下：（甲）自然主义派哲学。自然主义派之哲学思想，至老、庄而大为开展。中国哲学史上把宇宙自身作为“实在”而考究过的人，当以老子为嚆矢。老子论宇宙的根原，有一不可名的理，假名之为道。他说：“有物混成，先天地生，寂兮寥兮，独立而不改，周行而不殆，可以为天下母，吾不知其名，名之曰道。”〔1〕但他不以

〔1〕《老子道德经》第二五章。

道为最高的位置，所以说："人法地，地法天，天法道，道法自然。"自然，是宇宙间最原始的活动；这种活动，是无主宰的自动，是万物的根原。"道生一，一生二，三生万物，万物负阴而抱阳，冲气以为和。"道是什么？道就是自然的法则，自然的法则不同人为的法则，故说："视之不见名曰夷，听之不闻名曰希，搏之不得名曰微。"[1]"道冲而用之或不盈，渊兮似万物之宗。""譬道之在天下，犹川谷之于江海。"[2]以上可以证明"道"是自然的法则，又是形成万物的法则。庄子的思想是渊源于老子，《天道篇》说："天道运而无所积，故万物成。"庄子更进一步以论道在自然上的法则：(1)虚静，(2)恬淡，(3)寂寞，(4)无为。这四个法则，是道的法则，又是自然的法则。能依据这自然的法则来做，则人类社会的一切可以解决，所以说："明白于天地之德者，此之谓大本大宗与天和者也；所以均调天下与人和者也。""帝王之德，以天地为宗，以道德为主，以无为为常。""故君子不得已而临莅天下，莫若无为；无为也，而后安其性命之情。"[3]又《天下篇》说："芴漠无形，变化无常。死与生与？天地并与？神明往与？芒乎何之？忽乎何适？万物毕罗，莫足以归。"因为自然的法则，是变化无常，人类亦莫能测其究竟，且不能限制束缚；人类社会不自然的法律制度，皆为其所反对，这是何等彻底的精神。(乙)人为主义派哲学。此派哲学包涵儒法二家，儒法二家的思想，有许多是不相同的；但拿他们的思想和自然主义派的思想比较一下，也有相同之处。因为前派是主张以自然为依归，而此二家是认定社会国家之事，是可以人为的方法改造的。[4]人为的方法，在儒家方面主张礼治，在法家方面主张法治。(1)儒家。儒家哲学以孔子为领袖，又可说以孔子集其大成。孔子之哲学思想，以仁为中心。仁，在自己方面，则如何以成仁，在国家社会方面，则如何以行仁政，所以说："己欲立而立人，己欲达而

[1]《道德经》第一四章。
[2]《道德经》第四章、第三二章。
[3]拙著《中国政治思想史大纲》二三、二四页引。
[4]蒋维乔、杨大膺合编《中国哲学史纲要》上卷四七页。

达人。”“己所不欲，勿施于人。”“施诸己而不愿，亦勿施于人。”“子张问仁于孔子，孔子曰：能行五者于天下为仁矣，请问之？曰：恭、宽、信、敏、惠。”何以实现仁？在于“克己复礼，为仁”。何以实现仁政？在于礼让，“不能以礼让为国，如礼何？”司马光《涑水纪闻》说：“何谓礼？纪纲是也；何谓分？君臣是也。”孔子之主张礼让，推原于正名，因为能正名，则上下之阶级定，而社会之秩序成了。〔1〕孟子于孔子所提倡的仁字，多添出一个义字来，仁之弊可流于无差等，义可以稍示节制，孟子释仁义的分际说：“人皆有所不忍，达之于其所忍，仁也。人皆有所不为，达之于其所为，义也。”仁，所以一视同仁；义，所以杜绝并夺。据此，可以知道儒家的哲学思想，是注重人为的力量，以矫正国家社会之不良不正，以达至最高之理想的。（2）法家。法家哲学昌明于春秋战国间，是因当时社会变迁日烈，清静无为之教，德礼感化之言，皆不足以范围人心，而当赖国家强制力之法，以挽救社会之衰落。《管子》说：“智者假众力以禁强虐，而暴人止。”《商君》说：“民众而奸邪生，故立法制为度量以禁之。”《韩非》说：“治民无常，唯治为法。”《尹文子》说：“万事皆归于一，百度皆准于法。”凡此皆以人为之法，而达至国家之治平的。〔2〕（丙）博爱主义派哲学。博爱主义派哲学，当以墨子为代表。墨子思想在先秦时代占重要的地位，韩非子《显学篇》说：“世之显学，儒墨也。”儒墨两派的势力，在先秦时代是平行的。墨子的哲学，是博爱主义的哲学；墨子的思想，是博爱主义的思想。他不但提倡博爱的思想，而且实行博爱的主义。蒋维乔杨大膺合编之《中国哲学史》，列墨子哲学为苦行主义派的哲学，不足以包括他思想的内容。《淮南子》称：“墨子服役者百八十人。”又说：“墨子泛爱兼利而非斗，其道不怒。”“不累于俗，不饰于物，不苟于人，不忮于众，愿天下之安宁，以活民命。”日儒渡边秀方于《中国哲学史概论》有

〔1〕拙著《中国政治思想史大纲》三二页。
〔2〕《管子·君臣篇》，《商君·君臣篇》，《韩非·心度篇》，《尹文子·大道篇》。

说："墨子以兼爱说博名，这说是他的学说的真髓。盖当时社会状态和人心，多有反乎天志的地方，他看到了非这学说，不能得到救济，所以倡了出来。其论法又为实证的，客观的，公平无私，所以尤有价值。本来爱这东西的内容，是有种种差别的。譬如唯爱自己的心，图未来的解脱，则有印度婆罗门那样的爱。只爱自己的身，拔一毛而利天下也不干，则有杨朱那样的爱。由亲及疏，貌为仁爱，而实为差别，则有儒家一流的爱。他现在墨子的爱，和他们都不同，他视人的亲，如己的亲，人的身，如己的身，兼相利，兼相爱，其间无丝毫差别；无差别的平等爱，就是他的兼爱。"〔1〕《墨子·兼爱中篇》说："视人之国，若视其国；视人之家，若视其家；视人之身，若视其身。是故诸侯相爱，则不野战；家主相爱，则不相篡；人与人相爱，则不相贼；贵不傲贱，诈不欺愚；凡天下之祸篡怨恨，可使毋起者，以相爱生也。"《兼爱上篇》说："若使天下兼相爱，国与国不相攻，家与家不相乱，盗贼无有，君臣父子皆能孝慈，若此，则天下治。故圣人以治天下为事者，恶得不禁恶而劝爱？故天下兼相爱则治，交相恶则乱。"他以兼相爱为对象，又可说是以兼相爱为方法，以达到天下治的目的。达到天下均治，非一国一家所能做成，而要共同的国共同的家一齐才能做成。他兼相利之说，虽然多少带有功利主义的色彩，但他的思想，是以博爱主义为出发点的。春秋战国时代之哲学，大概以这三派为主干，而这三派的思想，在那时可说是站在时代的前线。

（十四）文学　中国的文学，直到周代才兴盛起来，周以前是不重文学的。我们看"夏尚忠，商尚质，周尚文"的话，就可以知道周以前是不注重文学的。孔子说："郁郁乎文哉！吾从周。"是周代重文一个证据。可说周代是中国文学的勃兴时代。〔2〕在这时代，有重要的作品，为中国文学界的宝典者，就是《诗经》。它

〔1〕渡边秀方著《中国哲学史概论》一三八页。
〔2〕胡怀琛编《中国文学史概要》二一页。

在文学史上看来，影响很大。自韦孟的《讽谏诗》、《在邹诗》，东方朔的《诫子诗》，韦玄成的《自劾诗》、《戒子诗》、《戒子孙诗》，唐山夫人的《安世房中歌》，傅毅的《迪志》，仲长统的《述志诗》，曹植的《元会》、《应治》、《责躬》，乃至陶潜的《停云》、《时运》、《荣木》，无不显著地受着《诗经》里各诗篇风格的感化，可知《诗经》在中国文学史上的价值。〔1〕《诗经》是古代最伟大最可信的文学作品，大约是公元前第三、四世纪，至公元前第六世纪北部民间诗歌的总集，除《商颂》而外，《诗经》之诗，尽属周人所作。《商颂》是记述当时的历史事实，与印度游也拉（Uyara）之《摩诃婆罗多》（Mahabharata）、希腊荷马尔（Homeros）之《伊丽雅特》（Iliad）等，略具同一性质。《诗经》的诗歌，本有三千余首，被孔子删定后为三百零五篇，尚有《南陔》、《白华》等六篇笙歌，有其义而亡其辞。三百余篇的诗歌，分为风、雅、颂三种。风始周、召二南，至邶、鄘、卫、王、郑、齐、魏、唐、秦、陈、桧、曹、豳诸风，普通称为十五国风；雅有《小雅》、《大雅》，颂有《周颂》、《鲁颂》、《商颂》。据《诗序》说："风，风也，歌也；上以风化下，下以风刺上。至于王道衰，礼义废，政教失，国异政，家殊俗，而变风变雅作矣。……雅者，正也，言王政之所由兴废也；政有大小，故有小雅焉，大雅焉。颂者，美圣德之形容，以其成功告于神明者也。"朱子之说："凡诗之所谓风者，多出于里巷歌谣之作……若夫雅、颂之篇，则皆成周之世朝廷郊庙乐歌之辞。""兴者，先言他物以引起所咏之辞也。赋，敷陈其事，而直言之者也。比者，以彼物比此物也。"〔2〕近人郑振铎重行分类如下：〔3〕

---

〔1〕胡行之著《中国文学史讲话》一九页。
〔2〕朱子《诗经集注》序。
〔3〕郑振铎《文学大纲》。

诗经
- 一、诗人的创作——（正月、十月、节南山、嵩高、蒸民等）
- 二、民间歌谣
  - (1) 恋歌（静女、中谷、将仲子等）
  - (2) 结婚歌（关雎、桃夭、鹊巢等）
  - (3) 悼歌及颂贺歌（蓼莪、麟之趾、螽斯等）
  - (4) 农歌（七月、甫田、大田、行第、既醉等）
  - (5) 其他
- 三、贵族乐歌
  - (1) 宗庙乐歌（下武、文王等）
  - (2) 颂神乐歌或祷歌（思文、云汉、访落等）
  - (3) 宴会歌（庭燎、鹿鸣、伐木等）
  - (4) 田猎歌（车攻吉日等）
  - (5) 战事歌（常武等）
  - (6) 其他

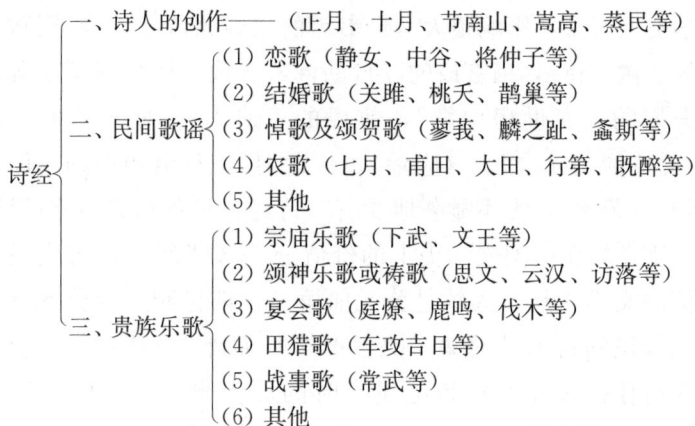

以上三种分类，比较切实，诗人的创作及贵族的乐歌，即为传统文学；民间的乐歌，乃是纯粹的民众文学。雅、颂为《诗经》中传统文学的代表，都可佩之歌弦，《论语·子罕》篇说："吾自卫反鲁，然后乐正，雅、颂各得其所。"又可为教育人的手段，《礼记·经解》篇说："孔子曰，入其国，其教可知也。其为人也，温柔敦厚，《诗》教也；疏通知远，《书》教也。……其为人也，温柔敦厚而不愚，则深于《诗》者也。"孔子对于《诗》的批评，有文学上情感的功用："子曰：《诗》，可以兴，可以观，可以群，可以怨。"《诗经》在文学修辞方面，亦表见美丽，《渔洋诗话》说："余因思《诗》三百篇，真如化工之肖物。如燕燕之伤别，籊籊竹竿之思归，蒹葭苍苍之怀人，《小戎》之典制，《硕人》次章，写美人之姚冶，《七月》次章，写春阳之明丽，而终以女心伤悲，殆及公子同归。《东山》之三章，我来自东，零雨其濛；鹳鸣于垤，妇叹于室。四章之其新孔嘉，其旧如之何？写闺阁之致，远归之情，遂为六朝唐人之祖！无羊之或降于阿，或饮于池，或寝或讹，尔牧来思，何蓑何笠，或负其馀，麾之以肱，毕来既升；字字写生，恐史道硕、戴嵩画手，未能如此极妍尽态也。"中国的文学，是以《诗经》为基础，中国各种文体各种诗体中所引用的字汇典故重言双声叠韵，以及命意遣辞的方法，多由《诗经》导其先路。章学诚说："后世之文，其体皆备于战国，人不知；其源多出于《诗》教，人愈不知也。"又说："学者惟拘声韵谓之诗，而不知言情达志敷陈讽喻抑扬涵泳之文，皆本于《诗》教。”[1]张世禄说：“欧洲而无荷马诗，则魏琪尔、但丁、弥儿顿诸人，或永不产生于世上。中国而无《诗经》，则《楚辞》以下之文艺，亦将无以产出。历史连绵生长之关系，亦可以文艺观之也。”[2]中国中古时代的诗，莫不胎原于《诗经》，挚虞《文章流别论》说：“古之诗，有三言四言五言六言七言九言，古诗率以四言为体；而时有一句二句，杂在四言之间；后世演之，遂以为篇。古诗之三言者，‘振振鹭’‘鹭于飞’之属是也；汉高庙歌多用之。五言者，‘谁谓雀无角，何以穿我屋’之属是也；于诽谐倡乐多用之。六言者，‘我姑酌彼金垒’之属是也；乐府亦用之。七言者，‘交交黄鸟止于桑’之属是也；于诽谐倡乐多用之。古诗之九言者，‘泂酌彼行潦挹彼注兹’之属是也；不入歌谣之章，故世希为之。夫诗虽以情志为本，而以成声为节。然则雅音之韵，四言为本；其余虽备曲折之体，而非音之正者也。”此言后代诗体，皆是渊源于《诗经》。从上引证来看，《诗经》在中国文学史上的价值就可以知道了。《诗经》之外有《楚辞》，《楚辞》是继承《诗经》而产生的一部楚国文学总集。《诗经》与《楚辞》，是古代文学界的两颗明星。《诗经》与《楚辞》的不同，前者是北方文学之大成，偏于实际的；后者是南方文学之导师，偏于理想的。[3] 盐谷温《中国文学概论》说：“《楚辞》者，楚国之文学也。古代汉族之文明，先发自黄河沿岸，所谓中原之地，文教早开。然南方之扬子江流域，王化所及甚迟，故《诗经》十五国风之中无楚风。考楚之文学，实始于战国时，屈原为之祖。然凡物之起，必有原因，如《楚辞》之雄丽文学，非突然而出，必因鬻熊在数百年前所莳之种子，久已萌芽，文教渐开，复由左史倚相等培养之，遂出屈、宋之大文豪，惜旧史残阙，文献不足征。”《诗经》，是代表北方民族性的文学，为征伐时代的产物；《楚辞》，是代表南方民族性的文学，是混战时代的产物。一个是平民文学多于传

〔1〕 章学诚著《文史通义·诗教上》、《诗教下》。
〔2〕 张世禄著《中国文艺变迁论》四一页。
〔3〕 谢无量《楚辞新论》及陈钟凡《中国韵文通论》。

统文学；一个是贵族文学多于平民文学；一个是富于写实的意味，一个是富于浪漫的思想。[1]《楚辞》产生于楚国，创造者为屈原，《汉书·艺文志》略称《屈原》赋二十五篇，然无篇目，今考刘向集本，《离骚》一篇，《九歌》十一篇，《天问》一篇，《九章》九篇，《远游》、《卜居》、《渔父》各一篇，恰合《汉志》所言二十五篇之数。《楚辞》中之《离骚》，是一种创格，就形式上说："《诗经》中的诗是很短小的小诗，《离骚》是长篇的文章；《诗经》中的诗是以四言为主，《离骚》就开了七言之端。《诗经》中的诗是很拘谨的，《离骚》就放纵无拘束。就实质说：《诗经》的情感是温柔敦厚，《离骚》的就极为热烈。《诗经》中除了《陈风》中有巫诗，此外没有神话；《离骚》中乃有极丰富的神话。"[2]《文心雕龙》说"《离骚》轩翥诗人之后，奋飞辞家之前；气往轹古，辞来切今；体漫于三代，而风雅如战国；所谓雅颂之博徒，词赋之英杰也。是以枚、贾追风而入丽，马、扬沿波而得奇。"[3]可见《离骚》在文学上影响之大了。春秋战国时，不但为学术思想的黄金时代，而在各家著述中，多具有文学的价值，如《孟子》七篇，其文辞富于文学的趣味，词意骏利而深切，譬喻赡美而妥适；其他如《荀子》之文以义盛，《墨子》之文以质盛，《庄子》之文以理想盛，《孙子》之文以诡谲盛，《韩非》之文以博喻骋富盛，慎到之文以密理析巧盛，其文学思想，横奔直突，为中国文学灿烂光华的时代。

（十五）外交　春秋战国时代，为各国互相对立竞争的时代，所以在战争之外，极注重外交，其中如齐桓、晋文之辈，主盟中夏，外交成法，彼此遵守，莫敢或异。晋叔向说："是故明王之制，使诸侯岁聘以志业，间朝以讲礼，再朝而会以示威，再会而盟以显昭明。志业于好，讲礼于等，示威于众，昭明于神。自古以来，未之或失也。"[4]郑游吉说："昔文襄之霸也，其务不烦诸侯，令诸侯三岁而

〔1〕胡行之著《中国文学史讲话》二五页。
〔2〕胡怀琛编《中国文学史概要》三一页。
〔3〕《文心雕龙·辨骚》。
〔4〕《左传》昭公十三年。

聘，五岁而朝，有事而会，不协而盟。”又说：“先王之制：诸侯之丧，士吊，大夫送葬；唯嘉好聘享三军之事，于是乎使卿。”〔1〕外交要注重国际的道义：（甲）礼。《左传》说：“九日郜子来朝，礼也。卫子叔、晋知武子来聘，礼也。凡诸侯即位，小国朝之，大国聘焉；以继好结信，谋事补阙，礼之大者也。”“齐人卒平宋、卫于郑；秋会于温，盟于牙屋，以释东门之役；礼也。”（乙）信。齐桓公“衣裳之会十有一，未尝有歃血之盟也，信厚也。”文公说：“信，国之宝也，民之所庇也，得原失信，何以庇之？所亡滋多!”（丙）敬。内史过说：“不敬则礼不行，礼不行，则上下昏，何以长世!”孟献子说：“郤氏其亡乎？礼，身之干也；敬，身之基也；郤子无基。”（丁）义。越之灭吴，吴王请成，越王不许说：“昔天以越予吴，而吴不受；今天以吴予越，越可以无听天之命，而听君之令乎?”〔2〕所谓天命，即是天道，天道为义之所当行，而不能违背的。春秋之世，外交使节有三种：一为聘问通好吊灾庆贺之使，此颇类于现代驻于主国之外交官，是使之正则。一为会盟参与之使，此颇类于现代国际会议派遣之使，是使之特则。一为通命示整之使，此颇类于现代战争法上之军使等，是使之变则。〔3〕春秋战国之时代，邦交分两种：一为平时的邦交，一为临时的邦交。国与国之交际为邦交，将以“协近邻，结恩好，安社稷，息人民”，为春秋时代所最重视。春秋时表示邦交之方式，为类颇多，其由国君自见于天王，或往见诸侯，总称曰朝。据《尔雅·释言》注“臣见君曰朝”，是朝虽指相见，而实限于臣见君。国君不自见于天王或诸侯，则遣使通问以修好，故《尔雅·释言》谓“聘，问也”。《仪礼·聘礼》：“大聘曰聘，小聘曰问。”天子间岁，一问诸侯，此是周在春秋时，除霸主号召尊王外，实际上处于邦国之列，自不能不以聘问求诸侯之好。诸侯之聘于诸侯，其式有二：一为大国之对于小国，应用朝者，改用为聘；

〔1〕《左传》昭公三年又三十年。
〔2〕《左传》襄公元年、隐公八年，《穀梁》庄公二十七年，《左传》僖公二十五年，《左传》僖公十一年，《左传》成公十三年，又《越语》。
〔3〕陈顾远著《中国国际法溯源》九五页。

一为于朝之外，国无论大小，用聘以继好修民。诸聘皆执圭璋，圭以聘君，璋以聘夫人；既行礼之后，璧以享君，琮以享夫人，执玉帛以相存问，所以厚恩惠也。行聘之日，主君使卿致饔饩之礼于宾馆，行聘已讫，君亲执醴以礼宾；而食则在朝，燕则在寝，所以厚聘礼也。聘礼之设，所以济两国之好，故仪容皆有一定；失礼则不仅见讥于人，且或因之破裂国交。诸侯朝聘天子，天子则有抚慰；小国入大国而朝，大国则入小国而聘，是互相维持彼此的交好。然除彼此各自为朝为聘为问之外，有报拜之事，报，是用以答友国的盛意；拜，是用以谢友国的厚德。通常之报，据《左传》所载以报聘为著。报聘是答邻国的聘问，此不仅诸侯间有其事，即周与诸侯间亦然。聘，不皆专为遣使问好，而有用以为涖盟者；报聘亦然。报为答，而拜为谢，故拜之程度深于报，必邻国对我有大恩德而行之者。报，皆遣使以行；拜，则君或自往。隆重之拜，以拜师为主，而其他次之。拜师，是以第三国加师于我，而邻国救我于危而往拜之之谓。事之见于《春秋》者，例如：郑子良相成公，往晋拜师；季武子往晋拜师等是。寻常之拜，颇近于报，而为义则稍重于报；但与拜师之拜相较则较轻，故多遣使为之。有拜王之赐命者，有拜邻国之来朝者，有拜邻国尽礼之言者。有临时之拜，此种之拜，以临时对于天王或邻国之尊者强者而行之。春秋之世，各国如有大事政令，如会盟、战伐、克取、君臣乖离、水火灾害，相互为告。《春秋》所书他国之事，即系来告而书者，否则虽有所知，恐有谬误不审，则记在简牍，不得记于典策。通常之告，固不外以国之大事政令，通知于邻邦，而明休戚相关之义；但同时所谓告者，又往往含有求请之意。故以饥为告者，则是请粟；以兵为告者，则是请援。告之种类有告丧：凡王崩诸侯薨，通常皆有互相为告，尤其为同盟之国，最应如此。有告变：国有变端，亦尝告于邻邦，盖使知其详，或更声其罪。有告灾：国有灾荒，如水火饥馑之属，恒告之，期望邻邦有所援助。有告难：国有危难，无论祸之发于萧墙，难之发于外敌，皆有告于邻国之例。有告胜：国难既平，或战而胜敌，互相为告，其宣告乱平者，称为告宁。告，皆遣使以行，与聘问之事，同有宾主之仪。诸侯之有告于天子，除赴之外，以兵寇为急；其他诸国自视以为大事，而非天子之急，则不即以告王。此种告急，皆有贽币，以示崇敬，大行人受之，以其事入告于王。故《周礼》大行人之职说："若有四方之大事，则受其币，听其辞。"至于诸侯相告，则如《聘礼》所记："若有言，则以束帛，如享礼。""若有故，则卒聘，束帛加书，将命。"有言、有故，是灾患时事有所告请或问之谓。以上所述，皆当日国际间常时之往来，不积极含有政治上的意味。但春秋时代，亦犹今日，同为邦国，强弱异等，强者掉弄智术，扩其势力；弱者折冲樽俎，谋保社稷。因此，在平常之交际外，并重临时之策略。即盟誓会遇诸事，今日国际法上之通商修好条约，虽不见于古之世，而政治上之同盟条约，和国际间之各种会议，固早见于春秋时代。先言会同：会同，是会合而同之义，惟在古代国际关系上，有时亦各为别。如诸侯朝于天子时见曰会，殷（众）见曰同是也。会同之目的与作用，实为广泛，而最要者，则以维持和平为主。会同之种类：有弭兵之会，如"宋华元，克合晋楚之成"是也。有衣裳之会，如"桓公九合诸侯不以兵车，管仲之力也"，即指此而说。有兵车之会，谓诸侯以戎装而会合，既会而皆有盟，具有歃血之形式，如《穀梁传》谓齐桓"兵车之会四，未尝有大战也，爱民也"，即指此而说。会同之范围：有霸主领导之会，诸侯自集之会，两国相征之会。盟誓之意义：有诸侯盟于王之会同，王臣监临诸侯之盟，诸侯盟于诸侯之间，王及其使誓诰诸侯，诸侯与诸侯之间之相誓。盟誓之价值：一是指盟誓成立之价值而说，一是指盟誓存在之价值而说。盟誓之种类：有同盟，指同心为善之意；有常盟，指盟之无特殊意义，仅以修好为目的之意；有寻盟，指重申其旧盟及令其加入旧盟之意；有涖盟，指两国修好或择某地而盟之意；有改盟，指凡非平等之盟有可改正之意；有补盟，指诸侯共盟，后至者可以补盟之意；有复盟，指国交恢复，如两国先已盟好，则同国际间之诸侯而再盟好之意；有要盟，指由威武要挟而成盟之意；有请盟，指愿与相友国同盟之意；有乞盟，指君不来盟而遣使来盟，贬之使若叩头乞盟之意。以上略为引证，可知盟之种类既多，其范围各自不同。诸国相会为盟，有盟主；盟主，是主持盟会之事，此由齐桓创之，晋文继之。盟主之地位，高于一切诸侯，其势力能及于所领导之范围。国际盟约不由国君相盟，而遣使为盟者，亦有之；由卿大夫以代表两国共盟者，亦许之；而附庸之国，则不许列于盟会。凡盟会，不许诈盟、背盟、逃盟、窃盟、后盟，盖国际上之外交，是注重信义礼节，不得相违。〔1〕春秋战国时代，为国际争战的时代，亦为外交关系繁剧的时代，其坛坫折冲樽俎之间，与今日列国对峙的局面，是相同的。

周代为中国上古历史上的光荣时代，在此时代不论思想学术文化，皆呈伟观，此是经夏、商两代蓄积其潜势力以为之基础，又经春秋战国相竞对峙，以为活跃的动机，故中国文化的曙光，实自兹开拓，而辉煌于世界文化之府也。

〔1〕 陈顾远著《中国国际法溯源》第一编至第三编。

第二编

中国中古文化之探讨

自始皇统政至五代末年，计由西历纪元前二二一年起，至西历纪元后九五六年（即民国纪元前二一三二年至前九五五年），为期约一一八〇年，为中古时期。在这时期，比以前的时期就不同了，先秦时期中国文化造成了基础，秦汉以后至隋唐五代，为中国文化扩张进展的时期，为这个时期的代表者，就是汉唐。秦汉代成了大一统的局面，而上古文化至那时更有发展的趋势。秦汉统一有四百余年，其政教学术，影响于世者颇大。在文化上所影响最大者：（一）在外开拓国家的范围。（二）在内开辟僻壤的文化。据《汉书·高帝纪》："十一年五月诏曰：粤人之俗好相攻击，前时秦徙中县之民，南方三郡，使与百粤杂处。会天下诛秦，南方尉它居南方，长治之，甚有文理，中县人以故不耗减，粤人相攻击之俗益止，俱赖其力。"〔1〕《汉书·南粤传》："番禺南北东西数千里，颇有中国人相辅。"〔2〕汉代东北西南的开拓使中原的文化向四方移动，所以能够在中国文化史上树一特色。《读史方舆纪要》："西汉之世，左东海，右渠搜，前番禺，后陶涂，东西九千三百二里，南北万三千三百六十八里，可谓盛矣。"〔3〕文化从旧地方的开拓而移植于新的开拓区，与原有的

〔1〕《汉书》卷一下。
〔2〕《汉书》卷九五。
〔3〕《读史方舆纪要》卷二。

文化移动区，必发生文化之融和、混淆、复合的特点。文化的移动，有国内和国外的区分，同一的国家，它的领土倘是很广大的，东西南北距离太远，各方的文化型，必有多少的不同，但因交通的发达，而渐趋于同一。国外的和国内的文化，虽如何的歧异，但因文化移动的关系，国内和国外逐渐吸收融和。此如远古向美洲大陆去的黄色人种，从亚细亚移过去的时候，携西伯利亚文化而去。探险家张骞，从中国到亚洲西部，一方将中国文化传入西部，一方将西部文化传入中国。文化有了中心区和末梢区（Margins），因此常由中心向末梢移动，末梢受了文化而发达进步，成为第二次的中心，再移向其他末梢的作用。〔1〕中国文化经中古时期的开拓，由黄河流域而至扬子江流域；又由扬子江流域，而至珠江、西江流域，就是这个缘故。

〔1〕 F. H. Giddings，*The Principles of Sociology*：*An Analysis of the Phenomena of Association and of Social Organization*，p. 28.

第一章

秦汉时代之文化

第一节　秦汉时代之政治社会

秦统一中国，是历史的大转变期。它能造成统一的局面，原因有五：(一）根据地在陕西，占着险要的位置；(二）秦国开化较晚，风气朴实；(三）秦国和戎狄竞争最烈，人民以磨砺而刚健；(四）自穆公以后，即勤求人才而任用之，以图富国强兵；(五）六国滥自攻伐，而无一定方针，秦则一致对外。〔1〕自始皇抚有天下，自以为德兼三皇，功迈五帝，乃号皇帝。《秦始皇本纪》："丞相（王）绾，御史大夫（冯）劫，廷尉（李）斯等皆曰：昔者五帝地方千里，其外侯服夷服，诸侯或朝或否，天子不能制，今陛下兴义兵，诛残贼，平定天下，海内为郡县，法令由一统，自上古以来未尝有，五帝所不及，臣等昧死上尊号，王为泰皇，命为制，令为诏，王曰去泰著皇，采上古帝位号，号曰皇帝。"〔2〕嬴政称皇帝之年，实前此二千数百年之结局，亦为后此二千数百年之起点，不可谓非历史一大关键。〔3〕始皇统一诸侯的领土，疆域广大，知道封建制度的弊害，所

〔1〕日人高桑驹吉著《中国文化史》汉译本八八页，吕思勉著《本国史》八五页。
〔2〕《秦始皇本纪》第六。
〔3〕柳著《中国文化史》二九章三六七页。

以改为郡县制度，集中权力于中央政府，分全国为三十六郡，每郡置守、尉、监，中央政府管掌任免；在政府里置丞相、太尉、御史大夫使统揽行政、军事、警察。又平均度、量、衡，均一字体，企图以文化统一帝国，对于自己新政表示不满的学者，加以杀戮，并焚烧他们的书籍，更在咸阳建筑宏壮的阿房宫，营离宫于各地，屡次巡狩海内，表示帝权之神圣与国威之雄大。〔1〕考秦始皇之焚诗书，是以政治力量摧残文化，焚书之议，是出自李斯，而坑儒之祸，则始皇自主。李斯说："五帝不相复，三代不相袭，各以治非其相，反时变异也。今陛下创大业，建万世之功，固非愚儒所知，且越（淳于越）言乃三代之事，何足法也。异时诸侯并争，厚招游学，今天下既定，法令出一，百姓当家，则力农工，士则学习法令辟禁。今诸生不师今而学古，以非当世，惑乱黔首，丞相臣斯昧死言：古者天下散乱，莫之能一，是以诸侯并作，语皆道古以害今，饰虚言以乱实，人善其所私学，以非上之所建立。今皇帝并有天下，别黑白而定一尊，私学而相与，非法教人，闻令下，则各以其学议之，入则心非，出则巷议，夸主以为名，异取以为高，率群下以造谤，如此不禁，则主势降乎上，党与成乎下，禁之便。臣请史官，非秦纪皆烧之，非博士官所职，天下敢有藏诗书百家语者，悉诣守尉杂烧之；有敢偶语诗书，弃市；以古非今者，族；吏见知不举者，与同罪，令下三十日不烧，黥为城旦。所不去者，医药、卜筮、种树之书，若欲有学法令以吏为师。"〔2〕看以上引证，就知道始皇之焚诗书以摧残文化的动机，是在于维护他的统治权的缘故。始皇的政策，有许多都是提高中央威权的，例如收集全国兵器，改铸铜像和铜器，放在咸阳，使各地富豪十二万户，都聚居于京师等是。始皇时巡游四方，所至立石颂德，盖以表示天下之统一，而为四海之共主，至东西南北大道，随之次第开辟。他虽能藉威力以统一国内，但北方匈奴为祸，常有南下的趋势，因此应付外患，有两种方法：（甲）徙

〔1〕日人西村真次著《世界文化史》汉译本一四六页。
〔2〕《纲鉴汇纂》卷四，《历代通鉴辑览》卷一一，又易君左著《中国政治史要》六三页引。

民略边实边。《始皇本纪》："三十三年，发诸尝逋亡人、赘婿、贾人，略取陆梁地为桂林、象郡、南海，以适遣戍；西北斥逐匈奴，自榆中并河以东，属之阴山，以为三十四县，城河山为塞，徙谪实之初县。"（乙）建筑万里长城。始皇以全力修筑燕、赵曾筑过之万里长城，劳民伤财，亦所不计。《始皇本纪》："适治狱吏不直者，筑长城及南越地。"《史记》："秦已并天下，乃使蒙恬将三十万众，北逐戎狄，收河南，筑长城，因地形，用险制塞，起临洮至辽东，延袤万余里。"〔1〕为着南北的防备，人民不仅疲于连年苦役，殒命者颇多，且赋敛日重，法令森严，奢侈暴虐，引起全国人心的不安，渐渐酿成叛乱的因子。《汉书》："至于始皇遂并天下，内兴工作，外攘夷狄，收泰半之赋，发闾左之戍；男子力耕，不足粮饷，女子纺绩，不足衣服，竭天下之资财，以奉其政，犹未足以澹其欲也。海内愁怨，遂用溃畔。"〔2〕《史记》："度不足，下调郡县，转输菽粟刍藁，皆令自赍粮食，咸阳三百里内，不得食其谷，用法益刻深。七月，戍卒陈胜等反。"〔3〕《淮南子》："男子不得修农亩，妇人不得剡麻考缕，羸弱服格于道，大夫箕会于衢，病者不得养，死者不得葬，于是陈胜起于大泽，奋臂大呼，天下席卷而至于戏，刘、项兴义兵，随而定，若折槁振落，遂失天下。"〔4〕由上引证而看，就知道秦代政治腐败的原因和国祚倾覆的结果了。始皇三十七年（西纪元前二一〇），亲巡天下，周览远方，后遂崩于沙丘平台（河北邢台县），丞相李斯为上崩在外，恐诸公子及天下有变，乃秘之不发丧，赵高与丞相李斯阴谋，矫诏书，赐蒙恬、扶苏自杀，并拥胡亥为二世皇帝。二世即位之后，赵高的权势很重，一切由他专断，又教二世残杀自己的兄弟，压制朝中的大臣，刑法比始皇时更加严重；向民间调发苦工的事，比以前更为繁多；叛乱的动机就由此兴起。陈胜、吴广、陈余、张耳、周市、韩广、田儋、刘邦、项梁、项羽等，都起来倡

〔1〕《史记》卷八八《蒙恬传》。
〔2〕《汉书》卷二四上《食货志》。
〔3〕《史记》卷六《秦二世纪》。
〔4〕《淮南子》卷一八《人间训》。

乱，成为一种反抗秦朝的势力，六国的后人，也乘机而起。其中项羽、刘邦的力量较大。项羽，是项梁的侄子，项氏本是楚国世代的将门，项梁起兵之后，听了范增的计谋，立楚国后人名心的为楚怀王，秦将章邯与各路豪杰战，各路豪杰大都溃败，项梁出兵救应，曾经战胜章邯，其后二世、章邯带着兵士，再与楚军大战，项梁战败死，章邯胜了项梁，不再追击楚军；继渡黄河，去攻北方的赵国，把张耳、陈余所立的赵王，困于巨鹿（今河北省平乡县）。赵王急向楚怀王求救，楚怀王乃发兵两路：一路使宋义为上将，项羽为次将，范增为末将，往北路救赵；一路使沛公刘邦往西路，入函谷关，攻秦的京都。二世三年，宋义屯兵安阳（山东曹县东），留四十六日不进，项籍因矫楚王令，杀义，代为上将军，悉以兵渡河，与秦军久战皆捷；由是项籍（字羽）始为诸侯上将军，诸侯之势，遂形日盛。据《御批通鉴辑览》载："初，楚怀王与诸将约，先入定关中者，王之。是时秦兵尚强，诸将莫利先入关，独项羽怨秦杀项梁，奋愿与沛公西入关。诸老将皆曰：项羽为人，慓悍猾贼，所过无不残灭。且楚进取数败，不如更遣长者，扶义而西，告喻秦父兄，秦父兄苦其主久矣，今诚得长者往，无侵暴，宜可下。羽不可遣，独沛公素宽大长者，可遣。王乃遣沛公收陈王、项梁散卒以西。"〔1〕沛公刘邦兵力既盛，遂击昌邑，下陈留，破武关。明年，入关，降秦王子婴，入咸阳。萧何收秦丞相府图籍，得具天下要塞户口多少强弱之处，封秦重宝府库，还军灞上（陕西长安县东），申明楚王入关先王之约，与秦人立约法三章（杀人者死，伤人及盗抵罪），以待后命。及项羽至函谷关，见关上已有兵把守，又闻沛公已定咸阳，大怒，使黥布把函谷关攻破，引四十万大兵抵鸿门（今陕西临潼县），准备攻击沛公；沛公灞上军仅是十万，范增告项籍急击，项籍有个季父项伯，素与张良善，夜驰告良，请避去。张良要项伯见刘邦，邦请项伯申言于项籍，具陈所以待籍之意。邦自至鸿门来谢，范增谋死之，赖项伯、张良、樊哙等救护，逃回灞上。数日后，项籍引兵西屠咸阳，

---

〔1〕《御批通鉴辑览》卷一一。

杀子婴，烧秦宫室，掘始皇帝墓，大收秦宝货妇女，出关而东，使人报命楚怀王，怀王答他“如约”二字。项籍乃阳尊怀王为义帝，而徙于郴（湖南郴县），继杀之。又自立为西楚霸王，以江淮一带为根据地，立沛公为汉王，以巴蜀、汉中为封地，使不容易向中原发展，又把关中地方分为三区，封章邯、司马欣、董翳等，使遮塞汉王的出路。不久，刘邦用韩信为大将，攻入关中，章邯战败，司马欣、董翳等亦投降。出关吞灭各国，为义帝发丧，宣言讨伐项籍，统兵五十六万，由洛阳东进，攻入霸王的京都彭城（今江苏铜山县）。霸王统精兵猛烈反攻，大破汉兵于睢水（今安徽灵璧县东），杀汉兵三十余万，汉王与数十人轻骑逃荥阳（今河南荥泽县）死守。汉王在荥阳，会萧何留守关中补充军队，通巴蜀的粮接济军食，与楚军相持。楚汉二年，项籍欲先破齐而后击汉，汉以故得劫降附诸侯之兵凡五十六万，东伐楚，入彭城。籍闻之，令诸将击齐，而自己以精兵三万人，从鲁出胡陵（山东鱼台县东南）至萧县（今江苏萧县），汉军迎战大败，刘邦几不免，会大风，楚军乱，邦得亡去。彭城败后，汉谋楚之心顿挫。九江王黥布平素与项籍不善，刘邦使隋何说之，使背楚。而自集散卒，萧何发关中兵以增益之，韩信亦以师会，兵势渐盛。复与楚战于荥阳，破之，又使韩信渡黄河击魏，虏魏豹。项籍急围荥阳，刘邦请和，愿割地自保，另设反间之计，以去范增；范增见项籍疑己，积愤疽发而死。其后项籍因彭越之变，回师击之，汉复军成皋，项籍围成皋，刘邦乃渡河夺韩信军，使张耳守赵，韩信击齐，并分兵以绝楚兵粮食，楚更难以自守。项籍不得已乃与汉约，中分土宇，割鸿沟以西属汉，以东属楚，解师东归。楚汉五年，刘邦追项籍，止军于阳夏之南，期与韩信、彭越会师击楚，继围项籍于垓下（今江南凤阳府灵璧县东南）。项籍力垂尽，自刎而死，楚地悉平。时为民国纪元前二千一百十四年。考秦自始皇二十六年并天下，至二世三年而亡，凡十五年，时间至为短促，在此短促的时间中，将古人遗法尽力革除，为一代创立新局面。但专制暴虐，不以民意为根据，而刘邦起自布衣，遂成革命征伐之功。可知残民以逞者，必难得长治久安之道也。

汉高祖姓刘名邦，以布衣起沛，八年而成帝业，因初王汉，遂建为有天下之号。据《通鉴辑览》载："五年三月，汉王即皇帝位。诸侯王将相，共请尊汉王为皇帝，汉王辞不敢当帝位，群臣皆曰：大王起寒微，诛不义，立有功，德施四海，诸侯王不足以道之，居帝位甚实宜，愿大王以幸天下。汉王三让，乃于二月甲午，即皇帝位汜水之阳。"（汜水在山东曹州府曹县北，与定陶县分界，今定陶西北。）始都洛阳，后用刘敬议，西迁关中。刘邦以平民起事，奠定汉基，用兵八年，多赖诸将匡助之力。《汉书》："汉兴自秦二世元年之秋（西元前二〇九），八载而天下乃平，始论功定封，讫十二年，侯者百四十三人；时大城名都民人散亡，户口可得，而数裁什二三，是以大侯不过万家，小者五六百户。"〔1〕后因诸异姓王，拥兵据地，将为他日的祸患，遂次第加以扑灭，而列王鉴于祸机之迫，亦有不待其兴讨而自行举兵叛乱者。汉初异姓诸王之讨灭最早者，为燕臧荼，平臧荼之后，以卢绾为燕王，余党不靖，遣樊哙平之。代相陈豨作乱，卢绾发兵助汉，既又防豨亡及己，与豨连兵不决。邦定豨乱，知其事，召卢绾，绾恐不果行。疑其反，遣樊哙征之，绾亡入匈奴而死。韩信为楚王，王淮北，都于下邳，有上书告信变者，初降为淮阴侯，继而吕后谋于萧何，绐信，缚而斩之，夷三族。灭了楚王韩信后，分其地为荆楚二国，封从兄刘贾为荆王，封弟刘交为楚王。其他灭了淮南王英布，封子刘长为淮南王，封兄子刘濞为吴王。灭了梁王彭越，分其地为梁和淮阳二国，封子刘恢为梁王，刘友为淮阳王。废了赵王张耳的儿子张敖，封子刘如意为赵王。废了燕王卢绾，封子刘建为燕王。韩王公孙信被迫而降匈奴，只有长沙王因封地偏僻而小，所以能够存在。又封自己的儿子刘肥为齐王，刘恒为代王。以天下为一己的私产，其封异姓的功臣，所以笼络实力派，恐怕他们据地自雄，又加以废黜，而封自己同姓的子弟，但没有顾及后来同室操戈的祸害。高祖没，太子盈立，是为惠帝，吕氏为太后，因戚姬，杀赵王如意，威权专擅，而惠帝亦不问政事，在位七年病殁。太

〔1〕《通鉴辑览》卷一三，《汉书》卷一六《高惠高后孝文功臣表序》。

子立，是为少帝，吕氏临朝称制。《汉书》:“太后临朝称制，复杀高祖子赵幽王友、共王恢及燕灵王建，遂立周吕侯子台为吕王，台弟产为梁王，建城侯释之子禄为赵王，台子通为燕王。”〔1〕吕后称制凡八年，甫病卒，而祖刘之军即起，刘氏诸王与陈平、周勃谋，共诛诸吕，以绝吕氏族人之难，密议迎立惠帝之弟代王恒，是为文帝。

文帝既即帝位，深通民情，以宽厚之政临民，除肉刑，免田租，定赈穷养老之礼，于是国用充实，天下大治，后世至称其治绩，为秦汉之后第一。然自高祖以来，拥重兵、据形势的王侯，见文帝以代王入承大统，益发骄纵，不复把帝室放在眼里，淮南、济北诸王谋反，吴、楚、齐诸王亦皆骄恣；贾谊看见弊害，乃进削地分封之策。《汉书》:“是时天下初定，制度疏阔，诸侯王僭拟，谊数上书陈政事，多所欲匡建，其大略曰：欲天下之治安，莫若众建诸侯而少其力，力少则易使以义，国小则无邪心，令海内之势，如身之使臂，臂之使指，莫不制从，诸侯之君不敢有异心，辐辏并进，而归命天子……割地定制，令齐、赵、楚各为若干国，使悼惠王、幽王、元王之子孙，毕以次各受祖之分地，地尽而止，及燕、梁他国皆然；其分地众而子孙少者，建以为国，空而置之，须其子孙生者，举使君之。诸侯之地，其削颇入汉者，为徙其侯国及封其子孙也，所以数偿之，一寸之地，一人之众，天子无所利焉。”〔2〕于是文帝于齐王襄死后，分封其诸子，为齐、济北、济南、菑川、胶东、胶西六国，以割其势。然吴、楚二国，仍然拥有很大的封地。文帝死，太子启即位，是为景帝。

景帝治黄老学，承文帝之后，对于政治无所更张。时晁错为御史大夫，屡进削藩之说，诸侯王每有罪过即削地，而楚、赵、胶西等王皆被削，诸王皆怨及朝廷。其后削及吴地，吴王濞遂反，胶西王卬、楚王戊、赵王遂、济南王辟光、菑川王贤、胶东王雄渠都起来响应，是为吴、楚七国之乱。帝大惊，斩御史大夫晁错以谢七国。反者犹不服，乃拜周亚夫为太尉，同大将军窦婴将兵击之，诸将破

〔1〕《汉书》卷九七上《外戚传》。
〔2〕《汉书》卷四八《贾谊传》。

七国，斩首十余万级。及七国平定，乃将任用官吏权收归中央，不令诸侯王复治其国，诸国统治权虽减少，所拥的地方仍然很广大。自后国家承平无事，府库日益充溢，而太仓之粟，亦甚丰富。景帝没，太子彻立，是为武帝。

武帝为雄才大略之君主，承前代丰富之余，在位五十四年之间，文教盛于四海，国威振于远方。建元元年，举贤良方正、直言极谏之士，上亲自策问，擢董仲舒为第一，仲舒连对三策。凡不在六艺之科、孔子之术者，皆绝其道，不使并进。其时设大学，置五经博士，又招集文人词客，公孙弘、司马迁、司马相如、孔安国、东方朔、朱买臣、枚皋等文人辈出。建元三年，欲广行儒术，吾丘寿王、东方朔诸人，以次任用。元鼎四年，乃巡幸郡国，东至海上，北出长城，南至江汉，所至的地方，从事祠祭，或行封禅。又从方士李少君言，亲自祠灶，遣方士入海，求神仙不死之药，因神仙而信符瑞，所获白麟、朱雁、宝鼎、灵芝之属，无不以为天瑞。上举各端，尚不足以尽武帝所为。考其生平政绩，最善以对外为经略边隅之策，卒至版图大启，国威奋张，中外形势为之一变。先平东瓯、闽越、南越，继平西南夷。匈奴在汉，声势甚大，武帝欲雪累世的屈辱，乃命卫青、霍去病、李广利等，出师征讨，越狼居胥山（在喀尔喀部），抵瀚海（外蒙古之杭爱山），尽收河以南之地；置五原、朔方二郡，后又出兵陇西，断绝匈奴和天山南路间的联络；定河西，置武威、张掖、酒泉、敦煌四郡，而实以屯田之兵；从此匈奴远遁，漠南无王庭，而往来西域的道路遂开。综武帝生平行事，可分为三大端：（一）尊儒术，（二）信方士，（三）好用兵。此三者就表面观之，则互相抵牾；既尊儒术，何以又慕神仙？既慕神仙，何以又好征伐？然论其实，则事乃一贯，均由专制一念所发动而已。其尊儒术者，实视儒家尊君思想，为便于统制的工具；其好用兵者，实欲天下尽归一己的掌握，而后快意；至于信方士，则因富贵已极，他无可求，惟望不死，以长享人间之乐。然他的勋劳不可没，是在于攘夷之功，不然，金元之祸，早见于汉代了。武帝在位五十四年没，子弗陵立，是为昭帝。霍光、金日殚、上官桀受遗诏，辅少主，即位未几，而有燕王旦及上官桀谋乱之事。乱平之后，霍光辅幼主，举贤良文学，问民间疾苦，罢盐铁、酒榷、均输官，不令与天下争利。昭帝死，无子，霍光迎立武帝之曾孙病已，是为宣帝。适霍光死，帝亲政，信赏必罚，总核名实，一时良吏，如赵广汉、朱邑、龚遂、尹翁归、韩延寿、黄霸、张敞之属，治民有美绩，朝野共称。又用赵充国降诸羌，常惠、冯奉世、郑吉、陈汤等，常宣威于西域。发援兵助乌孙以攻匈奴，自是匈奴国势日弱，其别种丁零迫其北，东胡的一部乌桓迫其东，乌孙迫其西，汉又迫其南，而其内部五单于之间，又自相争乱，其领土遂全然分裂。车师（Turfan）通于匈奴，使郑吉统兵击破之，在其地屯田。及匈奴的西方诸国日逐王降汉，而葱岭以东，遂尽行内附，郑吉乃始为西域都护，建幕府于乌垒城（天山南路Chator）以镇抚天山南路三十六国。羌侯狼何（小月氏种）遣使至匈奴借兵，欲击鄯善、敦煌以绝汉道，乃行边兵之制，以阻其谋。又令赵充国屯田，降羌甚众，遂置金城属国，以处降羌。宣帝以戎狄宾服，思股肱之美，乃图画功臣之像于麒麟阁，〔1〕其武功与武帝相仿佛；但武帝用兵未及西羌，而宣帝且除戢西羌之祸。宣帝在位二十五年没，太子奭立，是为元帝。《汉书》："元帝柔仁好儒，见宣帝所用多文法吏，以刑名绳下，大臣杨恽、盖宽饶等，坐刺讥辞语为罪而诛，尝侍燕，从容言，陛下持刑太深，宜用儒生。宣帝作色曰：汉家自有制度，本以王霸道杂之，奈何纯任德教，用周政乎？且俗儒不达时宜，好是古非今，使人眩于名实，不知所守，何足委任？乃叹曰：乱我家者，太子也。"〔2〕帝即位后，专用儒术，给事中匡衡，提倡儒家礼让德化之旨，遂迁为光禄大夫，并置博士弟子员千人，比之武帝时置博士弟子员五十人，可谓此盛于彼。元帝在位十六年没，太子骜立，是为成帝。骜为王政君所出，既即位，即以元舅王凤为大司马大将军，领尚书事；又封舅王崇为安成侯；王谭、王商、王立、王根、王逢时爵关内侯；王氏之强盛，自是时

〔1〕 高桑驹吉著《中国文化史》汉译本七七页，《御批通鉴辑览》卷一七。
〔2〕《前汉书》卷九《元帝纪》。

始。外戚王氏专权，凡显要地位，都被他一族占领，就中王莽尤有奇才，佯为谦恭，以博名声而为大司马，后拥立平帝，使纳己女为皇后，而自称宰衡，位在诸侯王之上。而其时士民多阿谀之，上颂德表者，至四十八万人之多，王莽遂弑帝而立孺子婴，自摄政事者三年，后卒废之而篡天下，改国号为新。西汉传世，自高祖至孺子婴，凡十三代，二百十四年而亡。

王莽代汉以后，所行大事，约有四端：（甲）降斥刘氏。即位后，降汉诸侯王皆为公，王子侯皆为子，又降诸侯王之为公者，悉上玺绶为民，凡此皆欲断刘氏之厚援也。（乙）滥授官爵。莽按金匮封拜其党与，以王舜、平晏、刘歆、哀章为四辅，甄邯、王寻、王邑为三公，甄丰、孙建、王兴、王盛为四将，凡十一公。天凤四年，更授诸侯茅土于明堂，以示旌功之典。（丙）纷更制作。莽建国为新，制作之事纷起，改官名，立九庙，更币制，定刑禁，政令繁琐，州县不堪其繁，人民苦于重敛。（丁）对外战争。匈奴勒兵朔方塞下，入寇中国，莽遣孙建等，募卒三十万，分道并出，穷追匈奴，然匈奴寇盗如故。继遣兵击西域及西南夷，外敌离畔，豪杰起于四方，天下遂大乱。时汉景帝六世孙刘演、刘秀兄弟举兵舂陵（湖北枣阳县），与诸豪杰共拥立同族刘玄为帝，大破王莽之兵于昆阳（河南叶县），于是刘演兄弟威名大震。刘玄忌之，乃杀刘演，别遣将陷长安，斩王莽。王莽自称帝至亡，凡十五年而亡。

王莽既亡，刘玄入都洛阳，旋迁长安。是时刘秀正循河北一带平王郎及铜马诸贼，遂即位于鄗，旋奠都洛阳，号光武皇帝。继遣将破赤眉，扫灭公孙述、隗嚣、窦融、卢芳诸群雄，天下复归于一统。《后汉书》载：“初帝在兵间，久厌武事，且知天下疲耗，思乐息肩，自陇蜀平复，非儆急未尝复言军旅。皇太子尝问攻战之事，帝曰：昔卫灵公问陈，孔子不对，此非尔所及。每旦视朝，日侧乃罢，数引公卿郎将，讲论经理，夜分乃罢。”〔1〕又载：“初光武长于民间，颇达情伪，见稼穑艰难，百姓病汉，至天下已定，务用安静，

〔1〕《后汉书》卷一下《光武纪》。

解王莽之繁密，还汉世之轻法，身衣大练，色无重彩……勤约之风，行于上下。数引公卿郡将，列于禁坐，广求民瘼，观览风谣，故能内外匪懈，百姓宽息。”〔1〕光武改王莽诸政，悉复汉旧，专心内治，修经术，尚礼乐，英雄气概，虽不及高祖，然崇尚儒术，表彰气节，开一代的风气，远非高祖所及。《廿二史札记》：“西汉开国功臣，多出于亡命无赖，至东汉中兴，则诸将帅皆有儒者气象，亦一时风会不同也。光武少时，往长安受《尚书》，通大义，及为帝，每朝罢，数引公卿郎将，讲论经理。故樊准谓帝虽东征西战，犹投戈讲艺，息马论道，是帝本好学问，非同汉高之儒冠置溺也；而诸将之应运而兴者，亦皆多近于儒。……是光武诸功臣，大半多习儒术，与光武意气相孚合，盖一时之兴，其君与臣，本皆一气所钟，故性情嗜好之相近，有不期然而然者，所谓有是君，即有是臣也。”〔2〕光武在位的政治，与西汉不同者，略有数端：（甲）西汉外戚纵恣，至此一变而为检束。东汉外戚之祸，甚于西汉，然当光武之时，外戚恣肆之祸尚无所闻，因能检束故也。（乙）西汉功臣多戮辱，至此一变而为保全。光武对于功臣，皆力主保全，在位之始，广封功臣，皆为列侯，列侯保其禄位，无诛谴者。（丙）西汉藩王本专擅，至此一变而为驯顺。西汉广封宗室以为藩王，其后祸变屡兴，光武时，宗室共循法度，不致倡乱。（丁）西汉士节无荣典，至此一变而为表章。西汉对于清节之士，不加以注意，光武时，汲引高士为务，其后士大夫转相效法，咸整饬其行谊。史称光武同符高祖，实则光武比高祖为贤。光武在位三十三年没，太子庄立，是为明帝。〔3〕明帝即位，以邓禹为太傅，东平王苍为骠骑将军。东平王苍以为中兴三十余年，四方无事，宜修礼乐，乃与公卿共议定南北郊冠冕车服制度，及光武庙中乐舞；又亲临辟雍，行大射养老之礼，引诸儒升堂演讲，观听者甚众。因崇尚儒术之效，自王太子诸王侯及大臣子弟功臣子孙，均受经书；又为外戚诸家立小学于南宫，置五经师以授

〔1〕《后汉书》卷一〇六《循吏传序》。
〔2〕《廿二史札记》卷四。
〔3〕章嵚著《中华通史》第二册四七〇页。

其业；自期门羽林之士，统令通《孝经》章句；崇儒之业，成为风尚，皆由明帝一人提倡致之。明帝在位十八年没，太子炟立，是为章帝。章帝承先世治平之后，一意守成，且重儒术，故政从宽厚，慎刑罚，省徭役，民赖其庆。曾下诏太常博士官及诸儒，会白虎观，议五经同异，帝亲称制临决，作《白虎奏议》(今《白虎通》)，名儒班固、贾逵等，皆加参与，诚为一代的盛事。章帝在位十三年没，太子肇立，是为和帝。和帝在位十七年没，子隆立，是为殇帝。殇帝在位一年没，章帝之孙长安侯祜立，是为安帝。安帝在位十九年没，章帝孙北乡侯懿立，数月没；祜太子保即位，是为顺帝。顺帝在位十八年没，太子炳立，是为冲帝。冲帝在位一年没，太后阎氏立章帝玄孙建平侯缵，是为质帝。自和帝肇至质帝缵，外戚历世用事，宦官乘之，干事国政：(1) 以外戚窦氏之用事，而引起宦官郑众等之专权；(2) 以外戚邓氏之用事，而引起宦官江京、李闰等之专权；(3) 以外戚阎氏之用事，而引起宦官孙程等之专权；(4) 以外戚梁氏之用事，而引起宦官单超等之专权。宦官之祸，酿成政治的危机，而所以造成宦官之祸，是由于外戚。宦官之祸，无代无之，而以东汉为甚：(1) 以宦官用事之故，而激成党锢之祸；(2) 以宦官用事之故，而激成黄巾之祸；(3) 以宦官用事之故，而激成董卓之祸。桓灵以前，宦官之祸，为外戚所酿成；而桓灵以后，诸祸之相乘，尤以董卓之祸为最烈。东汉内部既然是如此，而东汉对外的关系，现在述其大略如下：东汉初年，曾立过戡定外族的功绩，然不过把武帝开拓边疆未完的功业，继续完成罢了；到东汉末年，已经降服而散在内地的外族人，就渐变乱起来了。匈奴从呼韩邪降汉之后，对于中国很恭顺，后来休养生息，部落渐盛，就种下背叛的种子。加以王莽抚驭政策的失宜，于是乌珠留若鞮、呼都而尸两单于，就公然同中国对抗，北方大受其害。及匈奴内部因继承问题争乱，呼韩邪单于遂投降中国，匈奴分为南北。南匈奴的单于，入居西河美稷县(今鄂尔多斯左翼中旗)，分派部下，驻扎边地，助中国守御。章帝末年，北匈奴益形衰弱，南匈奴要想并吞他，上书请兵。适章帝死了，和帝即位，窦太后临朝，要使窦氏立功，乃命窦宪出征，大破北匈奴于稽落山，勒石燕然山而还。后二年（民国纪元前一八二一年），窦宪又派左校尉耿夔出兵，大破北匈奴于金徽山（故城在今甘肃省平番县西北），因此，匈奴的主力渐向西方迁移，不再侵犯中国，到了欧洲，就成为后世的匈牙利人。王莽末年，不但匈奴背叛，西域也和中国脱离关系，一部分归附匈奴。光武帝时，中国与西域一时隔绝。明帝讨伐匈奴，乃使班超出使西域，先后在鄯善（楼兰）、于阗攻杀匈奴使者，胁降鄯善、于阗，使西域各国重服中国。八年后，西域又乱，继由班超用兵讨平。西域有羌族人建立的国家，东汉时屡侵中国，章帝末年，使张纡为护羌校尉，剿办为首作乱的羌人，到底无法应付。后由邓训为护羌校尉，注重安抚的办法，羌人始稍安定。和帝时，用曹凤的主张恢复西海郡，把大小榆谷一带，夹着黄河，开列屯田，以防羌人；至是羌人的扰乱，方始告一段落。当羌乱盛时，鲜卑、乌桓和南匈奴亦在东北一带骚扰。鲜卑、乌桓都属于东胡族，鲜卑于匈奴被中国打平后，占据匈奴旧地，乃与中国接界，东汉末年，勾结南匈奴，乘汉朝用兵平羌乱的机会，攻掠幽、冀、并、凉四州部的北境；他的部落分布极广，为后来五胡乱华时，鲜卑人势力最强的张本。至于乌桓与南匈奴势力较小，乌桓在柳城（今热河省凌源县）为曹操所大败，杀的降的，共有二十余万，遂陷于消灭。南匈奴呼厨泉单于朝拜汉献帝，被曹操留住在邺城（今河南省临漳县），他的部下分为五部，有汉人为司马，以统制之，至此，南匈奴也被驯服了。西汉和东汉，都是汉族同外族的斗争时期，也可说是汉族和北方异民族斗争的剧烈时期。因为连年战乱的结果，弄到国家内部元气大伤，政治社会遂陷于分崩离析的景况了。

第二节　秦汉时代之文化形态

中国古来之文化制度，至秦汉而大变。周代是中国文化创新时期，而秦汉二代，是中国文化发展时期，从进化史的眼光来论上古中古的中国文化，我们相信中古文化期，有许多文化是超越于上古文化的，兹分别叙述如下：

（一）社会风习 秦汉时代社会，比之上古社会更为复杂，而风习比之上古当然更为复杂，兹据其可考者如下：（甲）饮食。高祖初定天下，廷臣承前代之风气，好饮酒，高祖颇厌之，武帝时乃榷酒酤，以严其禁，未几禁弛，群饮之风如故。汉人饮食，除谷类茶酒外，尚有糉、麻饼、馒头、面粉之属，以供小飧。其普通制作饮食之法，率以盐豉、醋佐其烹调；蜜及蔗汁，助其滋味。其香料除姜桂外，多用蒜荽及脂麻。其制作肉食，别有烧割之一法。性喜食犬，故屠狗炙食之事，视为平常，而豪杰亦乐为之。[1] 汉代对于人民有赐酺之举，可说是君民同乐。文帝初即位，赐民酺五日；十六年，得玉杯，令天下大酺。景帝后元年夏，大酺五日。武帝元光二年，令大酺五日；元朔三年，城朔方，大酺五日；太初二年，祠后土，令大酺五日；太始三年，令天下大酺五日。昭帝元凤四年，令天下大酺五日。宣帝五凤三年，大酺五日。人民五日会聚饮食，欢乐的日子也不算少，据汉律三人以上无故群饮酒，罚金四两，这里所说大酺五日，是特许不算违例的。（乙）衣服。汉代衣服是分阶级而制定的。天子所服，是分春、夏、秋、冬，祭宗庙诸祀，则冠刘氏冠，以表尊敬。昭帝元凤四年，帝加元服。百官冠服，爵非公乘以上，毋得冠刘氏冠。《汉书》载："景帝中六年五月诏曰：夫吏者民之师也，车驾衣服宜称，亡度者或不吏服，出入闾巷，与民无异；令长吏二千石，车朱两轓；千石至六百石，朱左轓；车骑从者不称其官衣服，下吏出入闾巷亡吏体者，二千石上其官属，三辅（主爵中尉及左右内史）举不如法令者。"[2] 百官冠服，宜符定制，是在景帝时所规定，在汉初是不设车旗衣服之禁的，惟在高祖八年时，曾禁止贾人不得衣锦绣绮縠絺纻罽。[3] 文帝时，富人大贾庶民得随便穿著，僭越帝服后服者有之，贾谊曾上疏说道："今民卖僮者，为之绣衣丝履偏诸缘，内之闲中，是古天子后服，所以庙而不宴者也，而庶人

〔1〕张亮采著《中国风俗史》五三页。
〔2〕《前汉书》卷五《帝纪》。
〔3〕《前汉书》卷一下《高帝纪》。

得以衣婢妾；白縠之表，薄纨之里，缇以偏诸，美者黼绣，是古天子之服，今富人大贾嘉会召客者以被墙。庶人屋壁，得为帝服；倡优下贱，得为后饰。帝之身自衣皁绨，而富人墙屋被文绣；天子之后以缘其领，庶人孽妾缘其履；此臣所谓舛也。”〔1〕据此可知当时的社会，倾向奢华的风习，只在衣服的方面，已可以概见了。奢侈之风已盛，所以在成帝时，特下诏说：“圣王明体制，以序尊卑；异车服，以章有德；方今世俗奢僭罔极，靡有厌足，公卿列侯亲属近臣，四方所则，或奢侈逸豫，务广第宅，治园池，多蓄奴婢，被服绮縠，设钟鼓，备女乐，车服嫁娶葬埋过制，吏民慕效，浸以成俗，其申敕有司以渐禁之。青绿民所常服，且勿止，列侯近臣各自省改，司隶校尉察不变者。”〔2〕一事奢侈，其他各事也影响而奢侈了。(丙）婚姻。秦汉婚礼大端，虽未违反古意，而帝室间亦有不论行辈以成婚者：如惠帝盈之婚张氏，乃盈姊鲁元公主之女；哀帝欣之婚傅氏，乃傅太后从弟之女；张氏卑于盈而后，傅氏尊于欣而亦后，此不足为训者。〔3〕汉代婚礼有四种不良的风习：(1）早婚。宣帝时王吉上疏说：“窃见当世趋务不合于道者谨条奏，吉意以为夫妇人伦大纲，夭寿之萌也；世俗嫁娶太早，未知为人父母之道而有子，是以教化不明，而民多夭。”〔4〕(2）逾度。东汉王符著《潜夫论》有说：“嫁娶者车骈数里，缇帷竟道；骑奴侍僮，夹毂相引；富者竞欲相过，贫者耻其不逮，一飨之所费，破终身之业。”(3）女乱。王吉疏说：“汉家列侯尚公主，诸侯则国人承翁主，使男事女，夫诎于妇，逆阴阳之位，故多女乱。”此是昧于夫妇敌体之义。(4）私夫。当时女子私夫，不以为讳，如武帝之姊馆陶公主寡居，宠董偃十余年，武帝至主家呼偃为主人翁，后主竟与偃合葬。〔5〕昭帝之姊安鄂邑盖公主寡居，私通丁外人，帝与霍光闻之，不绝主欢，诏丁外人

〔1〕《前汉书》卷四八《贾谊传》。
〔2〕《前汉书》卷一〇《成帝纪》。
〔3〕章嵚著《中华通史》第二册五五四页引。
〔4〕《前汉书》卷七二《王吉传》。
〔5〕《前汉书》卷六五《东方朔传》。

侍主是也。至婚礼举行之时，大概以父主婚，而有幕帷之俗（即是以纱縠蒙女首，而夫氏发之，因拜舅姑，便成婚礼），有撒帐之俗。男女结婚自由，如司马相如之于卓文君；离婚自由，如朱买臣之妻，因贫求去是也。其时一夫多妻之制盛行，公侯之宫，美女数百，卿士之家，侍妾数十，重男轻女之风亦盛。（丁）丧葬。死丧之礼，至汉代虽非尽违古礼而亦有变更古礼以为宜者，例如丧服，《礼说》："父母之丧，三年不从政。"此本周初所规定，汉兴尚循此意立法，故大臣有告宁之科，父母死，予宁三年，以终其丧，所以表示与庶人同制。汉代定律，凡士民不为亲行三年之丧者，不同选举。对于士庶既然如此严厉，对于大臣亦自不得宽假。自文帝遗诏短丧，以日易月，于是后世习以为常，大臣无有行三年之丧者，统计两汉臣僚，为父母服三年之丧者甚少。人民服丧有延期二十年者，陈蕃为乐安太守，民有赵宣葬亲，不闭埏隧，居其中行服二十年。蕃与相见，问及妻子，而妻五子，皆墓中所生。蕃怒，治其罪，不特服中产子，且产子墓中。拘牵丧礼，费时失事，可谓不良之风习。秦汉厚葬之俗，系沿春秋列国之旧，至引盗贼之发掘，虽帝王陵墓亦所不免。王帝陵前有石麒麟石辟邪石马之属；人臣墓前有石羊石虎石柱之属。元帝时贡禹奏言："武帝时多取好女，至数千人，以填后宫，及弃天下，昭帝幼弱，霍光专事，不知礼正，藏金钱财物鸟兽鱼鳖牛马虎豹生禽，凡百九十物，尽瘞藏之；又皆以后宫女置于园陵，大失礼，逆天心，又未必称武帝意也。昭帝晏驾，光复行之，至孝宣皇帝时，陛下恶有所言，群臣亦随故事，甚可痛也。故使天下承化，众庶葬埋，皆虚地上，以实地下，其过自上生，皆在大臣循故事之罪也。惟陛下深察古道，从其俭者，诸园陵女亡子者，宜悉遣，独杜陵（宣帝葬杜陵，在今陕西长安县）宫人数百，诚可哀怜也。"〔1〕可知宫廷之厚葬，影响到普通的人民。又人民当未死之前，则有生圹，既死之后，则有招魂，有挽歌，有行状，有堪舆相地吉凶（《汉书·艺文志》有《堪舆金匮》书十四卷）；既葬之后，有碑文，有墓志铭，而墓上须

〔1〕《前汉书》卷七二《贡禹传》。

种柏作祠堂，祠堂之内，常设影堂。凡诸制作，都缘厚葬而来，最为风俗之害者，即相地吉凶之说，二千年来承其弊而不能解除，古人所谓“葬不择地”之旨既失了。（戊）阶级。秦代人民号称黔首，已有阶级制度之征。六国故族，是当时之显者，为人民所依附；秦灭六国，乃有徙关东诸侯之事。汉兴从娄敬计，徙齐诸田、楚昭、屈景、燕、赵、韩、魏后及豪杰名家，以实关中，〔1〕所谓豪杰名家，是与战国诸姓之后同为强族。其后武帝徙豪杰兼并之家于茂陵，宣帝募郡国吏民訾百万以上徙平陵。这等人都是占社会上之特殊地位的。奴婢之制，始于古代，汉世因之，视奴婢尤贱。人民遇着饥饿，常自卖为人奴婢，不独私家，官府亦有之。汉世卓王孙有僮客八百人，程郑亦数百人，王商有家奴至千人之多，可知富家养奴，并无限制。高祖令人民得卖子。五年下诏：“民以饥饿自卖为人奴婢者，皆免为庶人。”文帝时，免官奴婢为庶人。吴、楚七国反时，其首事者妻子，没入官为奴婢，武帝建元元年皆赦遣之。董仲舒曾说武帝：“宜去奴婢，除专杀之威。”元帝时，贡禹言：“官奴婢十余万，游戏亡事，税良民以给之，宜免为庶人。”成帝永始四年下诏：“公卿列侯，亲属近臣，多蓄奴婢，被服绮縠，其申敕有司以渐禁之。”哀帝时下诏：“诸侯王列侯公主吏二千石，及豪富民，多蓄奴婢，田宅亡限，与民争利，百姓失职，重困不足，其议限列（师古注令条列而为限禁），有司条奏诸侯王奴婢二百人，列侯公主百人，关内侯吏民三十人，年六十以上，十岁以下，不在数中；诸名田蓄奴过品者，皆没入县官；官奴婢年五十以上，免为庶人。”〔2〕东汉沿袭前制，贩卖奴婢如故，光武降诏：“敢炙灼奴婢，论如律。”当时奴婢必有受主人之炙灼，而赴诉无由，然后有此禁律。由上引证各事来看，就知道汉代卖奴蓄奴之盛。汉代奴婢名称，有家僮、僮使、僮骑、私奴、白衣（给官府驰走贱人）、庸保杂作、臧获婢妾、奴客、传婢、僮手、御婢、骑奴。这种种奴隶，可分为两类，即是私奴和

〔1〕《前汉书》卷四三《娄敬传》，又卷二八《地理志》。
〔2〕徐天麟撰《西汉会要》卷四九引。

官奴。私奴的来源：(1) 是由于边疆蛮民的掠卖；(2) 掠卖内地的良民，使为奴隶；(3) 因饥饿，将其子女卖给他人为奴隶；(4) 因特殊事故，将自身卖给他人为奴婢；(5) 豪强强占良民为奴婢；(6) 将子女入质，不能赎出，成为奴婢。官奴的来源：(1) 由轻罪的人而来的；(2) 因重罪被处死刑，其家族没于官而为奴婢的；(3) 人民纳私奴于官以赎罪，或以之买官爵，而官府亦有没收民间私奴的事实。官奴私奴既多，政府就屡屡发布免奴之诏令，有的是全部的解放，有的是局部的解放。[1]（己）任侠之风。汉初有田横之客五百人，皆能表见义侠的精神，他如贯高、田叔、朱家、郭解、灌夫、汲黯、郑当时、朱云、楼护、陈遵等，并以重然诺、喜任侠称于时。东汉义侠之风益盛，杜季良豪侠好义，为马文渊（援）所爱重。公孙述曾遣刺客制来歙、岑彭的死命。至若感知遇之恩而制服从厚，则有傅奕、李恂、乐恢、桓典、荀爽诸人。以让爵为高，则有韦元成、邓彪、刘恺、桓郁、丁鸿、郭贺、徐贺诸人。轻生报仇，则有何容、郅恽诸人。可知任侠好气，成为当时社会的习尚。(庚) 同居之习。汉人以分居为恶俗，秦时令民有二男以上不分异者，倍其赋，贾谊所谓"秦人家富子壮则出分，家贫子壮则出赘"，在汉代是不以为然的。河内、颍川等地人民，好争讼生分，黄霸、韩延年施政以化其俗。蔡邕与叔父从弟同居，三世不分财，乡党高其义。可知汉代以兄弟同居为上，分居为恶，成为社会上普遍的观念。

(二) 农业　战国以后，井田废止，社会上渐呈贫富不均的现象。中国一般儒者，多说井田的制度是秦商鞅秉政时代始告崩坏的。《史记·秦纪》所说的商君"开阡陌封疆"，所以必先废井而后始置阡陌。据《三通考》载："井田受之于公，毋得鬻卖，故《王制》'田里不鬻'。秦开阡陌，遂得卖买……兼并之患自此起。"自经秦改制之后，受田不必计口，田亩不必归还，以致形成地主阶级，当时占有田亩的人，有以下几种：(1) 富民，是自由买卖的结果。(2) 武

〔1〕 英国殷格兰 (John Kells Ingram)《奴隶制度史》汉译本附录二。

士，丞尉能得甲首一者（俘虏）赏爵一级，益田一顷。(3) 官吏，各以爵秩等级名田宅。田亩为这几种人所占去，则豪强兼并之事，在秦代已经开始了。豪强兼并之事已经开始，社会上当然有希望为大地主，以度其愉快安适之生活的。《史记》称秦始皇不用王翦之言，而用李信以伐楚，卒至大败，始皇乃复强起王翦："王翦行，请美田宅池园甚众。始皇曰：'将军行矣，何忧贫乎？'王曰：'为大王将，有功终不得封侯，故及大王之向臣，以请园池为子孙业耳。'始皇大笑。王翦既至关，使使还请善田者五辈。或曰将军之乞贷，亦已甚矣，王翦曰：'不然，夫秦王怚而不信人，今空秦国甲士，而专委于我，我不多请田宅为子孙业以自坚，顾令秦王坐而疑我耶。'"〔1〕观此，可以知道秦代的武人，欲挟其势力以多得良田美地，为子孙将来造成大地主的准备。地主日多，一方是富连阡陌，一方是贫无立锥，大多数的农民，不是失掉耕地，就是耕地日少，同时受着政府和地主的剥削，《汉书·食货志》称："至于始皇，遂并天下，内兴工作，外攘夷狄，收泰半之赋，发闾左之戍，男子力耕，不足粮饷，女子纺绩，不足衣服，竭天下之资财以奉其政，犹未足以澹其欲也。"〔2〕秦代农业政策之不良，所以影响到一般的贫农起来暴动，陈胜、吴广原为一雇农，首起发难，秦代政权因而瓦解。汉代耕地问题，成为最重要的问题，许多的耕地集中于商人地主豪族富族中，章太炎《检论通法篇》引崔实政论之言有说："汉承秦敝，尊奖兼并，上家累巨万，厥地侔封君。"文帝时晁错说文帝说："今农夫五口之家，服役者不下二人，能耕者不过百亩，百亩之收，不过百担，春耕夏耘，秋收冬藏，伐薪樵，治官府，给徭役，四时之间，无日休息；又私之送往迎来，吊死问疾，养孤长幼在其中，勤苦如此，尚复水旱之灾，急政暴赋，赋敛不时，朝令而暮改，如是有卖田宅，鬻子孙，以偿债者。"汉武帝时的田蚡，治宅甲诸第，田园极膏腴；与蚡同时之灌夫，陂池田园，家累数千万；成帝时的张禹，多买田

〔1〕《史记》卷七三《白起王翦传》。
〔2〕《前汉书》卷二四上《食货志》。

至四百顷。武帝时董仲舒曾有限田之建议："古者民不过什一，其求易供，使民不过三日，其力易足。民财内足以养老尽孝，外足以事其税，下足以畜妻子极爱，故民说从上。至秦则不然，用商鞅之法，改帝王之制，除井田，民得买卖，富者田连阡陌，贫者亡立锥之地。又颛川泽之利，管山林之饶，荒淫越制，逾侈以相高，邑有人君之尊，里有公侯之富，小民安得不困?"宋胡致堂说："董仲舒欲以限田，渐复古制，其意甚美，而终不能行者，以人主自为兼并，无异于秦也。"〔1〕兼并日甚，所以主张限民名田，名田是甚么？据颜师古注："名田，占田也，各为立限，不使富者过制，则贫弱之家可足矣。"〔2〕此种办法，实为应时而生之制度。至哀帝时，师丹辅政，尝建议说："古之帝王，莫不设井田，然后治乃可平。孝文皇帝承亡周乱秦兵革之后，天下空虚，故务观农桑，帅以节俭，民始充实，未有兼并之害，故不以奴隶及民田为限。今累世承平，豪富吏民资数巨万，而贫弱愈困。盖君子为政，贵因循而重改革，然所以有为者，将以救急也，亦未可详，宜略为限。"哀帝将这种建议下诸廷尉，于是丞相孔光、大司徒何武奏请："诸侯王列侯，皆得名田国中，列侯在长安，公主名田县道，及关内侯吏民名田，皆勿过三十顷。"名田至三十顷之多，这种限田的办法，也不是彻底的。〔3〕王莽代汉，锐志复古，欲图根本救济，遂提倡王田之制，下令国中说："古者设庐井百家，一夫一妇田百亩，什一而税，则国给民富而颂声作。此唐虞之道，三代所遵行也。秦为无道，厚赋税以自供奉，罢民力以极欲，坏圣制，废井田，是以兼并起，贪鄙生，强者规田以千数，弱者曾无立锥之居；……汉氏减轻田税，三十而税一，常有更赋，罢癃咸出（虽老病者，皆复出口算），而豪民侵陵，分田劫假；厥名三十税一，实税什五也。父子夫妇，终年耕耘，所得不足以自存；故富者犬马余菽粟，骄而为邪；贫者不厌糟糠，穷而为奸，俱陷于辜，刑用不错。予前在大麓，始令天下公田口井，时则有嘉禾

〔1〕《读史管见》卷三。
〔2〕《前汉书·食货志》。
〔3〕《前汉书·食货志》。

之祥，遭反虏逆贼且止。今更名天下田曰王田，奴婢曰私属，皆不得买卖。其男口不盈八，而田过一井者，分余田予九族邻里乡党。故无田，今当受田者，如制度。敢有非井田圣制，无法惑众者，投诸四裔，以御魑魅，如皇祖考虞帝故事。”〔1〕王莽之王田制，未几即败，有下列三种原因：(甲) 民可因循，难以更始。王田制行，中郎区博谏莽说：“井田虽圣王法，其废久矣。周道既衰而民不从，秦知顺民之心，可以获大利也，故灭庐井而置阡陌，遂王诸夏，讫今海内未厌其弊。今欲违民心，追复千载绝迹，虽尧舜复起，而无百年之渐，弗能行也。天下初定，万民新附，诚未可施行。”〔2〕莽知民怨，乃下令：“诸名食王田者，皆得卖之，勿拘以法，犯私买卖，庶人者且一切勿治。”（乙）王田之制，为豪族富族所深厌。王田之制是不利于地主的，当然为地主所反对，隗嚣曾传檄讨莽斥其“田为王田，卖买不得”。其他之为地主张目者，亦多反莽。（丙）奉行不善。奉行此制的官吏，常恐愒良民，各以官职为奸，受取赇赂以自供给。有此三因，至均贫富之王田制度，非但富者未必欢迎，贫者亦感痛苦。莽初行王田制度时曾申令：“不从王田制度者，杀无赦”，至此遂翻然改图“听王田得卖买，复三十税一”，然亦难挽救王莽的败亡。

后汉之时，荀悦又提倡限田的论调。他说：“古者什一而税，以为天下之中正。今汉氏或百一而税，可谓鲜矣；然豪强人占田逾侈，输其赋大半，官家之惠，优于三代，豪强之暴，酷于亡秦，是上惠不通，威福分于豪强也。文帝不正其本，而务除租税，适足以资豪强也。且夫井田之制，不宜于人众之时，田广人寡，苟为可也，然欲废之于寡，立之于众，土地布列在豪强，卒而革之，并有怨心，则生纷乱，制度难行。由是观之，若高祖初定天下，光武中兴之后，人众稀少，立之易矣。既未悉备井田之法，宜以口数占田，为之立限，人得耕种，不得卖买以赡贫弱，以防兼并，且为制度张本，不

〔1〕《前汉书》卷九九中。
〔2〕同上。

亦善乎?”〔1〕后汉（东汉）仍是继续着土地的兼并，号称恢廓大度的光武帝，亦不能自屏于土地私租之奉。《后汉书》称建武十八年，使中郎将耿遵治皇祖庙旧庐稻田。〔2〕其时攀龙之徒，侵占更凶。史称：“孝明皇帝以皇子立为东海公，时天下垦田皆不实，诏下州郡检核，百姓嗟怨……世祖见陈留吏牍上有书云：颍川、宏农，可问，河南、南阳，不可问。因诘吏，吏抵言于长寿街得之。世祖怒，时帝在幄后曰：‘吏受郡策，尝欲以垦田相方耳。’世祖曰：‘即如此，何故言河南、南阳不可问?’对曰：‘河南帝城多近臣，南阳帝乡多近亲，田宅逾制，不可为问。’世祖令虎贲诘问，乃首服，如帝言。”〔3〕据此，上自皇族，下至官吏，皆以兼并为务。其余乡曲富豪之兼并者，其势亦猛烈。《后汉书·樊宏传》：“樊宏，字靡卿，南阳湖阳人也。……其管理产业，物无所弃，课役童隶，各得其宜，故能上下戮力，财利货倍，至乃开广田土三百余顷，其所起庐舍，皆有重堂高阁，陂渠灌注。”〔4〕有田土三百余顷，一顷计一百亩，则有三万亩，有了三万亩的地主，气象之盛可知。桓君山在光武时疏陈时政有说：“富豪之徒，中家子弟为之保役，趋走与臣仆等，勤收税与封君比入，是以众人慕效，不耕而食。”仲长统亦说：“井田之变，豪人货殖……荣乐过于封君，势力侔于守令。”由此可知后汉地主的富厚。

汉代对于农业政策，是注意的。文帝时尝躬耕以劝百姓，曾下诏说：“夫农天下之本也，其开籍田，朕亲率耕，以给宗庙粢盛。”又诏：“农，天下之大本也，民所恃以生也，而民或不务本而事末，故生不遂，朕忧其然，故今兹亲率群臣农以劝之，其赐天下民今年田租之半。”十二年下诏：“道民之路，在于务本，朕亲率天下农，十年于今，而野不加辟，岁一不登，民有饥色，吾诏书数下，岁劝民种树而功未兴，是吏奉吾诏不勤，而劝民不明也；其赐农民今年租税之半。”又曰：“力田，为生之本也，其以户口率置孝弟力田常

〔1〕《文献通考》卷一《田赋考》引荀悦《汉纪》卷八《文帝纪》。
〔2〕《后汉书》卷一一引《古今注》。
〔3〕《东观汉纪》卷二。
〔4〕《后汉书》卷六二《樊宏传》。

员，令各率其意以道民焉。”〔1〕晁错上书文帝说：“方今之务，莫若使民务农而已矣，欲民务农，在于贵粟，贵粟之道，在于使民以粟为赏罚。今募天下入粟县官，得以拜爵，得以除罪，如此富人有爵，农民有钱，粟有所渫。夫能入粟以受爵，皆有余者也，取于有余以供上用，则贫民之赋可损，所谓损有余，补不足，令出而民利者也。”〔2〕以贵粟之法，劝民务农；以入粟之法，爵赏富农；用意可谓无微不至了。景帝时注意到蓄积以备灾害，二年下诏说：“雕文刻镂，伤农事者也；锦绣纂组，害女红者也。农事伤，则饥之本也；女红害，则寒之原也。夫饥寒并至而能亡为非者，寡矣。朕亲耕，后亲桑，以奉宗庙粢盛祭服，为天下先，不受献，减太官，省繇赋，欲天下务农蚕，素有蓄积以备灾害。”又注意到种树，三年下诏说：“农，天下之本也，黄金珠玉，饥不可食，寒不可衣，以为币用，不识其终始，间岁或不登，意为末者众，农民寡也。其令郡国务劝农桑，益种树，可得衣食物。”〔3〕武帝时奖励人民种麦，董仲舒说上说：“春秋它谷不书，至于麦禾不成，则书之；今关中之俗，不好种麦，愿诏大司农，使关中民益种宿麦，令毋后时。”〔4〕武帝末年，行代田之制，所谓代田，是以一亩之地，分而为三，岁易其处种之，用力少而得谷多，此为我国最早之农业经济政策。《汉书·食货志》：“武帝末年，以赵过为搜粟都尉。过为代田，一亩三甽，岁代处，故曰代田，古法也。……过使教田太常三辅，率多人者，田日三十亩，少者十三亩，以故田多垦辟。过试以离宫卒，田其宫壖地，课得谷皆多，其旁地亩一斛以上，令命家田三辅公田，又教边郡及居延城，是后边城河东、弘农、三辅、太常民，皆便代田。”代田之制，是用力少而得谷多的。〔5〕元帝时，禁止不良之吏妨害农事，建昭五年下诏说：“方春农桑兴，百姓戮力自尽之时也，故是月劳农劝民，无使

〔1〕《前汉书》卷四《文帝纪》。
〔2〕《前汉书·食货志》上。
〔3〕《前汉书》卷五《景帝纪》。
〔4〕《前汉书·食货志》上。
〔5〕同上。

后时，今不良之吏，覆按小罪，征召证案，兴不急之事，以妨百姓，使失一时之作，亡终岁之功，公卿其明察申敕之。”〔1〕成帝当东作时，令二千石勉劝农桑，出入阡陌，致劳来之。平帝于元始元年，置大司农部丞十三，人部一州，劝课农桑。汉代循吏中，如龚遂为勃海太守，见齐俗奢侈，好末技，不田作，乃劝民务农桑，令口种一树榆，百本䪥，五十本葱，一畦韭，家二母彘五鸡，使民卖剑买牛，卖刀买犊，郡中皆有积蓄，吏民富实。召信臣守南阳，躬耕劝农，出入阡陌，时行视郡中水泉，开通沟渎，起水门提阏凡数十处，以广灌溉，多至三万顷；为民作均水约束，刻石立田畔，郡中莫不耕稼力田，户口增多。〔2〕汉代注重水利，为国家农业经济政策之要端。武帝时，郑当时为大农奏称：“异时关东漕粟，从渭中上，度六月而罢，而漕水道九百余里，时有难处，引渭穿渠，起长安并南山下至河三百余里，径易，漕度可令三月罢，而渠下民田万余顷，又可得以溉田，此损漕省卒，而益肥关中之地，得谷。上以为然，令齐人水工徐伯表，悉启卒数万人穿漕渠，三岁而通。通以漕大便利，其后漕稍多，而渠下之民，颇得以溉田矣。”〔3〕武帝元鼎六年，兒宽为左内史，请凿六辅渠，益溉郑国傍高卬之田。太始二年，赵中大夫白公复奏穿渠引泾水，首起谷口，尾入栎阳，注渭中，广二百里，溉田四千五百顷。刘向以故九卿召拜为中郎，领护三辅都水。由此可以知道汉代如何注重水利事业。

汉代始行屯田之制，因疆域辽阔，边境多事，军师屡动，召募日广，有长戍之兵，须增养兵之费，故移驻屯之兵，而兴务农开垦之实。武帝元鼎六年，初置张掖、酒泉郡（在今甘肃），而上郡、朔方、西河、河西（在今陕西绥远宁夏等地）开田官，斥塞卒六十万人戍田。又置校尉屯田渠犁（在今新疆），其后桑宏羊请屯田轮台（在渠犁之西，今新疆地）。昭帝时，又屯田张掖郡及轮台、车师、乌孙、休循、辽东。宣帝遣使屯田渠犁、车师等地，置都护，以屯田校尉属

〔1〕《前汉书》卷九《元帝纪》。
〔2〕《前汉书》卷八九。
〔3〕《西汉会要》卷五一引《河渠书》。

之，而以赵充国屯田金城（在今甘肃），以破羌为最有名。光武中兴，海内萧条，分遣诸将屯田内地，藉资粮储。建武四年，刘隆讨李宪，宪平，遣隆屯田武当。马援以三辅地旷土沃，乃上书求屯田上林苑中，许之。六年，王霸屯田新安，夏，李通破公孙述于西域，还屯田顺阳。八年，王霸屯田函谷关，张纯将兵屯田南阳。明帝永平十六年，北伐匈奴，取伊吾地，置宜禾都尉以屯田，遂通西域。顺帝阳嘉元年，以湟中地广，增置屯田五部，并为十部。傅燮为汉阳太守，广开屯田，列置四千余营。〔1〕屯田之盛，可以想见。

汉代注重移民政策，以发展农业：（甲）移民就宽乡。人多地少，无田可耕，不能不徙狭乡之农民至宽乡，以求得耕地。景帝元年下诏："间者岁比不登，民多乏食，夭绝天年，朕甚痛之。郡国或硗陿无所农桑系畜，或地饶广荐草莽水泉利而不得徙，其议民欲徙宽大地者，听之。"〔2〕章帝元和元年，诏令郡国募人无田欲他界就肥饶者听之，到所在赐给公田。桓帝时，崔实谓："今宜遵故事，徙贫人不能自业者于宽地。"奖励人民由狭乡徙宽乡之举，汉代不止一次。（乙）移民实边。移民实边可以减轻内地人口之压迫，且可藉此以开垦边疆荒地。文帝十一年，募民耕塞下，开移民实边之端。晁错论移民实边曾上书说："令远方之卒守塞，一岁而更，不知胡人之能，不如选常居者，家室田作，且以备之。"又说："臣闻古之徙远方以实广虚也，相其阴阳之和，尝其水泉之味，审其土地之宜，观其草木之饶，然后营邑立城，制里割宅，通田作之道，正阡陌之界。……种树畜长，室屋完安，此所以使民乐其处，而有长居之心也。"〔3〕武帝元鼎六年，分武威、酒泉地，置张掖、敦煌郡，徙民以实之。后汉光武帝建武十五年，徙雁门、代郡、上谷吏人六万口，置常山关、居庸关以东。其后明帝、章帝、和帝、桓帝时，尝募罪徒戍边。汉代移民实边政策，一方是注意开垦荒地，一方是注意防

〔1〕《文献通考》卷七《田赋考》，《古今图书集成·戎政典·屯田部》。
〔2〕《前汉书》卷五《景帝纪》。
〔3〕《前汉书》卷四九《晁错传》。

备边疆。〔1〕

汉代不但注重移民政策，且注重救济贫农政策。汉每以郡国公田假与贫民，振济困乏。高祖二年，故秦苑囿园池，令民得田之。武帝建元元年，罢苑马以赐贫民。（师古注，养马之苑，禁百姓刍牧，今罢之。）昭帝元凤三年，罢中牟苑赋贫民。宣帝地节元年，假郡国贫民田；三年，诏池籞未御幸者，假与贫民；又令流民还归者，假公田，贷种食。元帝初元元年，以三辅太常郡国公田及苑可省者，振业贫民，江海陂湖园池属少府者，以假贫民，勿租赋；永光元年，令民各务农亩，无田者假之。哀帝建平元年，太皇太后诏外家王氏，田非冢茔，皆以赋贫民。后汉明帝永平九年，诏郡国以公田赐贫人，各有差；十三年汴渠成，诏以滨渠下田赋与贫人，无令豪右得固其利。章帝建初元年，诏以上林池籞赋与贫人；元和三年，令常山、魏郡、清河、巨鹿、平原、东平郡太守，将未有垦辟的肥田赐与贫民，给与粮种。安帝永初元年，以广城游猎地及被灾郡国公田假与贫民；永初二年，悉以公田赋与贫人。〔2〕兼并日甚，致贫民困乏，未有田可耕，国家假与公田，藉以救济，亦是一时的良法。

汉代不但注重救济贫农政策，且注重备荒政策。秦汉之际，兵争连年，民失作业而大饥馑。汉高祖二年，米石腾贵，人相啖食，死者过半；高祖乃令民得卖子，就食蜀汉；天下既定，乃漕转关东粟，以资救济。文帝时贾谊上疏说："汉之为汉，几四十年矣，公私之积，犹可哀痛，失时不雨，民且狼顾，岁恶不入，且卖爵子，既闻耳矣，安有为天下阽危者若是而上不惊者。……夫积贮者，天下之大命也，苟粟多而财有余，何为而不成；以攻则取，以守则固，以战则胜，怀敌附远，何招而不至。"〔3〕观贾谊之言，知道当时实少蓄积，所以贾谊极力提倡。至武帝时有水灾的祸害，关东郡国多饥荒，遂注意到备荒，太仓之粟，致腐败不可食。宣帝即位后，岁数丰收，常平仓制，应运而兴。《食货志》载："宣帝即位，谷至石

〔1〕万国鼎著《中国田制史》上册一一八页引。
〔2〕《西汉会要》卷五〇，又两《汉书》本纪。
〔3〕《御批历代通鉴辑览》卷一四。

五钱，时大司农中丞耿寿昌奏言：故事岁漕关东谷四百万斛，以给京师，用卒六万人，宜籴三辅、宏农、河东、上党、太原郡谷，足供京师，可以省关东漕卒过半，萧望之奏，寿昌未足任。上不听，事果便，寿昌遂白令边郡皆筑仓，以谷贱时，增其价而籴以利农，贵时减价而粜，名曰常平仓，民便之。"[1] 及元帝即位，天下大水，关东郡尤甚。二年，齐地饥荒，民多饿死，琅琊郡人民相食，在位诸儒多言盐铁官，及比假田官常平仓可罢，上从其议，罢之。常平仓废后，不复置。王莽时，谷价腾贵，人民饥死者什之七八。后汉明帝即位，至永平五年，作常满仓，立粟市于城东，粟每斛值钱二十，府廪环积。安帝之世，天下水旱，人民相食，遂令吏民入钱谷，得为关内侯，以供救济之费。献帝兴平元年，三辅大旱，谷一斗，钱五十万，豆麦一斛，钱二十万，人相啖食，帝使侍御史侯汶出太仓粟豆，为饥人作饘粥。由上引述而观，汉代是注重备荒政策的。

汉代虽然是注重救济贫农政策和备荒政策，但不是彻底的，不是普遍的（如常平仓可罢废），所以许多在饥饿线上的贫农，仍然没有方法维持生计，不能不走到暴乱之路。当王莽时，遍地发生农民暴动，五原地方数千贫农，被饥寒所迫作盗；临淮、琅玡（今安徽省）及荆州、绿林（绿林，山名，和荆州皆在今湖北西部）暴起的农民，有几万人。以后遍地纷起的，有铜马、大肜、高湖、重连、铁胫、大抢、尤来、上江、青犊、五校、檀香、五幡、五楼、富平、获索等大股，共百余万人，赤眉是其中最大的一部分；除赤眉外，有黄巾之乱，当东汉灵帝时，因官厅之追捕，遂暴动起来，各处响应，攻破许多大的城市，杀戮政府的大吏，后虽镇压下去，但还有其他许多的大股农民，因失掉耕地，无以维持生计，而走入于盗贼暴动的队伍中。[2]

（三）税制　秦代征税之苛，过于古代，收民之赋，至于泰半，三分取二，不以为重。三代旧制，均因地而税，秦时乃舍地而税人，

〔1〕《前汉书·食货志》上。

〔2〕张鸣霄著《中国历代耕地问题》一二三页，《后汉书》卷一〇一《皇甫嵩传》，又《朱俊传》。

于是民生困敝，海内交怨，而帝祚遂倾覆。汉代的赋税，可以分以下几种：（甲）田赋。汉世鉴秦苛税之弊，深知农民的痛苦，乃减其税率，只征十五分之一。《汉书·食货志》说："上于是约法省禁，轻田租十五而税一，量吏禄，度官用，以赋于民，而山川园池市肆租税之入，自天子以至封君汤沐邑，皆各自为私奉养，不领于天子之经费。"高祖轻田租十五税一，不久废弃，至惠帝复减田租，十五税一。文帝十三年，除民之田租下诏说："农，天下之本，务莫大焉；今勤身从事而有租税之赋，是谓本末无以异也；其于劝农之道未备，其除田之租税。"[1] 自此次免租之诏令以后，直到景帝即位以前，人民不纳田租者，有十三年之久。景帝二年下诏，令民出田租三十而税一。昭帝始元六年，令民得以律占租。（武帝时赋敛繁多，律外而取，至是始复旧。）后汉建初三年，以谷贵，用尚书张林之言，尽封钱，取布帛为租。桓帝延熹八年，乃于常赋之外，每亩征十钱。灵帝中平二年，又税天下田亩十钱。这都是额外的苛税。就大体上说来，汉朝田赋，总是以三十税一为普通。[2]（乙）算赋。算赋是人口税，人民从十五岁起，至五十六岁止，每人每年出钱百二十文，谓之一算，以治库兵车马，惟贾人及奴婢出二算，其事起于高帝四年。[3] 又有七岁到十四岁出的，每人二十钱，以食天子，谓之口赋。惠帝六年，女子年十五以上，至三十不嫁者，五算。文帝定民赋四十，减轻三分一。武帝建元元年，诏民年八十复二口之算。宣帝甘露二年，减民算三十。元帝时，贡禹奏请民年二十乃算，他说："古民亡赋，算口钱，起武帝征伐四夷，重赋于民，民产子三岁则出口钱，故民重困；至于生子辄杀，甚可悲痛；宜令儿七岁去齿，乃出口钱，年二十乃算。……天子下其议，令民产子七岁去齿，乃出口钱，自此始。"[4] 成帝建始二年，减天下赋钱算四十。（注：本算百二十，今减四十为八十。）口钱是未成丁的人口税，是于算赋之外，另

〔1〕《文献通考》卷一。
〔2〕常乃德著《中国财政制度史》五四页。
〔3〕《前汉书》卷一上《高帝纪》如淳引《汉仪注》。
〔4〕《前汉书》卷七二。

行征收的。民产子三岁，要出口钱，可见赋税之重了。（丙）更赋。秦用商鞅之法，人民每月服役于郡县，号为更卒；又服役于中都官，号正卒；一岁屯戍，一岁力役，三十倍于古。汉兴因循未改，民年二十而任徭役，至五十六而免，是为力役之征。其力役有卒更、践更、过更诸种，《昭帝纪》如淳注："更有三品：有卒更，有践更，有过更。古者正卒无常，人皆更迭为之，一月一更，是谓卒更也。贫者欲得顾更钱者，次直者出钱顾之，月二千，是谓践更也。天下人皆直戍边三日，亦名为更，律所谓繇戍也。虽丞相子，亦在戍边之调，不可人人自行三日戍，又行者当自戍三日，不可往便还，因便往，一岁一更；诸不行者，出钱三百入官，官以给戍者，是谓过更也。"〔1〕卒更，是指人民当服的兵役；践更，是人民出钱雇人以代兵役；过更，是人民出钱代戍役；都是一种变相的纳税办法。（丁）户赋。秦汉之制，列侯封君食租税，岁率户二百，千户之君，则二十万，朝觐聘享出其中。汉代凡封建侯王食邑，俱以若干户为率，每户岁赋率二百，但是否由封君自行征收？抑由田租算赋中按户的比例扣除？不可得而知。（戊）杂税。汉代之杂税，可以分为几种：(1) 商税。《史记·平准书》说："高祖乃令贾人不得衣丝乘车，重租税以困辱之。"可见当时商贾有税而且税很重。景帝时訾万钱算百二十七。武帝元光六年，初算商车，商贾人船车二算，船五丈以上一算。武帝元狩四年，初算缗钱，《汉书·食货志》说："商贾以币之变，多积货逐利，于是公卿言：商贾滋众，贫者畜积无有，仰县官。异时算轺车贾人缗钱有差，请算如故。诸贾人末作，贳贷卖买，居邑贮积诸物，及商以取利者，虽无市籍，各以其物自占，率缗钱二千而算一。诸作有租及铸（如淳注：以手力所作而卖之），率缗钱四千而一算。匿不自占，占不悉，戍边一岁，没入缗钱，有能告者，以其半畀之。"〔2〕(2) 六畜税。武帝时租及六畜。昭帝元凤二年，令郡国无敛今年马口钱。翟方进请算马牛羊。（本传张晏注：马牛羊头数

〔1〕《前汉书》卷七《昭帝纪》。
〔2〕《西汉会要》卷五二《前汉书·食货志》下。

出税算，千输二十。）（3）榷酤。榷酤是由公家专利以酤酒；汉朝初年，有酒酤之禁，依律三人以上无故郡饮者，罚金四两。昭帝始元六年，令民得以律占租卖酒，每升四钱；至王莽时，始行官酿官卖的制度。（4）盐铁。盐铁之利，兴自汉初，《文献通考》说："汉高祖接秦之敝，量利禄，度官用，以赋于民，而山川园池市肆租税之人，自天子至于封君汤沐邑，皆各自为奉养 。不领于天下之经费，秦赋盐铁之利，二十倍于古，汉兴循而未改。"〔1〕《食货志》载："武帝元鼎六年，拜卜式为御史大夫，式既在位，见郡国多不便，县官作盐铁，器苦恶，贾贵，或强令民买之，乃因孔仅言事，上不说。汉连出兵三岁，费仰大农以均输调盐铁助赋，故能澹之。"又说，"元封元年，桑宏羊为治粟都尉，领大农，尽代仅斡天下盐铁，乃请置大农部丞数十人，分部主郡国，各往往置均输盐铁官"，可见盐铁为当时收入的大宗。此外尚有杂税，如军市租、市租籍、稿税、海租。汉代为收税之故，中央在各地设盐铁诸官。凡郡县出盐多者，置盐官，主盐税；出铁多者，置铁官，主鼓铸；有工多者，置宫官，主工税；物有水池及鱼利多者，置水官，主平水，收渔税。〔2〕

（四）商业 秦始皇徙各国豪富于咸阳，共十二万户，以振关中的商业。《史记》称：关中富商尽诸田。田啬、田兰，皆当时富商，他们由临淄而迁咸阳，都是在通都大邑。若卓氏、程郑、孔氏者，或居边地或处腹地，亦以实业世其家。至汉代商业更加发展，所以太史公说："汉兴海内为一，开关梁，弛山泽之禁，是以富商大贾周流天下，交易之物，莫不通得其所欲。"〔3〕因为富商大贾周流天下，所以汉代的商业很发达，商业发达，商人阶级的势力日益发展，因此，高祖令贾人不得衣丝乘车，加重租税以困辱之。其后市井之子孙不得仕宦为吏，其最酷者为市籍，凡商人一入市籍，政府每以严法加之。考汉初刑律谪戍于边者七科，而商人占其四。（吏有罪，亡命，赘婿，贾人，故有市籍，父母有市籍，大父母有市籍。）贾人之权利，

---

〔1〕《文献通考》卷一五《征榷考》。
〔2〕《后汉书》卷三七《百官志》。
〔3〕《史记·货殖列传》。

不得等于农民，而从军之义务，则视他人为重，其挫抑商贾，可以见了。

汉初虽然是厉行贱商政策，但是对于国富，并没有危害的影响，至武帝时，对于商业是不取贱商政策的，而商贾反得为高官，商人的地位，不同前时了。《汉书》所谓：“县官大空，而富商贾，或墆财役贫，转谷百数，废居居邑，封君皆氐首仰给焉。”可以看见当时商人的富有情况。汉代工商业的大都会，大概是沿袭战国和秦代以来之旧制的；其中如关中、三河、巴蜀、温轵、邯郸、洛阳、临淄、巨野、江陵、吴、寿春、合肥、番禺、颍川、南阳之属，在当时尤为著名。

西汉末年，王莽时关于商业政策者如下：（甲）五均之制。王莽以周官泉府，乐语五均为藉口，在长安分东西市，五都为中与东西南北之称。司市以外，并置交易丞五人，钱市丞一人。司市以四时仲月定物之价，为其市平。民物不售者，用其平价取之；民欲赊贷者，钱府与之；万物昂贵，则以平价卖与民；其价低贱减平者，听民自相为市。[1]

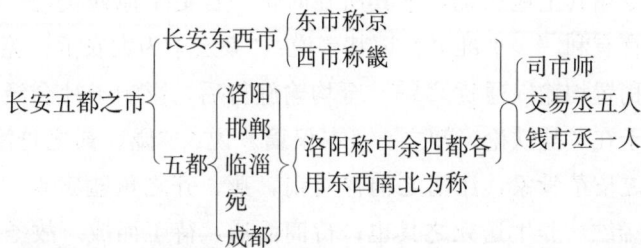

- 长安五都之市
  - 长安东西市
    - 东市称京
    - 西市称畿
  - 五都
    - 洛阳
    - 邯郸
    - 临淄
    - 宛
    - 成都
    - （洛阳称中余四都各用东西南北为称）
  - （以上皆设）
    - 司市师
    - 交易丞五人
    - 钱市丞一人

五均之市，设司市师一人，总其成；外设交易丞五人，钱府丞一人，各司交易出纳之事。其司市师之在长安东西市者，则各以市令充之；而在五都者，则各以市长充之。（乙）六筦之令。王莽设六筦之令：盐、酒、铁、名山大川、均赊贷、铜冶。用富贾督之，乘机求利，人民愈病。复下诏每一筦申明科禁，犯者罪至死。

东汉自光武承大乱之后，中经明、章两帝，政教昌明，商业观

[1] 王孝通著《中国商业小史》二九页。

念，视西汉为变迁。东汉对于商业，虽无奖励的明文，但没有抑压的政策。当时著名显贵中，如第五伦之贩盐，樊重之货殖，不独不以经商为可耻之贱业，而且往来贩盐于太原、上党，或治产置庐，或辐辏成市。仲长统称："豪人之室，连珠数百，膏田满野，奴婢千群，徒附万计，船车贾贩，周于四方。"可以推知当时商业的盛况。不过到了东汉末年，自经董卓之乱，天下奇荒，百物昂贵，尤以关中荒凉为甚。其时谷类价格高涨，至于每石值钱五十余万，而豆类价格高涨，至每石值钱二十万，真是骇人听闻。〔1〕曹操时，设法将盐复行收归国有，依旧置使者监卖，以所得羡余，买耕牛以给百姓之流亡者，使他们从事耕种，这可说是一种利民的政策。

汉代之均输法，是国家经营商业的一种政策，均输是平均输送，换句话说：甲地之食料（或其他货物）过剩，价格低廉，政府即照价收买贮藏之；若遇乙地缺乏食料时，即运输该地出售，因此两地食物，可以调节；两地物价，可以保持平衡状态；而政府可以得不少赢利是也。据《史记·平准书》集解引孟康之说："谓诸当所输于官者，皆令输其土地所饶，平其所在时价，官更于他处卖之。输者既便，而官有利。"《平准书》记其事说："桑宏羊为大农丞，筦诸会计事，稍稍置均输以通货。"〔2〕至均输施行后，影响于社会经济者如何？可于在《盐铁论》知之。《本议篇》说："陇、蜀之丹漆旄羽，荆、扬之皮革骨象，江南之柟梓竹箭，燕、齐之鱼盐旃裘，兖、豫之漆丝絺纻，养生送死之具也；待商而通，待工而成。故圣人作为舟楫以通川谷，服牛驾马以达陵陆；致远穷深，所以交庶物而便百姓。是以先帝开均输以足民财，罢之不便也。"《力耕篇》说："今山泽之财，均输之藏，所以御轻重而役诸侯也；汝汉之金，纤微之贡，所以诱外国而钓羌胡之宝也。夫中国一端之缦，得匈奴累金之物，而损敌国之用；是以骡驴馲驼，衔尾入塞，驒騱騵马，尽为我畜，驒貂狐貉，采旃文罽，充于内府，而璧玉珊瑚瑠璃，咸为国之宝。

〔1〕郑行巽著《中国商业史》七八页。
〔2〕《史记》卷三〇。

是以外国之物内流，而利不外泄也；异物内流，则国用饶；利不外泄，则民用给矣。”据此，可以知道施行均输法，可发展国内商业，且可经营国外贸易。

西汉时代，为国外商业开始的时代，当时之所谓国外，与今不同；当时之所谓匈奴，即今之内外蒙古；所谓朝鲜，其大部分，即今之奉天；所谓南越，其大部分，即今之两广；所谓西南夷，其大部分，即今之四川、云、贵；所谓西域，其大部分，即今之新疆。对于南越，有马牛羊金铁田器之贸易；对于西南夷及西域，亦各有适宜之交易品。输入之品，以大宛之天马，条支之大鸟为最著；输出之品，以邛竹杖蜀布为最著。到了东汉，除和匈奴、北单于通关市之外，更和乌桓、鲜卑通交易。至东罗马帝国（Roman Orient）和中国发生的贸易关系，是间接，不是直接，是由安息人为居间者；及罗马破安息，两方得举行直接贸易，由中国以输出罗马的商品，以生丝、缯、绢之属为大宗；由罗马以输入于中国者，以珠、玉、香料等类为大宗。

(五) 币制　秦兼并天下后，定币为二等，《食货志》载：“秦并天下币为二等，黄金以溢，名为上币，铜钱质如周钱，文曰半两，重如其文；而珠玉龟贝银锡之属，为器饰宝藏，不为币，然各随时而轻重无常。汉兴，以为秦钱重难用，更令民铸荚钱，黄金一斤，而不轨逐利之民，蓄积余赢以稽市物，痛腾跃，米至石万钱，马至匹百金。”〔1〕汉朝通用的货币，是金和铜两种。汉高祖时，以秦钱重难用，改铸荚钱，其钱过轻，所以不便于用。吕后二年（西纪元前一八六年），觉荚钱太轻，又铸造八铢钱；六年，因行荚钱，私铸大起，以至荚钱益增，其重量益减。文帝五年，改铸为四铢钱，同时撤销盗铸钱令，使人民自由铸造。其时文帝赐邓通以蜀之严道铜山，许其铸钱，邓通以铸钱而财雄淩王；又吴王濞在豫章之铜山，招天下亡命之民而铸钱，富裕等于天子。吴邓所铸之钱，形式重量均照汉制，流通全国。〔2〕贾山曾上书谏说：“钱者，无用器也，而可以

〔1〕《前汉书·食货志》下，《文献通考》卷八《钱币考》。
〔2〕周伯棣编译《中国货币史》一三页。

易富贵；富贵者，人主之操柄也，令民为之，是与人主共操柄，不可长也。”〔1〕文帝从其言，复禁铸钱。景帝六年，更定铸钱及伪黄金弃市之律。武帝建元元年，将四铢钱改铸为三铢钱；五年，罢三铢钱，行半两钱；同年又废半两钱，改铸为三铢钱，将盗铸诸金钱者处以死刑；后又使郡国铸造五铢钱。可是因为郡国铸钱以来，铸造所甚多，而形式重量不划一，人民之盗铸愈多。《汉书·食货志》说：“自孝文更造四铢钱，至是岁（元狩四年）四十余年，自建元以来用少，县官往往即多铜山而铸钱，民亦盗铸不可胜数，钱益多而轻，物益少而贵。有司言曰：古者皮币，诸侯以聘享，金有三等，黄金为上，白金为中，赤金为下。今半两钱法重四铢，而奸或盗摩钱质而取镕，钱益轻薄而物贵，则远方用币烦费不省，乃以白鹿皮方尺，缘以缋，为皮币，直四十万；王侯宗室，朝觐聘享，必以皮币荐璧，然后得行。又造银、锡、白金，以为天用莫如龙，地用莫如马，人用莫如龟，故白金三品：其一曰重八两，圜之，其文龙，名白撰，直三千。二曰以重差小，方之，其文马，直五百。三曰复小，椭之，其文龟，直三百。令县官销半两钱，更铸三铢钱，重如其文。盗铸诸金钱，罪皆死；而吏民之犯者，不可胜数。”此时币制可算一大改革。第一于金铜之外，采用银、锡、白金等为币，为后世用银为主币之滥觞；第二创皮币之制，为后世宝钞关子钞票之滥觞；在货币史上是值得注意的。武帝元鼎二年，依公卿之请，在京师铸造钟官赤仄，〔2〕以新钱一枚，当普通五铢钱五枚，对于租税及出纳，非赤仄钱，不得使用。其后赤仄钱贱，民巧法用之，不便，又废。元鼎四年，完全禁止郡国铸钱，专令上林三官（均输、钟官、办铜三官）铸造，将以前诸郡国所铸之钱一概废销；其铜移交于三官，此后盗铸大减。自武帝元狩五年，三官初铸五铢钱，至平帝元始中，成钱二百八十亿万余。

当时钱之比价甚高，故为用甚大，《文献通考》引石林叶氏之

〔1〕《文献通考》卷八《钱币考》。

〔2〕赤仄与赤侧同，其周廓以赤铜即纯铜铸造之，因此称之为赤仄五铢。钟官是后来的上林三官之一。

说："《汉书·王嘉传》：'元帝时，都内钱四十万万，水衡钱一十五万万，少府钱十八万万'，言其多也，以今计之，才八百三十万贯耳，不足以当榷货务盛时一岁之入。盖汉时钱极重而币轻，谷价甚贱，时至斛五钱，故嘉言'是时外戚赀千万者少'，正使有千万，亦是今一万贯，中下户皆有之。汉律丞相、大司马、大将军，月俸六万，乃今六十贯，御史大夫四万，而大将军米，月三百五十斛，下至佐史秩百石，犹月八斛有奇。其赐臣下黄金每百斤、二百斤，少亦三十斤，虽燕王刘泽以诸侯赐田生金，亦二百斤，梁孝王死，有金四十余万斤。币轻故米贱金多。近世患国用不足以为钱少，故'夹锡''当十'等交具，卒未尝有补。盖钱之多寡，系币之轻重，不在鼓铸广狭也。"据叶氏之说，以为钱虽少，但是钱的价值高，用处就觉得大了。

汉朝的币制，到王莽时代又一改变。王莽摄政，改革汉制，仿周钱子母相权之法，铸造大钱及契刀、错刀，与五铢钱并行。大钱，径一寸二分，重十二铢，铸大钱五十之文字；契刀，长二寸，其形如刀，有环如大钱，铸契刀五百之文字；错刀，以黄金镶嵌一刀，值五千之文字。这种种货币，与汉五铢钱并行于社会。及莽即位，以为刘字之侧，有金刀之文，乃罢错刀、契刀和五铢钱，更作金银龟贝钱布之品。钱货凡六品：小钱径六分，重一铢，文曰小钱直一；其次幺钱，径七分，重三铢，文曰幺钱一十；又次幼钱，径八分，重五铢，文曰幼钱二十；又次中钱，径九分，重七铢，文曰中钱三十；又次壮钱，径一寸，重九铢，文曰壮钱四十；连前大钱五十计之，是谓钱货六品，价值和所铸之文相等。金货凡一品：黄金重一斤，值万钱。银货凡二品：朱提银，重八两，为一流，值一千五百八十钱；其他银一流，值千钱。龟宝凡四品：元龟径长一尺二寸，值二千一百六十钱，名大贝十朋；公龟九寸，值五百钱，名壮贝十朋；侯龟七寸以上，值三百钱，名幺贝十朋；子龟五寸以上，值百钱，名小贝十朋。贝货凡五品：大贝，四寸八分以上，二枚为一朋，值二百一十六钱；壮贝，三寸六分以上，二枚为一朋，值五十钱；幺贝，二寸四分以上，二枚为一朋，值三十钱；小贝，一寸二分以上，二枚为一朋，值十钱；其不㲄一寸二分的，不得为朋，每枚值三钱。布货凡十品：大布、次布、第布、壮布、中布、差布、厚布、幼布、么布、小布共十种。小布长一寸五分，重十五铢，文曰小布一百；自小布以上，递加长一分，加重一铢，价值各加一百；直到大布长二寸四分，重一两，价值千钱。以上货币，凡五物，六名，二十八品。布货及钱货，皆配以铜铅锡而铸造之，其钱文质与周廓，均仿汉之五铢钱，布货是仿周代之布货的。王莽所改变之货币制度，如此复杂，人民大感不便，《汉书·食货志》说："百姓愦乱，其货不行。"民间私自通用的，仍是五铢钱。莽乃下诏严禁说："敢有非井田，挟五铢钱者，为惑众，投诸四裔，以御魑魅。"但是仍不能令新币通行，致农商失业，徬徨饮泣，坐铸钱而抵罪者，自公卿大夫以至庶人，不可胜数。莽知道人民苦痛，乃只准使用一铢之小钱，及"大钱五十"二种，把金、银、龟、贝、布等货币悉行废止；至天凤元年复增减其价格，而行金、银、龟、贝之货，废大小钱，而改行货布、货泉二种。货布长二寸五分，厚一寸；首长八分余，广八分，其圜孔之径二分半。足枝长八分，其文右为货，左为布，重二十五铢，价格相当于货泉二十五枚。图如下。

货泉（圆形之钱）径一寸，重五铢；文右为货，左为泉，一枚之价格为一钱，与货布二品并行。又以大钱行之既久，罢之恐怕人民不愿，乃令暂时准许大钱与新货泉俱每枚值一并行，六年之后，才禁止私铸大钱。《食货志》曾说及当时的情况："每壹易钱，民用破业而大陷刑，莽以私铸钱死，及非沮宝货，投四裔，犯法者多，不可胜行，乃更轻其法，私铸作泉布者，与妻子没入为官奴婢，吏及比伍知而不举告，与同罪，非沮宝货，民罚作一岁，吏免官，犯者俞众，及五人相坐，皆没入郡国，槛车铁锁传送长安钟官（师古

注：钟官，主铸钱者），愁苦死者什六七。”王莽这次改革，不能不说是失败了。自王莽死后，用布帛金粟为交换媒介，至后汉光武建武十六年，始复用五铢钱，人民称便。自是约百五十年间，均无变铸之事，但至灵帝中平三年，因为财政困难，铸造四出文钱（四出文钱亦称为角钱，背面自孔之四隅向外廓处有线）。后献帝初平元年，董卓坏五铢钱，更铸小钱，悉取洛阳、长安之铜人、钟簴、飞廉、铜马等以充铸，故货贱物贵，谷石一斛，值钱数十万。由上引述而观，汉人嗜用五铢钱，已成积习了。〔1〕

（六）交通　汉代之交通西域，为中西文化沟通的导源，但汉初所谓西域，是指今新疆天山南北路而言，其后交通渐广，凡西北之地，概称之为西域。西域于武帝时始通，本三十六国，其后稍分至五十余国，皆在匈奴之西，乌孙之南；南北有大山，中央有河，东西六千余里，南北千余里，东则接汉，阸以玉门阳关，西则限以葱岭，其南山东出金城，与汉南山相连属。其河有两源：一出葱岭山，一出于阗；于阗在南山下，其河北流，与葱岭河合，东注蒲昌海。〔2〕西域诸国之大者，为月氏、乌孙、大宛；张骞奉使始开西域，其后骠骑将军霍去病击破匈奴右地，降浑邪休屠王，遂空其地，始筑令居以西，初置酒泉郡，后稍发徙民充实之，分置武威、张掖、敦煌，列四郡。宣帝时天山南北及葱岭东西诸国，悉属汉之都护。自宣帝神雀三年，至东汉安帝永初元年，汉威远播，凡百六十载；其后设置西域长史，屯柳中（今新疆鲁克沁回城，在吐鲁番之东），辖葱岭以东之地。汉代通西域之路，有南北两道：从鄯善傍南山（阿勒腾塔格山及托古兹山）北波河，至莎车为南道；南道西逾葱岭，则出大月氏、安息，自车师前王庭，随北山（天山）波河（塔里木河）西行，至西勒为北道。西逾葱岭，则出大宛、康居、奄蔡。〔3〕西域既经交通，辟地万里，西往之使，相望于道，一岁之中，多者十余人，少

〔1〕《文献通考》卷八《钱币考》；周伯棣编译《中国货币史》一五页；常乃德著《中国财政制度史》七〇页；《御批历代通鉴辑览》卷二〇。

〔2〕《西汉会要》卷七〇；《前汉书》卷九六上《西域传序》。

〔3〕《汉书》卷九六上《西域传序》。

者五六辈，远者八九岁，近者数岁而返；而安息、奄蔡、黎靬、条枝、身毒等远方之国，皆有汉之使迹。张骞西使，西域植物十有余种，传入中国，民到于今，尚受其赐；其他横吹胡曲、希腊美术输入中国，尤为有功文化。〔1〕近年敦煌新出竹简，有小学术数方技及屯戍文牍，可知汉代的文教，必远及于葱岭内外。其时中国货物流入西域诸国者甚多，遂辗转而输入东部罗马（即叙利亚、埃及、小亚细亚等处），据《史记·大宛传》所记安息（Parthia），为当时行商最盛之国，东西贸易皆以此为中心。〔2〕

西方的交通已如上述，而东方、北方、西南方的交通，略述如下：(1) 东方。朝鲜自周初立国，已受商、周文化的影响；然中间交通不盛，至汉武帝元封二年（前一〇九），发水陆军灭卫氏古朝鲜，在其地置乐浪（平安南道、黄海道、京畿道）真番（鸭绿江上流附近一带之地）玄菟（咸镜南道之地）临屯（江原道之地）四郡；汉人于是渐由朝鲜半岛，至中部地方移殖。《后汉书·东夷传》称："自武帝灭朝鲜，倭使驿通于汉者三十许国。"光武中元二年，倭奴国奉贡朝贺，光武赐以印绶。是汉之文教，且由朝鲜而及于日本。其时日本北九州之住民，渐与乐浪郡开始交通，《汉书·地理志》说："乐浪海中有倭人，分为百余国，以岁时来献。"当时中日交通之路，似由北海道中渡办韩，沿马韩海岸逐渐北上，到乐浪郡者。乐浪郡之中心地为朝鲜县，即古之朝鲜首都王俭城，在今之平壤附近，朝鲜县为汉之极东互市场，涉貊、韩、倭人等远近诸民族，似多集于此。自乐浪郡至后汉都城洛阳，则似不由海路，而由陆路辽东。《文献通考》卷三百二十四载："倭人初通中国也，实自辽东而来。"中日间之交通路既有连络，而汉代文化乃有移入日本的倾向。按博多湾沿岸地，发见许多中国制之铜剑铜铧；筑前国筑紫郡春日村大字须玖并系岛郡怡土村大字三云发见瓮棺，内多中国古镜、璧玉之类；又由系岛郡小富士村之海岸遗迹，发见王莽时代之货泉，意料是由此交通路移

〔1〕张星烺撰《中西交通史料汇编》第一册《古代中国与欧洲之交通篇》。
〔2〕Soothill："*China and the West*"，p. 15.

入的。[1]（2）北方。古代北方诸族，为匈奴、乌桓、鲜卑，秦汉时匈奴最强，乌桓、鲜卑皆为所屏。《廿二史劄记》卷二："《汉书·武帝纪赞》专赞武帝之文事，而武功则不置一词；抑思帝之雄才大略正在武功，因匈奴屡入寇，则使卫青七出塞击，收河南地，置朔方郡，公孙敖筑受降城，徐自为筑五原塞，千余里列亭障至胪朐，徙贫民实之。"这是由武力的扩张，而使交通的发展。东汉时，匈奴分为南北，南匈奴附汉，入宅河南；北匈奴为汉所破，漠北以空；北方异族之人，因此感受汉人之文化。（3）西南方。汉代同时注重西南夷的交通，《前汉书》载："元狩元年，博望侯张骞言：使大夏时见蜀布邛杖，问所从来？曰：从东南身毒国，可数千里，得蜀贾人市。或闻邛西可二千里，有身毒国。骞因盛言大夏在汉西南，慕中国，患匈奴隔其道，诚通蜀身毒国，道便近，又亡害。于是天子乃令王然于、柏始昌、吕越人等十余辈，间出西南夷，指求身毒国。至滇，滇王当羌，乃留为求道，四岁余皆闭昆明，莫能通。……使者还，因盛言滇大国，足事亲附，天子注意焉。"[2] 可知当时的交通，已远至印度。中国之交通印度，是得力于先开拓西陲的缘故；因为开拓西陲，从匈奴人手中夺过了土耳其斯坦；土耳其斯坦之占领，使中国之资借泛希腊文化，及佛教之由印度输入中国，同成为可能的事实。有汉一代，中国南方版图也有扩张，纪元前一一〇年（武帝时）征服越南之后，槟榔树便传入御花园。交通与文化有重大的影响，是不可磨灭的事实。[3]

汉代武功及于中亚一带，同时西洋方面罗马继希腊而起，声威也及于中亚一带，于是中亚乃成为当时东西文化交汇的枢纽。汉代中国人称罗马帝国为大秦，又称之为犁靬，都是罗马帝国的别名。中国人的足迹，曾否到过罗马帝国的本部，无可考证。《后汉书·西域传》说甘英使大秦，抵条支，临大海欲渡，为安息西界船人所阻而罢。但是中史所纪大秦使者及贾人眩民之属，到中国来的就不少。后汉桓帝延

〔1〕日人木宫泰彦著《中日交通史》上册汉译本一四页。
〔2〕《前汉书》卷九五《西南夷传》。
〔3〕桑戴克著《世界文化史》汉译本第二十二章《中国文化全盛时期》。

熹九年，大秦王安敦遣使自日南徼外来献，这里所说的大秦王安敦，就是罗马皇帝 Marcus Aurelius Antonius（121—180）。安敦于一六五年征服波斯，使者到中国在一六六年，路途辽远，所以至汉土时，要在安敦征服波斯后一年了。《后汉书·西南夷传》并说汉安帝永宁元年，掸国王雍由调献海西幻人，海西即大秦，掸国在今安南北部，掸国西南是通大秦的。汉时中国与印度诸国的海上交通颇为频繁，《汉书·地理志》曾杂记自日南、障塞、徐闻、合浦船行所至的国名，其中的黄支国即印度的建志补罗（Kanchipurd），因为中国与印度、安息的海上交通很便，所以吴孙权黄武五年有大秦贾人至中国贸易的事。而汉时罗马帝国与中国交通之盛，于此可见。〔1〕

（七）官制 秦始皇既统一天下，中央政府置丞相、太尉、御史大夫；丞相以总诸政，太尉以掌天下之兵，御史大夫则辅丞相而监察诸政；行政、兵马、监察三权分立，便无专权之患；而始皇则总揽此三大权于一身，而确定帝权的尊严。其他官职有奉常，掌祭祀礼仪；郎中令，掌宫殿掖门；卫尉，掌门卫屯兵；宗正，掌帝王之亲族；治粟内史，掌谷货；廷尉，掌刑辟；典客，掌宾客；太仆，掌舆马；少府，掌山海地泽之税；是时尚未有三公九卿之称。汉之官制，大抵沿秦之旧，《前汉书》载："秦兼天下，建皇帝之号，立百官之职，汉因循而不革，明简易随时宜也，其后颇有所改。"〔2〕兹将汉代官制略述如下：（甲）中央官制。上公：太师、太傅、太保；三职沿秦之旧。三公：丞相、太尉、御史大夫，汉改制为大司徒、大司马、大司空。九卿：太常，掌祭祀；光禄勋，掌宫殿掖门；中大夫令，掌门卫屯兵；太仆，掌舆服车马；大理，掌刑狱；大鸿胪，掌宾客朝觐之事；宗伯，掌王族之事；大司农，掌谷货之事；少府，掌山泽租税。列卿：执金吾，掌徼循京师；将作大匠，治宫室；典属国，掌蛮夷降者；水衡都尉，掌上林苑。宫官：詹事，掌皇后太子家事；长信詹事、长信少府、长乐少府，掌皇太后宫；大长秋，

〔1〕 向达著《中外交通小史》五至七页。
〔2〕《前汉书》卷一九《百官公卿表》。

皇后卿；太子太傅、太子少傅，掌傅相太子。军官：大将军、票骑将军、车骑将军、卫将军、前后左右将军、列将军。汉官以所食俸的多寡，表示官秩的尊卑。汉制三公号称万石，其俸月各三百五十斛谷；称中二千石者，月各百八十斛；二千石者，百二十斛；比二千石者，百斛；千石者，九十斛；比千石者，八十斛；六百石者，七十斛；比六百石者，六十斛；四百石者，五十斛；比四百石者，四十五斛；三百石者，四十斛；比三百石者，三十七斛；二百石者，三十斛；比二百石者，二十七斛；一百石者，十六斛。〔1〕汉制三公九卿分理庶政，非天子的私人，故遇大事有所诏命，必下廷臣议之，参加廷议者，为丞相、御史大夫、列侯、二千石、博士等官。（乙）地方官制。秦始皇时，鉴于前代封建之弊，改为郡县制。始皇从李斯之建议，将天下分为陇西、北地、上郡、河东、上党、太原、雁门、代郡、云中、九原、邯郸、巨鹿、上谷、渔阳、右北平、辽西、辽东、齐郡、东郡、砀郡、薛郡、琅琊、泗水、三川、颍川、南阳、汉中、巴郡、蜀郡、南郡、长沙、九江、会稽、南海、桂林、象郡三十六郡，更小分之为县，每郡置守、尉、监，守以治民，尉以掌兵，监以监察。秦为中央集权，诸王大臣不能私有土地；汉代高祖鉴于秦之孤立亡国，乃兼郡县及封建两制度而用之，大封诸王及功臣于各地，又任诸臣为郡守。汉地方官为二级制度，以郡国统县。《前汉书》载：“郡守，秦官，掌治其郡，秩二千石，有丞，边郡又有长史，掌兵马。……景帝中元二年，更名太守。”〔2〕《通典》载：“景帝中元二年，更名郡守为太守，凡在郡国，皆掌治民、进贤、劝功、决讼、检奸……郡为诸侯王国者，置内史以掌太守之任。宣帝以太守吏民之本，数变易则下不安，民知其将久，不可欺罔，乃服从其教化。每拜刺史、守相，辄亲见问，观其所繇，退而考察，以质其言。……成帝绥和元年，省内史以相治民，则相职为太守。王莽改太守曰大尹，后汉亦重其任。”〔3〕《前汉书》：“县令长，皆秦

〔1〕《前汉书》卷一九《百官公卿表》师古注。
〔2〕《前汉书》卷一九《百官公卿表》。
〔3〕《通典》卷三三《职官》一五。

官，掌治其县，万户以上为令，秩千石至六百石；减万户为长，秩五百石至三百石，皆有丞尉；秩四百石至二百石，是为长史；百石以下，有斗食佐史之秩，是为少吏。”〔1〕秦有监御史，汉兴省之，武帝置部刺史，以六条问事。《前汉书》：“监御史，汉省，丞相遣史分刺州，不常置。武帝元封五年，初置部刺史，掌奉诏条察州。”又载：“刺史班宣，周行郡国，省察治状，黜陟能否，断治冤狱，以六条问事，非条所问即不省。一条：强宗豪右，田宅逾制，以强陵弱，以众暴寡。二条：二千石不奉诏书，遵承典制，倍公向私，旁诏守利，侵渔百姓，聚敛为奸。三条：二千石不恤疑狱，风厉杀人，怒则任刑，喜则淫赏，烦扰刻暴，剥截黎元，为百姓所疾，山崩石裂，袄祥讹言。四条：二千石选署不平，苟阿所爱，蔽贤宠顽。五条：二千石子弟，恃怙荣势，请托所监。六条：二千石违公下比，阿附豪强，通行货赂，割损政令。”〔2〕据此，可知汉代地方官制中对于刺史一职的注重。武帝时郡上置州，为冀州、幽州、并州、凉州、益州、交州、兖州、青州、徐州、豫州、荆州、扬州等十二州；每州置刺史，巡回属下诸郡，监察郡守的施为。成帝时，以刺史位卑，乃更为州牧，位在九卿之次；其后再为刺史，又为州牧；至后汉末年，其势益强，直等于诸侯。汉之乡官，是仿法秦制，惟小有增置。秦制，大率方百里为县，十里则为一亭，亭有长；十亭又为一乡，乡有三老。三老掌教化，啬夫职听讼及收赋税，游徼徼巡禁盗贼。东汉乡官之制尤为周密，一里之地有里魁，什家伍家之民有什伍，主察善恶。考汉代三老、孝悌、力田，皆乡官名。《通典》载：“汉乡亭及官，皆仿秦置也；县大率方百里，其人稠则减，稀则旷，乡亭亦如之。高后元年，初置孝悌、力田二千石者一人，后废。至文帝十二年，又置三老及孝悌、力田，无常员。平帝又置外史闾师官。”〔3〕《廿二史劄记》载：“汉文帝诏曰：孝悌，天下之大顺也；力田，为生之本也；三老，众民之师也；其以户口率置常员。章

〔1〕《前汉书》卷一九《百官公卿表》。
〔2〕《前汉书》卷一九《百官公卿表》注。
〔3〕《通典》卷二〇《职官》二。

怀《后汉书》注：三老、孝悌、力田，皆乡官之名也。三老高帝置，孝悌、力田高后置云。"[1] 汉代地方官制，是注意到下层的乡官。

(八) 军制　秦时中央政府，有太尉掌天下之兵，其下有卫尉及其他诸种之官，以统率军队。诸郡置卫使掌兵，又有材官（谓有材力而善以挽强弓者），及始皇筑长城，守五岭，乃发及谪戍（谓发罪人使服兵役）闾左（闾门之右住富民，其左住贫民，闾左谓贫民之服兵役者）。汉代兵制，分京师、地方、边外，兹略为分述如下：(甲) 京师兵。汉初拱卫京师之兵，分南北两军以相制，《策海渊萃》载："汉踵秦，置材国于郡国，而京师有南北军之屯；南军卫宫城，主之者卫尉；北军卫京城，主之者中尉。卫尉居内，中尉居外，相为表里，使自相制：至若南北军，皆隶于三公，而光禄岁以四科考第。"[2]《通考》载："南军有郎卫、兵卫，掌天子宿卫；北军止于护城。"要之：南军为宫卫屯兵之所属，北军为京辅兵卒之所隶，领二军者，其权均重。至武帝时，增置八校尉，合城门校尉而为九，俱属北军；又改中尉为执金吾，掌北军如故。至于南军虽专掌宿卫，然其间又有兵卫、郎卫之分。郎卫为郎中令之所掌，其职守间同于卫尉；武帝改郎中之名为光禄勋，而置期门、羽林以属诸光禄；光禄与卫尉同主宿卫，卫尉所率者兵，光禄所率者郎，此是郎卫兵卫的分别。后汉光武随事设兵，有黎阳营、雍营之号。《后汉书》："《汉官仪》曰：光武中兴，以幽、冀、并州兵骑克定天下，故于黎阳立营，以谒者监之。又曰：扶风都尉部在雍县，以凉州近羌，数犯三辅，将兵卫护园陵，故俗称雍营。"[3] 其时京师南北军，仍照前汉制度，而略有更改。《通考》："京师南北军如故，则并胡骑虎贲二校为五营，以北军中候易中垒以监之。于南军则光禄勋省车户骑三将及羽林令，卫尉省旅贲令卫士一人丞。"[4]《后汉书》："北军中候，本注曰：中

[1]《廿二史劄记》卷二。
[2]《策海渊萃》卷四二《兵制》。
[3]《后汉书》卷五三《窦宪传》注。
[4]《通考》卷一五〇《兵考》二。

兴省中垒，但置中候以监五营，胡骑并长水，虎贲主轻车并射击。”〔1〕兹将京师兵组织列表如下：

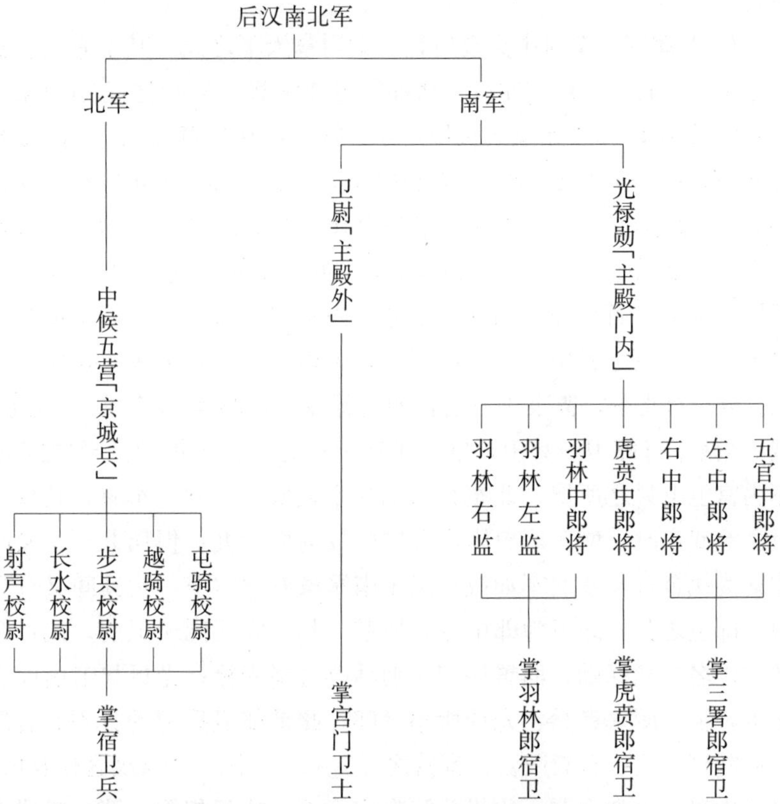

后汉中叶以后，兵不精练，每有寇警，则临时征调。《通考》：“安帝永初间，募入钱谷，得为虎贲羽林缇骑营士，而营卫之选亦衰矣。桓帝延熹间，诏减羽林虎贲不任事者半俸，则京师之兵，亦更弱矣。外之士兵不练，而内卫兵不精，设若盗起一方，则羽檄被三边，兴发甲卒，取办临时，战非素具，每出辄北。”〔2〕至灵帝时，有西园八校尉之设，天子自为统将。《后汉书》：“是时置西园八校

〔1〕《后汉书》卷三七《百官志》。
〔2〕《通考》卷一五〇《兵考》二。

尉，以小黄门蹇硕为上军校尉……帝以蹇硕壮健而有武略，特亲任之以为元帅，督司隶校尉以下，虽大将军亦领属焉。”[1] 兹将八校尉列表如下：

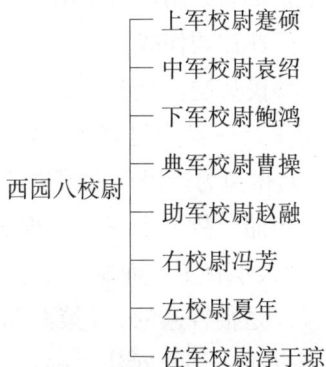

西园八校尉
- 上军校尉蹇硕
- 中军校尉袁绍
- 下军校尉鲍鸿
- 典军校尉曹操
- 助军校尉赵融
- 右校尉冯芳
- 左校尉夏年
- 佐军校尉淳于琼

后汉末年，南北军得以纳钱谷而为兵，故京师军备渐衰，遂为后来宦官掌握兵权，而招致汉室灭亡的原因。（乙）地方兵。秦统一中夏，郡置材官，凡材官之所属，大抵俱为步兵；而列郡官制，又设尉以佐守，典一郡之武职甲卒。汉兴郡国兵制，亦因秦而设。《刑法志》说：“天下既定，踵秦制而置材官于郡国。”其实彼时所置，并不独材官，又设立车骑、楼船。《后汉书》：“高祖命天下，选能引阙蹶张材力武猛者，以为轻车、骑士、材官、楼船。常以秋后讲肄课武，各有员数。平地用车骑，山阻用材官，水泉用楼船；盖三者之兵，各随其地之所宜。”[2]《通考》：“以《汉史》考之，大抵巴蜀、三河、颍川诸处，止有材官。上郡、北地、陇西诸处，止有车骑。而庐江、浔阳、会稽诸处，止有楼船。三者之兵，各随其地之所宜。”[3] 又掌握兵权者有专官，《通考》：“郡国之兵，其制则一，有列郡，有王国，有侯国，郡有守，有都尉、尉佐。太守典武，其在王国，则相比郡守，中尉比都尉，侯国有相，秩比天子令长；每

[1]《后汉书》卷九九《何进传》。
[2]《后汉书》卷一下《光武纪》注引《汉官仪》。
[3]《通考》卷一五〇《兵考》二。

岁郡守卫教兵，则侯国之相与焉；侯国之兵，既属之郡，而王国之兵，亦天子所有，不可擅用。”〔1〕后汉光武时，诏罢郡国都尉，并职太守；无都试之法，举一切材官、骑士、楼船之众，还复民伍，而所用者多长从之募士；郡国兵制，由是渐坏。（丙）屯田兵。屯田之兵，是守边而屯田，间亦被调作战。

汉代初年，是行一种民兵制。《前汉书》：“《汉仪注》云：民年二十三为正。一岁为卫士，一岁为材官骑士，习射御，驰战阵。又曰：年五十六，衰老，乃得免为庶民，就田里。”〔2〕又说：“古者二十而傅，三年耕，有一年储，故二十三而后役之。”《王制正义》引许慎《五经异义》说：“汉承百王，而制二十三而役，五十六而免。”可知汉代人民的服兵役，是很普遍的。《策海渊萃》载：“汉兴，民二十则传于籍，而岁及立秋，则严兵法之肄，公卿子弟执戟以备宿卫，而博士郎中皆课之射；当时民与士大夫皆闲军旅，或为卒更、为践更、为过更，民皆已练之兵，或取之于大农，取之于宗正，取之于太仆，士大夫皆可命之将，则汉制之善，在于兵不常聚而将无常员，故材官骑士，布满郡国，有事檄召，否则罢归。”〔3〕汉代初年，兵农未分，所役之兵，皆由征调而来，自武帝时始行募兵之制。东汉地方之兵悉出于召募，于是汉初寓兵于农之法废，而郡国转无可恃之兵，东汉所以召亡，就是这个原因。

（九）法制　中国法制，至秦代而一变，秦代以前趋重礼治，自战国时，法家竞起，经商鞅、李悝、申不害、韩非、慎到等提倡法治之后，法学遂日益发达。秦国处战争攘夺之世，以严刑齐一国民的行动，以便专制独裁，争强于天下，而天下苦秦法的苛密，乃揭竿而叛之。汉高祖起自民间，知秦法不足以得民心，遂更改之。《通考》：“汉高祖初入咸阳，与父老约法三章，杀人者死，伤人及盗抵罪，余悉除秦苛法，兆民大悦。”〔4〕班固当时看见民心的趋向，社

〔1〕《文献通考》卷一五〇《兵考》二。
〔2〕《前汉书》卷一上《高帝纪》注。
〔3〕《策海渊萃》卷四二《兵制》。
〔4〕《文献通考》卷二六三。

会的需要，特提出礼刑平行论，以纠正秦代刑法之偏倚。《前汉书》："夫人宵（肖）天地之貌（古貌字），怀五常之性，聪明精粹，有生之最灵者也。……圣人取类以正名，而谓君为父母，明仁爱德让，王道之本也。爱待敬而不败，德须威而久立，故制礼以崇敬，作刑以明威也。圣人既躬明哲之性，必通天地之心，制礼作乐，立法设刑，动缘民情，而则天象地，故曰：先王立礼，则天之明，因地之性也。刑罚威狱，以类天之震曜杀戮也；温慈惠和，以效天之生殖长育也。《书》云：天秩有礼，天讨有罪，故圣人因天秩而制五礼，因天讨而作五刑。"又说："文德者，帝王之利器；威武者，文德之辅助也。夫文之所加者深，则武之所服者大；德之所施者博，则威之所制者广。三代之盛，至于刑措兵寝者，其本末有序，帝王之极功也。"〔1〕从上引说，可知班固实不主张秦代之偏重刑罚，而当以礼德并行也。汉代初年立法主宽，不过是汉高祖入关时一种吸收民心的工具；但自灭秦覆楚以后，即命萧何定律，萧何本秦时刀笔吏，熟习秦法，因取李悝所定《法经》六篇而损益之。李悝所定的为盗法、贼法、囚法、捕法、杂法、具法六章，盗法者，用以治盗；贼法者，用以治贼；囚法及捕法，则包含今之监狱法及刑事诉讼法；杂法，则除盗贼外之一切刑法；具法则为刑名，即今之刑法总则。其意以治国莫急于除盗贼，故列之于首；盗贼须急于囚捕，故次之；而以轻狡、越城、博戏、供假、不廉、淫侈、逾制，则入于杂法；最后则说明刑名加减之例，是为具法，此为李悝《法经》的次第。秦法即本于此，萧何因袭之，又增户法、擅兴法及厩法三篇，命为九篇，是为九章律。〔2〕据《唐律疏义》："萧何加悝所造户、兴、厩三篇，谓之九章。"其是否全袭《法经》之旧，抑略有更改之处，今不可考。惟汉律却不尽属于刑民法律，章太炎的《检论》卷三《汉律考》所说："案《史记·汲郑列传集解》引如淳曰'律，太守都尉诸侯内史各一人，卒史书佐各十人'，是汉律有官制也。《汉书·高帝纪》如淳注

〔1〕《前汉书》卷二三《刑法志》。
〔2〕拙著《中国法律史大纲》四五页。

‘律，四马高足为置传，四马中足为驰传，四马下足为乘传，一马二马为轺传，急者乘一乘传’，是汉律有驿传法式也。《汉书·律历志》曰‘度者，分寸尺丈引也，职在内官廷尉掌之’，是汉律有度量章程也。由是言之：汉律非专刑书，盖与《周官礼经》相邻。自叔孙通定朝仪，而张苍为章程，通因作《傍章》十八篇，意者官制在通《傍章》（太守之称则后所改定），章程则在杂律淫侈逾制之部，或在《傍章》不可知；驿传法式，宜在厩律矣；其后应劭删定律令，以为《汉仪》（见《晋书·刑法志》），表称国之大事，莫尚载籍，逆臣董卓荡覆王室，典宪焚燎，靡有孑遗，亦以见汉律之所包络国典官令，无所不具，非独刑法而已也。”如章氏说，则汉律范围包涵颇广。据《文献通考·刑志》：“汉高祖后以三章之法，不足以御奸，于是相国萧何攈摭秦法，取其宜于时者，作律九章。”《晋书·刑法志》：“萧何定律，除参夷连坐之罪，增部主见知之条，益事律擅兴厩户三篇，合为九篇。”兹略录九章律如下：（一）盗律：（甲）劫略。劫略即今之强盗；略似唐律之略人，唐律强盗略人均在贼盗律中。（乙）恐猲。猲以威力胁人，唐律恐猲取人财物亦在贼盗律中。（丙）和卖买人。《光武纪》：“诏吏人遭饥乱，及为青、徐贼所略，为奴婢下妻，欲去留者恣听之，敢拘制不还，以卖人法从事。”唐律和同相卖亦在贼盗律中。（丁）受所监。受财枉法，《刑法志》：“吏坐受财枉法。”是指曲公法而受赂者。监指监临，唐律监主受财枉法在职制律。（戊）勃辱强贼。强贼已就拘执，即应送官，今不送官，自行殴辱，是谓专擅。（己）还赃畀主。唐律诸以赃入罪，正赃见在者还主，即是官物还官，私物还主。以上律目，均见《晋志》。（二）贼律：（甲）欺谩。违忠欺上谓之谩，汉律欺谩有处至死刑者。（乙）诈伪。背信藏巧谓之诈，与欺谩有别。（丙）逾封。李悝杂律有逾制，一曰逾封，当即逾制，惟逾制所包者广，逾封则限于封域；汉入于贼律，似于《法经》略有更改。（丁）矫制。擅矫诏命，虽有功劳亦不加赏，汉律矫诏罪有至腰斩的。（戊）贼伐树木。汉时道侧植树，有所伐者，必加于罪。（己）杀伤人畜杀。贼盗有盗官私牛马者杀，汉时杀牛罪，有至弃市。（庚）亡印。亡失符印，有害国家，故入贼律。（辛）储跱不办。豫备器物不办，并有害于国家，故入贼律。（壬）以言语犯宗庙园陵。唐律盗园内草木，在盗贼律。其他尚有大逆不道，父母妻子同产，皆弃市；杀不辜，一家三人为不道，敢蛊人及教令者，弃市；立子奸母，见乃得杀之；斗以刃伤人，完为城旦；无故入人室宅庐舍，上人车船，牵引人欲犯法者，格杀无罪；过失杀人不坐死。（三）囚律：（甲）诈伪生死。唐律诈病死伤不实，入诈伪。（乙）告劾。《晋志》魏分囚律为告劾律。（丙）传覆。传谓逮捕，覆为审察。（丁）系囚。汉世有讼系之制，言宽容之意。（戊）鞫狱。汉世问罪谓之鞫，辞讼有券书治之。（己）断狱。断决难分别之事。（四）捕律：捕律律目无可考，《论衡》："汉正首匿之罪，制亡从之法。"唐律知情藏匿罪人，亦在捕亡。（五）杂律：（甲）假借不廉。唐律负债违契不偿，亦在杂律。（乙）轻狡。（丙）越城。（丁）博戏。指戏而取人的财。（戊）淫侈。指过于奢侈。（六）具律：佚文可考者：（甲）一人有数罪，以重者论之。（乙）亲亲得相首匿。（丙）年未满八岁及八十以上非手杀人，他皆不坐。（七）户律：户律之目，《晋志》无文可考。（八）兴律：（甲）上狱。（乙）擅兴徭役。（丙）乏徭稽留。（丁）烽燧。（九）厩律：（甲）告反逮受。（乙）乏军之兴。（丙）上言变事。（丁）惊事告急。以上汉九章之律，其目之可考见者：盗九，贼十，囚七，杂四，具二，兴七，厩九，凡四十八。

汉代自萧何编九章以后，常有编纂法典之举，计叔孙通增附律十八篇。赵禹《朝律》六篇，张汤《越宫律》二十七篇，合计为六十篇，凡三百五十九章，大辟四百九条，千八百八十二事，死罪决事比（以例相比）万三千四百七十二事。[1] 昭帝时，据桓宽《盐铁论》刑德第五十五所说，则律令百余篇，所以遂感删定之必要，《前汉书·宣帝纪》说："本始四年夏四月诏曰：律令有可蠲除以安百姓，条奏。"《元帝纪》说："初元五年夏四月，省刑罚七十余事。"虽然注意删定，而律令犹日增无已，只看成帝河平年的诏书说："今大辟之刑，千有余条，律令烦多，百有余万言。"就可推想一斑。汉

〔1〕《前汉书·刑法志》卷二三。

代不只有律，此外还有令甲、令乙、令丙、科、品式等，以视律文有同等的效力。令与律合，则通曰律令。大抵令之所出，由于人主的意思，而其后嗣当共保守而依据之，故积之愈久，则命令愈多。当汉盛时，自令甲以下，已积三百余篇，而汉律尚六十篇，倘以篇数多寡为衡，则汉令多于汉律了。

汉代刑法分类如下：（甲）徒刑。一岁刑有罚作、复作，卫宏《汉旧仪》："男为戍罚作，女为复作，皆一岁。"二岁刑有司寇作，《汉旧仪》："司寇男备守，女为作如司寇，皆作二岁。"三岁刑有鬼薪、白粲，《汉旧仪》："鬼薪者，男当为祠祀鬼神伐山之薪蒸也；女为白粲者，以为祠祀择米也；皆作三岁。"四岁刑有完城旦舂，《惠帝本纪》注应劭说："城旦者，旦起行治城，舂者妇人不豫外徭，但舂作米，皆四岁刑。"五岁刑，有髡钳城旦舂，《汉旧仪》："男髡钳为城旦，女为舂，皆作五岁。"（乙）财产刑。罚金，《哀帝本纪注》如淳引令甲："诸侯在国名田他县，罚金二两。"（丙）名誉刑。夺爵，《景帝本纪》："夺爵为士伍，免之。"师古注："谓夺其爵，令为士伍，又免其官职，即今律所谓除名也；谓之士伍者，言从士卒之伍也。"（丁）身体刑。（1）黥、劓、刖左右趾，《刑法志》："今法有肉刑三。"孟康注："黥劓二，刖左右趾，合之凡三也。"（2）笞，《郎觊传》："汉法肉刑三：谓黥也，劓也，左右趾也，文帝除之，当黥者，城旦舂；当劓者，笞三百；当左右趾者，笞五百。"（3）腐刑，腐刑即宫刑，如淳注："丈夫割势，不能生子，如腐木不生实。"（戊）死刑。（1）弃市，《前汉书·景帝本纪》："中元二年，改磔曰弃市。"师古注："磔谓张其尸也；弃市，杀之于市也。"（2）腰斩，《周礼·秋官》掌戮注："斩以铁钺，若今腰斩。"（3）枭首，《陈汤传注》："枭谓斩其首而悬之也。"（己）族刑。洪迈《容斋随笔》卷第二汉轻族人条："主父偃陷齐王于死，武帝欲勿诛，公孙丞相争之，遂族偃。郭解客杀人，吏奏解无罪，公孙大夫议，遂族解。且偃、解两人，本不死，因议者之言，杀之足矣，何遽至族乎？汉之轻于用刑如此。"（庚）流刑。徙边，《魏书·刑罚志》："少傅游雅疏云：汉武帝时始启河右四部议诸疑罪而谪徙之。”〔1〕西汉用刑可以议贵、老弱而减刑，又可因过失、自首、赎罪、疯狂、新主登位而轻刑。高祖时，死刑分腰斩及磔与绞三种，而镬烹及夷三族则仍旧；五刑亦仍旧，惟墨改为黥，劓改为刖，断舌刑亦依然存在。惠帝即位，更定赎刑，凡民有罪卖爵三十级，得免死罪；三十级计钱六万，此为三代后赎刑之始。高后以夷三族之制太酷，下令废除，然武帝时新垣平谋逆，复行三族之诛，是仍未废除净尽。文帝即位，以旧法为太苛，并感于太仓令淳于公之女淳于缇萦之言，下诏废除肉刑；然文帝所除者，只为黥、劓及刖左趾三者，而宫刑及刖右趾则未有废；且以笞代劓刖，本属善政，然笞至三百及五百，则反为死者多而生者少，较劓刖更为重，名虽减轻，实为加重。景帝时，以笞数太多，易至于死，下令减三百为二百，五百为三百；六年，又定铸钱伪黄金弃市律，并以笞者或至死，再减二百为一百，三百为二百，當笞者笞臀，不复笞背，毋得更人，毕一罪，乃更人；自那时以后，受笞刑者，乃较为安全。武帝即位，乃诏张汤、赵禹等，更定律令，张汤作《越宫律》，赵禹作《朝律》，于是有见知故纵之法、腹诽法、沉命法，凡秦之严刑，至是皆恢复，惠帝、文帝、景帝宽厚之政悉废；至孝宣帝时，看了严刑之不当，乃诏令蠲除之。据《文献通考》卷一百六十三说：“孝宣本始四年，诏郡国律令可蠲除以安百姓者条奏，诏曰：间者吏用法，巧文寖深，是朕之不德也；夫决狱不当使有罪兴邪，不辜蒙戮，父子悲恨，朕甚伤之。今遣廷史与郡鞫狱，任轻禄薄，其为置廷平，秩六百石，员四人，其务平之以称朕意。于是选于定国为廷尉，求明察宽恕黄霸等以为廷平，季秋后请谳时，上常幸宣室，斋居（重用刑故斋戒以决之）而决事，狱刑号为平矣。”但当时人臣中，有不以设廷平为然者，涿郡太守郑昌上疏说：“圣王立法明刑者，非以为治，救衰乱之起也；今明主躬垂明听，虽不置廷平，狱将自正，若开后嗣，不若删定律令，律令一定，愚民知所避，奸吏无所弄矣。今不正其本，而置廷平以理其末也，政衰听怠，则廷平将招权而为乱首

〔1〕 杨鸿烈著《中国法律发达史》上册一〇七页至一一〇页引。

矣。”郑昌此言，是以法治的昌明在于修定律令，而不在于多设狱吏之意。宣帝地节四年下诏：“父子之亲，夫妇之道，天性也，虽有祸患蒙死而存之，诚爱结于心，仁厚之至也；自今子首匿父母，妻匿夫，孙匿大父母，皆勿坐；其父母匿子，夫匿妇，大父母匿孙，罪殊死。”此是本人道立法之意。其他对于被掳掠，或饥寒犯人，加以怜悯，年八十以上，非诬告杀人罪，皆不坐。元帝时，省刑罚七十余事，其中属死刑者，三十四事。成帝河平中下诏：“甫刑云：五刑之属三千，大辟之罚，其属二百，今大辟之刑，千有余条，律令烦多，百有余万言，奇请他比（师古注：奇请谓常文之外，主者别有所请以定罪也，他比，谓引他类以比附之稍增条律也），自明习者不知所由，欲以晓喻众庶，不亦难乎？于以罗元元之民，夭绝亡辜，岂不哀哉。其与中二千石博士，及明习律令者，议减死刑，及可蠲除约省者，令较然易知条奏。”〔1〕此是不以苛刑罗织人民之罪为然。成帝鸿嘉元年，定律令，年未满七岁，贼斗杀人及犯殊死者，上请廷尉以闻，得减死；此是合于刑事上的责任能力。哀帝即位，废除诽谤抵欺法，更轻殊死刑八十一事，凡手杀人者，减一等。

汉代刑制，对于犯罪时期的计算，亦有注意。当定陵侯淳于长坐大逆罪诛，长之小妻乃始等六人，皆于事未发觉时弃去，或已改嫁，及长事发，丞相方进及大司空何武，皆主张将乃始等依法坐，谓犯法者，各以发事律令论，乃始等弃去时，已在长犯大逆以后，当坐；而廷尉孔光则加以反对，谓乃始等去时，长之罪尚未发觉，今既于发觉前弃去，或已改嫁，其义已绝，论之，名不正，不当坐。寥寥数语，实与刑法上犯罪之时期有关。一主犯罪行为说，一主犯罪结果说，此种问题，在法学发达之今日，尚各执一见，未有定论；而在二千年前，已有人因此争辩，是法律史上可注意的事。

汉律以巩固君权及维系君主尊荣之故，特设律令：（一）对帝室不敬罪：（1）阑入宫殿门，（2）阑入甘泉上林，（3）衣襜褕入宫，（4）出入殿门不下，（5）山陵未成置酒歌舞，（6）醉歌堂下，（7）犯

〔1〕《前汉书》卷二三《刑法志》。

跸，(8) 诽谤妖言，(9) 祝诅，(10) 腓非，(11) 非所宜言，(12) 废格沮事，(13) 附下罔上，(14) 诈疾，(15) 触讳。(二) 危害君主罪：(1) 外附诸侯，(2) 媚道，(3) 反逆。(三) 矫诏罪。(四) 漏泄禁中语罪。观此，皇帝随便可以个人的意思诛锄人民了。

关于西汉民法，(甲) 身份。西汉分人民为士农工商四等，凡士有官职的，可谓之贵族。农工商则属于自由民，自由民之下有奴婢。士以爵之上下而分别阶级的，计爵凡二十级；如公士、上造、簪袅、不更、大夫、官大夫、公大夫、公乘五大夫、左庶长、右庶长、左更、中更、右更、少上造、大上造、驷车庶长、大庶长、关内侯、彻侯等。农工而外，商贾在社会上的地位，为政府所轻视。(乙) 婚姻。汉代有法定的婚姻年龄，如惠帝令说："女子十五以上不嫁者，五算。"婚姻过早是有流弊的。(丙) 承继。宗法时代，只有嫡长能叫父后，支庶不能叫父后。汉代初年，仍保存这宗法的遗蜕制度。以上引述，可以略见前汉制定法律的概况。

自战国至秦，任刑的法治主义盛极一时；到了汉代，因为儒家学说统于一尊的缘故，思想界对于严刑峻法起了反动；儒家素来主张的德治感化主义，遂为当时所推重。如董仲舒之主张任德不任刑，贾谊主张茂其德教而绥其刑罚，刘向主张先德教而后刑罚，可说是代表时代的思想。至于研究法律的专家，则有张叔、张汤、杜周、杜延年、于定国、路温舒、郑弘等，往往聚徒讲授至数百人，是比较东汉以后未有的盛事。及王莽篡夺孺子婴的位以后，恐怕人民不附和，又以严刑治民，更定焚如之刑，犯罪者烧杀之，而夷三族及镬烹之刑又见于是时。王莽是一个托古改制的人，他由社会经济的不平等，进而推论犯罪的来源，所以主张以"土地国有""均产""废奴"为消灭犯罪的治本方法，但结果也是残民以逞，如"敢有非井田圣制，无法惑众者，投诸四裔"，是用严刑峻法贯彻他的主张。

东汉光武承王莽之后，颇有恢复西汉旧观的趋势，《后汉书·循吏传序》说："初光武长于民间，颇达情伪，见稼穑艰难，百姓病害，至天下既定，务用安静，解王莽之繁密，还汉世之轻法。"《晋书·刑法志》说："光武中兴，留心庶狱，常临朝听讼，躬决疑事。"《文献通考·刑志》说："后汉世祖建武二年诏曰：顷狱多冤人，用刑深刻，朕甚愍之，孔子云：刑罚不中，则民无所措手足，其与中二千石诸大夫博士议郎议省刑罚。"光武时，对于系囚非犯殊死，皆不案其罪，凡杀奴婢不得减罪。高山侯梁统主张严刑，特上疏说："元帝初元五年，轻死刑三十四事，哀帝建平元年，轻殊死刑八十一事，手杀人者减一等，二帝共轻死刑一百一十五事，自后人轻犯法，吏易杀人。"梁统虽主张严刑，但光武不以为然，所以群臣请增科禁不许，且蠲除边郡盗谷五十斛罪至于死之例，令天下系囚，自殊死以下及徒刑，各减本罪一等。凡妇女从坐犯徒者，除大逆不道外，皆遣归家，每月出钱雇人于山伐木，以代鬼薪白粲。明帝即位，首定赎刑，凡罪囚中二千石下至黄绶贬秩赎论者，悉皆复秩还赎，天下亡命，殊死于下，听得赎论。死罪入缣二十匹，刖右趾至髡钳城旦舂十匹，完城旦舂至司寇五匹，犯罪未发觉诏书到日先自告者，半入赎。明帝永平十八年，又诏令天下亡命，自殊死以下，赎死罪缣三十匹，刖右趾至髡钳城旦舂十匹，完城旦舂至司寇作五匹，吏人犯事未发觉，诏书到日自告者半入赎。〔1〕又定扑罚，凡大臣有罪者用之。明帝善刑理，法令分明，日晏坐朝，幽枉必达，断狱得情，不愧为一代英主。安帝时，大司农刘据以职事被谴，召诣尚书，传呼促步，又加以捶扑，左雄上书以扑罚非古制，安帝纳其言，自后九卿无复捶扑者。章帝时，郭躬奏请重文可就轻者，凡四十一事，著于令。及陈宠代郭躬为廷尉，帝纳宠言，诏除钻鑚诸惨酷之科，解妖恶之禁，除文致之请（文饰致法之意），平议罪狱五十余事。〔2〕和帝时，廷尉陈宠上书，请将律令条法之溢于吕刑者，悉蠲除之，他说："臣闻礼仪三百，威仪三千，故吕刑大辟二百，五刑之属三千，礼之所去，刑之所取，失礼则入刑，相为表里者也。今律令死刑六百一十，耐罪（去颊须之刑）千六百十八，赎刑以下二千六百八

〔1〕《后汉书·明帝本纪》及《古今图书集成》一六四卷《赎刑部》。
〔2〕《渊鉴类函》卷一四六。

十一，溢于吕刑者千九百八十九，其四百一十大辟，千五百耐罪，七十九赎罪，宜令三公廷尉平定律令，应经合义者，可使大辟二百，而耐罪赎罪二千八百并为三千，悉删除其余令。”适陈宠抵罪，遂未及行，至陈宠之子陈忠复为尚书时，略依陈宠意，奏上三十三条，为决事比，以省请谳之弊。安帝又除蚕室刑，解赃吏三代禁锢，狂易杀人得减重论，母子兄弟相代死，听之，并赦所代者，是皆陈忠本其父意以奏可的。顺帝、桓帝、灵帝年间，凡系囚罪未决，皆可入缣赎罪。桓帝时，更因党祸定禁锢终身之制，此有如后世之无期徒刑。

后汉献帝建安元年，应劭删定律令为《汉仪》，奏称：“臣不自揆，辄撰具律本章句，尚书旧事、廷尉板令、决事比例、司徒都目、五曹诏书及春秋断狱，凡二百五十篇，蠲去复重，为之节文；又集驳议三十篇，以类相从，凡八十二事。其见《汉书》二十五，《汉记》四，皆删叙润色，以全本体；其二十六，博采古今瑰玮之士，文章焕炳，德义可观；其二十七，臣所创造，虽未足纲纪国体，宣洽时雍，庶几观察，增设圣听。献帝善之。”[1] 观此，后汉末年，亦曾增修律令。献帝建安中，议者欲复肉刑，当时孔融建议以为不可，他说：“上失其道，民散久矣，而欲绳之以古刑，投之以残弃，非所谓与时消息者也；纣斫朝涉之胫，天下谓无道，夫九牧之地，千八百君，若各刖一人，是天下常有八百刖也，求世休和，弗可得已。”献帝准其所奏。后汉一代，都是注重省刑，但究其实，亦不尽然，《通考》：“按自建武以来，虽屡有省刑薄罚之诏，然上下相胥以苛酷为能，而拷囚之际，尤极残忍；《独行传》载楚王英坐反诛，其所疏天下名士有会稽太守尹兴名，乃征兴诣廷尉……诏狱就拷，诸吏不堪楚痛，死者大半……且兴不过以姓名罥罣，反形未具，公浮为人诬以赃罪，陆续戴就所坐，不过以郡功曹不肯证成太守之罪，及非同谋之人，而乃穷极惨酷如此，则罪情稍重而不肯诬服者，拷死于狴犴之下，盖不可胜计矣。”在君主专政时代，表面上虽以省刑罚为号召，而在下之苛刑虐政，是司空见惯的。后汉刑名分为：

〔1〕《文献通考》卷一六四，《后汉书》卷七八《应劭传》。

（甲）徒刑。分一岁刑，输作司寇；二岁刑，鬼薪白粲；四岁刑，完城旦舂（完者不加髡钳而筑城）。（乙）身体刑。分笞刑、宫刑。（丙）流刑。（丁）死刑。分殊死、戮尸。在刑法分则上，则分对帝室不敬罪，无尊上非圣人不孝罪，造作图谶罪，藩王私通宾客罪，阿党罪，刺探尚书事罪，渎职罪，选举罪，妨害秩序罪，诬告罪，私饮罪，杀人罪，殴伤罪，窃盗及强盗罪，买卖人口罪，奸官婢罪，毁坏损弃罪。在军法上，分为擅权罪，辱职罪。

汉代法律，多为晋、唐、宋、元、明、清所沿袭，其显著者有数种：（甲）肉刑的废除。汉代所废除的肉刑，以髡、钳、耐三者代墨，以笞代劓、剕，开后世笞杖刑之例。汉文帝曾一度废除宫刑，至隋代始完全废除。（乙）笞杖的创始。古代有鞭作官刑、朴作教刑之制，其详不可考，至汉时始用笞，初时笞背，景帝时改易笞臀，后世沿用至满清末年。（丙）赎罪的确定。汉代大开赎刑，凡纳粟或纳缣若干者，可免其罪。〔1〕此风一开，沿至今日，尚存罚金之制。（丁）赦免的频繁。汉代往往因君主一人的喜悦为赦免之动机，如昭帝即位后，曾大赦六次，此举实破坏司法独立，至今大赦特赦复权，仍沿用不替。

前汉和后汉法院编制大体相似，在中央有最高的法官廷尉，为审理案件的推事；廷尉之外，有提起公诉的检察官御史，而议狱之事多归之台阁。在地方上有中央派出的司隶校尉及刺史，掌察举百官以下及京师近郡犯法者，而郡守县令亦相助按讯囚徒，决讼检奸。至最低级的地方司法事务，有游徼、亭长等官，以禁盗贼。

后汉法律思想之可考者，如王符在《潜夫论》对于赦赎曾加以反对；仲长统在《昌言》则以刑罚为德教的辅助，罪非甚重者勿杀；孔融在《肉刑议》则不以刖刑为然；荀悦在《申鉴》则提倡德刑并用；徐干在《中论》则主张赏罚同行；王充在《论衡》则以任德为重；班固在《白虎通》则以刑罚为佐德助治。从后汉法律思想而论，是很少主张以严刑为治的。

---

〔1〕《古今图书集成》卷一六四。

(十) 宗教　汉代流行的思想，是阴阳五行；阴阳说是起源于《周易》，五行说是起源于《洪范》。《周易》是筮占的繇辞，比了甲骨为后起，是商代以后的东西；《洪范》上的五行，以木、火、水、土、金五种物质与其作用统辖时令、方向、神灵、道德等事，其成为系统的学说是始自战国。汉代承战国之后，遂为这种学说的全盛时代。论其要旨，以宇宙万物都由阴阳二气所形成，火木属阳，水金属阴，土则居中，而由其相生相克以起变化；于是将人事世运的变迁，遂尽归于五行的推理；而所谓相生，则木生火，火生土，土生金，金生水，水生木；所谓相克，则木克土，土克水，水克火，火克金，金克木。汉儒大都敷衍此说，即五常、五声、五味、五色之类，都配之以五行，大儒董仲舒也用五行来说《春秋》，可见当时这种思想的兴盛。至谶纬学，则脱胎于五行之说，而开始于前汉哀平之际。谶，说文验也，则谶纬是预言将来的效验之谓。谶纬有《易纬》、《书纬》、《礼纬》、《孝经纬》、《春秋纬》等书，录载奇异之言，王莽最信之，后汉光武亦极尊信，依照谶文即位，自后谶纬之学大兴，直至后汉之末年，仍然如是。古代帝王迷信神权，有举行封禅之事，秦始皇曾到泰山顶上去行封禅，又到梁父去行禅礼。汉高祖得天下，没有功夫做这事，到武帝时又举行封禅。《通鉴》："上行幸泰山修封，祀明堂，因受计。还祠常山。"又载："上耕于巨定，还幸泰山，修封禅，祀明堂，见群臣。"〔1〕不但封禅，且迷信神仙说与方士。《通鉴》载："上自泰山，东至海上，考入海及方士求神仙者莫验，然益遣冀遇之，十二月，亲禅高里（山名，在泰山下），祠后土，临勃海，望祀蓬莱，至殊廷（仙人廷）焉。"求神仙不验，仍然希望再遇，可见武帝的迷信了。

道家之徒喜说神仙，推老子为天仙之长，而唱导引、服饵、长生、飞升之术，更敷衍之，而谓去邪累，清心神，积行树功，累德增善，便可白日升天，而获长生云云。道教创立于后汉的张道陵，当创教的时候，令教徒诵《老子》，老子为道教的祖师。张道陵入蜀

---

〔1〕《御批历代通鉴辑览》卷一六。

之鹤鸣山修炼，自称得受老君秘录行符水禁咒之法，讲长生之术，谓著道书二十四篇后，遂尔登天；而其孙张鲁亦以符水禁魇推广教门。《后汉书》："张鲁字公旗。初，祖父陵顺帝时客于蜀，学道鹤鸣山中，造作符书，以惑百姓。受其道者，辄出米五斗，故谓之米贼。陵传子衡，衡传于鲁，遂自号师君。其来学者，初名为鬼卒，后号祭酒，各领部众，众多者名曰理头，皆校以诚信，不听欺妄。有病，但令首过而已。"〔1〕张陵造作符书以惑百姓，传到他的孙张鲁时，信者益多，所在峰起，遂不可制，而号称黄巾贼的张角亦其流亚。考张陵创教之初，不过承汉末丧乱，人民生活的不安定，遂假借鬼神符录以聚徒惑众而已。

佛教初次输入期在东汉，而中国人知道有佛教却是很早。朱士行《经录》："秦王政四年，西域沙门室利房等十八人，始赍佛经来华，王怪其状，捕之系狱，旋放逐回国。"〔2〕据梁启超的意见以为："此经录本不甚可信……但最当注意者，秦始皇实与阿育王同时。阿育派遣宣教士二百五十六人于各地，其派在亚洲者，北至俄属土耳其斯坦，南至缅甸，俱有确证，或有至中国者，其事非不可能，但藉曰有之，然既与当时被坑之儒同一命运，则可谓与我思想界没交涉也。"〔3〕《魏书·释老志》："按汉武帝元狩中，遣霍去病讨匈奴，至皋兰，过居延，斩首大获；昆邪王杀休屠王，将其众五万来降，获其金人，帝以为大神，列于甘泉宫；金人率长丈余，不祭祀，但烧香礼拜而已，此则佛道流通之渐也。及开西域，遣张骞使大夏，还，传其旁有身毒国，一名天竺，始闻有浮屠之教。哀帝元寿元年，博士弟子秦景宪受大月氏王使伊存口授《浮屠经》，中土闻之，未之信也。"据梁启超的考证："当西汉初年，居住在甘肃山谷间的小部落月氏，为匈奴所迫，西徙大夏。其时大夏方为希腊远东殖民的根据地，亚历山大王部将所建国。月氏人既驱逐了此地的希腊人，希腊人转徙南下，移根据于迦湿弥罗（即汉时之罽宾），月氏人更夺取迦

〔1〕《后汉书》卷一百五。
〔2〕《历代三宝记》卷一引。
〔3〕梁任公近著第一辑《佛之教初输入》。

湿弥罗，进而为印度共主。这是西汉景武间到东汉桓、灵间的事实。张骞奉使月氏，正月氏初占领大夏的时候，而伊存据经，却正当月氏初征服迦湿弥罗的时候。”〔1〕但《魏书》所称武帝降昆邪王，得金人事尚有疑问，所谓“金人率长丈余”，当然是佛像，但昆邪王地邻高昌（今新疆吐鲁番地），去印度甚远，当时佛教势力似未能及此；且求之他书，亦无此类记载，决不能据为“佛道流通之渐”的证据。如上所述，我国人之知有佛教，当在西汉。日人高桑驹吉有说：“佛教说是秦皇、汉武之时便已传来，这话我们究竟难以承认他作事实；惟其后平帝时，说是博士秦景宪曾受过大月氏使者口授的佛经，似乎还有几分近于事实。……只不过流传不会广罢了。故佛教之公然传来中国，仍须归着到后汉明帝时。明帝之世，汉的威棱振于西域，而且正是佛教从大月氏流传到支那土耳其斯坦地方的时候，故大概是明帝得着传闻，便命蔡愔前往西域去求他了。蔡愔等于是至大月氏，得佛经及佛像，又得迦叶摩腾（Kasyapa Matanga）、竺法兰（Dharma-rakcha）二僧为伴，乃以白马驮经像于西纪六十七年还中国。明帝于洛阳建白马寺，命二僧先翻译佛说四十二章经为汉语；这实是中国设立佛寺、翻译佛经之始。佛教由是稍稍流兴，如楚王英以信仰的结果，遂绘像供祷祀，桓帝亦信之，于宫中建祠。又以明帝以后，汉威遍及西域，从而交通便利，于是支娄迦谶（Lokarakcha）从大月氏，安世高从安息，竺佛朔从印度，康孟详从康居，相继来中国，从事译经，其势便渐渐旺盛起来。我们看灵帝时有笮融者起佛寺，于浴佛日招致五千余户，施以饮食，便知后汉末年佛教弘通的盛况。”〔2〕汉明帝求法说，初见于王浮的《老子化胡经》：“永平七年甲子，星昼现于西方，明帝梦神人，因傅毅之对，知为胡王太子成佛之瑞应，即遣张骞等经三十六国，至舍卫，值佛已涅槃，乃写其经，以永平十八年归。”又梁僧佑《三藏记》四十二章经条下说：“使者张

---

〔1〕梁任公近著第一辑中卷《佛教与西域》，又宋佩韦编《东汉宗教史》二二页至二四页引。

〔2〕高桑驹吉著《中国文化史》一二二页。

骞，羽林郎中将秦景……于月支国，遇沙门竺摩腾，译写此经，还洛阳，藏在兰台石室。”〔1〕以上所述，皆证明汉代佛教已传入中国。刘光汉《国学发微》说：“汉魏之时，佛教入中国者，多属浅显之书。”佛教虽在汉代传入中国，而其学术思想之影响于汉代者，不如唐宋两代之广。按佛教之来华，有谓始于秦始皇时者，有谓始于汉武帝时者，有谓始于汉哀帝时者，有谓始于东汉明帝时者，大概以后说为最有力。（王浮附张骞于明帝，是不知有东西汉之别。）

（十一）美术　（甲）音乐。秦始皇时，前代庙乐，只有大韶、大武。汉高祖时，叔孙通用秦乐人制定宗庙之乐，又作昭容乐、礼容乐。《汉书·礼乐志》：“房中乐，高祖唐山夫人所作也。高祖乐楚声，故房中乐楚声也。”所谓楚声，即是楚国的音乐。长江流域有三个大国楚、吴、越，而楚国实为南方之强，阮籍《乐论》：“楚之风好勇，故其俗轻死……轻死，故有蹈水赴火之歌。”高祖以马上得天下，其好楚声，无怪其然。武帝时奖励音乐，立乐府，任李延年为协律都尉，司马相如等作诗赋，论其律吕，使合于八音之调，作歌十九章。《礼乐志》：“武帝立乐府，采诗夜诵，有赵、代、秦、楚之讴，以李延年为协律都尉，司马相如等造为诗赋，略论律吕。以合八音之调。”〔2〕《史记·李延年传》：“延年善歌，为新变声。上方兴天地诸祠，欲造乐，令司马相如等作诗颂，延年辄承意弦歌，所造诗谓之新声曲。”汉代乐府是那时合诸新乐的乐章，是从赵、代、秦、楚的街巷歌谣采集来的。刘勰《文心雕龙·乐府篇》说：“乐府者，声依永，律和声也。”又说：“诗为乐心，声为乐体。乐体在声，瞽师务调其器；乐心在诗，君子宜正其文。”乐府本来是一种歌诗，但从班固的记载，当时所搜集的乐府可分两种：一种是民间的歌谣，一种是文人的作品，这两种未必都能协乐器之律，故使李延年为协律都尉，来增删修改，使都能入乐。〔3〕汉郊祀歌共十九章，其名如

〔1〕梁僧佑《出三藏记》卷一引。
〔2〕《前汉书》卷二二，《通志》卷四九。
〔3〕陆侃如著《乐府古辞考》二页。

下：练时日、帝临、青阳、朱明、西顾、玄冥、惟泰元、天地、日出入、天马、天门、景星、齐房、皇后、华烨烨、五神、朝陇首、象载瑜、赤蛟。此外有短箫铙歌曲，亦隶于乐府，凡十八曲，其名如下：朱鹭、思悲翁、艾如张、上之回、翁离、战城南、巫山高、将进酒、君马黄、芳树、有所思、雉子斑、圣人出、上邪、临高台、远如期、石留。又有骑吹、横吹两种，骑吹是车驾从行，道路所奏的乐歌；横吹是军中马上所奏的乐。横吹之曲，自汉张骞入西域，传其法于西京，惟得摩诃兜勒一曲。李延年因更造新声二十八解，其后惟存十曲，其名如下：黄鹄行、陇头吟、出关、入关、出塞、入塞、折杨柳、黄覃子、赤之杨、望行人。李延年所造二十八解，多杂羌胡之音，去古雅乐远甚。〔1〕至后汉明帝时，立大予乐、周颂雅乐，黄门鼓吹乐、短箫铙歌乐。大予乐，用之于郊庙上陵等之祭；周颂雅乐，用之于辟雍、六宗、社稷之祭；黄门鼓吹乐，用之于天子大宴群臣之时；短箫铙歌乐，则列军阵时用之。明帝永平十年，召校官弟子作雅乐，奏《鹿鸣》，帝自御埙篪和之，始有意复古雅乐。章帝建初二年，以太常乐丞鲍邺言，议制十二月律，并定殿中御食饭举七曲，亦称黄门鼓吹乐。章帝所定食举诸曲，史未明言其是否雅乐。《后汉书·礼乐志》："章帝建初五年，始行月令乐。"又说："元和二年，章帝幸阙里，奏六代之乐。"可知章帝修明雅乐，为汉代乐律的复古。至顺帝阳嘉二年，始复黄钟，作乐器，随月律，雅乐始兴。桓、灵之世，叠经丧乱，乐章文物受不少的摧残。（乙）绘画。绘画在春秋战国之时已有进步，至汉代其体渐多，如文帝在未央宫承明殿画进善旌、诽谤木、敢谏鼓等。武帝时画天地及诸鬼神于甘泉宫。宣帝思及功臣之伟绩，乃画其像于麒麟阁。成帝时画赵充国之像于甘泉宫，又于明光殿之粉壁上，画正人烈士像。后汉光武帝亦有画功臣像二十八人于凌烟阁事，献帝时，所建之成都学、周公礼殿，画三皇五帝之君臣及孔子七十二弟子于壁间，可知壁画已盛行于其时。汉代以画名者，有太常卿赵岐、高阳乡侯蔡邕、河

〔1〕许之衡著《中国音乐小史》三八页。

间王相张衡，张衡之地形图一卷，尤为有名。（丙）雕铸。秦代雕刻之最重要者有二：即造玺与刻石。秦政既定中国，九鼎缺而不全，于是有玉玺之制，其原物即为楚璧。初秦昭王稷谋以十城易楚璧，不可得，及秦并六国，始得之，命李斯篆文，玉工孙寿刻“受命于天，既寿永昌”八字于其上，后子婴奉之以降刘邦者，即此物；由此可知孙寿乃当时有名之雕刻专家。至于刻石，则由于秦政巡游国内，刻石于泰山、芝罘、碣石等处，以铭功德，而峄山树石之高，至于三丈一尺，刻工之整齐，与李斯之篆笔同传。汉代艺术上之遗物，当以享堂碑阙之石刻画为主，今据武陵及孝堂山祠石图及其他现存汉碑以观，可见是时石刻甚为流行。近世所得石刻，以鲁孝王五凤石刻为西汉石刻之始，《语石》载：“鲁孝王五凤石刻，金明昌（章宗纪元）二年，得于太子钓鱼池侧，今尚存曲阜孔庙。”〔1〕东汉石刻极夥，门生故吏，为其府主伐石颂德者，遍于郡邑。《语石》载：“东汉以后，门生故吏为其府主伐石颂德者，遍于郡邑，然以欧赵诸家校郦道元《水经注》所引，仅十存四五而已。……古刻沦胥，良可慨叹。然荒崖峭壁，游屐摩挲，梵刹幽宫，耕犁发掘，往往为前贤所未见。”后汉灵帝时，刻石尤征进步，试观太学门外，石经之立，均由镌刻石而来，以五经文字之多，而居然能刊成全石，可见雕刻术的进步。汉代所制玺印力摩秦刻，乘舆所用双印，诸侯王公列侯以白玉，中二千石至四百石，皆以黑犀，三百石以下，皆以象牙，俱用雕刻。冶铸之术，在秦则有咸阳十二金人，重各二十四万斤，镕造工程，可谓最大。汉代武帝时，有承露铜盘之造，灵帝时，铸四大铜人，列于关门之外，又铸四大铜钟，各有二千斤，悬于宫殿之前。铜器在汉代无甚进步，镈、尊、垒、彝、卣、敦之属，亦极少见。汉代铜器之遗留于今者，当以镜为第一。汉镜有发见年历之明征，铸饰之文样，其中铭记之最古者，为王莽新建国二年之镜，有线画之文样；灵帝熹平三年，有平面铸出兽面与花文者；至于献帝建安中物，则搜集更多，其圆镜背面，铸有神人与异兽。汉代之

〔1〕柳诒徵编著《中国文化史》上卷四〇九页引。

铜器，尚有三代所无之砚滴、书镇，作天禄、辟邪、天鸡、蟠螭、角端（瑞兽）、龟、蛇、鹿、鸠等形，有用金银错杂者。其他有鐎斗（温食物之器，三足有柄）、温壶、弩机、镦、带钩、杖头、鸠车、舞镜等。至铜龙之特立，金马之创制，西京之世，亦已有之。〔1〕（丁）建筑。建筑之世，至秦汉更有进步。顾亭林《日知录》载："秦灭六国，而始皇帝使蒙恬将十万之众，北击胡，悉收河南地，因河为塞，筑四十四县，东临河徙谪戍以充之，而通直道自九原至云阳，因边山险堑溪谷可缮者治之，起临洮至辽东万余里，又度河据阳山北假中，此并天下之后，所筑之长城也。"万里长城，为秦代建筑物之杰出者。至秦之宫殿，亦具大观。《史记》载："二十六年，秦每破诸侯，写放其宫室，作之咸阳北阪上，南临渭，自雍门以东至泾渭，殿室复道，周阁相属，所得诸侯美人钟鼓以充入之。"又载："三十五年，始皇以为咸阳人多，先王之宫廷小……乃营作朝宫，渭南上林苑中，先作前殿阿房，东西五百步，南北五十丈，上可以坐万人，下可以建五丈旗，周驰为阁道，自殿下直抵南山，表南山之颠以为阙，为复道，自阿房渡渭属之咸阳，以象天极，阁道绝汉抵营室也。阿房宫未成，欲更择令名名之，作宫阿房，故天下谓之阿房宫。"〔2〕据此，秦代建筑物之伟大，可以想见。汉代宫室之壮丽，亦不下于秦。《前汉书·高帝本纪》载："萧何治未央宫，立东阙北阙前殿武库太仓，上见其壮丽，甚怒，谓何曰：天下匈匈，劳苦数岁，成败未可知，是何治宫室过度也？何曰：天下方未定，故可因以就宫室，且夫天子以四海为家，非令壮丽，亡以藏威，且亡令后世有以加也。"未央宫周回二十八里，前殿东西四十丈，深十五丈，高三十五丈，台殿四十三，其三十二在外，其十一在后宫，门闼凡九十五，可见规模之大。其他有建章宫，《水经》注："建章宫周二十余里，千门万户，其东凤阙高七丈五尺，中有神明台、井干楼，咸高五十余丈，北有太液池，池中有渐台，高三十丈，南

〔1〕 大村西崖著《中国美术史》汉译本三二页。
〔2〕《史记》卷六《秦始皇本纪》。

有壁门三层，高三十余丈，中殿十二间，阶陛咸以玉为之，铸铜凤五丈，饰以黄金，楼屋上椽首，薄以玉璧，因曰璧玉门。其长乐宫、咸阳宫之间，有渭桥，广六丈，南北三百八十步，六十八间，七百五十柱，百二十二梁。”汉代西京宫之著于正史者，五十有一，殿二十三，室十三，馆十五，阙四，台阁二十二，阁四，苑八，池七，极建筑之大观。东京宫之著于正史者十二，殿二十九，观四，苑七，园五，池二，其数虽不似西京之多，而壮丽未减。（戊）工艺。汉代崇尚工艺，少府有考工室，各地有工官。《汉书·地理志》载：“河内郡怀县、南阳郡宛县、济南郡东平陵县、泰山郡奉高县、广汉郡雒县，均有工官。”〔1〕工官之设，及于各县，艺术当能随之发展也。

（十二）教育 汉承秦代焚书坑儒之后，文学壅塞，图书散亡，及高祖定天下，诸儒始得修其业。文帝颇征用儒者，始置一经博士。景帝不信任儒者，而窦太后又好黄老，故博士具官，虽以经授徒，而无考察试用之法。至武帝时，从博士董仲舒之对策，始兴太学。（甲）太学。汉代武帝时，始兴太学，《前汉书》：“孝武初立，卓然罢黜百家，表彰六经，遂畴咨海内，举其俊茂与之立功，兴太学。”〔2〕当时太学校长为太常，教员为博士，学生为博士弟子员；博士初由聘请，中兴以后，改用考试定之。其入学资格，分指定、保定两种，由校长指定，只须年达十八岁以上仪状端正者，便得入学；其由郡国保送的，除具备上列条件外，还要好文学，敬长上，肃政教，顺乡里，出入不悖所闻，经地方长官呈请最高地方行政长官核准。其修业期限，或短或长，无一定的限制，要视所学的成绩为标准。每年年终考试一次，考试及格的，即许卒业，补用郎中文学掌故等官。教材专采用《诗》、《书》、《易》、《礼》、《春秋》五经，每经各置若干人，担任教授。〔3〕汉代太学，当初只有博士弟子五十人，昭帝时，增加一倍，宣帝时，增加二倍，至元帝时，增到一千

---

〔1〕《前汉书》卷二八。
〔2〕《前汉书》卷六《武帝纪赞》。
〔3〕徐式圭著《中国教育史略》一七页。

人，成帝时，增加三千人。东汉初年，以光武热心提倡，学者云集京师，比较西汉为发达，学生最盛时代，在质帝、桓帝时，达三万余人。西汉建都长安，太学亦设立在长安，据《三辅皇图》说，汉太学在长安西北七里，有市有狱。王莽时，把太学特别扩充，为学生筑舍万区。东汉太学在洛阳城南开阳门，讲堂长十丈，广三丈，堂前石经四部。光武初年，起太学博士舍，内外讲堂，为诸生肄习之所。顺帝时，更修学舍，凡所造构二百四十房，千八百五十室。〔1〕太学在汉代是最高的学府，天子在一定的时期必亲往省视一次，考查内部的情形。东汉光武、安帝、灵帝、献帝常往太学省视，当省视时，或召集太学的教授讲论经义，或考查学生的程度，或公开讲演，社会人士环桥观听的常及万人。汉代太学所产生的人才不少，西汉如息夫躬、萧望之、匡衡、何武；东汉如王充、郑玄、郭林宗、贾伟节诸人，或以学术知名，或以居官显扬，他们在社会上的地位，有一部分潜势力。

中央除了太学以外，在东汉还有两所特殊学校：(1) 鸿都门学。此校创立于东汉末年，因校址在鸿都门，所以称做鸿都门学。学科是专习尺牍及字画一类艺术，当时士大夫群起反对这种学制，但灵帝为贯彻他的主张和满足他的嗜好起见，不仅对于反对者置之不理，并且以高官厚禄奖励之，有任为刺史太守及尚书侍中，或给与侯爵等荣职。〔2〕(2) 宫邸学。宫邸学校可说是贵族学校，此校创始于东汉明帝。东汉有外戚樊氏、郭氏、阴氏、马氏四大族，他们子弟全是食禄之家，明帝给他们开学校一所，聘请五经教师，专以教授他们。此校设备完全，教授人选有时超出寻常太学，声名彰著，传到国外，引起外人的羡慕，国外如匈奴等国，也派遣生徒来汉留学。〔3〕

(乙) 郡国学校。汉时地方公立学校，第一个创办的，就是文翁。蜀郡即现今四川省，在汉初还是草昧未开，文翁守蜀，着重地

〔1〕《前汉书》卷八八《儒林传》。
〔2〕《后汉书·灵帝本纪》及《蔡邕阳球传》。
〔3〕陈青之著《中国教育史》上册一〇九页。

方教育，遂选择郡县小吏稍为开通的十余名，资送京师，受业于博士，学成之后，令其服务地方教育事业。一面建筑学舍，招集生徒，称为学官弟子，成绩优美者，补用郡吏，次等补用孝悌力田，文化因以发达。武帝见其成效卓著，诏令天下郡国仿行，地方教育日益兴盛。平帝元始三年，复用王莽之议，设立学官，把郡国学校分做四等，郡国曰学，县道邑侯国所立曰校，乡立曰庠，村聚所立曰序。学校置经师一人，庠序置孝经师一人，担任教务。元始五年，复召天下通知逸经、古记、天文、历算、钟律、小学、史篇、方术、本草、五经、论语、尔雅、孝经各教授法的数千人，遣诣京师，这就是造就师资的办法。

汉代选举，除博士弟子外，最著者贤良孝廉，其余科目亦多，所以取人不限一途。贤良始于文帝，所以待才智之士，由公卿大夫三辅太常与将军列侯郡国守相，各选贤良方正直言极谏之士，天子临轩策问，亲分别其优劣，或选补郎吏，或授以亲民之官，是为特科；其察举之期，与人数之多寡，依临时诏书决定。孝廉亦始于文帝，所以待有德之士，其始或举孝悌力田，或举孝行，或察廉吏，赐以布帛。武帝以后，并孝廉为一，岁岁举之。后又定制郡国人口二十万以上，岁察一人，四十万以上二人，六十万三人，八十万四人，百万五人，百二十万六人，不满二十万，二岁一人，不满十万，三岁一人。限以四科：一曰德行高妙，志节清白；二曰学通行修，经中博士；三曰明习法令，足以决疑，能按章覆问，文中御史；四曰刚毅多略，遭事不惑，明足决断，材任三辅县令。〔1〕察举之后，不令对策，直用为尚书郎，或以补守相，沿袭既久，滥竽滋多。顺帝时，乃定孝廉不满四十不得察举，至京师，先诣公府，诸生试家法，文吏试笺奏。于是滥举渐少，而孝廉就专重章句文法。兹将察举诸科目列表如下：〔2〕

〔1〕《通志》卷五八《选举略》。
〔2〕毛邦伟编《中国教育史》一一三页。

时期	科　　目
高祖	明德
武帝	明当世之务习先圣之术
昭帝	文学高第
宣帝	孝弟有行义闻于乡里　厥身修正通文学明于先王之术宣究其意　茂才异伦
元帝	明阴阳灾异　茂材特立
成帝	惇厚有行能直言　惇朴逊让有行义　勇猛知兵法
哀帝	孝弟惇厚能直言通政事　明兵法有大虑
平帝	勇武有节明兵法　治狱平
光武	茂材　茂材四行
章帝	明经
安帝	有道　惇厚质直

汉代教育比较上古为发达，故其造就的专门学者亦有可观，如萧何之于律令，叔孙通之于礼仪，张苍之于章程，洛下闳之于历数，盖公、曹参之于黄老，贾谊、晁错之于刑名，司马迁、班固之于文史，董仲舒、扬雄之于儒术，刘向、王充之于博学，马融、郑玄之于训诂，张仲景之于医方，张衡之于机巧，文翁、李忠之于教育，皆其杰出者。在经学方面，言《易》有淄川田生，言《书》有济南伏生，言《诗》有鲁之申培公，有齐之辕固生，有燕之韩婴，言《礼》有鲁之高堂生，言《春秋》有齐之胡母生，有赵之董仲舒。据此，可以知道汉代振兴教育的结果，致人才有如此的兴盛。

(十三) 学术　汉代学术大概分论如下：(甲) 天文学。中国天文史上，可分为五大时期：(1) 自上古至春秋中叶，据辰以观象授时之时代。(2) 春秋中叶至战国中叶，为历法准备时代。(3) 战国中叶至汉太初元年，为历法制定时代。(4) 太初元年至明末，为历法变更时代。(5) 明末至清末，为引用西法时代。汉代言天文者，约有三家，一曰周髀，二曰宣夜，三曰浑天。宣夜之学，绝无师法；周髀术数具存，考验天状，多所遗失；惟浑天之说，差为近理。其说则以天形如弹丸，地在其中，天包其外，于三家之说，较为得中。汉代桓谭、张衡、蔡邕、郑玄等，并依用此种学说。汉的天文学同于周，多不过占星术。有名的天文家，前汉有唐都及李寻，后汉有苏伯朗及雅光。汉文帝后三年，立仪表以测日影长短。武帝元封七年，即太初元年，立晷仪下漏刻，以追二十八宿之位。武帝时，洛下闳始为仪器，号曰浑天。宣帝时，耿寿昌始铸铜为象。和帝永元十四年，霍融改漏刻。十五年，贾逵始造太史黄道铜仪，定黄道宿度。顺帝阳嘉元年，张衡造地动仪，适陇西地震，即有验；张衡又作浑象，以漏水转之璇玑，推测星之出没，皆合符节。《后汉书·张衡传》："阳嘉元年，复造形风地动仪，以精铜铸成，员径八尺，合盖隆起，形似酒樽，饰以篆文山龟鸟兽之形，中有都柱，傍行八道，施关发机。外有八龙，并衔铜丸，下有蟾蜍，张口承之。其牙机巧制，皆隐在樽中，覆盖周密无际。若有地动，樽则振，龙机发吐丸，而蟾蜍衔之；振声激扬，伺者依之觉知。虽一龙发机而匕首不动，寻其方面，乃知震之所在；验之以事，合契如神，自书典所记，未之有也。"〔1〕由上引证以观，在汉代已有地震测知机了。中国古代学者对于天地开辟之说，少专门之书可考，惟略散见于子书，《淮南子》言之为较详。其书乃汉武帝初年淮南王刘安集苏飞、李尚、左吴、田由、雷被、毛被、伍被、晋昌八人，及儒者大山、小山之徒编纂而成，而古代天文学，亦得于此书窥见其大体，其《天文训》首段说："天坠未形，冯冯翼翼，洞洞灟灟，故曰太昭。道始于虚霩，虚霩生宇宙，宇宙生气，气有涯垠，清扬者薄靡而为天，重浊者凝滞而为地，清妙之合专（高诱注：一作抟）易，重浊之凝竭难。故天先成而地后定，天地之袭精为阴阳，阴阳之专精为四时，四时之散精为万物。积阳之热气生火，火气之精者为日，积阴之寒气为水，水气之精者为月，日月之淫为精者为星辰。"后汉张衡著《灵宪》，说天地开辟："太素之前，幽清玄静，寂寞冥默，不可为象，厥中惟

〔1〕《后汉书》卷八九。

灵，厥外惟无，如是者永久焉，斯谓溟涬；盖乃道之根也。……天成于外，地定于内，天体于阳，故圆以动；地体于阴，故平以静。动以行施，静以合化。堙郁构精，时育庶类，斯谓太元；盖乃道之实也。”《淮南子》与张衡所论天体之说，亦属于幽妙。在古代天文之理论有盖天、浑天二说。天在上，地在下，此盖天之说；天包于外，地居于中，此浑天之说；前汉之末，二说对峙，扬雄主浑天，斥盖天；后汉王充则据盖天之说，以驳浑天。后汉张衡主浑天之说，自运巧思，作浑天仪。论及历法，秦时以建亥之月为岁首，以十月为一年之始，以九月为一年之终。汉代初年亦沿用秦历，及武帝时作太初历，遂据夏正以正月为岁首。其后成帝时作三统历，平帝时作四分历，后汉灵帝时又作乾象历，故汉代历法，有四次的变更。〔1〕（乙）算学。汉代小学兼重书算。《汉书·律历志》：“数者一十百千万也，所以算数事物，顺性命之理也；其法在算术，宣于天下，小学是则，职在太史，羲和掌之。”《后汉书·郑玄传》：“玄造太学受业，师事京兆第五元，先始通《京氏易》《公羊春秋》《三统历》《九章算术》。注《九章算术》，周公作也，凡有九篇，方田一，粟米二，差分三，少广四，均输五，方程六，傍要七，盈不足八，钩股九。”〔2〕汉代北平侯张苍、大司农中丞耿寿昌，皆以善算命世。张苍自秦时为柱下御史，明习天下图书计籍，又善用算律历，故张苍能以列侯居相府，领主郡国上计。可知当时已注意到会计制度。（丙）医学。汉代淳于意精于医术，其师元里公、乘阳庆，精于医，与扁鹊同国，为齐之临淄人。淳于意治病，重切脉，又重经验，然以不为人治病之故，病家怨之，被诬有罪，其少女缇萦上书乞救，得以不死。淳于意之后，有马长、冯信、杜信、唐安，虽能各传其术，未闻精逾于师。东汉之世，蔡邕则有《本草》，涪翁则有《箴经》，张机则有《伤寒论》《金匮要略》诸书之著。《要略》所论，上卷说伤寒，中说杂病，下载其方，并疗妇人，其书与黄帝之《素

〔1〕朱文鑫著《天文考古录》六页，崔朝庆著《中国人之宇宙观》一至七页，章嵚著《中华通史》二册五四一页。

〔2〕《后汉书》卷六五《郑玄传》。

问》，扁鹊之《难经》，同为医学上之三典。《素问》是《内经》之一卷，《难经》者《内经》之约言，而《金匮要略》则坦易切近，在三典中，尤为平实。（丁）历史学。汉代《尚书》与《春秋左氏传》尊为经典，而以《史记》、《汉书》等为史，经与史之界画始定。汉武帝时，始置太史公，命司马谈为之以掌其职，谈乃据《左传》、《国语》、《世本》、《战国策》、《楚汉春秋》，采访旧闻，增叙要义，期成一家之言，未成而死；其子迁为太史令，续其志，起黄帝至汉武，有十二本纪、十表、三十世家、七十列传，谓之《史记》，后世称正史者，均无不标准于此。迁卒以后，间有著述，然多鄙浅，不足相继；至后汉扶风班彪缀后传数十篇，并讥正前失。班彪卒，明帝命其子固续成其志，以为唐虞三代世有典籍，史迁所记，乃以汉氏继于百王之末，有所不合，故断自高祖，终于孝平王莽之诛，为十二纪、八表、十志、七十传，潜心积思，有二十余年之久；章帝建初中，始奏表及纪传，后以私改《史记》，构罪系狱，其十志竟不能就，固卒后，始命曹大家续成之。梁启超对于《史记》、《汉书》的批评有说："《史记》以社会全体为史的中枢，故不失为国民的历史；《汉书》以下，则以帝室为史的中枢，自是而史，乃变为帝王家谱矣。"然刘知幾推崇《汉书》说："包举一代，撰成一书，学者寻讨，易为其功。"可知《汉书》在史籍上固有其不可磨灭的价值，不能以其为帝王家谱而讥之。汉献帝时，以班固《汉书》文繁难省，命荀悦仿《春秋左传》之体，为《汉纪》三十篇，荀悦的本意，不过是想节略《汉书》，便于检读。《汉纪》以纪年体著书，对于《汉书》芜杂的毛病加以修正；比较《左传》的简略，又为详尽。刘知幾批评《汉纪》说："历代褒之，有逾本传；班、荀二体，角力争先。"章嵚于《中华通史》批评说："悦易纪传为编年，虽词约事详，论辨多美，然实不足以望《汉书》；汉儒史学，自司马迁外，班固为尊，虽负嘉史之名，究以依据班书而就，即欲与之比隆班氏，未可能也。"〔1〕据此，批评见解，各有不同。（戊）经学。秦始皇焚书坑

〔1〕《史通内篇》，又章嵚著《中华通史》第二册五三八页。

儒，烧毁六经，儒学受了许多的挫折。汉代至武帝时，崇尚儒学，立五经博士，以后传学受业，各有专家，兹分述于下：(1)《易经》。《易》在孔子之后，有卜商之传，汉初田何亦作《易传》，田何以之授王同、丁宽、田王孙三人，而杨何受业于王同，复由杨何授司马谈、京房；丁宽治田氏《易》，复从田王孙问古义，以授田王孙；田王孙授施雠、孟喜、梁丘贺，遂有施、孟、梁丘三氏之学，而别有京房作京氏之学，费直作费氏之学。以上施、孟、梁丘、京氏四家，于西汉时皆立于学官，所谓《易》之今文。当时民间所私传有费氏之学，费氏《易》出于费直，为章名四卷，以彖、象、系辞、文言说上下经，长于卦筮，无章句，字皆古文，是为《易》之古文学。(2)《书经》。秦始皇烧经以后，直到汉兴，研究《尚书》的学者约分两派：(a) 今文派。此派学说起源是出于伏生，秦时焚书，伏生壁藏之，后兵起流亡，汉定，伏生求其书，失数十篇，独得二十九篇，以教于齐、鲁之间。伏生教济南张生，伏生的支流，分作三派，即欧阳派、大夏侯派、小夏侯派。三派学说，在西汉时候都是立于学官的，欧阳派的学说，于东京为最盛。(b) 古文派。此派学说起源，是出于孔安国。鲁恭王坏孔子宅，得古文《尚书》，安国得其书，以考二十九篇，得多十六篇，献之，但未列学官。(3)《诗经》。《诗》在汉代有《鲁诗》、《齐诗》、《韩诗》、《毛诗》之别；以鲁申公培之训诂为《鲁诗》，齐辕固生之传为《齐诗》，燕韩婴之传为《韩诗》，赵毛苌之传为《毛诗》。齐、鲁、韩三家，于武帝时立于学官，《毛诗》至平帝时始立于学官。(4)《礼经》。《礼》有《仪礼》、《周礼》及《大戴礼》、《小戴礼》之别。汉初高堂生传《士礼》十七篇，即今之《仪礼》。又有李氏者，得《周官》之书，献于河间献王，是即今之《周礼》。高堂生之后，有后苍者，通《仪礼》以授戴德、戴圣、庆普，遂有三氏之学。又刘向好《周礼》，始置博士，《周礼》遂行于世。戴德曾删刘向所纂录之古文二百八十余篇，为八十五篇，是为《大戴礼》；戴圣复删大戴书为四十六篇，是为《小戴礼》，即今之《礼记》；后马融加《月令》、《明堂位》、《乐记》三篇，共为四十九篇，自是《仪礼》、《周礼》、《礼记》称三礼并行。在东汉以前的时候，本没有三礼的名称，因为《周官》经和《小戴礼》本不能称他为经，不过是和礼经相辅的书；自从郑玄作《三礼注》，于是才有三礼的名称。(5)《春秋》。《春秋》本有五派：即左氏派、公羊派、穀梁派、邹氏派、夹氏派。左氏派的学说，出于鲁的左丘明，左氏因孔子《史记》，具论其语，成《左氏春秋》。公羊派的学说，是出于齐的公羊高，他的来源，是出于子夏的。汉时胡母生治《公羊春秋》为博士，与董仲舒同业，年老归于齐，齐之言《春秋》者，多宗事之。到东汉的时候，公羊派的学说很兴盛，何休最为名家，他所著的《解诂》，是依胡母生条例而作的。穀梁派的学说，是出于鲁之穀梁赤，是导源于子夏的。穀梁赤传给荀卿，荀卿传给鲁人申公，申公传瑕丘江公。宣帝时，江公之孙为博士，以其学授胡常，是为穀梁之学。以上三派学说，各存门户私见，互相攻击。总括来说：公羊是今文学派，左氏和穀梁是古文学派；公羊是齐学，左氏和穀梁是鲁学。在两汉时候，公羊派的学最盛，穀梁次之，直到汉末，左氏派才盛行。三派以外，还有邹氏、夹氏两派之传，史称已亡于王莽时，故后世称《公羊传》、《穀梁传》、《左氏传》为《春秋三传》。(6)《论语》。西汉时之《论语》有《鲁论》、《齐论》、《古论》之分，《古论》出于孔氏壁，凡二十一篇；《齐论》为齐人所传，共二十二篇；鲁人所传者为《鲁论》。(7)《孟子》、《大学》、《中庸》。汉文帝时《孟子》曾立博士之官，未久即废，然韩婴、董仲舒、刘向、扬雄等，极称述其书，扬雄复为之作注；东汉时，程曾、赵岐为《孟子》作章句，高诱有《正孟子章句》，郑玄、刘熙等俱注《孟子》，然未尝尊《孟子》为经。至《中庸》、《大学》，自戴圣删《古礼记》，附列于四十六篇中，为《小戴记》之一部分，郑玄等都有注，且以《中庸》为赞圣论，定为子思所作。董仲舒作《春秋繁露》，颇多引《中庸》语，但汉时的学者，援引《大学》和解释《大学》的却很少。(8)《孝经》。《孝经》有今古文之别，传今文《考经》的，是始于颜芝，芝传子贞，凡十八章，而长孙氏、博士江翁、少府后苍、谏大夫翼奉、安昌侯张禹并传今文，各自名家。古文《孝经》是出于孔氏壁中，与今文不同，后鲁国三老献之朝，刘向称其字皆古文，许慎学孔氏古文，其子冲撰其说，马融为之注，郑玄注古文《孝经》没有完稿，其孙小同为之补成，即今所传的《郑注》。汉文帝时候，置孝经博士，是用今文派的，但不久便废。(9)《尔雅》。《尔雅》于文帝之时与《孟子》同立博士，后罢。武帝时有犍为人舍人（舍人是人名，不是官名），作《尔雅注》，扬雄是崇信《尔雅》的，刘歆问业于扬雄，亦为《尔雅》作注；东汉有樊光、李巡、孙炎等一般人，并作《音义》，郑玄亦注《尔雅》，可惜都已失传。汉代的经学大家，有公孙弘、董仲舒、孔安国、刘向、刘歆、扬雄、贾逵、马融、许慎、郑玄、何休、服虔等。这些学者，多为考究诸经的意义而为之作注释，其他为诸经作注释者亦复不少，然皆止于训诂之学，别无新说的创建。（己）哲学。汉代之阴阳五行说及谶纬学，多少带有哲学意味而近于神秘，而当时唯一的道门哲学家淮南子，其思想也没有什么的新奇处，《淮南子》的本体论，在《原道训》、《俶真训》诸篇中，为说颇详密，盖取之于老庄，加之以《周易》，更附之以汉代幽玄神秘的思想而成的。〔1〕《淮南子》的本体论之中心思想，是在于道。道是精神的灵的超越一切特殊的经验的东西，宇宙间一切现象都是以道为之根，因为道能覆天载地，宇宙的一切现象不能离开道为实在的绝对。然道是什么？淮南子没有提出他具体的主张，所以他的思想未免陷于神秘的形色。陆贾的根本思想，和《易系辞传》里所说的一样，道术乃由天地人三功德而生的；体天地之德，而全道术的人就是世界的圣人；他的政治论，是根据这个思想而演生的。《陆生新语·道基篇》说："天地生物，地以养之，圣人成之，功德参合而生道术，故张日月，列星辰，序四时，调阴阳，布气治性，次置五行，春生夏长，秋收冬藏，阳生雷电，阴成雪霜，养育群生，一茂一亡，润之以风雨，曝之于日光……于兹先圣，乃仰观天事，俯察地理，图画乾坤，以定人道，民始开悟，知有父子之亲，君臣之义，夫妇之道，长幼之序，于是百官立，王道乃生。"所谓道术，是与天地化参，而后乃成王道。他

〔1〕日人渡边秀方著《中国哲学史概论》，汉译本《中世哲学》第一编一二页。

是继承老子及《周易》的思想，而杂于儒家的政治理论的。董仲舒的思想，以天为根据为原理，人生百般的事业，以为是从天理演生出来的。他提出道之大原出于天的话，而证明天人合一的中心思想。他在《对策篇》说："善言天者，必有验于人；善言古者，必有验于今。臣闻天者群物之祖也，故遍覆包函无所殊，建日月风雨以和之，经阴阳寒暑以成之，故圣人法天立道，亦博爱无私，布德施行以厚之，设谊立礼以导之。"他所说的道，是测验于人事，和道家所说的道倾向于玄虚，是有不同的。扬雄是西汉学者的殿将，是继承儒道二家思想的人，所谓折衷学派的学者。他所作的《太玄》，用以形成其哲学本体的太玄，是取《老子》的道体"玄"而来的；他又借易阴阳生生进展的原理以作说明。太玄是拟《易》之书，《易》以八八为数，故其卦六十有四；《玄》以九九为数，故其首八十有一；以此而演绎他的哲学思想，未免陷于公式主义。以上将汉代哲学之代表思想家，略比较其所主张的理论，以资参证。

（十四）文学　由先秦至汉代，文学的进展，也跟着时代及政治的推移，进到了一个新阶段。在秦以前，经过很长的封建割据时期，各国言语和各国文字是不相同的。秦始皇统一中国，为巩固统一的文化基础，所以实施文字统一，一方面改大篆为小篆，制成一种简省文字，以便于通行；一方面又以政府的命令，要全国书同文，把各种歧异的字尽行废除；从此以后，把许多怪异的方言淘汰，而有简便的文字通行全国了。但是文字有了定型，不能随方俗而变，久之便变为不容易懂的典雅的古文，文与语便分道扬镳了；文体与语体极端分化的结果，使学习文字便成艰难的一件事，又因教育不能普及，遂使习用文字成为少数人的专业，因此文字的领域，跟着文语的分离，而划分不同的范围：一部分是普通民众，用口语讴唱的平民文学；一部分是文人学士，用古文写的贵族化的古典文学；故汉代可说是贵族化的古典文学开始的时代。〔1〕兹将汉代文学分述如下：(1) 散文。两汉散文，是朴茂雄浑，大别言之可分为三：(a) 政

〔1〕胡云翼著《中国文学史》二八页。

论家，如贾谊、刘向之类；(b) 历史家，以司马迁、班固称巨擘；(c) 哲学家，如扬雄、王充之流。汉代散文很少吟风弄月的闲文字，都是有为而作。贾谊之《过秦论》及《陈政事疏》，晁错之《言兵事书》、《论守边备塞书》、《论募民徙塞下书》，董仲舒之《对贤良策》，司马迁之《货殖列传》，扬雄之《谏不受单于朝书》等，皆能就事论陈得失，为文雍容浑厚，深切著明。汉代散文不立宗派，其所以为人爱读者，是因为汉之文学家能据笔直书，不模仿什么“殷盘周诰”，而完全属于创造的。(2) 辞赋。汉之辞赋，直接来源却是《楚辞》；《楚辞》的体制，适介于诗赋之间，诗大都是短的，赋大都是长的，而《楚辞》的长短却似赋。诗是可歌的，赋是不可歌的，班固《汉书·艺文志》说：“不歌而诵，谓之赋。”又说：“春秋之后，周道寖坏，聘问歌咏，不行于列国。学诗之士，逸在布衣，而贤人失志之赋作矣。大儒孙卿及楚臣屈原，离谗忧国，皆作赋以讽，咸有恻隐古诗之义。”可知赋原是表达个人深致的热烈的情感。汉人初期作品，尚离《楚辞》不甚远，直到汉武帝时代，专奖励文学之士，于是文人要夸张博学，所以一味敷陈典故，不顾及情感，汉赋就离《楚辞》而独立。其时赋家辈出，成帝时进御之赋多至千余篇，为汉赋最盛时期，即西京时期；而东京时却一味模仿那最盛时期的作品，较之西京已减色了。[1] 汉代的赋，可以作一代文学的代表，王国维说：“凡一代有一代之文学，楚之骚，汉之赋，六代之骈语，唐之诗，宋之词，元之曲，皆所谓一代之文学，而后世莫能继焉者也。”[2] 汉赋在文学史上的位置，可以知道了。汉赋不止一派，《汉书·艺文志》把他分为四类：(a) 为屈赋，屈赋就是屈原的《离骚》、《九歌》、《天问》、《九章》等篇，及唐勒（唐勒赋今亡）宋玉所作的赋。在汉代贾谊、淮南王安诸人的赋，属于屈赋，此类大抵是抒情的。(b) 陆赋，就是陆贾的赋，陆贾有赋三篇，今已不传，而枚皋、朱建、严助、朱买臣等人的赋，汉志列于陆赋之属，今亦不传，今

〔1〕 谭正璧新编《中国文学史》六二页。
〔2〕 王国维著《宋元戏曲史》序。

可见的只有扬雄的赋。此类大抵偏于辞说，为纵横的变相。（c）荀赋，是荀子书中的赋篇，有《礼》、《知》、《云》、《蚕》、《箴》等五篇。荀子以后，汉志所列的，今已不传。荀子赋篇，是主咏物的。（d）杂赋，本无一定体例，汉志所列，今亦不传，无从考证。〔1〕赋，专为敷陈故实，堆聚成词，所以可为古典文学的代表。汉初陆贾与贾谊都是赋家能手，贾谊因怀才不遇，同调屈宋，曾作《吊屈原赋》等，哀感动人，可称为带有个性之作；但他的论文，实较赋尤为重要。其专以作赋著名的，有枚乘、司马相加、东方朔等。此外严忌、严助、刘安、吾丘寿王、朱买臣等，亦能作赋，见称于时。上述都为汉武帝时代的赋家。武帝死后，直到东汉末年，三百余年间，赋之作家仍不衰，最著名的有刘向、扬雄、王褒、班固、王逸、张衡、马融及蔡邕等。汉人所作的赋，多是讴歌盛世、颂扬圣德的，在文学上没有什么意义，和明、清文人所作的八股文，同样全无价值。（3）诗歌。汉代的文学，是分两路发展的。一路是文人的贵族文学，趋向典雅一途，造成汉赋的作品；一路是民间的文学，趋向通俗一途，造成朴实的抒情诗。汉五言诗，普通称为古诗；关于五古的起源，传统的学说都以为起于西汉。但清代学者中，如朱彝尊等抱有怀疑的态度。〔2〕大概西汉只有民歌，到了东汉中叶以后，民间文学的影响已深入已普遍了，才有上流文人出来，公然仿效乐府歌辞，造作诗歌。汉武帝立乐府官，命人作《郊祀歌》十九章，尚有古代颂歌之遗意。汉之兴乐，实始于高祖命唐山夫人作《房中歌》，后来乐府大兴，诗体为之改变，解放了字数之呆板和抒情之不畅。乐府之意义多端，有如下八种：即制诗协乐；采诗入乐；古有此曲，倚其声而成诗；自制新曲；怀古；咏古题；杜陵新题乐府；咏史乐府。乐府之命题不一，有歌、行、歌行、引、曲、吟、辞、篇、唱、调、怨、叹等。乐府歌辞大都采自民间，依所用的乐器不同，分做三类：（a）鼓吹曲辞，所用均为外族的乐器，歌辞亦含有外

〔1〕 胡怀琛编《中国文学史概要》四四页。
〔2〕 陈钟凡著《中国韵文通论》一四三至一四四页。

族的色彩，用于朝会道路，亦名短箫铙歌。(b) 横吹曲辞，所用乐器亦来自外族，歌辞失传不可考，是用于军中的。(c) 相和歌辞，所用为本国固有的乐器，歌辞为国人自己的创作，取材很宽广。著名的如《陌上桑》、《饮马长城窟行》、《塘上行》。有长至一千七百六十五字，被称为古今第一长诗的《孔雀东南飞》，徐陵《玉台新咏》录此诗，并为之序说："汉末建安中，庐江府小吏焦仲卿妻刘氏，为仲卿母所遣，自誓不嫁，其家迫之，乃投水而死，仲卿闻之，亦自缢于庭树，时人伤之，为诗云尔。"有说此诗为焦仲卿妻所作。此诗是中国文学史上一首空前的仅有的哀艳动人的长诗创作，内容写得真挚、诚实，宛如一幕悲剧摆在面前，作者描写的技术，真是高妙。从以上所述的诗歌，我们可以看见古代民间豪士的不法，从军的痛苦，婚姻的不自由，再嫁的不被轻视等社会实况。〔1〕古诗十九首为汉代五言的杰作，此诗是何人所著，何时代产生，莫衷一是。《玉台新咏》以《行行重行行》、《青青河畔草》、《西北有高楼》、《涉江采芙蓉》、《庭中有奇树》、《迢迢牵牛星》、《东城高且长》、《明月何皎皎》等八篇，为枚乘所作；《文心雕龙》以《冉冉孤生竹》一篇，为东汉傅毅所作；而《文选》统以失其姓氏，只题曰《古诗》。古诗十九首之外，有苏李赠答诗，卓文君《白头吟》，班婕妤《怨歌行》，莫不音调铿锵，情致婉转，为一代杰作。李陵与苏武的赠答诗，唐刘知幾《史通》，宋苏轼《志林》，清梁章钜《文选旁证》，都说为伪作。卓文君《白头吟》，亦为后人伪托，《玉台新咏》列为古乐府六首之一，《宋书·乐志》大曲中，称为古辞《白头吟》，皆未言卓文君作。班婕妤《怨歌行》，一作《怨诗》，亦作《纨扇诗》，《文选》及《玉台新咏》皆载之。《玉台新咏》说："成帝时，班婕妤失宠，供养于长信宫，乃作赋自伤，并为《怨诗》。"但《汉书·外戚传》仅说："婕妤退处东宫，作赋自伤悼。"没有"并为《怨诗》"的话，班固是她的侄孙，如果有诗，不应疏略不说，不能不令人怀疑为伪托了。以上的诗，是情感丰富，为民众文学化的作品。(4) 小说。

〔1〕谭正璧编《中国文学史大纲》三三页。

《汉书·艺文志》所著录小说，有《封禅方说》十八篇，《待诏臣饶心术》二十五篇，原注皆云武帝时；《待诏臣安成未央术》一篇，《臣寿周纪》七篇，原注宣帝时；《虞初周说》九百四十三篇，原注虞初武帝时人，号黄车使者。除心术、未央术似是方术而外，其他都是小说，而以武帝时的作品为多。那些小说今皆失传，内容如何，不得而知。另外有一类小说，如《汉武内传》、《飞燕外传》等，虽题名为汉人作，但多系后人假托，不可认为汉代的小说。〔1〕

〔1〕 胡怀琛编《中国文学史概要》四八页。

第二章

三国时代之文化

第一节　三国时代之政治社会

汉末州郡割据互相兼并的结果，成为魏、蜀、吴三国。魏国的始祖是曹操，他本人没有称皇帝，他的儿子曹丕，统一中国北方一带，是为魏文帝，奠都洛阳。丕在位之二年（民国纪元前一千六百九十一年），刘备由汉中王进位为帝，是为蜀昭烈帝，奠都成都。又明年，孙权称吴王，奠都建业；后七年亦称帝，是为吴大帝。这三个人最初在州郡开始割据的时候，没有很大的势力。其时曹操称奋武将军，部下不过千余人。刘备在降虏校尉公孙瓒部下，为别部司马，所部兵士不满千人。孙权的父亲孙坚战死后，长兄孙策依附袁术，也不过孙坚的残部千余人。那时声势最盛的是袁绍，据幽、并、青、冀四州，刘表据荆州，刘焉据益州，袁术据寿春，马腾、韩遂据凉州；他们的势力，都比这三人强大，然而结果都归消灭，只剩了他们三人互相竞斗，各不相下。〔1〕他们互相竞斗的结果，司马氏卒把他们一起吞并。兹将三国混乱的局面，略述如下：后汉时代袁绍所据的地方广大，所以势力最强；但当时曹操假借名义，挟天子以令诸侯，

〔1〕 韦休编《中国史话》第二十三章二〇页。

也有相当的势力。当董卓乱，州郡连兵讨伐的时候，曹操觉得正是有为的机会，遂在黄河南岸一带地方扩充兵力，为自立的准备；献帝想得一个有实力的来作护卫，由外戚董承援引曹操，曹操因即挟献帝，迁都许昌，自为大将军，大权就落在他的手中。曹操略地至徐州，徐州牧告急于刘备等，刘备率千余人往救，及陶谦死，遗命迎刘备为主，乃为徐州牧；吕布袭取徐州，刘备往奔曹操，曹操便利用他去攻吕布，继续委刘备做豫州牧，借兵给他，遂合力攻杀吕布，并击破袁术。刘备本不是安分的人，不愿居曹操指挥之下，恰献帝受不住曹操的挟制，密令董承翦除曹操，事机不密，为曹操发觉，董承被杀，刘备与曹操决裂，曹操攻刘备，刘备败了，遂投奔袁绍。曹袁成对峙的形势，曹操据黄河南岸，袁绍据黄河北岸，官渡一战（今河南省中牟县北境），袁绍大败，气愤而死。曹操乘机，逐渐收并袁绍所据的幽、并、青、冀四州地方。继南攻荆州，刘表的儿子刘琮，把荆州投降曹操。刘备本来是依附刘表屯兵新野（今河南新野县），荆州破了，逃往江陵，曹操派轻骑追到当阳长坂（今湖北当阳县），兵败，与诸葛亮等再逃往夏口，靠刘表的大儿子刘琦，以期势力的恢复。

刘备逃至夏口，用诸葛亮计，约孙权（孙权屯兵柴桑，今江西省九江县）同拒曹操，诸葛亮以三分中国的主张，往说孙权，孙权乃决计出兵，派周瑜带水军三万，与刘备合力共拒曹军，双方在赤壁（今湖北省嘉鱼县境内）作战。曹军驻长江北岸，周瑜驻南岸，曹军不敌，几乎全军覆没；刘备乘机收复武陵、长沙、桂阳、零陵四郡为根据地，三分之势，就立了基础。《三国志》载："先主遣诸葛亮，自结于孙权，权遣周瑜、程普等水军数万，与先主并力，与曹公战于赤壁，大破之，焚其舟船……曹公引归，先主表琦为荆州刺史，又南征四郡，皆降。……琦病死，群下推先主为荆州牧，治公安。"〔1〕刘备既得荆州，就想向蜀中发展，恰好益州刘璋招他相助，他就带兵入蜀。不久刘备与刘璋不睦，遂夺取益州，又想向汉中、凉州发

〔1〕 陳寿撰《三国志》卷三二。

展，竟把汉中从曹操的手中夺下，并使关羽出兵攻取襄阳。

孙权因刘备入川，想乘虚夺取荆州，刘备不愿开衅，便和孙权妥协，把荆州地方平分；刘备使关羽守江陵，孙权使鲁肃屯陆口（今湖北蒲圻县），当关羽进攻北方的时候，把江陵守兵尽数调赴前敌，后路空虚，孙权部将吕蒙便发兵袭取江陵；关羽受前后夹攻，只得退军，给伏兵擒杀，荆州乃全归孙权所有。刘备进取西蜀之势，受了大打击。

民国纪元前一六九六年，曹操自称魏王，前一六九二年曹操死，儿子曹丕继立，就逼汉献帝禅位，是为魏文帝。刘备闻献帝禅位曹丕，即于前一六九一年，即皇帝位于成都，是为汉昭烈帝。民国纪元前一六八三年，孙权亦在建业（金陵）即皇帝位，是为吴大帝。

关羽被东吴擒杀，刘备乃亲自统兵伐吴，不料为吴将陆逊在猇亭（今湖北宜都县西）杀败，刘备退至白帝城（今四川奉节县城东十三里），一病而死，其子刘禅继位，是为后主，遗命诸葛亮辅政，以尚书令李严为副。后主封亮为武乡侯，领益州牧，政事不论大小，咸决于亮。亮约官职，修法制，蜀以渐治。又以蜀、吴相争，难以保全，乃派邓芝往东吴讲和，说道："吴、蜀二国四州之地，大王命世之英，诸葛亮亦一时之杰也。蜀有重险之固，吴有三江之阻，合此二长，共为唇齿，进可兼并天下，退可鼎足而立，此理之自然也。大王今若委质于魏，魏必上望大王之入朝，下望太子之内侍，若不从命，则奉辞伐叛；蜀必顺流，见可而进；如此，江南之地，非复大王之有也。"权遂绝魏，专与蜀连和。魏知吴联蜀，曹丕遂有亲征之举。魏文帝丕在位之五年，东巡至许昌，大兴师伐吴，阻于江不能渡，下诏班师。继又伐吴，吴人严阵固守，适大寒冰，不能渡江，遂归，丕殁，子睿立，是为明帝。

蜀、吴连和既成，诸葛亮先平四川省南部和云南省贵州省一带的乱事，收服蛮王孟获，然后整理内政，积极练兵，准备北伐。他率诸军驻汉中，上疏说："今南方已定，兵甲已足，当奖率三军，北定中原，庶竭驽钝，攘除奸凶，兴复汉室，还于旧都。"因此遂进攻祁山（今甘肃西和县西北）。魏国不料蜀国突然出兵，很是惊惶，魏明帝亲自引兵至长安，命张郃抵御蜀兵。诸葛亮使马谡当前锋，与张郃战于街亭（今甘肃秦安县东北），谡违调度，举动失宜，大为郃所破，诸葛亮只得退回汉中。继又出兵散关（今陕西宝鸡县西），包围陈仓（今陕西宝鸡县东），因缺乏军粮，无功而退。民国纪元前一六七八年，又因斜谷（今陕西郿县西南）出兵，用流马运粮，据武功、五丈原（武功即现今陕西郿县，五丈原在县西南），与魏将司马懿对阵，司马懿死守不战，诸葛亮乃分屯田作持久之计。《纲鉴汇纂》说："时与亮相守百余日，亮数挑战，懿不出，亮乃遗懿巾帼妇人之服，懿怒，上表请战，亮曰：彼本无战情，所以固请战者，以示武于其众耳。亮遣使者至懿军，懿问其寝食及事之烦简，不问戎事。使者对曰：诸葛公夙兴夜寐，罚二十（杖罪二十）以上，皆亲览焉，所啖食不至数升。懿告人曰：诸葛孔明，食少事烦，其能久乎？"又说："亮病笃，帝使尚书仆射李福省视，因咨以国家大计，亮曰：公所问者，公琰其宜也。福复请蒋琬之后，谁可任？亮曰：文伟（费祎字）可以继之。又问其次，亮不答，是月亮卒于军中。"〔1〕诸葛亮之死，可说为国家鞠躬尽瘁而死。诸葛亮死后，蜀国蒋琬、费祎相继执政，都不大主张用兵。费祎死后，姜维掌握兵权，屡次出兵伐魏，劳而无功，而吴国大帝死后，忙着内乱，没有工夫顾到北方。魏国于明帝死后，司马氏揽权，亦有内争，不能向外发展。三国疆土，因此无大变更。〔2〕

民国纪元前一六四九年，司马昭着钟会、邓艾两道伐蜀，钟会取汉中，姜维守剑阁（今四川广元县），会不能进，而邓艾从阴平直下绵竹，忽然攻破成都，后主禅出降，蜀汉从此灭亡。于是晋国派羊祜镇襄阳，王浚据益州以图吴。吴自大帝死后，少了亮立，诸葛恪辅政，吴当诸葛恪辅政时，曾一次出兵伐魏，诸葛恪死后，忙着内乱，没有工夫顾到北方，只有陆抗守着荆州，抵御西北两面，陆抗死后，吴国就没有人才了。民国纪元前一六三二年，王浚、杜预从

〔1〕《纲鉴汇纂》卷一三。
〔2〕韦休编《中国史话》第二十三章二九页。

荆州、益州顺流而下，王濬的兵先到，孙皓出降，吴国遂亡。至魏自明帝殁后，养子曹芳接位，以大将军曹爽与司马懿辅政，懿诬爽僭窃，杀爽，灭其族，自是魏政出司马氏。懿殁，子司马师辅政，废帝芳而立文帝孙高贵乡公髦。司马师殁，弟司马昭辅政，曹髦欲诛司马昭，昭党贾充使人弑曹髦，立曹奂。当时魏国的武人，除司马氏一系之外，还有扬州一系；扬州系见司马氏父子如此横行不服，王凌、毋丘俭、诸葛诞先后起兵讨司马氏，都被司马氏平定。曹奂即位时，司马昭受封晋公，继进爵为王，以其子中抚军炎为晋世子。及司马昭卒，子炎代之，迫曹奂禅位，废为陈留王。自三国鼎立，凡六十年，而晋遂一统天下。〔1〕考蜀国凡四十三年而亡，吴国凡五十二年而亡，魏国凡四十六年而亡。在这几十年间，政治混乱，战争频繁，是中国历史上一个变局。三国所据的地方：如魏据中原，有州十三，司隶荆、豫、兖、青、徐、凉、秦、冀、幽、并、扬，郡国六十八。东自广陵、寿春、合肥、沔口、西阳、襄阳，西自陇西、南安、祁山、汉阳、陈仓。蜀据巴蜀，置益、梁二州，有郡二十二。以汉中、兴势、白帝并为重镇。吴北据江，南尽海，置交、广、荆、郢、扬五州，有郡四十三。以建平、西陵、乐乡、南郡、巴丘、夏口、武昌、皖城、牛堵圻、濡须坞并为重镇。其后复得沔口、邾城、广陵。三国疆界，均置重兵以相备。〔2〕

三国时亦与外族发生关系，因而影响政治：(1) 蜀与外族的关系。后主初年，益州郡耆帅雍闿杀太守，求附于吴，吴以为永昌太守。雍闿又使郡人孟获诱诸夷皆叛应闿，丞相亮以新遭大丧，抚而不讨。经过二年，始率师由越嶲入，斩雍闿等，生擒孟获，七擒七纵，获乃心服。亮入滇池，诸郡皆平。(2) 吴与外族的关系。景帝时，交趾太守孙谞贪暴，郡吏吕兴杀之，而请吏于魏，煽动诸夷九真、日南皆响应。魏以兴为将军，遣兵往助，未至，兴为其部下所杀。吴兵三攻交趾皆失败，后复取之。(3) 魏与外族的关系。汉献

〔1〕《纲鉴汇纂》卷一三，李泰棻著《中国史纲》卷二第一章一三六页，汤睡庵编《历朝纲鉴全史》卷二三。

〔2〕《文献通考》卷三一五《舆地考》。

帝建安二十一年，南匈奴单于入朝于邺，曹操留之，使右贤王监国，单于给钱谷如列侯，子孙袭号，分其众为左右前后中五部，各立贵人为帅，选汉人为司马监督之，帅皆称刘氏，自以为汉甥。建安十一年，曹操征乌桓，破柳城，斩蹋顿，平上谷、右北平四部。二十三年，代郡、上谷乌桓反，操子彰击破之，终魏之世，服从中国，其旗移居内地，遂启东晋五胡之乱。鲜卑亦称东胡，其语言习惯与乌桓同，东汉后，匈奴衰，鲜卑始强。[1]桓帝时，其酋长檀石槐尽据匈奴故地，分其众为三部：东部自右北平至辽东；中部自右北平以西至上谷；西部自上谷以西至敦煌。屡为边患，灵帝发兵三万征之，皆败绩。檀石槐死后，内部相争，众遂离散。而小鲜卑轲比能兴盛起来，自云中、九原东抚辽水，屡屡侵寇边疆；魏主睿时，幽州刺史并领乌桓校尉王雄，遣勇士刺杀之，诸弟继统其众。在辽西、渔阳、右北平塞外，离边疆远，不复为害。

三国时代，是我国南北对抗之始，这时代可注意的，是江域的渐次发达。前此江南的都会，只有一个吴。江北的广陵，却是很著名，产业和文化的重心，还在长江的北岸。自从孙吴以建业为国都，就做了东晋和宋、齐、梁、陈四朝建都之所。东晋以后，受北方异族的蹂躏，衣冠之族，避难南奔，间接影响南方文化的兴盛，而孙吴在东南根据长江流域的优势，自趋于发达的机运。各国互相对立，人才竞胜一时，政治上的纷扰亦间接影响于文化。

第二节　三国时代之文化形态

三国为期只六十年之久，文化亦不过承东汉末季余绪，未有特异彩色，兹略为叙述如下：

（一）农业　从汉末三国纷争起，一直到后魏六朝的时候，是中国极纷乱的期间，几百年全国不断的战争兵祸，已将社会上一切的

〔1〕 吕思勉著《中国民族史》七三页，李泰棻著《中国史纲》卷二第一章一三八页。

秩序和生产关系破坏不堪，不论直接间接，都影响到为生产基础的农业。黄巾之乱，继以董卓之乱，社会秩序破坏，很多农民加入黄巾的暴动，或被征发而为镇压暴动的及新兴贵族互相残杀的军队。征发愈众，社会愈紊，不能参加军事活动的人，只出于逃避；人民因为暴动及被征发迁徙流离之故，人口愈为减少。《仲长统传》载："以及今日，名都空而不居，百里绝而无民者，不可胜数。"〔1〕李贤注："孝灵遭黄巾之乱，献帝婴董卓之祸，英雄棋峙，白骨膏野，兵乱相寻，三十余年；三方既宁，万不存一也。"案刘禅降魏，送士民簿领户二十八万，男女口九十四万。孙皓降晋，户五十二万三千，口二百三十万余。魏之户口，据《通考·户口考》，有户六十六万余，口四百四十三万余。三国合计，户不及二百万，口不及八百万。〔2〕其数调查虽未必可靠，然足见三国因战事的频繁杀戮甚多，以致人口的减少。一方面又因惧战事的波及，而逃避他处。《三国志》载："关中膏腴之地，顷遭荒乱，人民流入荆州者，十余万家。"〔3〕《后汉书》："青、徐士庶，避黄巾之难，归刘虞者百余万口，皆收视温恤，为安立生业，流民皆忘其迁徙。"〔4〕《册府元龟》："自庐江、九江、蕲春、广陵户十余万，皆东渡江，江西遂虚。"〔5〕农民因迁徙不能安居乐业，耕作荒虚，谷物减少，致袁绍军人皆食椹枣，袁术战士取给蒲蠃，主要农产品的缺乏，可想而知。三国的社会环境，已如上述，而土地制度乃形成三种形态：（甲）国家庄园。当大乱时，农民不能独立经营农业，国家经费和军事的需要，减少下来的人口之租税收入，不敷应用，必须实行军事化的农业经营，而且是集中的大量经营，才能适应这种需要；这经营的形式，在军事停止以前是必须的，即在社会秩序恢复、农民复耕以前是必须的。国家庄园是以军耕为主，经营形式以时以地而有不同，约略说之有

〔1〕《后汉书》卷七九《仲长统传》。
〔2〕陈伯瀛著《中国田制丛考》七四页引。
〔3〕《三国志·魏志》第二一《卫觊传》。
〔4〕《后汉书》卷一〇三《刘虞传》。
〔5〕《册府元龟》卷四八六。

四：(A) 军兵屯田。军屯是国家庄园最主要的形式，最典型的，是邓艾的屯田。《三国志》："艾以为陈、蔡之间，上下良田，可省许昌左右诸稻田，并水东下，令淮北屯二万人，淮南三万人，十二分休，常有四万人，且田且守，水丰常收，三倍于昔，计除众费，岁完五百万斛以为军资，六七年间，可积三千万斛于淮上，此则十万之众，五年食也。以此乘吴，无往而不克矣。"〔1〕(B) 州郡屯田。州郡屯田无异于军兵屯田，但驻屯的军队是移动的，而州郡的军队，是为定着的。三国至晋，刺史、太守多由军官兼任，而有时以农业经营之故，不令刺史、太守兼任军职，则州郡的屯田不复与军屯相同。其中有很多刺史、太守募民佃耕官田，完全不用军兵。《三国志》："徐邈为凉州刺史，广开水田，募贫民佃之，家家丰足，食库盈溢。"〔2〕所谓屯田，仅是名义而已。(C) 徙民屯田。徙民屯田是移民另一地域，设置田官主管官田的农业，与募贫民及用军士屯田，都不相同。建安十八年，梁习上表于曹操，请置屯田都尉，领客户六百夫于道次，耕种菽粟，以给人牛之费。〔3〕这种农官对屯田的设置，及农民的分配，可自由处置。《三国志》："太祖欲广置屯田，使国渊典其事，渊屡陈损益，相土处民，计民置吏，明功课之法，五年中仓廪丰富，百姓竞劝乐业。"〔4〕农官直属于最高的军事领袖，设官置吏，于军队州郡，不发生关系。(D) 奴婢屯田。三国奴隶生产不占主要，但奴隶的掠夺，是很盛行，常使之和农民一样参加生产，代替士兵屯田。(乙) 大族庄园。大族根据社会上的特殊地位，而有膏田满野，成为地方自足经济。他大量地土的来源有四：(1) 由土地兼并，而集中于大族之手。(2) 黄巾暴乱后，大族举族迁徙，到处可占有土地。(3) 大族参与战争，军事领袖常以大量土地赐与。(4) 小农在变乱时，为求大族的保护，多以土地献给大族，或以债务关系，缴纳土地而为之佃耕。他有佃农、宾客、部曲、仓头、

〔1〕《三国志·魏志》第二八《邓艾传》。
〔2〕《三国志·魏志》第二七《徐邈传》。
〔3〕《古今图书集成经济汇编·食货典》卷二一。
〔4〕《三国志·魏志》第一一《国渊传》。

奴隶以为驱使。(丙)民有土地。三国第三种的土地形态，就是普通的民有土地，这种土地多属于小地主及自耕农，为独立的小农场经营，虽为数不鲜，然以散漫及在军事贵族及大族的高压之下，饱受兼并之苦，各地都有这种情形，尤以敦煌为甚。《三国志》："郡在西陲，以丧乱隔绝，旷无太守二十岁，大姓雄张，遂以为俗。……慈到，抑挫权右，抚恤贫羸，甚得其理。旧大族田地有余，而小民无立锥之土，慈皆随口割赋，稍稍使毕其本直。"〔1〕三国之君，对于田制略表不满者惟孙休，休于永安二年下诏："自顷以来，州郡吏民及诸营民，多违此业，浮船长江，贾作上下，良田渐废，见谷日少，欲求大定，岂可得耶?"〔2〕良田渐废，普通人民之有田地者日少了。

三国时水利事业，较有可观者，惟魏国。《三国志》："惇乃断大寿水作陂，身自负土，率将士劝种稻，民赖其利。"〔3〕又载："太祖方有袁绍之难，谓馥可任以东南之事，遂表为扬州刺史；馥既受命，单马造合肥空城，建立州治。……于是聚诸生，立学校，广屯田，兴治芍陂及茹陂、七门、吴塘、诸堨，以溉稻田，官民有蓄。"〔4〕"郡界下湿，患水涝，百姓饥乏，浑于萧、相二县界，兴陂遏，开稻田，郡人皆以为不便。浑曰：地势洿下，宜灌溉，终有鱼稻经久之利，此丰民之本也。遂躬率吏民，兴立功夫，一冬间皆成。比年大收，顷亩岁增，租入倍常，民赖其利，刻石颂之，号曰郑坡。"〔5〕其他鄢汝新陂、小弋阳陂、戻陵堨、车箱渠、淮阳渠、百尺渠及颍水南北诸陂，因兴修水利，灌溉田亩甚众。吴、蜀二国之兴修水利事，并不足称，魏虽于水利事业较为发达，然各陂多遏流水造成，颇背自然之理；且修治不坚，常虞溃决，故虽收一时的利益，日久则害累生。又各陂积水所封淹之地，面积至广，在土旷人稀之时，

〔1〕《三国志·魏志》第一六《仓慈传》。
〔2〕《三国志·魏志》第三《孙休传》，又刘道元著《中国中古时期的田赋制度》六〇页。
〔3〕《三国志·魏志》第九《夏侯惇传》。
〔4〕《三国志·魏志》第一五《刘馥传》。
〔5〕《三国志·魏志》第一六《郑浑传》，《策海萃渊》卷四四《水利》。

自不患无余地蓄水，而在户口渐增之后，则各陂之封淹广土，实足增加耕地不足之恐慌，此是当时兴修水利事业者所不及料的。〔1〕

三国时之耕种方法，较前似无若何之进步，而北部承丧乱之后，开辟草莱，喜火耕而水耨，是反较前退步，惟用耧犁下种之法，实较前更为普遍。《魏志·仓慈传》注引《魏略》说："嘉平（魏主芳纪元）中，安定皇甫隆，代赵基为敦煌太守。……隆到，教作耧犁，又教衍溉。岁终率计，其所省庸力过半，得谷加五。"又翻车戽水之法，在此时应用于农事。《魏志·杜夔传注》："时有扶风马钧，巧思绝世。……居京都，城内有坡可为囿，患无水以灌之，乃作翻车，令童儿转之，而灌水自覆，更入更出，其巧百倍于常，此二异也。"农业技术的进步，对于农事，自有改良。犁耕发明，牛遂成为农业之原动力，三国时北部殊感耕牛不足之恐慌，故卫觊建议官市犁牛，以给民之归关中者。《魏志·卫觊传》："觊书与荀彧曰：关中膏腴之地，顷遭荒乱，人民流入荆州者，十余万家，皆企望思归，而归者无以自业。……夫盐，国之大宝也，自乱来放散，宜如旧制使者监卖，以其直益市犁牛，若有归民以供给之。"因耕牛缺乏，政府且加以奖励，如杜畿为河东太守，课民畜牸牛草马；颜斐为京兆太守，课民畜猪狗以买牛。〔2〕三国时，魏之刺史郡守，多有具振兴农业之功绩者。

天灾水旱多影响于农事之进展，《三国志》："黄初四年六月大雨，伊、洛溢流，杀人民，坏庐宅。""赤乌八年，茶陵县鸿水溢出，流漂居民二百余家。""太和二年五月大旱。"〔3〕又疫灾虫灾等亦有害于农事的，如魏文帝黄初四年，三月大疫，魏明帝青龙二年，四月大疫，魏文帝黄初二年，冀州大蝗，人民饥荒等是也。

（二）社会风习　三国风习略述如下：（甲）饮食。三国时米、

〔1〕陶元珍著《三国食货志》五一页。
〔2〕《魏志·杜畿传》，《魏志·仓慈传》注引《魏略》。
〔3〕《三国志·魏志》第二《文帝纪》，《吴志》第二《孙权传》。

麦、豆为主要的食粮，《全汉文》卷四十二王褒《僮约》说："奴但当饭豆饮水。"《后汉书》卷五十三序说："太原闵仲叔者，世称节士，虽周党之洁清，自以弗及也。党见其含菽饮水，遗以生蒜，受而不食。"可知大豆久为卑贱者及清贫者之食粮。《后汉书·献帝纪》兴平元年："是岁谷一斛五十万，豆麦一斛二十万，人相食啖，白骨委积。帝使侍御史侯汶，出太仓米豆，为饥人作糜粥。"足证大豆与米麦同为主要食粮。三国当荒乱之际，枣实、桑椹、蒲蠃之属，下及野莱蓬实之类，均为人所仰给。袁绍在河北，军人仰食桑椹，袁术在江淮，取给蒲蠃。孔文举为东莱贼所攻，城将破，其治中左承祖，以官枣赋与战士。杨沛为新郑长，课民蓄干椹，收萱豆，积千余斛，藏在小仓；适太祖为兖州刺史，西迎天子，所将千余人皆无粮，过新郑时，杨沛进干椹。盗贼李堪等，将部曲入长安，拔取酸枣藜藿以为食。三国时饮酒之风颇盛，荆州牧刘表跨有南土，子弟骄贵，并好酒。孙权于武昌，临钓台饮酒大醉。孙皓每飨宴，无不竟日，坐席者均以七升为限。蜀饮酒之风，似不及魏、吴，而饮茶之风特盛于蜀。（乙）衣服。三国时之被服材料，为丝、麻、葛诸织物。《吴志·蒋钦传》："权尝入其堂内，母疏帐缥被，妻妾布裙，权叹其在贵守约，即敕御府，为母作锦被，改易帷帐，妻妾衣服，悉皆锦绣。"但贫者只穿裘褐，《魏志·常林传》注引《魏略·清介传》，谓吉茂好书，不耻恶衣恶食，冬则被裘，夏则短褐。（丙）婚嫁。三国时婚嫁丧葬，均趋于俭朴，远不若往昔之浮侈，《魏志·武帝纪》建安二十五年注引《傅子》："太祖愍嫁娶之奢僭，公女适人，皆以皂帐，从婢不过十人。"（丁）丧葬。《宋书·礼志》："汉以后，天下送死奢靡，多作石室、石兽、碑铭等物；建安十年，魏武帝以天下雕弊，下令不得厚葬，又禁立碑。"《魏志·武帝纪》建安二十五年注引《魏书》谓太祖："常以送终之制，袭称之数，繁而无益，俗又过之，故预自制终亡衣服，四箧而已。"《魏志·裴潜传》："遗令俭葬，墓中惟置一坐，瓦器数枚，其饮一无所设。"《魏志·王观传》："遗令藏足容棺，不设明器，不封不树。"《蜀志·诸葛亮传》："亮遗命葬汉中定军山，因山为坟，冢足容棺，敛以时服，不须器物。”《吴志·吕蒙传》：“蒙未死时，所得金宝，诸赐尽付府藏，敕主者命绝之日，皆上还，丧事务约。”据此可知三国时丧葬之趋于节约的风气。〔1〕

（三）税制 三国土地的主要形态，是国家庄园与大族庄园，在国家和大族自足生产之下，虽为租税的缴纳，对国家的收入无大的影响，仅是两汉田租制度的遗留，变质的存在着而已。两汉的田租是土地收益税，三十税一，很少的时期是十五分之一，向地主征敛，地主则向佃户取十分之五的地租。东汉末年，桓帝以修宫为名，在田租之上，附加每亩十文的土地面积税，灵帝时此种税制依然存在。这是由收益税到面积税的变化，也是由税额游移到税额固定的变化。〔2〕三国土地税，吴、蜀二国没有详细的记载，《三国志》：“以诸葛亮为军师中郎将，督零陵、桂阳、长沙三郡，调其赋税，以充军实。”〔3〕吴孙休说：“良田渐废，见谷渐少……亦由租入过重，农人利薄……今欲广开田业，轻其赋税，差科强羸，课其田亩，务令优均，官私得所，使家给户赡，足相供养，则爱身重命，不犯科法。”〔4〕惟魏国定制，每亩收田租四升，《魏志》武帝建安九年注：“《魏书》载公令曰：有国有家者，不患寡而患不均，不患贫而患不安。袁氏之治也，使豪强擅恣，亲戚兼并，下民贫弱，代出租赋，衒鬻家财，不足应命，审配宗族，乃至藏匿，罪人为逋逃，主欲望百姓亲附，甲兵强盛，岂可得耶？其收田租，亩四升。”可知武帝当早制定每亩四升之额，及破袁氏，乃推行于河北。《后汉书·仲长统传》载《昌言损益篇》有说：“今通肥饶之率，计稼穑之入，令亩收三斛，斛取一斗，未为甚多。”可知武帝所定租额，不过百分取一，此额在曹丕受禅后，当仍无所变更。其次是户调。曹魏的户调，是基于土地私有，由西汉户赋变来的，《史记·货殖列传》载：“列侯

〔1〕 陶元珍著《三国食货志》一一五至一二六页。
〔2〕 刘道元著《中国中古时期的田赋制度》一三五页。
〔3〕《三国志·蜀志》第五《诸葛亮传》。
〔4〕《三国志·吴志》第三《孙休传》。

封君食租税，岁率户二百，千户之君，则二十万。”〔1〕西汉的户赋至东汉则变为户调，《东汉会要》载：“明帝即位，赦陇西勿收今年租调。”〔2〕又载：“桓帝延熹九年诏：岁比不登，其令大司农今岁调度追求及前年所调未毕者勿收。”《三国志》：“户出绢二匹，绵二斤。”又载：“时袁绍举兵南侵，遣使招诱豫州诸郡，多受其命，惟阳安郡不动，而都尉李通急录户调，俨见通曰：方今天下未集，诸郡并叛，怀附者复收其绵绢，小人乐乱，能无遗恨?”〔3〕户征丝绵之制，实曹操所创，操久行此制，既破袁氏乃推行于河北。据《通考》载魏之户数，为六六三四二三；蜀亡时之户数，为二八〇〇〇〇；吴亡时之户数，为五三〇〇〇〇；魏之户调制，如通行于蜀吴二国，则三国之户，征收额若干，可以推知了。

三国时的租课，是国家庄园之内的佃农所交出之法定贡纳；所起的租课，虽是含有报偿性质的地租，但和契约之对立不同。屯田为集体之农业经营，一面训练农兵，一面征收租课，曹操募民屯田许下，得谷百万斛，州郡例置田官，所在积谷，仓廪皆备，故操征伐四方，无运粮之劳，是得力于租课。〔4〕三国屯田起租，有两种方法：(1)是以土地的收益为标准。(2)是以官给的耕牛头数为标准。以土地收益为标准者，地租的多少，以使用官牛与否为定。持官牛者，官得六分，耕者得四分；持私牛者，耕者与官中分；此是魏晋通行的制度。〔5〕

三国时国家的财政，除去少数地税户调，完全靠庄园的租课，此外，是靠杂敛。《三国志》：“渐课民畜：牸牛、草马，下逮鸡、豚、犬、豕，皆有章程，百姓劝农，家家丰实。”〔6〕地租之外，人民所有的马、牛、鸡、豚、犬、豕都有征敛，可见其时的苛征。又

〔1〕《史记》卷一二九《货殖列传》第六九。
〔2〕《东汉会要》卷三一。
〔3〕《魏志》第一注引，又《魏志》卷二三《赵俨传》。
〔4〕《魏志》第一《武帝纪》。
〔5〕《文献通考》卷二引《晋书》卷四七《傅玄传》。
〔6〕《魏志》第一六《杜畿传》。

有鱼税，黄鱼一枚，至收稻一斛更属一暴敛的政策。[1] 关税在三国时亦有开征。《魏书》载庚戌令说："关津所以通商旅，池苑所以御荒灾，设禁重税，非所以便民，其除池籞之禁，轻关津之税，皆复什一。"[2] 可知当时关税，有抽收到什一以上的税款的。

(四) 工商业 三国时虽军事倥偬，而商贾往来，未尝断绝。吴、蜀二国，共有长江，商贾往来，自多贸易。蜀国的锦在当时尤为著名，自吴、蜀通商以后，东吴人士就有锦衣可穿了。魏国在明帝时，尝遣使携马至吴，以交换吴国的珠玑、翡翠和毒瑁，可知吴和魏也是通商的。关于国外商业，在魏一方：则有鲜卑酋长之上贡献，求通市，曹操表宠以为王。又有鲜卑人育廷至并州求互市，并州刺史梁习许之。日本当时曾入贡于魏，实开中日互市的动机。在吴一方：孙权尝遣将将甲士万人，浮海求夷、亶二洲，其人民当与会稽有贸易的关系。吴因地处南方，与大秦有海道之贸易，史称："黄武（孙权纪元）五年有贾人秦伦者，自大秦来交趾，交趾太守吴邈遣使诣权，权差吏会稽刘咸送伦，咸于道物故，伦乃径还本国。"[3] 同时我国船舶，亦常往来于师子国左右，盖交趾及日南一部，乃当时东西洋交通之枢纽故也。在蜀一方：大秦商贾东来，除与交趾互市外，又有水道通益州、永昌，永昌属蜀，则蜀与大秦，是时必有贸易上的关系。三国时商业不甚发达，其原因盖有数端：(1) 由于生产量减少，人民无多物以供交换；(2) 由于金属货币不甚流通；(3) 由于割据争战，货财难以行远故也。三国因为战争频繁的缘故，似举行过专卖的政策：(a) 专卖盐。《魏志·卫觊传》："觊书与荀彧曰：……夫盐国之大宝也，自乱来放散，宜如旧置使者监卖……彧以白太祖，太祖从之，始遣谒者仆射监盐官。"《蜀志·王连传》："迁司盐校尉，较盐铁之利，利入甚多，有裨国用。"《吴志·孙休传》："永安七年秋七月，海贼破海盐，杀司盐校尉骆秀。"(b) 专卖胡粉。《全三国文》卷三十二载刘放奏："今官贩卖胡粉，与百姓争

---

[1] 《吴志》第八《薛综传》。
[2] 《魏志》第二《文帝纪》延康元年二月注。
[3] 《梁书》卷五四。

锥刀之末利，宜乞停之。”又有所谓军市，乃军旅所止临时设立以应需要的。《吴志·潘璋传》：“璋为人粗猛，禁令肃然，好立功夫，所领兵马不过数千，而其所在常如万人，征伐止顿，便立军市，他军所无，皆仰取足。”《魏志·仓慈传》引《魏略》：“至青龙（魏主睿纪元）中，司马宣王在长安立军市，而军中吏士多侮侵县民，斐（颜斐）以白宣王，宣王乃发怒，召军市候，便于斐前杖一百。”所谓侵侮县民，即是军人之强买强卖也。

三国时之工业，有机织业、造船业、制盐业、冶铸业。机织业包括丝织业及麻葛织业，丝织业以蜀郡为最盛，而蜀锦更为有名。左思《蜀都赋》有说：“百室离房，机杼相和，贝锦斐成，濯色江波，黄润比筒，籯金所过。”《吴志·孙权传》注引《吴历》：“蜀致马二百匹，锦千端，及方物。”足见成都丝织业之盛。北部丝织品之著名者，有缣、总、绡、缌、罗、纨、绮、縠之属。《全三国文》卷六载魏文帝诏有说：“夫珍玩必中国，夏则缣、总、绡、缌，其白如雪；冬则罗、纨、绮、縠，衣叠鲜文。”吴之丝织业不甚发达，故曹丕鄙江东之衣布服葛。而华覈疏请奖民织绩，《吴志·华覈传》载覈疏有说：“今吏士之家，少无子女，多者三四，少者一二，通令户有一女，十万家则十万人，人织绩一岁一束，则十万束矣。使四疆之内，同心戮力，数年之间，布帛必积。恣民五色，惟所服用，但禁绮绣无益之饰。”织布之外又织帛，帛为丝织物之总名，可见吴国亦有丝织。麻织业以江东为最发达；葛织业亦以江东为最盛。北部之上党平阳，麻织业亦颇足称，故曹植欲买上党布，而晋许上党及平阳民，输麻代绢。造船业以吴为最发达，吴亡时，官有舟船达五千余艘。建安郡盖有一大船厂，常谪有罪之人至建安造船。魏造龙舟海船，《魏志·文帝纪》黄初五年：“八月，为水军，亲御龙舟。”《明帝纪》景初元年：“诏青、兖、幽、冀四州，大作海船。”作海船，是为伐公孙渊用的。

三国时工业技术亦颇进步，《魏志·杜夔传》注引《傅子》谓：“马钧为博士，居贫，乃思绫机之变，不言而世人知其巧矣。旧绫机五十综者五十蹑（意林作簟），六十综者六十蹑，先生患其丧功费日，乃皆易以十二蹑。”《魏志·韩暨传》：“暨乃长流为水排，计其利益三倍于前。”《魏志·张既传》：“既假三郡人为将吏者休课，使治屋宅，作水碓，民心遂安。”三国时水碓较前通用，魏末晋初，王公大人多以水碓致富，水碓舂谷成为重要工业之一，非复农家的附业了。〔1〕

（五）币制 三国时代，货币交易仍用汉代货币遗制。所谓五铢钱，居于重要的地位。魏文帝时，因为谷价很贵，就罢五铢钱，使百姓以谷帛为买卖。至明帝时，因为废金属货币而用谷帛相沿很久，民间巧伪渐多，竞湿谷以要利，作薄绢以为市，虽处以严刑，不能禁止。司马芝等建议，新铸五铢钱，通行于市。明帝允准，故又把谷帛废止。〔2〕蜀国自刘备入蜀，在益州复铸值百钱，圜法愈趋混乱。《蜀志·刘巴传》注引《零陵先贤传》说：“及拔成都，士众皆舍干戈赴诸藏竞取宝物，军用不足，备甚忧之。巴曰：易耳，但当铸直百钱，平诸物价，令吏为官市。备从之，数月之间，府库充实。”直百钱形式如下：〔3〕

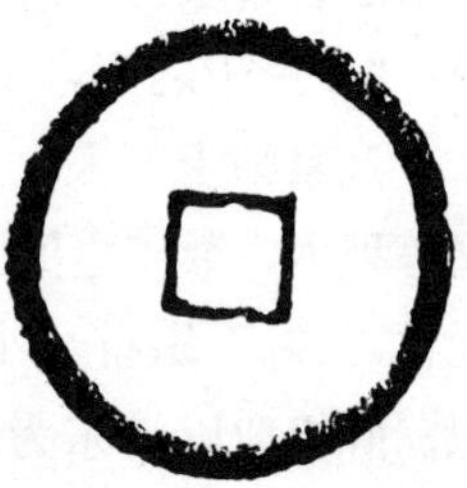

《三国志旁证》卷二十四载：“《洪遵泉志》云：蜀直百钱，建安十九年刘备铸。《旧谱》云：径七分，重四铢。又直百五铢钱，径一寸一分，重八诛，文曰：五铢直百。”可知直百钱重轻是不一的。

吴国货币尤为混乱。《吴志·孙权传》：“嘉禾五年春，铸大钱一当五百，诏使吏民输铜，计铜畀直，设盗铸之科。”《通典·食货

〔1〕 陶元珍著《三国食货志》一〇二页至一一〇页。
〔2〕《通志》卷六二《食货略》第二。
〔3〕《古泉汇利集》卷五。

典》："吴孙权嘉平（平乃禾之讹）五年，铸大钱一当五百，文曰：大钱五百，径一寸三分，重十二铢。"《古泉汇》，有吴当五百大钱图，其形式如下：

孙权赤乌元年，复铸当千大钱，较蜀之当百钱，尤为名不副实。至赤乌九年，孙权以民多不以大钱为便，乃下诏罢去。《古泉汇利集》卷五，有吴当千大钱图，其形式如下：

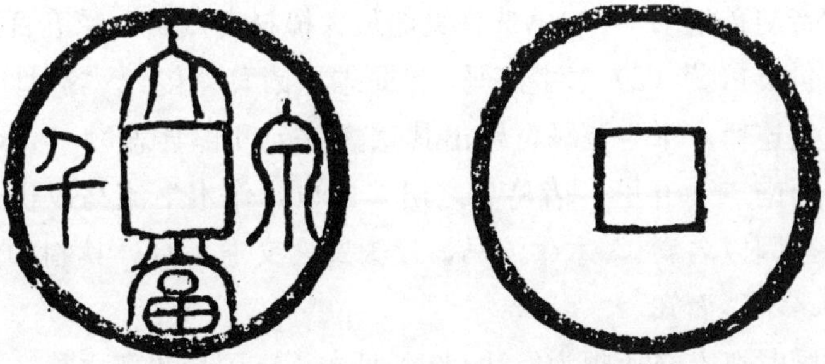

吴铸大钱，至晋元帝时尚多被通用，惟其价值远低于面文。三国时，金属货币似不甚通行，而非金属货币则反甚通用。非金属货币，如丝织物、谷物、食盐之类，皆其甚著者。《魏志·曹洪传注》引《魏略》："文帝在东宫，尝从洪贷绢百匹，洪不称意。"贷绢百匹，非欲悉以制衣，是欲以绢市易他物。《吴志·孙皓传》凤凰元年注引《江表传》谓何定："又使诸将各上好犬，皆千里远求，一犬至直数千匹。"三国时，金属货币之不通行有二因：(1) 由乱事产业停滞，金属货币失其交换效用，人民有贱金钱贵实物之心理，谷帛之属遂取得货币资格。(2) 由于滥铸恶钱，如董卓小钱、蜀吴大钱之类，使钱币本身价值低落。又三国时，似曾使用过银币。

《三国志》魏嘉平五年，赐郭修子银千锐。所谓锐者，以其倾银似饼，则与今所称锭者，其式原自不同，今之称锭，即古之称铤是也。

（六）交通　三国时交通制度，有可述者如下：运渠为三国时所注重，《魏志·武帝纪》建安七年："遂至浚仪，治睢阳渠。"建安九年："春正月，济河，遏淇水入白沟，以通粮道。"建安十一年："凿渠自呼沱入泒水，名平虏渠。又从沟河口，凿入潞河，名泉州渠，以通海。"建安十八年："作金虎台，凿渠引漳水入白沟，以通河。"《魏志·贾逵传》："又通运渠二百余里，所谓贾侯渠者也。"《吴志·孙权传》赤乌八年："遣校尉陈勋将屯田及作士三万人，凿句容中道，自小其至云阳西城，通会市，作邸阁。"据此，可知三国时是注重运渠的交通事业。交通工具：(1) 舟船。《续后汉书》载："吴键淮海，吞江汉，泛舟江湖，掎角而进。"[1]《全三国文》卷七载魏文帝与孙权书："知已选择见船最大樟材者六艘，受五百石，从沔水送付樊口。"(2) 木牛流马。《蜀志·诸葛亮传》："亮性长于巧思，损益连弩，木牛流马，皆出其意。"《元和郡县志》："木马山在景谷县西南二十五里，诸葛亮之出祁山也，作木牛流马以供运，于此造作，因以名焉。"木牛流马，仅为蜀之交通工具，其制如何，后无继作，不得而知。

三国时海上交通颇为发达：(1) 日本。三国最北部之魏，灭公孙氏，并乐浪、带方二郡，是时日本北九州之倭女王国，经带方郡与魏通好。今据志《倭人传》之记载，依次述其状况如下：

魏明帝景初二年，倭女王卑弥呼，遣难升米、都市牛利等至魏，其使者由带方郡官吏送至魏都洛阳，献班布二匹二丈，此为倭女王国第一次遣使。明帝深为嘉纳，下诏以卑弥呼为亲魏倭王，赐以金印紫绶，且任难升米为率善中郎将，都市牛利为率善校尉，赠卑弥呼以各种珍物。正始元年，由带方郡官吏送至倭女王国，此魏使至倭国之第一次。正始四年，倭女王复遣伊声耆、掖邪狗等八人，至

〔1〕《疆理录》第三。

魏献宝物，此为倭女王国第二次遣使。正始六年，魏赐难升米黄幢，于正始八年，由带方郡官吏送至倭国，此魏使至倭女王国之第二次。由带方郡至倭女王国的道路，先沿韩国海岸南行，继东行七千余里，达狗邪韩国，于是离海渡海行千余里，达对马国。又南渡所谓瀚海，凡千余里，到一大国，复海行千余里，到末卢国，由此上陆，向东南行五百里，达伊都国，由带方郡来之使者，常驻节于此。更东南百里有奴国，又东行百里有不弥国，由此向东南行二十日，有投马国，更南行水路十日，陆路一月，达邪马台国，此即女王之都。此等行程，系据魏使到倭女王国所见闻而记录者，《魏志·倭人传》曾详记之。古来史家，对以上地名考证甚多，未有定说。然三国时代，中国与日本已经交通，是显明的事实。倭女王国与魏交通，所受中国文化之影响，颇为显著。魏明帝赠卑弥呼之品物中，有名为绀地交龙锦、绀地句文锦等锦，有名为绛地绉粟罽等毛织物，又有金、铜镜、真珠、铅丹等种种珍贵物品，此种新物质之输进，可为日本文化促进之动机。(2)罗马。《三国志》载："大秦（罗马）一号黎靬，在安息条支西大海之西，从安息界安谷城，乘船直截海西，遇风利，二月到；风迟，或一岁；无风，或三岁。其国在海西，故俗谓之海西。有河出其国，西又有大海，海西有迟散城，从国下直北至乌丹城西南，又渡一河，乘船一日，乃过西南，又渡一河，一日乃过。凡有大都三，却从安谷城陆道直北行，之海北复直西行，之海西复直南行，经之乌迟散城，渡一河，乘船一日乃过，周回绕海，凡当渡大海六日，乃到其国。"〔1〕此是魏与大秦交通之航程。孙权黄武五年，有大秦贾人字秦论来到交趾，太守吴邈遣送诣权，权问秦论方土风俗，论具以事对。可知吴国是与大秦国交通过的。〔2〕

三国时，中国与西域之陆路交通亦颇发达。《魏志·文帝纪》延康元年春三月："涉貊、扶余、单于、焉耆、于阗王，皆各遣使

〔1〕《魏志》第三〇。
〔2〕《南史》卷七八《夷貊传》，《梁史》卷五四《诸夷传》中天竺国条。

奉献。"《魏志·明帝纪》太和三年冬十二月癸卯："大月氏王波调遣使奉献，以调为亲魏大月氏王。"可见西域诸王，均尝通使于魏。

（七）官制 三国纷争，对于制度没有什么改革，大概多仍汉旧，惟魏略有改制，兹分述如下：（甲）中央。（1）上公。魏无太师，初年惟置太傅，以钟繇为之，后置太保，以郑冲为之，位在三司之上。[1] 但未有何种实权，高柔上疏说："今公辅之臣，民所具瞻，而置之三事，不使知政，非朝廷崇用大臣之义。"[2] 可以知了。（2）丞相。汉昭烈帝章武元年，以诸葛亮为丞相；六年，以右将军行丞相事。吴主权黄武中置丞相。吴主皓宝鼎元年分置左右丞相，未几复旧。（3）太尉。魏太尉贾诩薨，诏以廷尉钟繇为太尉。汉昭烈帝章武三年，丞相亮上言，请太尉告宗庙。太尉本为武官，且兼及宗庙之事。（4）大司马。汉制以大司马冠大将军、骠骑、车骑之上，以代太尉之职，故恒与太尉迭置，不并立。魏主丕黄初二年，以曹仁为大司马，而太尉如故。蜀帝禅延熙二年，蒋琬由大将军进大司马。吴主权黄武七年，置大司马；赤乌九年，分置左右大司马。（5）大将军。魏主丕黄初二年，以车骑将军曹仁为大将军。蜀帝禅建兴十三年，以蒋琬为大将军。吴主权黄龙元年，以陆逊为上大将军，诸葛瑾为大将军，后遂并设。大将军位汉末犹在三公上。魏黄初中，又有上大将军之设；魏主睿青龙三年，晋宣帝自大将军为太尉，大将军之职权，遂在三司之下。（6）九卿。汉献帝建安十八年，魏国初置六卿，魏主丕即位，始置九卿，魏九卿名数与汉同。[3] 吴初设六卿，吴主休永安二年，始备九卿[4]以上官职，大概沿袭汉制。（乙）地方官制。魏据中原，有州十三，郡国九十五。蜀有州三，郡国二十四。吴有州五，郡国四十一。三国新置州郡，不在此内。地方官有刺史、太守、县佐，大县二人，小县一人。三国中央

---

〔1〕 杨晨《三国会要》卷九《职官》。
〔2〕《通典》卷二三总序注。
〔3〕《通典》卷二五《职官》七。
〔4〕 杨晨《三国会要》卷九《职官》。

官之权，日见剥削，而地方官之权，则日见膨胀。自魏以后，两晋、南北朝均为州、郡、县三级制。〔1〕

（八）军制 魏之军制，略如东汉南北军。魏武为相国，置武卫营，相府以领军主之。文武增置中营，合武卫、中垒二营，以领军将军并五校统之。是时有中、左、右、前军各一帅，又有中护中领军领护军将军各一人。魏主丕黄初中，复令州郡典兵，每州置都督，后加四征四镇将军之号，又置大将军都督，兵柄移于司马氏，而魏遂亡。汉昭烈帝初置五军，其将校略如汉，而兵有突将、无前、宾叟、青羌、散骑、武骑之别。吴兵有解烦、敢死两部，又有车下虎士、丹阳青巾、交州义士及健儿、武射之名；大概强者为兵，羸者补户，至有二百余家。〔2〕

三国水军，吴比较为多，又较完备。《三国志·吴志》注："《吴历》曰：曹公出濡须，作油船，夜渡洲上，权以水军围取，得三千余人，其没溺者，亦数千人，权数挑战，公坚守不出，权乃自来，乘轻船从濡须口入，公军诸将皆以为是挑战者，欲击之，公曰：此必孙权，欲身见吾军部伍也。敕军中皆精严弓弩，不得妄发。权行五六里，回还作鼓吹，公见舟船器仗军伍整速，喟然叹曰：生子当如孙仲谋，刘景升儿子若豚犬耳。权为笺与曹公，说春水方生，公宜速去。别纸言足下不死，孤不得安。曹公语诸将曰：孙权不欺孤，乃彻军还。"〔3〕《三国志》："权西伐黄祖，破其舟。权复征黄祖，祖先遣舟兵拒军，都尉吕蒙，破其前锋，而凌统董袭等尽锐攻之，遂屠其城。"〔4〕据此，可知吴国水军在当时的优胜。

（九）法制 魏代承东西两汉之后，对战国秦汉以来的法律大加修改，并从新编列次序，成为后代法典的模范。魏代最先的法典是甲子科，此外又有新律十八篇。魏代所编法典，以新律十八篇为最重要，《唐六典》卷六注说："魏氏受命，参议复肉刑，属军国多故，

〔1〕 陈顾远著《中国法制史》一六五页。
〔2〕《通考》卷一五〇《兵考》二，卷一五一《兵考》三。
〔3〕《三国志·吴志》第二《孙权传》。
〔4〕 同上。

意寝之，乃命陈群等，采汉律为魏律十八篇，增汉萧何律劫掠、诈伪、毁亡、告劾、系讯、断狱、请求、惊事、偿赃等九篇。”又据《刘劭传》说：“明帝即位，出为陈留太守，敦从教化，百姓称之。征拜骑都尉，与议郎庾嶷、荀诜等定科令，作新律十八篇。”〔1〕此部新律在隋代已亡失，惟《晋志》载《魏新律序略》一篇，论魏改律之事颇详。兹摘其大要如下：（子）改汉具律为刑名；（丑）将盗律中关于劫略一部分，分出为劫略律；（寅）将贼律囚律中关于诈伪一部分，分出为诈伪律；（卯）将贼律中毁亡一部分，分出为毁亡律；（辰）将囚律盗律中关于告劾一部分，分出为告劾律；（巳）将盗律兴律关于系讯及断狱部分，分出为系讯律、断狱律；（午）将盗律中请赇一部分，分出为请赇律；（未）将盗律具律中关于擅之部分并入兴律，改称擅兴律；（申）除汉之厩律，改称邮驿令；（酉）以盗律兴律关于惊事部分，分出为惊事律；（戌）将盗律中还赃部分，分出为偿赃律；（亥）别制免坐律。以上皆序略所载修改汉律九章的大略。〔2〕此外还有单行法或特别法，如减鞭杖令、大辟减死令、士亡法（时天下草创，多逋逃，故重士亡法，罪及妻子），各条修改之处，如会赦及过误相杀，不得报仇，杀继母与杀亲母同，殴兄弟加至五岁刑，囚徒诬告人反，罪及亲属等；据《晋志》说：“陈群、刘劭虽经改革，而科网本密。”《任昶传》说：“魏承秦汉之弊，法制苛碎。”可见魏律不是因修改而减轻的。其他又定州郡令四十五篇，尚书官令、军中令合一百八十余篇，此等篇名，久佚不可考。有所谓科令，是历代帝王所定之令，用以补法律之所未有，或将旧法律加以增损的，等于今日的条例。

魏之刑罚分为：（甲）徒刑。《魏法序略》说：“髡刑有四，完刑作刑各三。”（乙）财产刑。《晋书·刑法志》：“魏明帝改士庶罚金之令，男听以罚金。”（丙）身体刑。钛左右趾及鞭杖。（丁）死刑。大辟及戮尸。（戊）族刑。《魏法序略》说：“至于谋反大逆，临时捕

〔1〕《三国志·魏志》第二一《刘劭传》。
〔2〕《文献通考》卷一六四。

之，或污潴，或枭菹，夷其三族，不在律令，所以严绝恶迹也。”谋反大逆之罪，君主可越出法律范围之外，而加以重刑，如诸葛诞、王凌等，都是因反叛受夷三族之刑。魏代刑法之减轻，分自首、赎罪，刑之加重，以殴兄弟加至五岁刑；刑之消灭，由于君主之大赦特赦。在刑法分则上，分帝室不敬罪、反逆罪、受赇罪、诬告罪、私复仇罪、杀继母罪。关于民法：人民之身份，有变相的奴婢，即所谓部曲，因魏代边将拥兵自重，招募一种像后世家丁的兵，依靠主将移徙，后来竟成私人所有物，为一种法律上的阶级。关于承继，除异子之科，使父子无异财，又可以异姓亲戚承继宗祧。

魏代的法律，虽不因修改而减轻，然可以君主之意思而减刑。《魏志·明帝本纪》：“法令滋章，犯者弥多，刑罚愈众而奸不可止，往者案大辟之条，多所蠲除，思济生民之命，此朕之至意也，而郡国蔽狱，一岁之中，尚过数百，岂朕训导不醇，俾民轻罪，将苛法犹存，为之陷阱乎？有司其议狱缓死，务从宽减。”〔1〕因此，非谋反及手杀人之罪，可以乞恩宽赦。又以女子因母家和夫家犯罪，常陷于二重的株连，遂下诏改定律令。〔2〕至魏代法律思想家，主张恢复肉刑者，有陈群、钟繇、傅干；反对恢复肉刑者，有王朗；发挥儒家的德治主义者，有曹羲；以礼教为重于刑罚者，有丁仪；以力田为赏罚之本者，有王粲；思想渊源不同，所以主张不同也。

魏代的法院编制，大概和汉代差不多，中央最高的司法官，是审理案件的推事廷尉，有提起公诉的检察官司空，有掌管司法行政事务的都尚书郎。地方上有如汉代之司隶校尉及刺史，以协助刑法讼狱之事。

三国除魏以外，尚有吴、蜀，因年代较短，多依汉制。吴国刑名，见于《吴志》列传，其刑法中，名誉刑为禁锢；身体刑分为廷杖、鞭、剥面、凿眼、刖足；财产刑为罚金；流刑为徙；死刑分为车裂、锯头；族刑为夷三族。在刑法分则上有三条：即盗乘御马罪、

---

〔1〕《古今图书集成》第一三五卷引。
〔2〕《通典》一六三卷。

伪造货币罪、在官遭丧不交代罪。蜀国刑法，可考据的材料很少，《蜀志》有关于刘琰挝妻科罚的记载，《魏延传》说及夷延三族；其他尚有私酿酒罪、徒刑、弃市刑。蜀之法制多仍汉制，惟诸葛亮治蜀，多以法家之言为本，信赏必罚，有功者虽仇必赏，有罪者虽亲必诛，法治彰明，为后代所不及。诸葛亮逝世后，而蒋琬、董允、费祎等继之，年年大赦，专事姑息，法治之风，乃破坏无余。〔1〕

(十) 宗教 魏文帝南巡在颍阴，有司为坛于繁阳故城，登坛受绂，降坛视燎成礼，未有祖配。明帝景初元年，营洛阳南委粟山为圜丘，十月下诏说："盖帝王受命，莫不恭承天地以章神明，尊祀世统以昭功德，故先代之典既著，则禘郊祖宗之制备也。昔汉氏之初，承秦灭学之后，采摭残缺，以备郊祀。自甘泉、后土、雍宫、五畤、神祇兆位，多不见经。是以制度无常，一彼一此，四百余年，废无禘祀，古代之所更立者，遂有阙焉。曹氏系世，出自有虞氏，今祀圜丘，以始祖帝舜配，号圜丘曰皇皇帝天。方丘所祭曰皇皇后地，以舜妃伊氏配。天郊所祭，曰皇天之神，以太祖武皇帝配。地郊所祭，曰皇地之祇，以武宣后配。宗祀皇考高祖文皇帝于明堂，以配上帝。"〔2〕看以上所引述，就知道魏国的宗教制度了。魏之王肃亦尝议禘祫之礼，禘祭有三：(1) 是四时之祭，《礼·王制》："春礿、夏禘、秋尝、冬烝。"是夏商之礼。(2) 是殷祭，五岁一禘，三岁一祫，皆合群庙之主，祭于大祖庙。(3) 是大禘，《礼·大传》："禘其祖之所自出，以其祖配之。"是也。祫是大合祭先祖，《公羊传》："大祫者何？合祭也；毁庙之祖，陈于大祖，未毁庙之祖，皆升，合食于太祖，五年而再殷祭。"五年之中，一祫一禘，故谓之再。王肃以禘为殷祭之名，他建议禘祫之礼制，朝廷从之。

三国时，崇信道教者有嵇康。康常修性服食之事，闻道士遗言，饵术黄精，令人久寿，意甚信之。又以为神仙禀之自然，非积学所

〔1〕 拙著《中国法律史大纲》五六页，杨鸿烈著《中国法律发达史》上册一九五页至二一五页。

〔2〕 刘汝霖编《汉晋学术编年》卷六引。

致，至于导养得理，以尽性命，若安期、彭祖之论，可以善求而得，于是著《养生论》三篇；入洛，京师谓之神人，向子期难之，不能屈。子期（名秀，河内怀人）清悟有远识，雅好老庄之学，初注《庄子》者数十家，莫能究其要旨，向秀于旧注外为解义，以阐扬道教的理论。〔1〕

佛教在三国亦颇通行，西竺昙柯迦罗曾至洛阳，大行佛法，且提倡戒法，与安息国沙门昙无德同在洛，出昙无德四分戒本（昙无德即法藏之意），沙门颍川朱士行为受戒之始。又天竺沙门白延怀道游化至洛阳，止白马寺，众请译经，遂译《无量清净平等觉》、《佛说须赖经》等六部。同时外国三藏支彊梁接（魏言正无畏）至交州，译《法华三昧经六卷》。〔2〕天竺沙门康僧铠在洛阳白马寺译《郁伽长者所问经》二卷、《无量寿经》二卷。吴国支谦译有《菩萨本缘》、《维摩》、《法句》、《瑞应本起》等经数十种。凡此，对于中国印度文化之交通，是有所裨补的。〔3〕

（十一）美术　（甲）音乐。三国为期颇短，于美术史上，无甚重要，兹先就音乐论之：魏改汉巴渝舞曰昭武舞，改宗庙安世乐曰正世乐，嘉至乐曰迎灵乐，武德乐曰武颂乐，昭容乐曰昭业乐，云翘舞曰凤翔舞，育命舞曰灵应舞，武德舞曰武颂舞，文始舞曰大韶舞，五行舞曰大武舞，其他歌诗，多即前代之旧。〔4〕吴国孙权即位，使韦昭制十二曲名，以述功德受命。改《朱鹭》为《炎精缺》，《思悲翁》为《汉之季》，《艾如张》为《摅武师》，《上之回》为《乌林》，《雍离》为《秋风》，《战城南》为《克皖城》，《巫山高》为《关背德》，《上陵曲》为《通荆州》，《将进酒》为《章洪德》，《有所思》为《顺历数》，《芳树》为《承天命》，《上邪曲》为《玄化》。其余仍用旧名不改。（乙）书画。书画除太傅钟繇之三体书，侍中司空都乡侯徐邈（字景山）之白獭画以外，无有遗存者。吴王夫人赵氏，

〔1〕《三国志·魏志》引《嵇康传》，《世说·简傲》第二四。
〔2〕《佛祖统纪》卷第三五，《历代三宝记》卷第五，《高僧传》卷第一。
〔3〕《高僧传》卷第一，《开元释教录》卷第二。
〔4〕《宋书·乐志》上卷二二。

丞相赵达之妹，能书画，善艺巧，曾以彩丝织龙凤之锦，绣帛作五岳列国之地形。（丙）雕铸。武帝陵之铜驼、石犬，明帝命造之昭阳、太极两殿之翔凤，司马门外之铜人，内殿前之龙凤、奇兽，玉井之九龙、蟾蜍，索靖所指点叹惜之铜驼等物，空成为历史上之陈迹，其雕琢之技术，实际上已无由知之。（丁）建筑。三国之建筑物，亦有可观。三国时，大都市如洛阳、长安，因初期大乱的影响，均失旧观。《吴志·孙坚传》注引《江表传》："旧京空虚，数百里中无烟火。"《魏志·董卓传》："天子入洛阳，宫室烧尽，街陌荒芜。"但蜀都、魏都皆丰富盛乐，其建筑物甚为可观。《文选·左思蜀都赋》："于是乎金城石郭，兼市中枢，既丽且崇，实号成都；辟二九之通门，画方轨之广涂；营新宫于爽垲，拟承明而起庐；结阳城之延阁，飞观榭乎云中；开高轩以临山，列绮窗而瞰江；内则议殿爵堂，武义虎威，宣化之闼，崇礼之闱，华阙双邈，重门洞开，金铺交映，玉题相晖；外则轨躅八达，里闬对出，比屋连甍，千庑万室。"《文选·左思魏都赋》："暨圣武之龙飞，肇受命而光宅……修其郛郭，缮其城隍，经始之制，牢笼百王。……建社稷，作清庙，筑曾宫以迴市，比冈隒而无陂；造文昌之广殿，极栋宇之宏规。"《魏略》："是年起太极诸殿，筑总章观，高十余丈，建翔凤于其上。又于芳林园中起陂池，楫棹越歌。"我们看以上的引证，蜀、魏两都建筑的美丽，不难想像而得了。

（十二）教育　魏、蜀、吴三国鼎峙，群雄崛起，日事干戈，未遑从事教育，所以学校未有如何之发达。魏国立太学于洛阳，时慕学者始至太学为门人，满二岁，试通一经者，称弟子；不通一经者罢遣。弟子满二岁试通二经者，补文学掌故；不通经者听候再试，亦得补掌故。掌故满二岁试通三经者，擢高第为太子舍人；不第者，随后辈复试，试通亦为太子舍人。舍人满二岁，试通四经者，擢高第为郎中；不通者随后辈复试，试通亦为郎中。郎中满二岁，能通五经者，擢高第随才叙用；不通者随后辈复试，试通亦叙用。魏主丕黄初元年之后，复整理太学，备博士之员录，依汉甲乙以考课；申告州郡有欲学者，须遣至太学；太学初开始时，有弟子数百人，至魏主睿太和、青龙中，中外多事，人怀避就，虽性非解学，多请求进太学；当时太学生有千数人，而主持讲学之博士皆粗疏，无以教弟子，弟子本是避役，竟无能习学，百人同试，能考及者，未有十人。魏主芳正始中，有诏议圜丘，普延学士；是时郎官及司徒领吏二万余人，其在京师者约有万人，而应书与议者，略无几人；又是时朝堂公卿以下四百余人，其能操笔者未有十人，可见当时学校教育的衰退。〔1〕

吴国孙休永寿元年下诏置学官，立五经博士，将吏子弟愿入学者就业，一岁课试，分别其品第，加以位赏。他曾下诏说："古者建国，教学为先，所以道世治性，为时养器也。自建兴以来，时事多故，吏民颇以目前趋务，去本就末，不循古道。夫所尚不淳，则伤化败俗；其案古置学官，立五经博士，核取应选，加其宠禄。科见吏之中，及将吏子弟，有志好者，各令就业，一岁课试，差其品第，加以位赏，使见之者乐其荣，闻之者羡其誉，以敦王化，以隆风俗。"〔2〕

关于选举人才：魏延康元年，尚书陈群，以为朝廷选用，不尽人才，乃立九品官人之法，州郡皆置中正，以定其选择，州郡之贤有识鉴者，为之区别人物，第其高下。又制定每郡人口十万以上，岁察一人，其有秀异者，不拘户口；其武官之选由护军主持之。州、郡、县俱置大小中正，各取本处人；在诸府公卿及台省郎吏，有德充才盛者，为之区别所管人物，定为九等。其有言行修著，则升进之，或以五升四，或以六升五。倘或道义亏缺，则降下之，或自五退六，自六退七。是以吏部不能审核天下人才士庶，故委中正铨第等级，凭之授受；及其弊生，只知人之阀阅，不复辨其贤愚，所以刘毅说："下品无高门，上品无寒士。"是评讥此种选举制度。

（十三）学术　（甲）天文学。三国时吴、蜀依汉历用夏正，魏则改正朔，以建丑（十二月）之月为正月。魏文帝即位后，曾下诏说："夫太极运三辰五星于上，元气转三统五行于下，登降周旋，终

〔1〕《通典》卷五三，《三国志·魏志》第二《文帝纪》，《王肃传》注引《魏略·儒宗传》。

〔2〕《三国志·吴志》第三。

则又始。故仲尼作《春秋》于三微之月，每月称正，以明三正，迭相为首。今推三统之次，魏得地统，当以建丑之月为正月。考之群艺，厥义彰矣。其改青龙五年三月，为景初元年四月。”黄初时，尚书陈群奏称：“历数难明，前代通儒纷争。黄初之元，以四分历久远疏阔，大魏受命，宜改历明时，韩翊首建，犹恐不审，故以乾象互相参校。其所校日月行度弦望朔晦，校历三年，更相是非，无时而决。案三公议，皆综尽典礼，殊涂同归。欲使效之璿玑，各尽其法，一年之间，得失足定。”奏可。于是太史令许芝、郎中李恩，及孙钦、董巴、徐岳、杨伟等议论纷纭，校议未定，会文帝崩而议寝，至是杨伟造景初历表上，帝遂改正朔，施行杨伟历。及帝崩，复用夏正。〔1〕至蜀国仍用汉四分历，吴国则用乾象。吴国王蕃（字永元，庐江人）博览多闻，兼通术艺，著有《浑天象说》，理论颇为精深。〔2〕（乙）医学。解剖手术三国已发明，惜无传者，至今反学于西人，是可愧的事。（丙）经学。汉代治经，崇尚今文，至汉末三国之间，此风渐变，郑康成今古文并重，而王肃极端崇信古文；及三国时，则今文家衰而古文家代兴：(1)《易经》。东汉之末，说《易》者咸宗郑注。自魏王弼作《易注》，舍象数而言义理，复作《易略例》、《周易系词》，韩康伯补其缺，以老、庄旨间杂之，与郑注大异；蜀人李譔亦作《古文易》以攻郑注。(2)《书经》。东汉末年，作书者咸宗郑注。自魏王肃作《尚书解》，又伪作《圣证论》以攻郑注，李譔作《尚书传》亦攻郑注，虞翻在吴并攻郑注之失。王肃、皇甫谧之徒，以孔氏《古文尚书》已失，乃伪造《古文尚书》二十五篇，然不为当世所重。(3)《诗经》。当东汉末年时，说诗者咸宗毛、郑，自魏王肃作《诗解》，述《毛》传以攻郑笺，李譔作《毛诗传》，亦与郑笺立异。吴人陆玑作《毛诗草木鸟兽虫鱼疏》，详于名物，有考古之功。(4)《春秋》。治《春秋》学者，王肃有《左氏解》，李譔有《左氏传》，《公羊》、《穀梁》之学渐衰。(5)《礼经》。

〔1〕《三国志·魏志·明帝纪》及注引《魏书》、《晋书·律历志》。
〔2〕《开元占经》，《三国志·吴志·王蕃传》。

三国之时，治礼经者，有魏人王肃作《三礼解》，复作《仪礼丧服传》，专与郑玄立异。李譔《三礼传》亦然，郑说渐衰。（6）《论语》。东汉末年，说《论语》者多宗郑注，魏人王肃作《论语解》，始与郑注立异，而何晏诸人，杂采汉、魏经师之说，成《论语集解》，而汉儒遗说，赖以仅存。（7）《孟子》。三国时，治《孟子》而因以成一家言者，则未之见。（8）《孝经》。三国说《孝经》者多宗郑注，惟王肃著有《孝经注》，与郑注不同。（9）《尔雅》。三国注《尔雅》者有王肃等，而乐安、孙叔然《尔雅注》，则与王肃所注不同。三国经学宗师当推王肃，王肃的学问不及郑玄，论其见识，不能谓他为劣。近年皮锡瑞著《经学历史》，评郑王优劣，他说及郑玄综合六经，是好的，但不把古文和今文分离，所以弄得不清楚；王肃也蹈其覆辙，既拿古文说来破郑玄的今文说；又拿今文说来驳郑玄的古文说，是方法上混合古今文。我们知道郑玄在后汉，是企图统一前后汉今古文的异说，为适度的调和，他整理经学的方法，不能算为错误的。〔1〕（丁）哲学。东汉之末，士夫厌于经生章句之学，四方学者会聚京师，渐开游谈之风气，至于魏世，遂有清谈之目。《魏志·刘劭传》："夏侯惠荐劭曰：臣数听其清谈，览其笃论，渐渍历年，服膺弥久。"时当明帝青龙中，清谈之名目，似始见于此。所谓清谈，就是当时的人士，以他人生观的见解，而发表一种哲学思想。《日知录》载："三国鼎立，至此垂三十年，一时名士风流，盛于洛下，乃其弃经典而尚老庄，蔑礼法而崇放达。"儒家思想至此时表现沉滞，而厌世和浪漫的思想，遂激荡成为两大脉流，何晏、王弼成为当时的宗师。《晋书·王衍传》："魏正始中，何晏、王弼等祖述老庄立论，以为天地万物，皆以无为本。无也者，开物成务，无往不存者也。阴阳恃以化生，万物恃以成形，贤者恃以成德，不肖恃以免身。故无之为用，无爵而贵矣。"这种思想，都采自《庄子》、《老子》，以为他们学说的根基。何晏作《道德论》，是沟通儒道之

〔1〕 李泰棻著《中国史纲》一四一页，徐敬修著《经学常识》一〇七页，日人本田成之著《经学史论》汉译本二六六页。

说，其论及虚无之旨、无名之论，则纯为道家之言。其虚无之旨说："有之为有，待无以生，事而为事，由无以成。夫道之而无语，名之而无名，视之而无形，听之而无声，则道之全焉。"其无名之论说："为民所誉，则有名者也；无誉，无名者也。若夫圣人名无名，誉无誉，谓无名为道，无誉为大。则夫无名者，可以言有名矣，无誉者，可以言有誉矣。"立论可谓精微。王弼十余岁便好老、庄，尝注《老子》，以阐明虚无之义，其要旨有二：一曰无名，谓一切名词，皆反乎自然，无名之时，原甚周衍；及有名之时，强以诸名赋于各事物之上，即不周衍；虽尽力扩充其所表现之意义，亦仅一部分而已。名与实既非完全合一，而后人循名以察实，必发生错误，故说："凡有皆始于无，故未形无名之时，则为万物之始。"二曰无为，谓万物之于自然，各有适合，不必有所作为，故说天地任自然，无为无造，万物自相治理，故不仁也。仁者必造立施化，有恩有为。造立施化，则物失其真；有恩有为，则物不具存。[1] 据以上引证来看，他们的哲学思想根据老、庄是无疑的。

（十四）文学 从屈原以后直到汉末，很少大诗人的作家出现。等到建安之际，以曹氏父子为文学运动的中心，而有王粲、刘桢等作家产生，诗学又放了异彩。这时代的文学，称为建安文学，上压两汉，下开六朝，而其中尤以曹植为伟大。[2] 在文学作品之量而说，武帝作品实不多，文帝较多，而曹植最多。曹操所作以四言诗擅长，如《短歌行》、《步出东西门行》，有慷慨悲凉之概。曹丕所著，像《燕歌行》、《芙蓉池》，都可称为大观。又如杂诗：《西北有浮云》等篇，亦属美瞻可玩。曹植（字子建）作品，不但为曹氏三人之首，建安文学界之首，实两汉以至初唐，所作诗除陶潜外，没有人可以比肩；唐代李太白、杜甫诸贤，莫不思其风骨。故钟嵘《诗品》说："骨气奇高，词彩华茂，情兼雅怨，体被文质，粲溢古今，卓尔不群。嗟呼！陈思（曹植世称陈思王）之于文章也，譬人伦之有

〔1〕《三国志·魏志·管辂传》注，又《钟会传》注引何劭《王弼传》。
〔2〕 胡行之著《中国文学史讲话》五〇页。

周、孔，鳞羽之有龙、凤，音乐之有琴、笙，女工之有黼、黻。”沈德潜《古诗源》也说：“子建诗五色相宜，八音朗畅，使材而不矜才，用博而不逞博，苏、李以下，故推大家。”曹植之诗足称者，在于风骨之高，气象之广。蜀国实无文学家，其在文学史上占地位的，算孔明所作的《出师表》。其他《梁父吟》在诗歌中还算上品。吴国无有名的文学家，却有史家，韦曜（曜本名昭，史为晋讳，改韦曜）曾著《吴书》五十五卷和《洞纪》三卷，《洞纪》内中一定有许多很好的传说，倘依文学史眼光来看，可列为小说类。又魏文帝所作《典论》，是中国最早文学批评之一，应当注意的。

第三章

两晋时代之文化

第一节　两晋时代之政治社会

自司马炎代魏，至恭帝禅位刘裕，凡十五传，共一百五十六年。司马炎受魏禅，即皇帝位，在位凡二十五年。当晋武平吴之后，天下才算统一，但是自晋武平吴之后，不及二十年，天下又乱起来，其致乱之原因，最大的有两端：(1) 是晋武帝厉行封建制，酿成八王之乱。(2) 是因当时散布塞内外的异族太多，没有好方法统制他们。兹略为叙述如下：(甲) 八王之乱。魏朝待宗室甚薄，晋武帝有鉴于此，于是大封宗室诸王，授以职任，以郡为国，邑三万户为大国，置上中下三军，兵有五千人；万户为次国，置上军下军，兵有三千人；五千户为小国，置一军，兵有千人。其诸王之仕于朝廷者，同授国邑，均得自选文武官；诸王以分权独立，造成尾大不掉之势。[1] 武帝颇事游宴，怠于政事，后父杨骏及弟珧、济，并专朝政，权倾内外，世人谓之三杨，旧臣多被疏退，于是后戚用事，乱源就起来了。太熙元年，武帝病危，遗诏以汝南王亮与杨骏同辅政，帝崩，子充立，是为惠帝。杨后矫诏出亮于外，而专任骏，骏素无

〔1〕 章嵚著《中华通史》第二册五八五页。

声望，徒以后父，得揽政柄。惠帝后贾氏，妒忌多权诈，性复酷虐，不以妇道事杨太后，又欲参朝政，为杨骏所抑，不能得志，贾后遂欲诛杨骏。惠帝永平元年二月，贾后召楚王玮至京师，诬杨骏谋反，杀之，废杨太后，以汝南王亮与太保卫瓘辅政。后又诬亮、瓘有废立之谋，后下诏玮杀亮、瓘，又坐玮以杀亮、瓘之罪，即日杀玮。后更加淫恣，废太子遹，弑杨太后。时赵王伦在京师，素谄贾后，其嬖人孙秀陈说以太子之废，人言公实与谋，宜废后以雪此声，伦从之。孙秀又恐太子有疑于伦，不如待后杀太子，为太子报仇，可以立功。乃使人散放谣言，说殿中兵士要想废掉皇后，迎还太子，贾后遂把太子杀掉。永康元年，伦遂诏与齐王冏率兵入宫，废后，后又害之。伦自为相国、侍中，都督中外诸军事。〔1〕永宁元年，赵王伦自称皇帝，迁帝于金镛城，杀太孙臧。以孙秀为侍中中书监，其余党与皆为卿将。又以齐王冏为大司马辅政，成都王颖为大将军，河间王颙为太尉，各还镇。〔2〕旋齐王冏及河间王颙、成都王颖，共起兵讨赵王伦，伦兵败，其将王舆废伦，斩秀，迎惠帝复位，伦赐死。帝拜齐王冏为大司马，加九锡，冏大权在握，沉于酒色，不入朝见，坐召百官，恣行非法。永宁二年，河间王颙上表，请废冏，以成都王颖辅政，并檄长沙王乂为内主。齐王冏遣兵袭击长沙王乂，乂径入宫，奉帝命讨斩齐王冏。河间王颙本以乂弱冏强，冀乂为冏所杀，而以杀乂之罪讨之，废帝立颖，己可以为宰相专政。不料乂竟杀冏，不如所谋，乃遣将张方统兵与颖同向京师，帝下诏乂为大都督，拒张方等，先胜后败。时东海王越在京，虑事不济，与殿中将夜中收乂，置金镛城，密告张方，方取乂至营，炙而杀之。颖入京师，自为皇太弟，都督中外诸军事，国政废弛，甚于冏时，大失众望。永兴元年，右卫将军陈眕，长城故将上官已等，奉帝北讨颖，颖使其党石超拒战，帝败绩于荡阴（今河南汤阴县），石超执帝入邺（今河南临漳县境），东海王越遁归国。平北将军王浚、并州

〔1〕李泰棻著《中国史纲》卷二，一四四页。
〔2〕《纲鉴汇纂》卷一四。

刺史东嬴公腾均与太弟有隙，遂共约鲜卑、乌桓讨颖（为引外族入寇中国之始），颖遣将王斌、石超共同抗战，但为浚等所败，邺中大震，百官奔走，士卒离散，颖与数十骑奉帝奔洛阳。适河间王颙遣张方统二万骑救颖，张方至洛阳，遇颖奔还，遂挟帝拥颖，大掠洛阳而归长安，河间王颙乃废颖归藩，更立豫章王炽为皇太弟。〔1〕洛阳空虚无主，于是东海王越再起兵，传檄山东，纠集义旅，谋迎惠帝，复归洛阳，自己以司空领徐州都督；范阳王虓等，共推东海王越为盟主，其后越、虓发兵西向，颙遣颖东御，越、虓不胜。虓本领豫州，败奔河北冀州，刺史温羡以州让于虓。虓既得冀州，并乞师王浚，兵势再盛，遂渡河，打败成都王颖所督兵。河间王颙恐惧，设计杀张方，送东海王越乞和，越不许；诸将闻张方死，益奋入关。越乃遣祁弘西往长安，河间王颙遂逃走，祁弘奉惠帝东归，关中皆下。惠帝入洛阳，以越为太傅，录尚书事，虓为司空镇邺。颖初拒虓兵败，谋归长安，因张方被诛，不敢进前，闻惠帝入洛阳，欲间道归本国，为顿丘（河北清丰县）太守冯松所执，送邺，范阳王虓幽之，不久虓没，长吏刘舆以颖素为邺人所归附，伪称诏赐死。其后惠帝没，弟炽立，是为怀帝。怀帝下诏征颙为司徒，颙应诏发关中而东，而南阳王模（越之弟）恐怕颙进，不利弟昆，使人在中途扼杀之，于是诸王作难者皆尽，惟越尚存。〔2〕怀帝登位后，颇留心庶政，越不悦，杀帝亲故，时国事不能安定，内忧外患，一时并至。永嘉五年，越忧惧而死。石勒乘越丧，至苦县（今河南鹿邑县东）大败晋兵，纵骑围射，十余万人相践如山，无一免者。乃剖越棺，尽杀晋之王公，虏怀帝北去。及怀帝遇害，吴孝王晏之子即帝位，是为愍帝。刘曜陷长安，被虏遇害，西晋遂亡。按自武帝至愍帝，凡四传，共五十二年，都洛阳，史称为西晋。元帝退保江左，十一传至恭帝，凡一百有四年，都建康，史称为东晋，合称为两晋。〔3〕两晋之所以亡，由祖逖的说话，就可以证

---

〔1〕夏曾佑著《中国古代史》四一一页。
〔2〕章嵚著《中华通史》第二册五九〇页。
〔3〕郑之诚著《中华二千年史》卷二第三页。

明，他说：“晋室之乱，非上无道而下怨叛也；由宗室争权，自相鱼肉，遂使戎狄乘衅，流毒中土。”[1] 因为国内互相侵夺，自然会引起外侮来了。

（乙）五胡之乱。西北游牧民族本来同中国民族杂居的。战国末年，诸侯力征，诸戎乃为中国所灭，余类奔逃塞外。其后族类日多，又复出为中国患。两汉时，竭天下之力，历百战之苦，仅克胜之，而乌桓、鲜卑、匈奴、氐、羌、西域之众，悉稽首汉廷，称臣仆。然汉人之所以处置之者，其法甚异，往往于异族请降之后，即迁之内地。宣帝时，纳呼韩邪居之亭鄣；赵充国击西羌，徙之金城郡；光武时，亦以南庭数万众徙入西河；后亦转至五原，连延七郡；煎当之乱，马援迁之三辅。在汉人之意，以为迁地之后，即不复为患，不知其后患更甚。晋武帝时，侍御史郭钦上疏说：“若有风尘之警，胡骑自平阳（今山西平阳府）上党（今山西潞安府），不三日而至孟津（在河南孟津县东），北地、西河、太原、冯翊、安定、上郡尽为狄庭矣；宜徙内地，杂胡于边地，峻四夷入出之防，此万世之长策也。”惠帝时，太子洗马（东宫官名）江统作《徙戎论》，以警朝廷说：“四夷之中，戎狄为甚；弱则畏服，强则侵叛；是以有道之君牧夷狄也，惟恃之有备，御之有常，虽稽颡执贽，而边城不弛固守；虽强暴为寇，而兵革不加远征；期令境内获安，疆场不侵而已。魏武帝徙武都氐于秦州，欲以弱寇强国，捍御蜀虏，此盖权宜之计，非万世之利也；今者当之，已受其敝矣。夫关中土沃物丰，帝王所居，未闻戎狄，宜在此土也；非我族类，其心必异，而因其衰敝迁之畿服，士庶玩习，侮其轻弱，使其怨恨之气毒于骨髓；至于蕃育众庶则坐生其心，以贪悍之性，挟愤怨之情，俟隙乘便，辄为横逆，而居封域之内，无障塞之隔，掩不备之人，收散野之积，故能为祸滋蔓，暴害不测，此必然之势，已验之事也；此等皆可申谕发遣，慰彼羁旅之思，释我华夏之忧，惠此中国，以绥四方，德施永世，于计为

〔1〕《纲鉴汇纂》卷一四。

长也。”〔1〕这是何等明显防范外族入寇的主张，独惜当时朝廷不能用。其后刘渊以惠帝永兴元年据离石，称汉；元帝太兴二年，石勒举襄国，称赵；晋穆帝永和十年，张重华自称凉王；永和十一年，冉闵据邺，称魏；永和十二年，苻健据长安，称秦；穆帝升平元年，慕容俊据辽东，称燕；孝武帝太元十二年，后燕慕容垂据邺；太元十四年，西燕慕容冲据阿房，皆称燕；同年乞伏国仁据抱罕，称秦；太元十五年，慕容永据上党，称燕；同年，吕光据姑臧，称凉；安帝元兴三年，慕容德据滑台，称燕；同年，秃发乌孤据廉川，称凉；段业据张掖，称凉；安帝义熙三年，李玄盛据敦煌，称凉；义熙四年，沮渠蒙逊杀段业，自称凉；义熙八年，谯纵据蜀，称成都王；义熙十年，赫连勃勃据朔方，称夏；义熙十二年，冯跋据和龙，称燕；提封天下，十丧其八，穷兵战争约一百三十六年，然后皆入于拓跋氏，是为十六国。〔2〕史家曾批评说：“晋之亡，大率中原半为夷居。刘渊，匈奴也，而居晋阳；石勒，羯也，而居上党；姚氏，羌也，而居扶风；胡氏，氐也，而居临渭；慕容，鲜卑也，而居昌黎；是以刘渊一倡而并、雍之胡乘时四起，自长淮之北无复晋土，而为战争之场者几二百年。呜呼！后之人思为国家远虑者，晋之事可鉴也。”〔3〕五胡之乱，可以区分为四期：(1) 胡羯最盛时代。自匈奴入居并、雍，左部帅刘渊以雄鸷之才，都督五部，遂称汉帝，迁都平阳，引兵南下，西取司、雍，东取青、兖，南抵嵩、洛，并、冀输诚，有羯人石勒，从渊南侵，北据襄国，西征并汉，南取豫州，徙都邺城，控制淮北，后为鲜卑族所灭。(2) 鲜卑最盛时代。自涉归入寇，子嵬降晋，据淮水上流，子皝继之，徙都棘城，东破高丽，西兼段氏，乘后赵之衰，进军入邺，国号前燕，北有青、冀、幽、平，南有荆、徐、司、豫，后为氐族所灭。(3) 氐族最盛时代。自氐族分居西土，巴西一族于汉末迁临渭，李特以巴西之氐，率流民入蜀，子雄继之，遂入成都，有梁、益、宁三州

〔1〕《纲鉴汇纂》卷一四，又《晋书》卷九七《匈奴传》。
〔2〕夏曾佑著《中国古代史》四一四页引《晋书》卷一〇一载记序。
〔3〕《纲鉴汇纂》卷一四。

地，国号成，后为汉人桓温所灭。仇池一族，自杨茂搜以降臣服邻邦，据梁、益二州之间，故传国最久。略阳一族，自苻洪东徙枋头，渐成强族，乘燕人灭赵之机，占据关陇，苻坚继之，东灭前燕，西取凉州，版图所及，南至长淮。继取襄阳，侵蜀汉，窥寿春，有统一宇内之势；后伐晋失败，为鲜卑羌族所灭。(4) 五胡竞争时代。当苻坚统一淮北，鲜卑羌胡，杂居内地，苻氏既败，各筹自立之方，遂成五胡竞争时代：(a) 鲜卑。当秦灭前燕，徙鲜卑于关右，秦政既衰，慕容垂东据中山，徇地河北，有平、兖、幽、司四州，是为后燕。时关中鲜卑慕容冲起兵华阴，进逼长安，称西燕国，复东据并州，建都长子（今陕西渭南县），后西燕灭于后燕，而后燕复亡于北魏。惟后燕将汉人冯跋，东据和龙，有平州地，国号北燕，北魏灭之；鲜卑族慕容德宗由滑台徙广固，据青、徐、兖三州，国号南燕，汉人刘裕灭之，是为鲜卑慕容氏之沿革。当胡羯西侵之日，鲜卑有乞伏国仁者，入居苑川，秦师既败，整旅金城，略地秦凉，建西秦国，后兼并二凉（后凉南凉），得南安、武威附近，为匈奴族夏国所灭，是为鲜卑乞伏氏之沿革。自树机能叛晋，秃发一族世居青海、河湟，乘苻秦之败，建南凉国于广川，得武威、湟中诸地，卒见灭于西秦，是为鲜卑秃发族之沿革。(b) 氐族。苻氏既衰，氐族立国一隅，或据晋阳，或据陇西，卒致败灭。时洛阳氐酋吕光统一河西，据姑臧之地，卒因内乱蜂起，仅保武威，后降西秦，而氐族以灭。(c) 羌族。当石勒时，南安羌族姚弋仲东徙滠头，复南迁降晋，子襄继之，畔晋北旋，进降后秦。后姚苌乘苻氏之败，据北地入长安，占雍州全境，国号后秦，继续东取河南，辟境颍、豫，传国不久，为汉族刘裕所征，而关中之地，复入于夏，氐族由是遂亡。(d) 匈奴族。自刘虎叛晋，遗族世居朔方，服属秦代，至赦连勃勃始立夏国之基，据朔方都统万，乘刘裕灭秦之隙南取关中，东征蒲坂，为西北强族。当夏国称强时，有匈奴别族居卢水者，名沮渠蒙逊，据张掖之间，建北凉国，取西海、酒泉、敦煌，而酒泉、敦煌复为汉族李嵩所占，国号西凉；后西凉并于北凉，而北凉及夏复为北魏所并，胡羯由

是遂亡。〔1〕

五胡乱华，原因复杂：(1) 由于侮戎，积怨而思乱；(2) 由于玩戎，迁至内地而不加以防范；(3) 由于罢州郡兵备，而致戎狄跳梁；(4) 由于清谈放达，不关怀国事。晋之所以亡，固非偶然的。兹列五胡十六国分合表如下：〔2〕

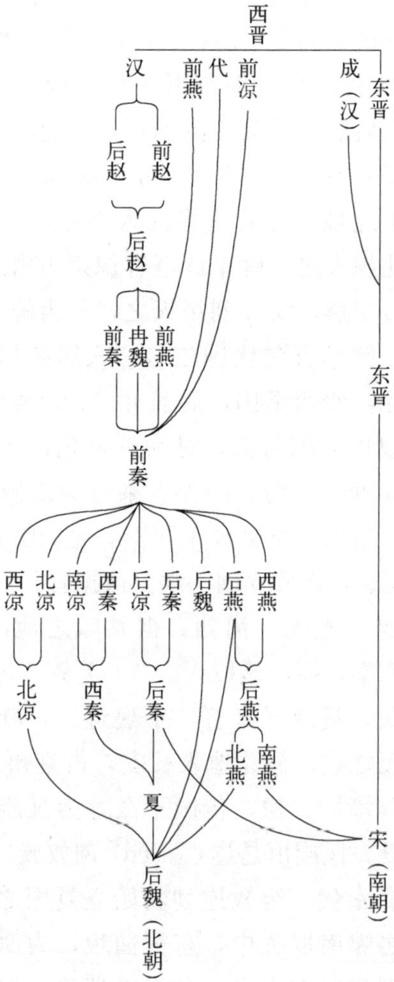

〔1〕 刘师培著《中国民族志》。

〔2〕 李泰棻著《中国史纲》卷二第一五九页，研究五胡十六国事除《晋书》诸国载记外，尚有二种，即汤球《十六国春秋辑补刊》在《广雅丛书》，《太平御览·偏霸部》三至十一。

西晋末年，胡羯四起，大河南北，干戈云扰，生灵涂炭；幸江南半壁尚为司马氏所据，中原豪杰相率归附，故江北虽乱，江左尚为平静，因其建国于建康（即建业，愍帝改），故史家称为东晋。从元帝（名睿，乃宣帝曾孙琅琊恭王觐之子）即位建康以后，到慕容俊入邺时，晋朝的东渡已经三十六年，这三十六年都是乱离的景况，兹分述如下：（甲）王敦之乱。元帝正位，以王导为相，以王敦为将，群从子弟皆列显要，遂怀问鼎之心，帝恶而畏之，遂引刘隗、刁协为腹心。敦等不平，永昌元年正月举兵反，以诛刘、刁为名，率众内向，帝遣王导、周顗、戴渊分三路攻之，皆败北。王敦进入石头，杀周顗、戴渊、刁协等，惟刘隗北奔，得免于难。王敦拥兵不朝，自署丞相，帝以忧愤崩，太子绍立，是为明帝。王敦移姑孰（今安徽当涂县），更加暴慢，以其兄含督江西军，从弟舒为荆州刺史，以兄含之子应为武卫将军，以钱凤、沈充为谋主，使沈充东收兵于吴兴。温峤以王敦之谋，入告明帝，明帝以王导为大都督。敦病，以兄含为元帅叛乱，含为帝兵败，敦亦病死，钱凤等皆伏诛，乱遂平。（乙）苏峻之乱。明帝崩，成帝立，尚幼，皇太后庾氏临朝称制，政事一决于后，后兄庾亮任法，颇失人心。历阳（今安徽和县）内史苏峻讨王敦有功，威望渐著，阴怀异志，庾亮微有所闻，因征峻为大司农。峻不服，遂约豫州刺史祖约反，江州刺史温峤、荆州刺史陶侃皆起兵讨峻，斩之于阵前。苏峻弟苏逸继为主帅，未几伏诛，祖约奔后赵，为石勒族诛，乱遂平。（丙）桓氏之乱。桓彝官至宣城太守，苏峻之乱，为峻所害，长子温，尚帝女南康公主，穆帝永和元年，历官至荆州刺史。其后桓温两道伐蜀，直逼成都，李势出亡，前蜀就此灭亡。前蜀灭后，北方大乱，河南诸州都来降晋，于是晋朝就想北伐。时朝廷忌桓温的威名日盛，就引用名士殷浩去抵抗他；殷浩都督扬、豫、徐、兖、青五州军事，姚襄率众降浩，已又叛浩，弃军走，桓温遂奏废殷浩。温伐秦，大败其兵，威望日著。哀帝时以为大司马，都督中外诸军，录尚书事，位在诸侯王上。因阴有不臣之志，拟先立功河、朔，以收时望，还受九锡。哀帝兴宁元年，伐燕，败于枋头，威名大损；于是急于废立以立威，乃废帝奕而立简文帝。不久帝疾，桓温以为简文临终，必传位于己；及简文崩，遗诏以子曜为嗣，温怨愤死，弟冲代领其军。时谢安执政，与桓冲不协，谢安与苻坚大战于淝水，坚仅以身免，冲惭耻而终。及谢安卒，孝武帝以弟琅琊王道子继安执政，道子与帝不理政事。太元二十一年，帝遇弑，安帝立，帝舅王恭与道子不协，王恭镇北府，后将军王国宝劝道子因恭入觐杀之，恭知其谋，乃密结江州刺史殷仲堪及桓温之子玄为援，已举兵内向，以诛国宝为名；道子杀国宝，以说于恭，恭乃还。道子忌王恭、殷仲堪之强，以其子元显为将军司马，王愉为江州刺史，割豫州所统四郡与之。时庾楷（庾亮之孙）为豫州刺史，甚为憎恶，乃说王恭、殷仲堪、桓玄，同举兵内向，以诛王愉、尚之等为名，朝廷大震。元显使人说王恭之司马刘牢之，谓叛恭事成，即以王恭之位授之，牢之遂执恭以降，送京师斩之，朝廷以桓玄督江州，以殷仲堪督荆州，使各还镇。其后桓玄及殷仲堪又相忌，桓玄杀仲堪，并其地。朝廷以玄督八州军事，自谓三分天下有其二，遂谋篡位。安帝元兴元年，以元显为大都督，以刘牢之为前锋，讨桓玄，刘牢之旋降于玄。玄入建康，杀道子及元显，自己综理朝政，都督中外诸军事，自称相国楚王，迫帝禅国，号大楚。时元兴三年二月，刘裕（即宋武帝）、刘毅（字希乐，彭城人）、何无忌（东海郯人）等，在京口合谋起兵讨玄，大败玄兵。玄挟帝走江陵，其下斩之。帝复位，桓玄弟桓振等复陷江陵。安帝义熙元年，何无忌、刘毅等讨斩之，乱始平靖。惟朝政归于刘裕，安帝只垂拱而已。其后十六年，刘裕废恭帝为零陵王，篡帝位，东晋遂亡。〔1〕史家褚遂良说："安帝即位之辰，道子、元显并倾朝政，主昏臣乱。未有不如斯亡者也。"〔2〕主昏臣乱，引起内部的纷争；内部纷争，必引起外侮的侵夺。五胡十六国乱华，是异族压迫中国的大剧变；这一次有名的永嘉之乱，造成中国民族的大迁徙；以前中国文化的中心点，都在黄河流域，这次就转到长江流域来了；以前没有人迹

〔1〕 夏曾佑著《中国古代史》四五一至四五三页，李泰棻《中国史纲》一五〇至一五一页。
〔2〕 汤睡庵《历朝纲鉴全史》二七卷。

的地方，以后就成为繁华的区域了。[1] 但是当中国民族受外族侵侮的时候，两方民族的斗争是免不了的。当时有以五胡而屠杀华人者，如永嘉五年，石勒大破晋兵，将士十余万人相践如山。刘聪破洛阳，晋兵前后十二败，匈奴遂掘晋诸陵，人民死者数万。[2] 石虎于攻城陷垒后，不别善恶，坑斩士女，少有遗类。[3] 赫连勃勃（匈奴右贤王去卑之后）入长安，斩杀人以为京观，号髑髅台。[4] 东晋穆帝永和五年，则冉闵（魏郡内黄人）杀胡羯，死者二十余万，尸投城外，悉为野犬豺狼所食。[5] 民族斗争之祸自古已然。

第二节　两晋时代之文化形态

两晋时代，是中国内乱外侮交侵的时代，从中国文化演进的阶段来说，是文化的停顿时期，兹将此期的文化形态，择要述之如下：

（一）社会风习　（甲）饮食。晋时风流相尚，奢靡相竞，饮宴无虚日，而尤好饮酒。晋人饮酒之著名者，有毕卓、刘伶、胡母辅之流；辅之尝与毕卓、谢鲲、阮放、羊曼、桓彝、阮孚散发裸裎，终日闭室酣饮，光逸将排门入，守者不听，光逸便于户外，脱衣露头，于狗窦中窥之大叫，辅之惊异，即呼入，遂与饮，不舍昼夜，时人谓之“八达”。毕卓尤放纵，为吏部郎，尝饮酒废职，比舍酿熟，毕卓因醉，夜至其瓮间，为掌酒者所缚。明旦视之，乃毕吏部，遽释其缚，卓遂引主人宴于瓮侧，至醉而去。[6] 陶侃饮酒有定限，当时便以为奇，可见风尚所趋。其他饮食亦甚奢靡，如何曾日食万钱；谢安肴馔，屡费百金；石崇以蜡代薪，以饴涤釜；王济以人乳

〔1〕 拙著《中国近世文化史》二六页。
〔2〕《通鉴》卷七八。
〔3〕《晋书》卷一〇六。
〔4〕《晋书》卷一三〇。
〔5〕《晋书》卷一〇七。
〔6〕 章嵚著《中华通史》第三册七四八页。

蒸豚。珍馐有燕髀、猩唇、髦残、象白等，荀勖、苻朗等善识味，俱称于时。晋人孙皓以茶荈赐韦曜，为饮茶之始。时俗又效夷狄饮馔，武帝泰始后，中国相尚用胡床、貊槃，及为羌煮、貊炙，贵人富室，必备其器，吉享嘉惠，皆以为先，有似近人以西餐相尚。〔1〕（乙）衣服。魏明帝时，好妇人之饰，改天子之冕前后旒用真白玉珠为珊瑚珠。晋初仍旧不改，及过江，服章多阙，而冕饰以翡翠珊瑚杂珠，侍中顾和秦称："旧礼冕十二旒，用白玉珠，今美玉难得，不能备，可用白璇珠。"武帝从其言。其他尚有平冕、远游冠、高山冠、法冠、长冠、建华冠等，为各级社会所服用。〔2〕服饰有裙，当时男女皆著裙，即古时之裳；但古有裳而无袴，晋时裙袴并用。袍之贵重者有锦袍，贫寒者有韦袍。武帝太始初年，衣服上俭下丰，著衣皆压褄。永嘉中，士大夫竞服生笺单衣；晋末，皆冠小而衣裳博大。（丙）婚姻。晋代婚礼大概衍汉余绪，当时有一特异者，是同姓结婚，盖重尚门第，大族不愿媲配平民，遂成此种恶习。结婚纳财，聘礼用羊，亦当时所通行。（丁）丧葬。魏晋丧礼，大体同汉。自汉文革丧礼之制，后代遵之，无复三年之礼。晋武帝遵汉魏之典，既葬除丧，然犹深衣素冠，降席撤膳。〔3〕晋代期功之丧独以为重，自祖父母以至兄弟姊妹妻子之丧，初丧去官，除丧然后就官；非如此，则上挂弹文，下干乡议。自谢安期丧不废乐，衣冠效之，遂成风俗。停丧之俗，自古所无，自建安离析，永嘉播迁，于是有不得已而停者，后世遂以为常。如晋贺循为武康令，严禁厚葬，及有拘忌回避岁月停丧不葬之俗。〔4〕堪舆之说，亦起于晋。郭璞有《葬经》一书，为后世堪舆家之祖，而当时民俗亦深信风水之说；陶侃听老父之言，葬其父于牛眠之地，卒为三公。习非成是，有如此者。（戊）阶级。晋代阶级有士庶二种：士为望族，庶为平民。士族又有旧门、次门、后门、勋门之分。推测原因，约有两端：（1）自魏立九

〔1〕李泰棻著《中国史纲》卷二第一七二页。
〔2〕《晋书》卷二五《舆服志》。
〔3〕《晋书》卷二〇《礼志》中。
〔4〕《晋书》卷六八《贺循传》。

品官人之法，相沿既久，社会只知门阀，不复分别贤愚，门阀既贵，故人人皆以门第自矜。（2）五胡乱华，深入禹域，与华人杂处，婚嫁不禁，种族混淆；故衣冠之族，不能不自标异。当时士庶之见深入人心，若天经地义，不能通婚，即其表见。司马休之数武帝说："裕以庶孽，与德文嫡婚，致兹非偶，实由威逼。"沈约之弹王源说："风闻东海王源，嫁女与富阳满氏；王、满联姻，实骇物听。……宜寘以明科，黜之流伍。"可见界限之严。〔1〕晋代为异族交侵时代，影响习俗自有特异者。

（二）农业　三国纷争，兵革未已，至晋武平吴（西纪元二八〇年），历时九十七年而后统一。晋武平吴之后，世转升平，乃师井田遗制，而行占田之法。《晋书·食货志》载："男子一人占田七十亩，女子三十亩，其外丁男课田五十亩，丁女二十亩，次丁男半之，女则不课。男女年十六以上至六十为正丁；十五以下至十三，六十一以上至六十五为次丁；十二以下，六十六以上为老小，不事。"兹立表如下：〔2〕

西晋占田数

	占田	课田	共　计
丁男	七十亩	五十亩	百二十亩
次丁男	七十亩	廿五亩	九十五亩
丁女	三十亩	二十亩	五十亩
次丁女	三十亩	无	三十亩

一夫耕田百二十亩，丁女次丁男等复别有田，则平均一户所耕之田大增；田亩既多，耕者技术没有进步，则耕作势必较前粗放，每亩之收获量必减少。傅玄为御史中丞，上便宜五事，其四说："古者以步百为亩，今以二百四十步为一亩，所觉过倍。近魏初课田，不务多其顷亩，但务修其功力。故白田收至十余斛，水田收数十斛。

〔1〕李泰棻著《中国史纲》卷二第一七五页引。
〔2〕万国鼎著《中国田制史》上册一四六页。

自顷以来，日增田顷亩之课，而田兵益甚，功不能修理，至亩数斛已还，或不足以偿种。非与曩时异天地，横遇灾害也，其病正在于务多顷亩，而功不修耳。”[1] 晋代有官品占田之例，官品第一者，占田五十顷，第二品四十五顷，第三品四十顷，第四品三十五顷，第五品三十顷，第六品二十五顷，第七品二十顷，第八品十五顷，第九品十顷。[2] 王公除藩封外，复得于京师置田宅，武帝曾下诏书，为之限制田亩，大国田十五顷，次国十顷，小国七顷。不仅限地主之土地，而又限及地主之佃户。佃户之限制，亦依九品而分，所谓官品第一第二者，佃客无过五十户，第三品十户，第四品七户，第五品五户，第六品三户，第七品二户，第八品第九品一户。[3] 然西晋占田限田之制，实行至何种程度？由史中发见事实，令人怀疑。考武帝于咸宁三年，赐陈骞厨田十顷，厨园五十亩；又赐卫瓘厨田十亩，厨园五十亩。[4] 为上者既以土地为恩物，赠送与人，则是首自破坏限田制度了。史称石崇豪富，与王恺争豪，设锦帐至四五十里；其后石崇忤孙秀，秀杀崇而籍没其家，得水碓三十余区，仓头八百余人，他货贿珍宝田宅称是。有此富裕，当然是占据许多田地，然后可以雄霸一方。王戎广收八方园田水碓，周遍天下，积实聚钱，不知纪极。[5] 张辅初补蓝田令，不为豪强所屈；时强弩将军庞宗西州大姓，宗之妇族护军赵浚、僮仆放纵，为百姓所患，张辅绳之以法，杀其二奴，又夺其宗田二百余顷，以给贫户。[6] 可知当时地方豪族，占田有至二百余顷者。东晋之初，民之买卖田宅奴隶者，国家且征税，以承认其法律上的地位，凡货卖奴隶马牛田宅，有文券，率钱一万，输估四百入官，卖者三百，买者一百。[7] 可见限田制度之不容易遍行也。

---

〔1〕《晋书》卷四七《傅玄传》。
〔2〕《晋书·食货志》卷二六。
〔3〕同上。
〔4〕《晋书》卷三五及卷三六。
〔5〕《晋书》卷四三《王戎传》。
〔6〕《晋书》卷六〇《张辅传》。
〔7〕洪迈《容斋续笔》卷一。

东晋偏安之后，兼并之局仍未有停止。元帝时应詹说："军兴以来，征战运漕；朝廷宗庙，既已殷广，下及工商流寓，僮仆不亲农桑，而游食者，以十万计。不思开食美利，而望国给民足，不亦难乎？古人有言曰：饥寒并至，虽尧舜不能使野无寇盗；贫富兼并，虽皋陶不能使强不陵弱。"〔1〕刘弘有说："礼名山大泽，不封，与共其利。今公私兼并，百姓无复措手足，尚何谓耶？"〔2〕据此，兼并之局，在东晋也不能免除了。

农业生产，晋初已注意到，朝廷励精于稼穑，躬耕籍田，以为天下倡。武帝泰始二年，以谷贱伤农，下诏议平籴以劝农："百姓年丰则用奢，凶荒则穷匮，是相报之理也。故古人权量国用，取赢散滞，有轻重平籴之法，理财均施，惠而不费，政之善者也。然此事久废，希习其宜，而官蓄未广，言者异同，财货未能通达其制。更令国宝散于穰岁，而上不收；贫弱困于荒年，而国无备；豪人富商，挟轻资，蕴重责，以筦其利；故农夫苦其业，而末作不可禁也。今者省徭务本，并力垦殖，欲令农功益登，耕者益劝。而犹或腾踊，至于农人并伤，今宜通籴以充俭乏，主者平议，具为条制。"〔3〕然事竟未行，故于泰始四年，下诏郡县吏劝农，立常平仓："使四海之内，弃末反本，竞农务功，能宣奉朕意，令百姓劝事乐业者，其唯郡县长吏乎？先之劳之，在于不倦，每念其经营职事，亦为勤矣！其以中左典牧种草马，赐县令长相及郡国丞，各一匹。是岁，乃立常平仓，丰则籴，俭则粜，以利百姓。"〔4〕泰始八年，武帝耕籍田，司徒石苞奏称："州郡农桑，未有殿最之制，宜增掾属令史，有所巡幸。"〔5〕帝从之。石苞既明劝课，百姓安之。惠帝之后，政教陵夷，至于永嘉，丧乱更甚。雍州以东，人多饥乏，更相鬻卖，奔走流移，不可胜数。幽、并、司、冀、泰、雍六州大蝗，草木及牛马毛皆尽，

〔1〕《晋书》卷二六《食货志》，《文献通考》卷二《田赋考》。
〔2〕《晋书》卷六六《刘弘传》。
〔3〕《晋书》卷二六《食货志》。
〔4〕同上。
〔5〕《通典》卷一《食货》。

又大疾疫，兼以饥馑，人民遂自相啖食，陷于水深火热之境。

自中原丧乱，元帝寓居江左，江南为火耕水耨之乡，土地卑湿，无有蓄积，元帝乃课督农功，下诏二千石长吏，以入谷多少为殿最，其非宿卫要任，皆宜务农，使军各自佃作，即以为廪，又下诏督令先秋种麦。元帝太兴二年，三吴大饥，死者日多，百官各上封事，后军将军应詹请于寿春（今安徽寿县）设镇，招集流散，劝课农功。其后齐王攸、束皙，均上议劝农。齐王攸奏称："今宜严敕州郡，检诸虚诈害农之事，督实南亩，上下同奉所务，则天下之谷，可复古政，岂患于暂一水旱，便忧饥馑哉?"〔1〕束皙奏称："今天下千城，人多游食，废业占空，无田课之实，较计九州，数过万计，可申严此防，今监司精察，一人失课，负及郡县，此人力之可致也。"〔2〕明帝时，天下凋敝，国用不足，坐论时政，温峤因奏军国要务，其第二事，则为置田曹掾劝课农桑，他说："司徒置田曹掾，州一人，劝课农桑，察吏能否，今宜依旧置之，必得清恪奉公，足以宣示惠化者，则所益实弘矣。"〔3〕据此，可知当丧乱之时，更感觉于农业生产的必要。

（三）税制 晋武帝统一天下，关于税制，实行户调法。《晋书》载："丁男之赋，岁输绢三匹，绵三斤，女及次丁男为赋者，半输。其诸边郡，或三分之二，或三分之一，夷人输賨布（即今之枲布）户一匹，远者或一丈。"〔4〕户调之法，合田租户口税为一事，固有异于两汉。这是以田授丁，以丁为户，以户为课征单位的税法；以户课征，故叫做户调，在晋称为"户调之式"，历南北朝而未有改。唐之租庸调，是以田授丁，以丁为课征单位；以后则以丁属户，以户为课征单位，也是户调的性质，不过形式略有不同而已。土地私有时期，课税准则是复杂的，户调则单纯的以户为准，尤其是西晋合租谷于绵帛之中，准则更是简单。但户调的准则所在之户的情形如

〔1〕《晋书·食货志》，又《齐王攸传》。
〔2〕《晋书》卷五一《束皙传》。
〔3〕《晋书》卷六七《温峤传》。
〔4〕《晋书》卷二六《食货志》。

果不同，课征的多少，不能不随之而异；并且户调基于课田，不课田者之租税，又与受田的户调相异，应将课田与不课田的准则，分别去考察：(1)课田的户调准则。西晋之占田有两种办法：一是占田之通常的情形，男女都有土地的分配，而且不以年龄为限制。一是纳税之田，叫做课田。有负担租税的能力者受课田，否则只占田，而没有负担。课田以年龄性别为分配标准：即以丁男丁女及次丁男为土地多少之分配；故户调以丁男成户者为户调单位，次丁男成户者半输。州郡之在边疆者，户调的多寡和内地不同；以距离之远近，为户调单位递降的标准。递降的标准，就是如《晋书·食货志》所说："其诸边郡，或三分之二，远者三分之一。"(2)不课田的征税准则。不课田的征税准则有二：一是以户为准，一是以人为准。税率的高低，也以距离的远近而有不同。户调的准则，既以课田与否而异，则户调的税率，也以受田与否及其多寡而不同。兹分别如下：(1)课田的户调税率。人民达相当年龄，即十六至六十岁为正丁，十三至十五为次丁，课田纳税。课田和纳税是同时的，但正丁及次丁受田多寡不同，户调的税率就不同。丁男之户的税率，是岁输绢三匹，绵三斤。女及次丁男为户者，税率减丁男户之半，即绢一匹半，绵一斤半。边郡的户调税率，和这种规定相同，但以距离较远而递减，即按单位三分之二，或三分之一输纳。(2)不课田的租税税率。不课田租税的税率和前述课征的准则一样，是对边外夷人而规定的，有两种情形，以户为准则者，賨布户一匹，远者或一丈。输米者叫做义米，远夷不课田输义米，每户三斛，远者五斗。以人为准则者，系极远的夷人，以人口输算钱，每人二十八文。〔1〕马端临以为户调之制是可行的，他说："按两汉之制，三十而税一者，田赋也；二十始傅，人出一算者，户口之赋也。今晋法如此，则似合二法而为一。然男子一人，占田七十亩，丁男课田五十亩，则无无田之户矣，此户调所以可行欤？"〔2〕

〔1〕刘道元著《中国中古时期的田赋制度》一一五页至一一七页。
〔2〕《文献通考》卷二《田赋考》。

户调之外有徭役，徭役是以征税的形态提供于国家政府的。晋代的徭役，丁男有被征发为军役，或灌溉，防汛治水，土木事业等，次数既多，规模又大；在东晋时代，丁男的徭役，规定每岁不得超过二十日。〔1〕

东晋有商税的规定：凡出卖奴婢、马牛、田宅者，有文件者，则依文件所载价值，抽百分之四，由卖者担任三成，买者担任一成；无文件者，则依所估价，值百抽四。此外更设通过税，仿佛近代的关税制度，东有方山津，西有石头津，各置津主人，赋曹一人，直水五人，以检察禁物及亡叛者；荻、炭、鱼、薪之类，出津者，并十分税一以入官；淮水北有大市，其余小市十余所，置有官司征税，商人不免苛索。〔2〕东晋据有扬子江流域，约维持其统治权一世纪之久，在那种偏安的局面里，以重税以维持残喘是当然的结果。

（四）商业 晋武帝统一中国后，社会思想习俗沿袭放达清谈余风，人民廉耻道丧，卑污嗜利，在商业上缺乏商业的道德，例如王戎卖李，恐佳种流传于外不能专利，于是在未卖之先，尽钻其核，其立心之卑鄙有如是者。后来到了五胡乱华，晋室东迁，国计民生，纷纷扰攘，商业凋敝，就用不着说了。惟当时石勒求通使交市，镇西将军祖逖不报书而听互市，遂收利十倍，于是公私丰赡，士马日滋。〔3〕陶侃迁龙骧将军武昌太守时，立夷市于郡东，大收其利。〔4〕对于远地的通商，有大秦国，《晋书》："大秦国一名犁鞬，在西海之西，其地东西南北各数千里，有城邑，其城周回百余里，屋宇皆以珊瑚为棁栭，琉璃为墙壁，水精为柱础……其人长大，貌类中国人而胡服，其土多出金、玉、宝物、明珠、大贝，有夜光璧、骇鸡犀及火浣布，又能刺金缕绣，及织锦缕罽，以金银为钱，银钱十当金钱之一，安息、天竺人与之交市于海中，其利百倍。邻国使到者，

〔1〕日人森谷克己著《中国社会经济史》汉译本一九四页。
〔2〕《通典》卷一一《食货》，郑行巽编《中国商业史》八九页。
〔3〕《晋书》卷六二《祖逖传》。
〔4〕《晋书》卷六六《陶侃传》。

辄廪以金钱，途经大海，海水咸苦不可食，商客往来，皆斋三岁粮，是以至者稀少。”[1] 国际贸易，远达大秦，惟中国以何种货物与之互市，史书已不可考。又据英文本《中国经济史》所说：“晋朝开始最严厉的禁止，从此地迁到彼地的禁令，这种禁令，甚至扩大到行商身上来。”[2] 若此说如真，则远航通商，晋代势必加以禁止。但《晋书》所记如此之详细，则远地经商之事未必是假，而禁令也未必施于此种商人了。

（五）币制　晋自中原纷乱，元帝过江，用孙氏赤乌旧钱，轻重杂行，大者谓之比输，中者谓之四文。吴兴沈充又著小钱，谓之沈郎钱，钱既不多，由是稍贵。孝武太元三年下诏：“钱国之重宝，小人贪利，销坏无已，监可（据上海大光书局刊印《中国历代食货志》本可作司，《通典》作可）当以为意。广州夷人宝贵铜鼓，而州境素不出铜，闻官私贾人皆贪比轮钱（上海大光书局刊印《中国历代食货志》本作皆于此下贪比输钱）斤两差重，以入广州，货与夷人，铸鞴作鼓，其重为禁制，得者科罪。”[3] 安帝元兴中，桓玄辅政，立议欲废钱用谷帛，当时为孔琳之反对，未果行。晋代亦使用金银，《晋书·束皙传》：“帝大悦，赐皙金五十斤。”《元帝纪》：“帝传檄曰：有能枭石季龙首者，赏绢二千匹，金五十斤。”《羊侃传》：“有诏送金五千两，银万两，以赐战士。”《石勒传》：“勒既还襄国，襄国大饥；谷二升，值银二斤；肉一斤，值银一两。”从上引证来看，可为晋代使用金银的明证。

（六）交通　晋代对于国内交通，颇注意水道，晋武帝泰始十年，凿陕南山，决河东注洛以通运漕。怀帝永嘉元年，修千金堨于许昌以通运。[4] 至对于国外交通，征之于外族之杂居中国内地，及其国王之遣使贡献方物，就可以知道。兹略为引论如下：(1) 匈奴。匈奴之类，总谓之北狄，其地南接燕赵，北暨沙漠，东连九夷，西

---

〔1〕《晋书》卷九七《西戎传》。
〔2〕 Lee Ping Hua：“*The Economic History of China*”, p. 192.
〔3〕《通典》卷八《食货》。
〔4〕《文献通考》卷二五。

距六戎。建安中，魏武帝始分其地为五部，部立其中贵者为帅，选汉人为司马以监督之，魏末，复改帅为都尉。其左部、右部、南部、北部各部落，聚居中国北部祁县、蒲子县、新兴县等地。武帝登位后，塞外匈奴大水塞泥黑难等二万余部落归化，帝复纳之，使居河西故宜阳城下，后复与晋人杂居。因杂居相通之故，而文化自然转相模仿。（2）夫余国。国在玄菟北千余里，南接鲜卑，北有弱水，地方二千里，户八万，有城邑宫室，地宜五谷，其人强勇，会同揖让之仪，有似中国。武帝时频来朝贡。（3）马韩。马韩居山海之间，无城郭，有小国五十六所，大者万户，小者数千家，各有渠帅。俗少纲纪，无跪拜之礼，居处作土室，形如冢，其户向上，举家共在其中，无长幼男女之别，不知乘牛马，畜者但以送葬，俗不重金银锦罽而贵缨珠，用以缀衣，或饰发垂耳，俗信鬼神，尝以五月耕种毕，群聚歌舞以祭神。武帝太康元年二年，其主频遣使入贡方物，后又请内附。（4）挹娄。挹娄在不咸山北，去夫余国约六十日程，东滨大海，西接寇漫汗国，北至弱水，其地广数千里，多深山穷谷，人民夏则巢居，冬则穴处，父子世为君长，无文墨，以言语为约，有马不乘，但以为财产而已，至武帝太康初遣使贡献，元帝中兴，又至江左贡其石砮等物。（5）大宛。大宛西去洛阳二千三百五十里，南至大月氏，北接康居，大小七十余城，土宜稻麦，有葡萄酒，多善马。武帝太康元年，遣使杨颢拜其王蓝庾为大宛王，及蓝庾死，其子摩之立，遣使贡汗血马。（6）康居。康居在大宛西北可二千里，其风俗习惯略同大宛；地和暖，多桐、柳、葡萄、牛、羊，出好马。武帝泰始时，其王那鼻遣使上封事，并献善马。（7）林邑。林邑去南海三千里，其地人民性凶悍，果于战斗，倮露徒跣，以黑色为美，贵女贱男，同姓为婚，妇先娉婿，女嫁之时著迦盘衣，横幅合缝如井栏，首戴宝花，居丧翦鬓谓之孝，燔尸中野以为葬。其王听政，子弟侍臣皆不得近之。自孙权以后，不朝中国，至武帝太康中始来贡献。（8）扶南。扶南国去林邑三千余里，地广约三千里，有城邑宫室，人皆丑黑拳发，倮身跣行，性质直，不为盗贼，以耕种为务；又好雕文刻镂，食器多以银为之，贡银以金银珠香，亦有书记府库，文字有类于胡，丧葬婚姻，略同林邑。武帝泰始初，遣使来贡献。以上略述晋代与外族交通的大概。[1] 外族与中国交通，或以移殖中土之故，很多同化于中国的文教：(1) 文学。史载刘渊幼好学，师事上党崔游，习《毛诗》、《京氏易》、《马氏尚书》，尤好《春秋左氏传》、《孙吴兵法》，史学诸子，无不综览。刘和好学夙成，习《毛诗》、《左氏传》、《郑氏易》。刘宣师事乐安孙炎，沉精积思，不舍昼夜，好《毛诗》、《左氏传》。刘聪颖悟好学，究通经史，兼综百家之言；工草隶，善属文，著《述怀诗》百余篇，赋颂五十余篇。刘曜博览群书，善属文，工草隶，尤好兵书。石勒雅好文学，虽在军旅，尝令儒生读史书而听之，每评论古帝王善恶，听者赞美。其他石弘、石虎、慕容皝、慕容俊、苻坚、苻丕、姚襄、姚兴、姚泓、李庠、慕容宝、秃发傉檀、慕容德、沮渠蒙逊等，皆好经籍而善属文。[2] (2) 教育。史载刘曜立太学于长乐宫东，小学于未央宫西，简百姓可教者千五百人，选宿儒以教之。石勒立太学，简明经善书吏，署为文学掾，选将佐子弟三百人教之；又增置宣文、宣教、崇儒、崇训十余小学于襄国四门，造明堂、辟雍、灵台于襄国城西；命郡国立学官，每郡置博士祭酒二人，弟子百五十人。石虎令诸郡国立五经博士，复置国子博士助教，又遣国子博士至洛阳写石经。慕容皝立东庠于旧宫，学徒甚盛，至千余人。慕容俊立小学于显贤里，以教胄子。苻坚广修学官，召郡国学生通一经以上充之，六卿以下子孙并遣受业，中外四禁二卫四军长上将士，皆令修学。姚苌令诸镇各置学官，勿有所废，考试优劣，随才擢叙。冯跋营建太学，以刘轩、张炽等为博士郎中，简二千石以下子弟，年十三岁以上者教之。秃发利鹿孤以田玄冲、赵诞为博士祭酒，以教胄子。[3] 以上略为引证，就可以知道晋代的外族与中国交通，而吸收中国文化至有如此的程度。世界的民族有互相移殖的倾向，而文化因民族间之移殖接触，而有互相吸收模仿的倾向。近代的日本人，是六个人种的复合，

[1]《晋书》卷九七。
[2]《晋书》卷一〇七载记。
[3]《晋书》卷一〇四至一二九。

即白色人种的旧阿夷奴（Palaeainu）、黄色人种的南通古斯（Southern Tunguse）、印度支那人（Indo-Chinese）、汉人（Han）、黑人种的尼格利陀（Negrito），与混合黑、白、黄三人种血液，而白人种遗传较为显著的印度尼西亚人（Indonisians），六人种底血液混淆，而造成了近代日本人。人种常伴有文化，是人类学上一大原则，则构成日本民族的六个人种，实各有其相异的六种型式的文化，即各各携其生活样式，而来日本群岛，其后人种混淆，文化也因之而复合化了。在日本文化的构成中，至少有三个要素，即西伯利亚文化、中国文化、印度文化；但此等文化也非独立，而是带有复合性的。〔1〕五胡十六国时代，外族移殖中国，与汉族交通接触，一方移来其本土之原有文化以至中土；一方移居中国本土与汉民族混淆，而吸收中国的文化而成复合性，这是必然有而无可怀疑的现象。

（七）官制　（甲）中央。三国时，魏文帝复置中书监令，并掌机密，自是中书多为枢机之任；其后定制，置大丞相第一品，后又有相国。晋惠帝永宁元年，罢丞相，复置司徒；永昌元年，罢司徒并丞相，其后或有相国，或有丞相，省置无常；而中书监令，常管机要，多为宰相之任。〔2〕门下省后汉谓之侍中寺，晋代给事黄门侍郎与侍中，俱管门下众事，或谓之门下省。其他有太常、光禄勋、卫尉、太仆、廷尉、太鸿胪、宗正、大司农、少府、将作大匠、太后三卿、大长秋皆为列卿，各置丞功曹主簿五官等员。太常有博士协律校尉员，又统太学诸博士祭酒，及太史太庙太乐鼓吹陵等令。卫尉统武库、公车、卫士、诸冶等令，左右都候、南北东西督治掾，及渡江省卫尉。太仆统典农、典虞都尉、典虞丞、左右中典牧都尉、车府、典牧等令，典牧又别置羊牧丞，太仆自元帝渡江之后，或省或置，太仆省故骅骝为门下之职。廷尉主刑法狱讼，属官有正监评，并有律博士员。太鸿胪统大行、典客、园池、华林园、钩盾等令。宗正统皇族宗人图谍，又统太医令史，又有司牧掾员；及渡江，哀

〔1〕日人西村真次著《文化移动论》汉译本一七至一八页。
〔2〕郑樵《通志》卷五二《职官略》。

帝省并太常太医，以给门下省。大司农统太仓籍田等事。少府统材官校尉平准奚官等事，将作大匠有事则置，无事则罢。太后三卿、卫尉、少府、太仆，随太后宫为官号。大长秋、皇后卿，有后则置，无后则省。

御史中丞本秦官，秦时御史大夫有二丞：其一御史丞，其一为中丞；中丞外督部刺史，内领侍御史，受公卿奏事，举劾按章，历汉东京至晋，因其制以中丞为台主。治书侍御史，晋置员四人，武帝泰始四年，又置黄沙狱治书侍御史一人，秩与中丞同，掌诏狱及廷尉不当者治之。侍御史，置员九人，品同治书而有十三曹，殿中侍御史，置四人，渡江后置二人。符节御史掌符玺令之职，武帝省并，兰台置符节御史掌其事。谒者仆射，武帝省仆射，以谒者并兰台。都水使，主陂池灌溉，保守河渠，武帝省水衡，置都水使者一人，以河堤谒者为都水官属。太子太傅、少傅皆古官，晋武帝泰始三年始建官，各置一人，事无大小，皆由二傅掌之，并有功曹主簿五官。文武官皆假金章紫绶，著五时服。〔1〕

（乙）地方　晋为州、郡、县三级制度，州置刺史，郡置太守，河南郡京师所在则称尹；诸王国以内史掌太守之任。县大者置令，小者置长。外官权力日趋于重，皆带军职；州与府各置僚属，州官理民，府官理戎。晋制，刺史三年一入奏，郡守皆加将军，无者为耻。〔2〕乡官之设置，郡国及县，农月皆随所领户多少为差，散吏为劝农。又县五百户以上皆置乡，三千以上置二乡，五千以上置三乡，万以上置四乡，乡置啬夫一人；乡户不满千以下，置治书史一人；千以上置史、佐各一人，正一人；五千五百以上，置吏一人，佐二人；县率百户，置里吏一人；其土广人稀，听随置里吏，限不得减五十户；户千以上，置校官掾一人。各县置方略吏四人，洛阳县置六部尉，江左以后，建康亦置六部尉，余大县置二人，次县小县各一人。关于藩属，武帝置南蛮校尉于襄阳，西

---

〔1〕《晋书》卷二四《职官志》。
〔2〕《通典》卷三三《职官》。

戎校尉于长安，南夷校尉于宁州。惠帝元康中，护羌校尉为凉州刺史，西戎校尉为雍州刺史，南蛮校尉为荆州刺史；及江左初，省南蛮校尉，后又置于江陵，改南蛮校尉为镇蛮校尉；安帝时于襄阳置宁蛮校尉。〔1〕

（八）军制 晋代中央军，有七军五校之设。七军即：左卫、右卫、前军、后军、左军、右军、骁骑，皆有将军，而中领军总统之；其前后左右，补称四军。中领军将军本魏官，魏武丞相府自置，及拔汉中，以曹休为中领军，文武践位，始置领军将军，以曹休为之，主五校、中垒、武卫等三营，武帝初省去，使中军将军羊祜统二卫前后左右骁卫等营，即领军之任。怀帝永嘉中，改中军为中领军，元帝永昌元年，改北军中候，后复为领军。五校即：屯骑、越骑、步兵、长水、射声，各领千兵为营，皆在城中；又有翊军营……积弩营，亦典宿卫。五校于魏、晋时，犹领营兵，并置司马功曹主簿，后省左军、右军、前军、后军为镇卫军；其左右营校尉如旧，皆中领军统之。〔2〕 武帝惩魏氏孤立，大封同姓，大国三军，兵五千人；次国二军，兵三千人；小国一军，兵千五百人。〔3〕 武帝平吴之后，下诏天下罢军役，表示海内大安，州郡之兵皆罢去，大郡置武吏百人，小郡五十人；及惠帝之后，屡有变难，寇贼蜂起，郡国以无备不能制，天下遂大乱。〔4〕

元帝南渡，有大将军、都督、四镇、四征、四平之号，然调兵不出三吴，大发不过三万，每议出讨，多取奴兵。《晋书》载：“发东土诸郡免奴为客者，号曰乐属，移置京师，以充兵役，东土嚣然，人不堪命，天下苦之矣。”〔5〕 自是以后，每有征伐，则发僮奴充之。元帝立国江南，其初所统本为东南之旅，即当时地方之兵，以后上游重镇兵士众多，常过京师，狡健者资之以图内寇，论者以为东晋

〔1〕《晋书》卷二四《职官志》。
〔2〕 钱仪吉《补晋兵制》，《晋书》卷二四《职官志》。
〔3〕《通考》卷一五一《兵考》。
〔4〕《晋书》卷四三《山涛传》，《通考》卷一五一《兵考》。
〔5〕《晋书》卷六四《会稽王道子传》。

之始复使州郡典兵，故有是祸；然温峤、陶侃等又尝以州镇重兵，入卫国难，北方分裂，兵机万变，全赖州镇之兵抵抗，可知东晋地方之兵，未必尽有害于国家，其屯驻京口者，称北府兵（谢玄北镇广陵，以刘牢之为参军，领精锐为前锋，百战百胜，号为北府兵），屯驻历阳者，称西府兵，而北府兵尤精勇。

（九）法制　魏代末年，司马昭以律令太繁，科纲太密，乃命贾充、郑冲、荀勖、羊祜、王业、杜元凯、裴楷等十四人，就汉《九章》增十一篇，仍其属类，正其体号。及新律成，而晋武帝已受魏禅，故颁行于晋代。《通典》载："晋武帝泰始三年，贾充等修律令成，帝亲自临讲，使裴楷执读，四年正月，大赦天下，乃颁新律。"〔1〕晋律是以萧何《九章律》为本，又加十一篇，计二十篇，将旧律刑名分为刑名及法例二篇，余则为盗律、贼律、捕律、杂律、户律、兴律、厩律，一仍汉制；而诈伪、请赃、告劾、系讯、断狱、毁亡则概同于魏制；又增加卫宫、水火、关市、违制、诸侯等五篇，共六百三十条，二万七千六百五十七言。更设令附于律，律是不可更易的，令是因时制宜的，如军事、农田、酤酒等，不以入律而以为令，凡律令合三千九百二十六条，十二万六千二百言，合六十卷，又故事三十卷；故事为昔日所常行之事，即一种品式章程。据《寄簃文存》说："晋律就汉《九章》增定，故与魏律不同，无魏律之劫略、惊事、偿赃、免坐四篇，而增法例、卫宫、水火、关市、违制、诸侯六篇，复汉之厩律一篇，而无囚律，此增损之数也。"

晋代法院编制，中央最高的司法官有廷尉，廷尉是审理案件的推事；有御史，御史为提起公诉的检察官；有三公尚书，三公尚书掌理刑狱。地方司法管辖区域，有县郡二级；县大者置令，小者置长，有游徼、户曹掾、法曹、贼曹掾、狱门亭长、都亭长、捕掾等员。郡皆置太守，置贼曹等员。

晋律内容，较前代为宽，减枭斩族诛从坐之条，去捕亡没为官

---

〔1〕《通典》卷一六〇。

奴婢之制，而过误老小女人，当罚金或杖者，皆令半之。[1] 及惠帝之世，政出群下，每有疑狱，各出私情。刑法不定，狱讼繁滋。晋代刑法：（甲）徒刑，分为二岁刑、三岁刑、四岁刑、髡钳五岁刑、笞二百。（乙）身体刑，分鞭、髡、钛、黥。（丙）财产刑，以罚金抵罪。（丁）名誉刑，为除名。（戊）流刑，为迁徙。（己）死刑，分为枭斩、弃市、绞。（庚）族刑，诛及三族。晋怀帝永嘉元年，曾除三族刑，直至明帝太宁三年，又诏复三族刑，惟不及妇人。其他刑之加重，为屡犯、下之侮上；刑之减轻，分过失、老弱、议贵、赎罪；刑之消灭，分大赦、特赦。在刑法分则上，分反逆罪、露泄选举罪、诬告罪、伪造官印罪、诈伪罪、盗开城门罪、逃亡罪、侵犯陵墓罪、奸非罪、殴兄姊罪、伤人罪、走马众中罪、戏杀人罪、父母杀子罪、挟天文图谶罪、奇技异服罪。

关于民法上人民之身份，大概可分为佃客、部曲、商贾等。佃客，是晋代新起的一种农奴制度，以官品之高下，为佃客之多少，其客皆注家籍，均无课役，其佃谷与大家（主人）量分。部曲，有如后世投靠卖身的甘结的质任（即《周官》所谓质剂任保），晋武帝曾两次下诏解放他们。商贾，则不得与社会上一般人受平等之待遇，而且异其章服。关于婚姻，特崇嫁娶之礼，以下聘为正。婚姻的法定年龄，定十七岁，凡女年十七，父母不嫁者，长吏为之择配，是厉行国家的生产主义，甚至同姓也可以通婚，与自古相传的周制相反。

晋代法律思想家，如刘颂（武帝时人）提倡刑法划一之论；卫展（元帝时人）则主张刑法非以残人，所以救奸；孔琳之（安帝时人）则主张肉刑不可恢复；葛洪则主张严定法律手续，以息诉讼，视刑罚为捍刃的甲胄；傅玄则主张敬五刑以成三德，以立礼教。其他如张裴发明审判心理，论法更精细，他将晋律加以注释，其中所释颇多扼要之说，如："知而犯之谓之故，意以为然谓之失，违忠欺上谓之慢，背信藏巧谓之诈，亏礼废节谓之不敬，两讼相趣谓

[1] 《文献通考》卷一六四《刑考》。

之斗，两和相害谓之戏，无变斩击谓之贼，不意误犯谓之过，逆节绝礼谓之不道，陵上僭贵谓之恶逆，将害未发谓之戕，唱首先言谓之造意，二人对议谓之谋，制众建计谓之率，不和谓之强，攻恶谓之略，三人谓之群，货财之利谓之赃。”又说：“刑者司理之官，理者求情之机，情者心神之使，心感则情动于中而形于言，畅于四肢、发于事业；是故奸人心愧而面赤，内怖而色夺，论罪者务其本心，审其情，精其事，近取诸身，远取诸物，然后乃可以正刑。仰手似乞，俯手似夺，捧手似谢，拟手似诉，拱擘似自首，攘臂似格斗，矜庄似威，怡悦似福。喜怒忧惧，貌在声色；奸贞猛弱，候在视息。”〔1〕这是描写犯罪者心理，而后加以审讯之意，立论不是空幻的。

晋律行世最久，《南齐书》说及江左相承，皆用晋世张杜律，(张聚杜预)，晋武帝泰始四年至梁武帝改律，凡二百三十七年。据《隋书》，梁命蔡法度定律，仍用张杜律本，陈则篇目条纲，一用梁法，可知梁、陈之律，仍袭晋律；推其原因，是晋自文帝秉政，即议定律令，凡历六载，其时议律诸人皆一时俊彦，《晋书》称新律颁发，百姓称便，可知晋律的进步。〔2〕

(十) 宗教　(甲) 多神教。晋武帝南郊燎告，未有祖配；泰始二年，诏定郊祀南郊，宜除五帝之座，五郊同称昊天上帝，各设一座。太康三年正月，帝亲郊祀，皇太子皇子悉侍祠。东晋元帝即位于建康，议立南郊于巳地，太常贺循定制度，多依汉及晋初之仪式，帝亲郊祀飨，如泰始故事。成帝咸和八年正月郊天。康帝建元元年正月，亲奉南郊。安帝元兴四年应郊。郊天是极尊的祭礼，非天子不能祀。晋武帝泰始初年正月，宗祀文皇帝于明堂，以配上帝，又议明堂宜除五帝之座，同称昊天上帝，各设一座；十年十月，诏复明堂五帝位。兹将明堂图表引录如下：〔3〕

---

〔1〕《文献通考》卷一六四。

〔2〕 拙著《中国法律史大纲》五七页至五九页，杨鸿烈著《中国法律史》上册二三三页至二四〇页。

〔3〕《文献通考》卷七三《郊社考》。

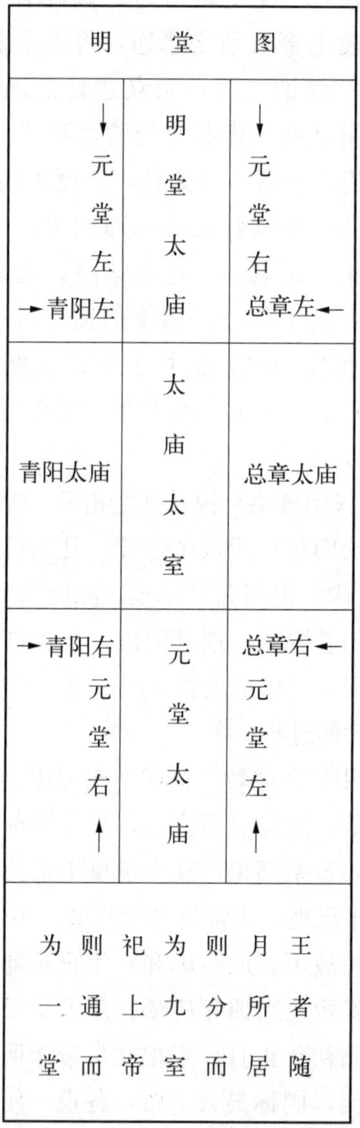

东晋孝武帝太元十三年正月，祀明堂；车服之仪，率遵汉制，出以法驾，服以衮冕。晋武帝泰始二年，定郊祀，北郊以先后配，后并圆方二丘于南郊。东晋元帝太兴二年，北郊未立地祇，共在天郊。明帝太宁三年七月，始诏立北郊。成帝咸和八年，于覆舟山南立北郊，凡此均是祭地祇之礼。此外，复有祭社稷祭山川之祀礼。

（乙）道教。晋代会稽王氏世称望族，而王羲之之子凝之世事张氏五斗米道甚笃。《十驾斋养新录》说："晋南渡后，士大夫多有奉五斗米道者，或谓之天师道。《晋书·何充传》：'时郄愔及弟昙，奉天师道。'《殷仲堪传》：'少奉天师道。'《王恭传》：'淮陵内史虞珧子妻裴氏，有服食之术，常衣黄衣，状如天师。'由是妖妄之称，始登正史。"〔1〕东晋初，有葛洪者字稚川，好神仙导养之法，从郑隐学炼丹秘术，闻交趾出丹，求为句漏令，行至广州，刺史邓岳留不令去，止于罗浮山炼丹，自号抱朴子，著书推论神仙之理，即以《抱朴子》为名。其外篇是拟王充《论衡》，故曲引旁证，以通其说。可知道教当日流行之势。〔2〕

（丙）佛教。佛教至晋，盛行南北。《隋书·经籍志》载："魏黄初中，国人始依佛戒，剃发为僧。"有谓佛徒出家之俗，是自晋始。晋代印度及西域的佛教徒，经天山南路及南海诸国而来者甚多，而中国的佛教徒，亦有赴印度及西域以求经典者。晋初，法护(Dharmarakcha）赴西域，得了许多的梵经，回长安传译。惠帝时，印度僧竺叔兰等来长安，译诸经。又东晋时，印度僧佛图澄(Budhoching）来后赵，为石勒及石虎所尊信，常营佛寺，且谘以军国大事。（佛图澄，天竺人，本姓帛，少学道，妙通玄术，永嘉四年至洛阳，自云百有余岁，常服气自养，能积日不食，善诵神咒，能役使鬼神。）在这时常山的卫道安独坐静室凡十二年，大悟佛教的蕴奥，闻佛图澄来居邺，往入其门受教，大获进益。佛图澄死后，率门徒南游，遣法汰于扬州，遣法和入蜀，而自与徒弟共往襄阳布教；后入前秦，为苻坚所尊信，乃订正前译诸经之谬误。继而其门人惠远，避前秦之乱至东晋，结白莲社，专修念佛。先是佛教之《大乘经》虽有被翻译者，而其数不多，及龟兹僧鸠摩罗什（Kumaradiva）来，大译《大乘经论》，遂与中国佛教以一大变化。（鸠摩罗什天竺人，世为国相，父鸠

〔1〕《十驾斋养新录》卷一九《天师》。
〔2〕 李泰棻著《中国史纲》卷二第一七〇页。

摩罗炎，聪懿有大节，将嗣相位，乃辞避世家，东度葱岭，龟兹王闻其名，郊迎之，请为国师，并以妹妻之。及罗什生后，年七岁，母遂与俱出家。罗什从师受经，日诵千偈，年十二，其母携到沙勒，国王甚重之，遂停沙勒一年，博览五明诸论；专以大乘为化，诸学者共师之，年二十，龟兹王迎之还国，广说诸经，四方学徒，莫之能抗。）鸠摩罗什初为前秦苻坚所迎致，未至而前秦亡，遂留居后凉；继又受后秦姚兴的尊信，姚兴请入西明阁及逍遥园译出众经，复使沙门僧䂮、僧迁、法钦、道流、道恒、道标、僧睿、僧肇等五百余人，受罗什意旨。更令出《大品经》，以相雠校，遂出《新大品经》二十四卷；又译《大智释论》凡百卷，译《小品经》七卷，在长安大寺集四方义学沙门二千余人，译《法华经》，凡所出经论有三百余卷，后卒于长安。〔1〕其他佛驮跋陀罗（Buddhabhadra）、昙摩卑（Dharmapriya）、弗若多罗（Punyatara）、昙摩流支（Dharmaruci）、弗陀耶舍（Buddhayasas）、卑摩罗义（Vimalaksas）、昙摩耶舍（Dharmayasas）、昙摩掘多（Dharmagupta）、祇多密（Gitamitra）、竺难题（Nandi）、僧伽陀（Samghata）、昙无忏（Dharmaraksa）等，皆在东晋时代至东方译经中土者。〔2〕西行求法诸师中，其著名的有法显，受姚兴之命，发长安，陆路赴印度，继赴师子国即锡仑，所经历凡三十余国，多得经律；十二年之后，遂由师子国搭商船，经耶婆提（Yavadvipa）即阇婆（Java）自南海归中国，翻译携回之经典；又著《佛国记》，载见闻之事。〔3〕此外，有于法兰、康法郎、昙觉、昙猛、宝云、智严、智猛、慧睿等，皆到西方求法者，可见东晋时代佛教的兴盛。

（十一）美术　（甲）音乐。《晋书·乐志》载："武皇帝采汉魏之遗范，览景、文之垂则，鼎鼐维新，前音不改。泰始九年，光禄大夫荀勖始作古尺，以调声韵。"永嘉之乱，伶官既减，曲台宣榭，咸变污莱，虽象舞歌工自胡归晋，至于孤竹之管，云和之瑟，空桑

〔1〕高桑驹吉著《中国文化史》一六八页，刘汝霖著《东晋南北朝学术编年》一二一页至一五七页。
〔2〕冯承钧著《历代求法翻经录》一六页至二〇页。
〔3〕高桑驹吉著《中国文化史》一六八页。

之琴，泗滨之磬，百中不能备其一。〔1〕武帝时，郊祀明堂均用乐章，如《天地五郊夕牲歌》、《迎送神歌》、《明堂降神歌》、《地郊飨神歌》、《祠庙迎送神歌》、《正旦大会行礼歌》、《食举乐东西厢歌》、《宴会歌》、《命将出征歌》、《劳还师歌》等。武帝命傅玄改汉之短萧铙歌曲，制为二十二篇，述以功德代魏。改《朱鹭》为《灵之祥》，《思悲翁》为《宣受命》，《艾如张》为《征辽东》，《石留》为《顺天道》，《上之回》为《宣辅政》，《雍离》为《时运多难》，《战城南》为《景龙飞》，《巫山高》为《平玉衡》，《上陵》为《文皇统百揆》，《将祭酒》为《因时运》，《有所思》为《惟庸蜀》，《芳树》为《天序》，《上邪》为《大晋承运期》，《君马黄》为《金灵运》，《雉子班》为《於穆我皇》，《圣人出》为《仲春振旅》，《临高台》为《夏苗田》，《远如期》为《仲秋狝田》，《务成》为《唐尧》，《黄爵行》为《伯益》；《玄云》、《钓竿》依旧名。其他尚有鼓角横吹曲、胡角相和汉旧歌、吴歌杂曲、《子夜歌》、《凤将雏歌》、《团扇歌》、《懊侬歌》等，始皆徒歌，后遂被之管弦。（乙）绘画。晋代之名画，首推卫协，及师卫协之张墨与荀勖，张墨呼为画圣，荀勖出世于曹魏，至晋任尚书令，遗作《搜神图》三卷，传及于唐。东晋之世，有平南将军武康侯王廙，明帝师之，善画佛像，其从子王羲之，亦妙擅丹青。晋代最有名之顾恺之，其画模仿卫协之风，其遗作《女史箴图卷》，今尚留存，为现存中国画卷最古之宝绘。著有《魏晋名臣画赞》，又有《论画》一篇，皆模写要法，今已不传。此外，戴逵善画山水人物故实，所作《南都赋图》，至唐世尚遗存；贾惠远于孝武帝太元中至庐山，立精舍，绘《江淮名山图》，为当时所称。〔2〕（丙）书法。书法在晋代亦渐趋于艺术化，能手辈出，如卫瓘、索靖、王羲之、王献之等，就中尤以王羲之的书法为最精妙，王献之精草隶，后世称为二王。（丁）雕铸。东晋自太和之时，造像大兴，沙门竺道一之金镤千像，道安之丈八弥陀铜像，慧护之丈六释迦铜像等，为

〔1〕《晋书》卷二一《乐志》上。
〔2〕日人大村西崖著《中国美术史》三五页，又《晋书·明帝纪》，顾恺之、戴逵本传，《历代名画记》、《图绘宝鉴》、《画史》等书。

其滥觞。安帝义熙二年，（西历四〇六年）锡兰王送来具有高度四尺二寸之白玉佛像，九年，法显亦由天竺携归小佛像数尊，此种锡兰所造白玉石像，与顾长康之维摩壁画，同称瓦官寺三绝宝中名品之一。当时北方五胡十六国中，凿窟造像之风盛行，前秦苻坚建元二年，有乐僔沙门者，在甘肃敦煌鸣沙山之涯，穿一石窟造佛像，所谓莫高窟是也。其后有在此处营石窟者，至唐武后圣历时，西自九陇坂，东至三危峰，其间成窟宝千余龛，即今所谓千佛岩是也。晋代铜器之存于今者，为镜与符，及日本最近所得愍帝建兴三年武乡侯所造涂金釜等。武帝太康二年镜、惠帝元康元年镜、永康元年镜，皆似吴镜，并与汉建安镜、吴元镜相似，铸出神人异兽，其精巧则过之。（戊）建筑。晋代邺都（河南临漳县）之太极殿前，建楼柱楹皆雕镂龙凤百兽，芳尘台上造铜龙；凤凰门之层观，置涂金之铜凤一对，高一丈六尺，舒翼如飞；又建春门之石桥柱，面悉镂云，柱上作蟠螭，治石甚工密；太武殿漆瓦金铛，银楹金柱，珠帘玉壁，穷极人工之巧妙。

（十二）教育　晋武帝统一全国以后，承曹魏太学的旧物，稍加扩充，初设大学生三千人，后增至七千余人，试其堪受教育者，令入学，其余遣还郡国。武帝咸宁二年，起国子学，当时荀颢以制度赞维新，张华以博物参朝政，刘寔以礼法典秩宗，专擅各长，文献振兴，晋代教育本有发展之机势；然士大夫轻礼法，尚放达，侈谈玄理，风俗颓靡。惠帝元康元年，以人才多猥杂，欲辨其泾渭，于是制立学官，第五品以上，得入国学。由是一般的教育权，遂被剥夺。东晋成帝咸康三年，祭酒袁瓌、太常冯怀请兴学校，帝从之，乃立太学，而士大夫习尚庄、老，儒术不振。自穆帝至于孝武，并于中堂立太学，为临雍习礼之所。孝武太元九年，尚书谢石请兴复国学，诏令选择公卿二千石子弟为国子生，设博士助教十人，担任教授；又诏天下州县皆修立乡学，单就外面看去，教育事业算是发达，但内容腐败，品课无章，国子祭酒殷茂有说："自学建弥年，而功无可名，惮业避役，就存者无几；或假托亲疾，真伪难知；声实浑乱，莫此之甚。"〔1〕其中积弊，

〔1〕陈青之著《中国教育史》上卷一五八页引。

可以想见了。

关于地方学校，晋初虽经孝武诏令天下州县设学，其实很少认真办理，其中稍有头绪的，要算是庾亮；当他镇守武昌的时候，开置学官，起盖讲舍，购办俎豆仪器，令子弟及大将子弟悉皆入学；他如虞溥为鄱阳内史，大修庠序，广招生徒至七百余人，是晋代乡学仅有的成绩。〔1〕

晋代选举之制，因承魏九品中正之制，弊端丛生，各州有大中正，郡国有小中正，皆掌选举；凡吏部选用必下中正，征其人居及祖父官名；〔2〕为中正者，高下任意，据上品者，非公侯之子孙，即当途之昆弟；故当时有上品无寒门，下品无势族之诮。东晋时，举孝廉秀才者，先试以策论，后试以经义；若落第，则举主受罪，滥竽应举之弊，因之革除；科举制度，滥觞于此。

（十三）学术　（甲）天文学。武帝泰始元年，因魏之景初历，改名泰始历。《晋书·律历志》载："武帝侍中平原刘智，以斗历改宪，推四分法，三百年而减一日，以百五十为度法，三十七为斗分，推甲子为上元。至泰始十年，岁在甲午，九万七千四百一十一岁，上元天正甲子朔夜半冬至。日月五星始于星纪斗二十一，得元首之端，名为正历。""咸宁中，善筭（与算同）者李修、卜显为术，名乾度历，表上朝廷，其术合日行四分数而微增月术，用三百岁改宪之意。二元相推，七十余岁，承以强弱。强弱之差盖少，而适足以远通盈缩。时尚书及史官，以乾度历与泰始历参校古今记注，乾度历殊胜泰始历，上胜官历四十五事。""穆帝永和八年，著作郎琅邪王朔之造通历，以甲子为上元，积九万七千年，四千八百八十三为纪法，千三百五为斗分。"〔3〕中国古来的历法，三年置一闰，五年二闰，十七年七闰，而以日月星辰之运行，毫无出入而为同一之时，称为一章。但犹有些少之差，在数年之后，冬至之日，太阳便不在同位置上面，如是者称为岁差。东晋时，虞喜计算岁差，有每五十

〔1〕徐式圭著《中国教育史略》二三页。
〔2〕《文献通考》卷三六《选举考》。
〔3〕《晋书》卷一六《律历志》。

年则生一度之差之论，但岁差之论，主张各有不同。（乙）算学。晋之刘徽幼时习《九章算术》，长再详览，观阴阳之割裂，总算术之根源，遂悟其意，为之作注。（丙）音韵学。切韵之学与佛经同入中国，其书能以十四字贯一切音，文省而义广，谓之《婆罗门书》，惟其书不传；然字母之法，滥觞于此，而切音之学，因以发生。晋张谅撰《四声韵林》二十八卷，为韵书之祖。（丁）医学。西晋王叔和纂岐伯、华陀之书为《脉经》，推论精密，为后世所宗。（戊）经学。西晋之时，汉、魏遗儒通经者不少，至东晋时则各置博士；然以崇尚清谈之故，治经学之风远在汉魏之下。(1)《易经》。晋代经永嘉之乱，施、孟、梁丘之《易》遂亡，当时惟有董景道治《京房易》，而王弼之《易》亦为时尚所重。(2)《书经》。永嘉之乱时，欧阳、大小夏侯之义亡，孔氏古文久已失传；东晋时，梅赜奏伪《古文尚书》，自称得郑冲、苏愉之传。晋代君臣信伪为真，立于学官，由是治《尚书》者，咸以伪孔传为主。(3)《诗经》。晋经永嘉之乱，《齐诗》沦亡，董景道兼治《鲁诗》，而《毛诗》之学最盛。(4)《春秋》。晋时，杜预作《春秋释例》，与汉人立说不同。(5)《礼经》。晋代说礼，多宗王肃。(6)《论语》。江熙有《论语集解》，所列凡十三家，大旨与何晏相同。(7)《孟子》。晋时綦毋邃作《孟子注》。(8)《孝经》。郑氏之《孝经注》，盛行于河北。(9)《尔雅》。郭璞作《尔雅注》、《尔雅音义》及《尔雅图谱》。〔1〕（己）史学。蜀人陈寿仕晋为著作郎，著《三国志》，凡六十五篇。在他以前，王沈曾纂过《魏书》四十四卷，鱼豢亦撰过《魏史》，韦曜纂过《吴书》五十五卷；和他先后的，夏侯湛著过《魏书》，王隐撰《过蜀记》，张敕撰《过吴录》，关于三国史实，异闻错出，直到宋文帝时，兼采众书，补注其阙。陈寿所著《三国志》，叙事简明而不冗漫，文章纯洁而不浮靡，后人称为良史，然其书法回护甚多。《廿二史劄记》说："寿修书在晋时，故于魏、晋革易之际，不得不多所回护，而魏之承汉，与晋之承魏，一也。既欲为晋回护，不得不先为魏回护，如《魏纪》

〔1〕 徐敬修著《经学常识》一〇九页。

书天子以公领冀州牧，为丞相、为魏公、为魏王之类，一似皆出于汉帝之酬庸让德，而非曹氏之攘之者。此例一定，则齐王芳之进司马懿为丞相，高贵乡公之加司马师黄钺，加司马昭衮冕赤舄……以及禅位于司马炎等事，自可一例叙述，不烦另改书法，此陈寿创例之本意也。"〔1〕陈寿书法所以回护的原因，是他曾为晋朝的官，不能不尊晋故也。(庚) 哲学。西晋初年，北方胡人渐次南下，二三十年间，把汉人驱逐起来，汉人被他们压迫，遭了悲苦，所以人心渐流于厌世的放达的倾向，因此老庄的思想，尤为他们所欢迎。兹将此时代较为有名的思想家，略述其哲学思想如下：(1) 刘琨。刘琨所处的时代环境：(a) 为外族凭陵中国之时；(b) 国家乱离不振之时。刘琨攻石勒，事功不成，感慨悲歌，故其哲学思想有否定人生的意义，而有厌世的观念。他不以宇宙为有意志的，在他《答卢湛八首》第二篇有说："天地无心，万物同涂，祸淫莫验，福善则虚，逆有全邑，义无完都，英蕊夏落，毒竹冬敷。"他对于宇宙之感想如何？可以知了。他以人生为可厌和悲苦的，在《扶风歌》有说："顾瞻望宫阙，俯仰御飞轩，据鞍长叹息，泪下如流泉。"又给卢湛书有说："自顷辀张，困于逆乱，国破家亡，亲友凋残；块然独立，则哀愤两集；贞杖行吟，则百忧俱至。"观此，则可知其厌世悲苦，非为个人之轗轲，而为奔赴国难，事功不成，表见内心的惨痛啊！(2) 郭璞。郭璞好古文奇字，妙于阴阳历算。五行生克之说，创始于黄帝，衍于董仲舒，盛于晋郭璞，开囿蔽人心之说，造端虽微，影响至巨。他以宇宙为一元的，《江赋篇》有说："焕大块之流形，混万尽于一科，保不亏而永固，禀元气于灵和。"《山海经》序有说："夫以宇宙之寥廓，群生之浑淆，自相渍薄，游魂灵怪，触象而构，流形于山川，丽状于木石者，恶可胜言乎？总其所以乖，鼓之以一响；成其所以变，混之以一象；世之所谓异，未知其所以异；世之所谓不异，未知其所以不异；何者？物不自异，待我而后异，异果在我，非物异也；故胡人见布而疑黂，越人见罽而骇毳；夫翫所习见，而奇所

〔1〕赵翼《廿二史劄记》卷六。

希闻，此人情之常蔽也。”他以为世界之形形色色，种种物象，皆因人之主观而异，而物之本身，皆统一于宇宙的原理而相同。他以恬退为目标的《设难客傲篇》说：“窟泉之潜，不思云翚；熙水之彩，不羡旭晞；混光曜于埃蔼者，亦渴愿沧浪之深，秋阳之映乎？……故不恢心而形遗，不外累而智丧，无岩穴而冥寂，无江湖而放浪，玄悟不以应机，洞鉴不以昭旷，不物物我我，不是是非非。”郭璞已主张恬退，故流于放任忘形，隐智巧，消物我之见，齐生死之观，他说：“蚊虻与天地齐流，蜉蝣与大椿齿年。”观其言有似庄生之《齐物论》。[1]（3）鲍敬言。晋世哲学，不外老、庄思想，惟鲍敬言之《无君论》，虽渊源于老子，要其立说，有类近世无政府主义。他说：“君臣既立，众慝日滋，而欲攘臂乎桎梏之间，愁劳于涂炭之中，人主忧栗于庙堂之上，百姓煎扰乎困苦之中；闲之以礼度，整之以刑罚，是犹辟滔天之源，激不测之流，塞之以撮壤，障之以指掌也。”他反对有政府的原因，是以人民之利益为本位的，因为有了政府，必加重人民的负担，民不堪命，必从而作乱。他说：“君臣既立而变化遂滋。夫獭多则鱼扰，鹰众则鸟乱，有司设则百姓困，奉上厚则下民贫。……民乏衣食，自给已剧，况加赋敛，重以苦役，下不堪命。且冻且饥，冒法斯滥……”他譬政府为类于獭鹰，这是何等极端的无政府思想。[2] 其他何晏、王弼等的哲学思想，以“无”为立论基础，所以主张天地万物生于“有”，“有”生于“无”。郭象、裴頠等反对此说，他们主张天地万物，都是“有”组成；“有”不能化成“无”，“无”也不能化成“有”。裴頠《崇有论》说：“夫至无者，无以自生；故始生者，自生也。自生而必体有，则有遗而生亏矣。生以有为己分，则虚无是有之所谓遗者也；故养既化之有，非无用之所能全也。理既有之众，非无为之所能循也。”裴頠以“有”为元始，“有”是由于自生为之推动，“无”不能生“有”，所谓“虚无”，是“有”之所遗，这是何等精妙的理论。王弼说天地万

〔1〕 拙著《六朝时代学者之人生哲学》八至一二页。
〔2〕 拙著《中国政治思想史大纲》二一五页引《抱朴子》之《诘鲍篇》。

物生于“有”，“有”生于“无”，所以教人守着“无”，举匠人制器为例，证明人当守着匠人，不应当守着器。裴頠等以为天地万物生于“有”，“有”之先还是“有”，器虽生于匠，但匠也是“有”，不是“无”。郭象也是这种主张，他说：“一者，有之初至妙者也；至妙未有物理之形耳。夫一之所起，起于至一，非起于无也。”这是和老子学说立在反对的地位了。这种理论，在晋代老庄思想纵横时代，而能树独特的见解，不能不算是很精彩的了。

（十四）文学　（甲）文章。赋在两汉极盛，到晋代也很发达，但有不同的，即两汉之赋为辞赋，多为利禄的工具；晋代之赋为骈赋，多供恬安娱乐之用。这时期的文章，可说是华美绚烂，然其弊，止知拘泥于形体，而不复问其精神，分析起来，实有两种不同之点：(1) 这时期的文学，不与现实社会相接触，而接近自然，表现很强烈的厌世思想。(2) 这时期的文学，不复以致用与载道为目的，而倾向形式的唯美主义。〔1〕晋代文学虽然倾向唯美主义，但是古典的形式的束缚的离却实际社会的，只可供宫庭官僚贵族的欣赏，不是真正的理想的平民的唯美主义。西晋司马氏统一中国，天下文人竞集京师，文坛复振，当时左思做了一篇《三都赋》，人争传写，竟使洛阳纸贵，可以看出爱好文学的风气。西晋文学以太康时期为最盛，钟嵘《诗品》说：“太康中三张二陆两潘一左，勃尔复兴，踵武前王，风流未沫，亦文章之中兴也。”所谓三张二陆两潘一左，即张华、张载、张协、陆机、陆云、潘岳、潘尼、左思八人。就中负文誉最高的，要推陆机、潘岳、左思。（乙）诗词。晋代诗人当以竹林七贤之一阮籍为巨擘，他作《咏怀诗》八十余首，为世所重。阮籍之外，要推嵇康；嵇康的诗以四言为佳，不是完全摹仿《诗经》，能自出心裁去做，是四言诗作家中最后的一个人。嵇康、阮籍二人当魏、晋代兴之际，时代较早，若求其纯粹为晋之诗人，为傅玄、张华、张载、张协、陆机、陆云、潘岳、潘尼、左思等，于擅长赋之外，兼擅长诗。汉、魏之诗，专主造意；晋代之诗，唯止造词；前

---

〔1〕胡云翼著《中国文学史》六七页。

者重内容，后者重外形；恰与汉之中叶楚赋腐败而后同一情形，至晋而五言诗又渐显腐败之朕兆，其原因亦全相似。在太康八大作家中，以诗而论，当推左思为首，其所作诗，以《咏史》八首为著名。东晋时代，是中国一个大混乱的时代，北方完全陷于异族之手，这时诗人非痛心于国破家亡，而以慷慨悲歌鸣其不平，即消极的追踪于虚无漂渺的神仙思想之中，以寄托他困顿无聊之思。前者的代表是刘琨，后者可推郭璞，至陶渊明出，始摆脱环境羁縻，而专歌咏自然的诗人，为中国诗史表现异彩。〔1〕陶渊明保持乐天主义，向自然界而披露高的理想境界，所以能为田园诗人之开山祖。他的诗，以光风霁月之怀，钟山川清淑之气，抒写丘壑烟霞之真情与妙趣，一片天机，意随笔下，毫无滞涩之苦。苏东坡说："吾于诗人无所好，独好渊明诗，渊明作诗不多，然质而实绮，癯而实腴；自曹、刘、鲍、谢、李、杜诸人，皆不及也。"〔2〕渊明不但为诗人，且为一代文宗，能维持古文的命脉，他的《归去来辞》脍炙人口，欧阳修说："晋无文章，唯陶渊明《归去来辞》一篇而已。"〔3〕至女作家中，有苏蕙《回文诗》，工巧无比，武后《织锦回文叙》说："观其宛转反复，皆才思精深融彻，如契自然，盖骚人才子之所难，岂必女工之尤哉。"〔4〕民歌中以子夜歌为有名，它是晋代一个女子所作的，女子名子夜，所以称为子夜歌，原有四十二首，后来跟着他做的，称为大子夜歌、四时歌、子夜警歌、子夜变歌等，这些歌，都是男女恋爱之词，形式是五言四句的。〔5〕（丙）小说。晋之小说虽渐发达，然仍不出神怪的范围。《搜神记》八卷，为东晋干宝撰，《搜神记》为后世志怪小说所取法，《津逮秘书》所收分为二十卷，文笔很简洁。《后搜神记》为陶潜撰，乃系假托的。《桃花源记》是中古时代有名的短篇小说。

---

〔1〕谭正璧编《中国文学史》一二二页。
〔2〕《陶靖节集》卷端。
〔3〕顾实编《中国文学史大纲》一一六页引。
〔4〕谢无量编《中国妇女文学史》第五章二七页引。
〔5〕胡怀琛编《中国文学史概要》六四页引。

第四章

南北朝时代之文化

第一节 南北朝时代之政治社会

东晋以后，南北并立，故史家以南北朝称之。南朝凡四易姓：宋武帝刘裕，以篡晋得国，凡八主，六十年，而篡于齐。齐高祖萧道成，为汉相萧何之后，凡七主，二十四年，而篡于梁。梁武帝萧衍，为齐之同族，凡四主，五十六年，而篡于陈。陈武帝霸先，为汉太丘长陈寔之后，凡五主，三十三年，而灭于隋。北朝魏道武帝拓跋珪，自称帝后，传至孝武，凡十一主，一百三十五年，而分为东西。东魏孝静帝，在位十七年，为北齐所篡。西魏自文帝至恭帝，凡三主，二十三年，为北周所篡。北齐文宣帝高洋，为晋玄菟太守高隐之后，凡六主，二十八年，灭于北周。北周孝闵帝宇文觉，为鲜卑之族，传至静帝，凡五主，二十年，为隋所篡。总计南北两朝，自北方统一之年，至隋文帝平陈之岁，对峙共一百五十一年之久，海内始归统一，而南北朝之局，于此告终。〔1〕

自刘裕讨平桓玄之后，遂出兵伐南燕，破广固，讨平徐道覆、谯纵、刘毅、诸葛长民、司马休之等，复出兵把后秦灭掉；东晋安

---

〔1〕 李泰棻著《中国史纲》卷二第一七六页。

帝任他为相国，并封为宋公，恭帝即位，进封为宋王；刘裕既为宋王，即诛杀东晋宗室，逼恭帝禅位与他，是为宋武帝。历史上把宋武帝即位的一年，作为南北朝的开始。南朝时，外族在中国北方的势力，仍然没有扫除。宋武帝把功臣宿将除尽，统兵将领多是无能，无力再经营北方，任凭北魏从容发展，成了南弱北强的形势。宋武帝死时，魏明元帝乘丧伐宋，宋文帝元嘉七年，诏简甲卒五万，给右将军刘彦之伐魏，魏进攻虎牢（今河南汜水县）拔之，彦之引兵还，坐免官。继以檀道济率众伐魏，前后与魏三十余战，道济多捷，魏纵轻骑邀其前后，焚烧谷草，道济军食尽引还。[1] 魏太武帝复自将南伐，至于瓜步（今江苏六合县），宋人沿江置戍坚守，魏帝勒兵而返，所过都邑，赤地无余。

文帝在位，因事要废皇后袁氏所生之太子劭，及赐淑妃潘氏之子始兴王浚死，故太子劭举兵弑帝，江州刺史沈庆之奉武陵王骏，讨诛劭、浚。骏立，是为孝武帝。孝武帝天资刻薄，武帝文帝的子孙，差不多给他杀尽。孝武帝卒，前废帝子业立，荒淫无度，而刻薄同于孝武帝，孝武帝旧臣，多给他杀掉。[2] 废帝行事无道，为左右寿寂之所害。叔父湘东王彧立，是为明帝。时魏屡侵宋，宋亦图北伐，于是两方之战事复兴。大抵宋、魏交兵，当武帝裕之世，其争点在于河南；至文帝义隆时，洛阳、虎牢、滑台不能守，乃渐由河南而东，竟南移于淮北，故彭城为其重镇；至明帝彧之世，彭城亦不守，又移至淮南，淮阴又为重镇。当日南北交绥，魏步步进窥，宋往往退让，北胜南负，有若固定之例；惟宋择帅之非宜，扼戍之不力，军制上设备之不完整，皆失败的原因。[3]

宋、魏对峙，两方均有内乱，而宋之内乱尤为剧烈。明帝彧以前，有彭城王义康之乱，南郡王义宣之乱，竟陵王诞之乱，海陵王休茂之乱。明帝彧时，有晋安王子勋之乱。彧在位九年没，太子昱立，是为后废帝，时则有桂阳王休范之乱，建平王景素之乱，皆其

〔1〕《纲鉴汇纂》卷一六。
〔2〕吕思勉著《本国史》第二编一三四页。
〔3〕夏曾佑著《中国古代史》四七二页。

著者。内忧既生，外患频起，此是必然的定例。

萧道成讨平桂阳王休范后，威权渐大，遂弑后废帝，而立安成王准，是为宋顺帝。荆州刺史沈攸之和中书令袁粲起兵讨道成，都失败而死，萧道成遂篡宋自立，是为齐高帝。

萧道成，兰陵人，为汉相萧何二十四世孙，篡位之岁，已在暮年，在位四年卒，子武帝萧赜立。他很留心政治，在南朝诸帝中，是比较好的，在位十一年卒。武帝兄子西昌侯鸾，扶立太孙昭业，是为郁林王。郁林王荒淫无度，在位一年，为鸾所弑，立其弟昭文，旋废之而自立，是为明帝。在位五年卒，子宝卷立，是为东昏侯。他在东宫时，不好学，嬉戏无度，及即位，不与朝士相接，专亲任宦官，昏淫为南朝诸帝之冠，而且果于杀戮。豫州刺史裴叔业降魏，南朝遂失淮南之地。江州刺史陈显达反，崔慧景讨平之，慧景还兵攻帝，为懿州刺史萧懿所弑，东昏侯又把萧懿杀掉。萧懿的兄弟萧衍时为雍州刺史，东昏侯密令荆州刺史南康王宝融暗中图之，宝融不听，反举兵反，自立于江陵。和帝以萧衍为东征将军，萧衍集僚佐说："昏主暴虐，恶逾于纣，当与卿等共除之。"〔1〕乃都督前锋诸军事，发兵东下，东昏侯战败，为宦者所弑，其后和帝禅位于萧衍，是为梁武帝。史家曾批评道："高帝欲为子孙计，以尽灭刘氏之裔，而子孙亦涂炭于明帝；明帝欲为子孙计，以尽灭本宗之支，而子孙复倾亡于萧衍；夫然后知覆人以自利者，乃积祸以召殃者也！"这是实在的话。

梁武帝萧衍，兰陵人，好筹略，有才干。初与范云（字彦龙）、萧琛（字彦瑜）、任昉（字彦升）、王融（字彦长）、沈约（字休文）、陆倕（字佐公）、谢朓（字玄晖）等，并以文学为齐景陵王子良所亲，号为八友。既篡位，勤理政事，境内称治。初齐之亡，齐鄱阳王宝寅逃魏，魏封宝寅为齐王，宝寅于天监二年（梁武纪元），请兵伐梁，魏宣武帝许之，发兵助之南侵。天监四年，梁武帝大举伐魏，以弟临川王宏都督北讨诸军事，军次洛口，器械精新，军容之盛，为百数十

---

〔1〕《纲鉴汇纂》卷一六。

年来所未有，不料临川王宏因风雨夜惊逃去，将士奔溃，死者近五万人。魏围钟离，武帝令曹景宗都督诸军救钟离，大败魏军，魏军悉弃其器甲，争投水死者十余万，斩首数亦相等，缘淮百余里，尸相枕藉，生擒者五万人，掳获资粮器械牛马驴骡，不可胜计。〔1〕自后梁、魏复各竭其国力以争沿淮之地者数年，互有胜负。及魏末内乱，魏北海王颢奔梁，梁不乘机进复河南，乃以颢为魏王，遣陈庆之将兵奉之北伐。武帝大通三年，魏孝庄帝北逃河内，陈庆之与颢进至洛阳，所向皆捷，及魏尔朱荣败卒再奋，败颢于河山，颢走死，庆之收卒逃归，军士死散略尽，梁亦不继遣军救援，魏主复入洛阳，中畿之地，遂陷于沦亡。〔2〕太清元年，北朝东魏侯景以河南十三州降梁，梁遣兵援之，魏遣慕容绍宗拒战，梁兵及侯景皆败。魏高澄求成于梁，以离间侯景，景遂叛梁，由寿阳起兵，攻入建康，梁武帝因此饿死于台城。侯景拥立简文帝萧纲，不久杀之，改立豫章王萧栋，后又杀萧栋，自称汉皇帝。当侯景扰乱时，梁之宗室子弟受封为王的，都拥兵不救，独有偏在南方的始兴太守陈霸先，起兵讨侯景。侯景称皇帝时，湘东王萧绎在江陵即皇帝位，是为元帝。元帝闻陈霸先起兵讨侯景，亦派兵相助，乃把侯景讨平。侯景虽经讨平，梁之宗室又自相扰乱。元帝竟求救于北朝，把在成都自立的武陵王萧纪灭掉，于是益州又归北朝所有，而东方州郡亦大半被北朝所并，自巴陵（今湖南岳阳县）至建康，以长江为界。后元帝又与北朝失和，北朝派兵攻入江陵，元帝被害。陈霸先闻元帝被害，乃与王僧辩共立元帝的幼子萧方智于建康。而北朝又派兵送被擒的萧渊明为梁朝皇帝，胁迫王僧辩迎立，王僧辩乃废敬帝（即萧方智）使为太子。陈霸先不服，攻杀王僧辩，废萧渊明，重立敬帝，最后又废敬帝而自立，是为陈武帝。〔3〕陈武帝霸先，字兴国，汉太丘长陈寔之后，及即位，自奉甚简。历朝易姓，多杀故主之宗族以绝后患，独霸先不然，故史家称之。在位四年卒，其子昌及侄顼皆因

〔1〕《通鉴》卷一四六。
〔2〕缪凤林著《中国通史纲要》一九六页。
〔3〕韦休编《中国史话》卷二第六七页。

江陵之陷，没于长安。兄子蒨立，是为文帝，起自艰难，知民疾苦，明察俭约，尤勤政事，在位七年卒。子伯宗立，是为宣帝，乘北齐之乱，取瓦梁、庐江、历阳、合肥、高唐、寿阳等城，在位十四年卒。子叔宝立，是为后主，荒淫无度，屡兴土木，宠女色，尚浮华，又轻武士将帅，有过即夺其兵，配以文吏，于是臣民解体。隋文帝开皇八年，遣兵分道渡江，遂入建康，后主被擒，陈遂亡。史家曾批评道："叔宝赖叔坚之力，狼狈即位，使能精心励气，布泽流仁，以图自治，则陈祚亦未至遽斩，奈何据手掌之地（陈时地盘只有江东一隅），恣溪壑之险，宫人有学士之称，文士有狎客之号，玉树被新声，貂蝉盈座室，穷其奢，极其侈，劫夺闾阎，杀戮忠谏，而东南王气尽矣。……迨隋氏写诏暴恶，命师东下，而犹谈王气，夸天堑，君臣嘻嘻，如燕雀处堂，而纵酒赋诗未歇也，虏军飞渡，计投眢井，亦已后矣！"〔1〕

北朝魏当太武帝时候，虽然强盛，然而连年用兵，国颇虚耗；文成帝立，守之以静，民乃复安。文成帝卒，子献文帝立，好佛，传位于孝文帝。太后冯氏弑献文帝而称制，及冯太后卒，孝文帝始亲政。孝文帝是北魏一个杰出的人物，他迁都于洛，改族姓，禁胡服，兴学校，革制度，从此以后，鲜卑族就与汉人同化了。然而北魏衰弱之机，亦兆于此时，其中有两个原因：（甲）魏之宗室贵族官吏，沾染了奢侈的习惯，使政治腐败，酿成内乱。（乙）自孝文帝迁都洛阳之后，对于北边的六镇（怀朔、高平、御夷、怀荒、柔玄、沃野），处置不善，以致他们怨恨，引起扰乱。孝文帝卒，宣武帝立，委政于高皇后之兄肇，及卒，孝明帝立，年方六岁，高太后临朝，她欲杀掉胡贵嫔，为中给事刘腾设法阻止。不多时，胡贵嫔和刘腾等合谋弑高太后并高肇，于是胡氏自称太后，临朝称制。孝明帝与胡太后不睦，乃密召尔朱荣入京，以兵力胁制胡太后。胡太后闻讯，便把孝明帝杀掉，尔朱荣乃入洛阳杀胡太后，拥立孝庄帝。尔朱荣恃拥立功，专横骄恣，孝庄帝把他杀死。尔朱荣的儿子尔朱兆，拥立

〔1〕《纲鉴汇纂》卷一八。

长广王元晔为皇帝，起兵攻杀孝庄帝，不久，又改立广陵王元恭，是为节闵帝。尔朱荣部将高欢素有野心，起兵信都，宣言为孝庄帝复仇，讨伐尔朱氏，大破尔朱氏兵于邺城，攻入洛阳，废掉节闵帝，拥立广陵王元修，是为孝武帝，高欢自为大丞相。高欢居洛阳，屡以事与孝武帝有隙，欢迫令迁邺，孝武帝不从，谋讨欢，欢遂举兵反。孝武奔长安，依宇文泰。不久，被宇文泰毒杀，拥立南阳王宝炬，是为魏文帝。高欢入洛阳，也拥立清河王元亶的儿子善见为皇帝，是为孝静帝，并迁都邺城。于是北朝分为东魏、西魏两国。

东魏政权，操之于高欢；西魏政权，操之于宇文泰；二魏名存而实亡。其后高洋篡东魏，是为北齐；宇文觉篡西魏，是为北周。

齐文宣帝（高洋）初代东魏而得国，颇能治其军民，后嗜酒昏狂，滥杀无辜，赖有杨愔总摄机衡，政业因以不坠。《北史》载："及登极之后，神明转茂，外柔内刚，果于断割；又特明吏事，留心政术，简靖宽和，坦于任使，故杨愔等得尽于匡赞，朝政粲然。"〔1〕文宣帝卒，太子殷立，为孝昭帝所废，传弟武成帝，荒怠无道，齐政始乱，后传位于子纬，任用群小，国势益衰。时周武帝在位，见齐政衰败，遂议伐之，克平阳；齐主自晋阳回攻，不克。继伐齐，克邺。齐主玮出走，被执，齐亡。周武帝卒，子宣帝即位，荒淫无度，周政遂衰，后传位于静帝，自称天元皇帝。静帝年幼，内史上大夫郑译等矫诏引宣帝后父杨坚辅政。杨坚大杀周宗室，尽握朝权。《周书》载："尉迟迥为相州总管，以隋文帝当权，将图篡夺，遂谋举兵。"〔2〕其他尚有郑州总管司马消难、益州总管王谦等同起兵讨坚，皆为坚所败。杨坚削除异己，势力养成，遂代周而自立，国号隋。

---

〔1〕《北史》卷七《齐文宣帝纪》。
〔2〕《周书》卷二一《尉迟迥传》。

第二节　南北朝时代之文化形态

晋自元帝南渡后，中原沦陷，州郡的废置无常。及刘裕受晋禅位，奋晋室的衰弱，大事征伐，疆域稍广，计约有州二十二，郡二百五十四，县一千三百四十九。齐、梁、陈三国继之，疆域屡更，南北对峙，以大江为限，江北元魏统治的区域较大，东接高丽，西至流沙，南临江汉，北逾大碛，直到齐、周分治，没有多大的变更。〔1〕两晋和南北朝，是中国社会紊乱的时期。五胡乱华，塞外的民族割据中国，住居在中国领土内的一部分；因新的势力的侵入，给中国民族以新的刺激，而文化上思想上种族上，也起了一种新的变化。在另一方面，鲜卑族在西晋末年建设了许多国，就中如前燕等，文化颇高；最后北魏大帝国造成了鲜卑民族与中国民族南北对抗的新形势。到了北魏孝文帝时，极力采用汉化政策，迁都，易服，改姓名，改言语，使鲜卑族同化于汉族。从此中国民族内容扩大，酿成后来统一国家的新气象。兹将南北朝时代之文化形态，略为分述如下：

(一) 社会风习　（甲）饮食。南北朝时，士大夫讲究饮馔，甚为奢侈，何勗以安食驰名，虞琮善为滋味，食品有黄颔臛、猕猴膊、晨凫、夜鲤、熊蒸、龙肝之类。《梁书·贺琛传》载：“今之燕喜，相竞夸豪，积果如山岳，列肴同绮绣。露台之产，不足一燕之资；而宾主之间，裁取满腹，未及下堂，已同腐臭。”此数语，足以代表当时侈靡的风气。（乙）衣服。衣服有伍伯衣、支离衣、墨布褠（《宋书·礼志》）、红谷裈（《齐书·郁林王记》）、黄罗襹（《南史·褚彦回传》）、紫纱袜腹（《陈书·周迪传》），又有天衣（《齐志·舆物志》）、险衣（《南史·周弘正传》）等。当时南北特异者，则为胡衣，南人喜著胡服、胡公帽等。北魏本属胡人，而孝武则严禁国人胡服，民行既久，颇感

〔1〕宋文炳编《中国民族史》六八页。

不便，与赵武灵王之劝民胡服者，事相反而民皆不乐从。北齐有长帽、短靴、合袴、袄子，合袴即穹袴袄子，褶之有衿者，甚便于骑射。〔1〕（丙）婚姻。江左立国，婚姻之礼，渐失之奢；其后南北分治，均不能免。齐武帝赜下诏说："昏礼下达，人伦攸始；晚俗浮丽，历兹永久，每思惩革，而民未知禁。乃闻同牢之费，华泰尤甚；膳羞方丈，有过王侯；富者扇其骄风，贫者耻躬不逮；或有供帐未具，动致推迁；宜为节文，颁之士庶，如有故违，绳之以法。"观此，可知南朝的婚俗了。后魏当太武帝、文成帝时，不但奢侈之俗不易扫除，且婚姻多贪利嗜财，孝文帝曾降诏说："乃者民渐奢尚，婚葬越轨，致贫富相高，贵贱无别；又皇族贵戚及士民之家，不惟氏族高下，与非类昏偶，先帝亲发明诏，为之科禁，而百姓习常，仍不肃改。朕今宪章旧典，祇案先制，著之律令，永为定准，犯者以违制论。"〔2〕所谓贵贱无别，即是贪卑族之财，以成婚姻，不计氏族门第的高下。周齐分治而后，周武帝特下诏书说："政在节财，礼惟宁俭；而顷者昏嫁，竞为奢靡，牢羞之费，罄财竭资，甚乖典训之礼；有司宜加宣勒，使咸遵礼制。"不但南朝风俗奢侈，北朝亦然。娶妾之俗，亦起自南朝，北齐百官，大概无妾，因其时父母嫁女，必教之以妒；姑姊逢迎，必相劝以忌；以劫制为妇德，能妒为女工。〔3〕指腹为婚，殊为陋俗，《南史·韦睿传》：韦放与张率侧室俱孕，因指腹为婚姻。又北朝重早婚，年十二三即授室，如后魏献文帝让位时，年十七而孝文已五岁。北齐王族高俨死时，年十四，有遗腹子五人，当时早婚，必甚通行。〔4〕（丁）丧葬。丧葬之后，有相墓之举，如《南史》齐刘后、梁杜嶷各传，皆言其事。宋废帝以不为孝武帝所爱，将掘其陵，太史言不利于帝而止。丧用费事，始于北朝，《北史》魏胡太后父国珍没，诏自始葬至七七，皆为设千僧斋，令七人出家；百日设万僧斋，令二十七人出家；是后世七七

〔1〕李泰棻著《中国史纲》卷二第二〇七页。
〔2〕章嵚著《中华通史》第三册七四三页引。
〔3〕张亮采著《中国风俗史》九四页。
〔4〕李泰棻著《中国史纲》卷二第二〇九页。

百日等名所自来，佛事用于丧礼，此为滥觞。（戊）阶级。当时风尚，右豪宗而贱寒畯，《陔余丛考》载："习俗所趋，积重难返，虽帝王欲变易之而不能；宋文帝重中书舍人弘兴宗，谓曰：卿欲作士人，得就王球坐，乃当判尔，若往诣球，可称旨就席。及至，弘将坐，球举扇曰：卿不得尔。弘还奏，帝曰：我便无如此何。球辞曰：士庶区别，国之常也。"可知士大夫在社会中之一种特殊势力。又载："六朝最重氏族，盖自魏以来，九品中正之法行，选举多用世族，当其入仕之始，高下已分。"〔1〕阶级炫异，降至唐代，其风犹存。

(二) 农业 南朝时，颇注意劝课农桑。宋文帝元嘉八年闰六月下诏说："自顷农桑惰业，游食者众，荒莱不辟，督课无闻，一时水旱，便有罄匮，不深存务本，丰给靡因。郡守赋政方畿，县宰亲民之主，宜思奖训，导以良规，咸使肆力，地无遗利，耕蚕树艺，各尽其力，若有力田殊众，岁竟条名列上。"二十年，定耕籍仪注，下诏有司尽力劝课，考核勤惰，十二月诏："国以民为本，民以食为天。故一夫辍稼，饥者必及，仓禀既实，礼节以兴。自顷在所贫罄，家无宿积；政欲暂偏，则人怀愁垫，岁或不稔，而病乏比室。诚由德政弗孚，以臻斯弊；抑亦耕桑未广，地利多遗。宰守微化导之方，萌庶忘勤分之义。……有司其班宣旧条，务尽敦课，游食之徒，咸令附业，考核勤惰，行其诛赏。"二十一年，亲耕籍田，下诏扬州、浙江、江西属郡种麦，徐、豫劝督种稻。二十九年正月，诏诸镇尽力农事，随宜给种。孝武帝孝建元年，诏诸郡守劝尽地利，力田善蓄者以名闻。其后廷臣周浩上书劝农，疏中有说："田非胶水，皆播麦菽，地堪滋养，悉艺麻纻，荫巷绿藩，必树桑柘，列庭接宇，惟植竹栗。若此令既行，而善其事者，庶民则序之以爵，有司亦从而加赏。"〔2〕孝武帝大明二年，诏被水灾者，贷给种粮，丰月停杀牛。三年，诏来岁使六宫妃嫔修亲桑之礼，立蚕宫于西郊。四年春正月，

〔1〕赵翼《陔余丛考》卷一七。
〔2〕《宋书·周郎传》。

车驾躬耕，皇后亲桑。七年，诏勤劝课，量贷麦种。明帝泰始三年春正月，以农役将兴，太官停宰牛。五年正月，车驾躬耕籍田。南齐武帝永明三年，诏守宰劝课农桑；四年，躬耕籍田，给农粮种，孝悌力田，详授爵位。郁林王隆昌元年，诏州郡务耕殖，开地利。明年建武二年，诏守宰课农桑，凡游怠害业，即便列奏，主者详为条格。梁武帝天监十三年二月，舆驾亲耕籍田，孝悌力田，赐爵一级；普通四年，货农粮种，并奖劝人民，广辟良田。元帝大宝三年，下命劝农，凡力田者，蠲免租税。陈武帝天嘉元年三月，诏令守宰，明加劝课，务急农桑。宣帝太建元年二月，亲耕籍田；六年，出仓谷拯农民，兼充种粮，劝民随近耕种。〔1〕从上引证而观，南朝帝室如何注重农业，就可以知道了。

南朝对于民食，亦颇注重。宋文帝元嘉中，三吴水潦，谷贵人饥；彭城王义康，主张积蓄之家听留一年之储，余皆勒使粜贷，以制平价。齐武帝永明六年，米谷布帛贱，上欲立常平仓，市积为储，出上库钱五千万于京师，市米；并令各州出钱于所在市，易米麦豆丝等，以救民困。〔2〕

南朝之时，非但井田成为空谈，即西晋之占田制度，在此时亦不能行，因为占田必列人口之数，然在丧乱流离之际，户口亦不可考。南齐高帝建元二年下诏："黄籍，民之大纪，国之治端，自顷民俗巧伪，为日已久，乃至窃注爵位，盗易年月……或户存而文书已绝，或人在而反托死板，停私而称隶役，身强而称六疾，编户齐家，少不如此。"虞玩之曾说及："恭始三年（宋明帝）至元徽四年（宋废帝），扬州等九郡，四号黄籍，共都九万一千余户，于今十一年矣，而所增者，犹未四万。神州奥区，犹或如此，江湖诸部，倍不可念。"〔3〕由此可以见当日调查人口之不确，而晋代占田制度之不能行，因此，贵族富室可以任意殖土兼并。《宋书·孔季传》说："山

〔1〕宋希祥编《中国历代劝农考》二八页引。
〔2〕冯柳堂著《中国历代民食政策史》六一页。
〔3〕《南齐书》十四，《州县志·南兖州》条。

阴豪族富室，顷亩不少。贫者肆力，非为无处。”〔1〕当时孔灵符产业素丰，在永兴立墅，周围三十三里，水陆地二百六十五顷。豪族占地之广可知。梁武帝看见这种情形，在大同七年下诏说：“凡是桑田废宅，公创之外，悉以赋给贫民。皆使量其所能，以授田分。如闻往者豪家富室，多占取公田，贵价僦税，以与贫民，伤时害人，为弊已甚。自今公田，悉不能假与豪家。已假者特听不追。若富室给贫民种粮，共营作者，不在禁例。”〔2〕这里仅能在官有公田中，杜贵族的侵占，量贫人之所能，以授田分而已。

南朝国有土地，和三国时国家庄园不全相同。一部承袭三国以来军兵佃耕制度，军事领袖为实际的领主；一部是国有土地分散于各地者。分散的国有土地，仅分配于无所附托的人民。梁天监七年诏：“凡天下之民流移之后，本乡无复居宅者，村司三老及余亲属，即为诣县，占请村内官地官宅，令相容受，命恋本者还有所托。”〔3〕国有土地以军兵耕种，除去江、淮各地的北府兵外，均不占重要的地位。北府兵的屯田，军事领袖有大量土地及佃兵，以耕以守，不仅军费自给，不依赖中央政府，而中央政府反受军事领袖的挟制，以至演成军事领袖夺取政权的事实。〔4〕如：“襄阳有六门堰，良田数千顷，堰久缺坏，公私废业；世祖（刘裕）遣刘秀之修复，雍部由是大丰。”〔5〕又如梁夏侯夔为南豫州刺史都督七州诸军事，他所经营颇有可观：“豫州积年寇戎，人颇失业，夔乃帅军人于苍陵立堰，溉田千余顷，岁收谷百余万石，以充储备，兼赡贫人。”〔6〕有了军权，复兼有土地权，他的势力可想而知了。

北朝魏亦注重农业。当定中原时，兵革并起，民废农业，既定中山，分徙吏民十万余家以充京师，各给耕牛，计口授田。武帝天兴初，制定都邑，劝课农耕，量校收入，以为殿最；又复躬耕籍田，

〔1〕《宋书》卷五四。
〔2〕《梁书》卷三《武帝纪》。
〔3〕《梁书》卷二《武帝纪》。
〔4〕刘道元著《中国中古时期的田赋制度》一二八页。
〔5〕《宋书》卷八一《刘秀之传》。
〔6〕《梁书》卷二八《夏侯夔传》。

为百姓表率。明元帝永兴三年，令夫耕妇织；五年八月，置新民于大宁川，给农器，计口授田。太武帝太平真君四年，下诏牧守劝课农桑，不得妄有征发。文成帝太安元年，遣尚书穆伏真等三十人，巡行州郡，督察垦殖田亩。孝文帝延兴二年三月，车驾耕于籍田；四月诏工商杂伎，尽听赴农，诸州郡劝民益种菜果；三年二月，诏牧守令长，勤率百姓，无令失时，家有兼牛，通借无者；若不从诏，一门之内，终身不能作官；守宰不加督察，免所居官。太和元年，诏劝奖农桑，民有不从长教，惰于农桑者，加以罪刑；九年十月，诏遣使者，循行州郡，与牧守均给天下之田，还受以生死为断。宣武帝景明三年，诏修耕桑，躬劝亿兆。孝明帝熙平元年，诏以灾旱劝农肆力；正光三年正月，帝耕籍田。北齐设坛行亲耕亲丧礼。文宣帝天保元年八月，诏诸牧民之官，专意农桑，勤心劝课。武成帝河清三年，定令每岁春月，各依乡土早晚，课民农桑；自春及秋，男子十五以上，皆就田亩；桑蚕之月，妇女十五已上，皆营蚕桑。北周孝闵帝元年春正月，亲耕籍田。明帝二年春正月，亦亲耕籍田。武帝建德四年春正月，下诏刺史守令，亲加劝农。从上引证而观，北朝帝室也是注重农业的。

均田制由北魏创行。自王莽王田以后，此实为改革之一帜。北魏是由鲜卑一部族所树立的国家，在建国以前，他们是游牧民族，生活于氏族制度之下，建国以后，倾慕华风，实行模仿中国的文化。据《魏书·食货志》载，太祖既定中山，即："分徙吏民及他种人工伎巧十余万家，以充京都，各给耕牛，计口授田。"但这里只算均田的影子，正式的均田制，差不多是在此后百年间，即孝文帝太和九年方始颁布实行的。《魏书》载："太和九年，下诏均给天下民田，诸男夫十五以上，受露田四十亩，妇人二十亩，奴婢依良丁，牛一头，受田三十亩，限四牛，所受之田率倍之，三易之田再倍之，以供耕作及还受之盈缩。诸民年及课则受田，老免及身没则还田，奴婢牛随有无以还受。诸桑田不在还受之限，但通入倍田分，于分虽盈，没则还田，不得以充露田之数，不足者以露田充倍。诸初受田者，男夫一人，给田二十亩，课莳余种，桑五十树，枣五株，榆三根。非桑之土，夫给一亩，依法课莳榆枣，奴各依良，限三年种毕，不毕，夺其不毕之地。于桑榆地分杂莳余果，及多种桑榆者不禁。诸应还之田，不得种桑榆枣果，种者以违令论，地入还分诸桑田，皆为世业，身终不还，恒从见口。有盈者无受无还，不足者受种如法。盈者得卖其盈，不足者得买所不足。不得卖其分，亦不得买过所足。诸麻布之土，男夫及课，别给麻田一亩，妇人五亩，奴婢依良，皆从还受之法。诸有举户老小癃残无受田者，年十一以上及癃者，各授以半夫田，年逾七十者，不还所授。寡妇守志，虽免课，亦授妇田。诸还受民田，恒以正月。若始受田而身亡及卖买奴婢牛者，皆至明年正月乃得还受。诸土旷民稀之处，随力所及，官借民种莳，后有来居者，依法封授。诸地狭之处，有进丁受田而不乐迁者，则以其家桑田为正田分；又不足，不给倍田；又不足，家内人别减分，无桑之乡，准此为法。迁者听逐空荒，不限异州他郡，唯不听避劳就逸。其地足之处，不得无故而移。诸民有新居者，三口给地一亩，以为居室，奴婢五口给一亩，男女十五以上，因其地分口课种菜五分亩之一。诸一人之分，正从正，倍从倍，不得隔越他畔。进丁受田者，恒从所近；若同时俱受，先贫后富；再倍之田，放（仿）此为法。诸远流、配谪、无子孙及户绝者，墟宅桑榆尽为公田，以供授受，授受之次，给其所亲，未给之间，亦借其所亲。诸宰民之官，各随地给公田，刺史十五顷，太守十顷，治中别驾各八顷，县吏郡丞各六顷，更代相付，卖者，坐如律。”〔1〕上述均田办法，有五要点：（甲）受田种别。平民所受之田，有露田、桑田、麻田及宅地。（乙）还受规定。还受之田，只限于露田、麻田，桑田不在还受之限。人民达到赋课的年龄，即行受田，老迈及身没则还田。若依奴婢与牛而受得之田，则随牛与奴婢之有无，以定还受。（丙）一般限制。已受田者，在地足之处，不得无故迁移，更不得避劳就逸迁移；平民仅及定限之田不得卖，田已达到应受定限不得再买。（丁）通融办法。北魏的均田规定，非完全破除私有制度，故其

〔1〕《魏书·食货志》，又《通典》卷一《食货》。

所授之田，非夺取于富者之手，是将无人耕种之田，依一定规则分配于无田耕种之人罢了。所以此制对于田地有盈者，或超过额定限度者，则不受不还。但田不足定限者，或田已超过定限者，且鼓励其买卖。在土广人少之处，一人能耕多少，则听其耕种多少；而愿意迁到此地耕种之人，则不受限制。〔1〕（戊）官吏公田。宰民官吏随等级的高下，而为给田的多少，受给之田，当去职时则移交后任，不得有变卖情事。北魏均田制，所由定立的最后目的，不在求财产之平均，而在求生产额的增加，以图国家收入的增加。刘恕曾批评魏之均田制说："后魏均田制度，似今世佃官田，及绝户田出租税，非如三代井田也。"〔2〕又黄震孙《限田论》说："彼口分世业之法，吾谓独元魏之世，可行之耳。盖北方本土旷人稀，而魏又承十六国纵横之后，人民死亡略尽，其新附之众，土田皆非其所固有，而户复可得而数，是以其法可行。"〔3〕均田制之所以可行，在为相当限度之均给，非完全的均田啊。

北齐的均田制，大体系沿袭北魏旧法，特加以多少变更。田土分配法，据《隋书》载："其方百里外，及州人，一夫受露田八十亩，妇四十亩。奴婢依良人，丁牛一头，受田六十亩，限止四牛。又每丁给永业二十亩为桑田，其中种桑五十，限榆三根，枣五根，不在还受之限。非此田者，悉入还受之分。土不宜桑者，给麻田如桑田法。"〔4〕据此可知北齐对于土地的分配，在限度上，授田种别上，都与魏制略有不同。

后周受田规定，人民十八岁起受田，至六十五还田；有室者受田百四十亩，单丁受田百亩。凡十人以上受宅地五亩，七人以上四亩，五口以下三亩。〔5〕

（三）税制 南朝的赋税，大都因晋之旧，没有什么大变更。至

〔1〕王渔邨著《中国社会经济史纲》一七四页。
〔2〕《困学纪闻》卷十六引。
〔3〕陆朗甫《切问斋文钞》卷一五引。
〔4〕《隋书》卷二四《食货志》。
〔5〕《通典》卷二《食货志》，《通考》卷二《田赋考》。

于差役法，据宋孝武帝大明中王敬宏上言，以十五至十六宜为半丁，供半役；十七为全丁，供全役。〔1〕齐自东昏侯永元以后，魏每来伐，人民就役甚苦，百姓名注籍诈病以避差役，故责病者纳租布以免役。陈文帝天嘉二年时，以国用不足，设立盐税。〔2〕

北朝赋税课征的准则有四：（甲）以户为课征的准则。以户为课税准则是北魏自始至终的制度。在计口授田时代，置八部帅以监督税收。〔3〕其后对分散的税权，始收归郡县管辖。孝文帝太和年间，（公元四七七至四九九），立三长以检查户口，户调的基础确立，户始为户调课征的唯一准则。（乙）以资产为课征准则。魏初以户为单位，而收田租和绢绵为主要的税法，另外还有资赋，就是资产税，太武帝太平真君四年诏："今复民资赋三年，其田租岁输如常。"〔4〕（丙）以羊为课税准则。明元帝泰常六年诏："六部民羊满百口，调戎马一匹。"〔5〕（丁）以田亩为课征准则。孝明帝孝昌二年冬，税京师田租亩五升，借赁公田亩一斗。〔6〕至课征的税率如下：明元帝永兴五年时，诏州六十户，出戎马一匹；泰常六年时，诏二十户，输戎马一匹，大牛一头。至农业复兴时期，则随人民之生产而敛收。文成帝泰安中常赋之外，杂调十五，颇为繁重。户调帛二匹，絮二斤，丝一斤，粟二十石。孝文帝延兴三年，河南六州之民，则户收绢一匹，绵一斤，租三十石，〔7〕这都是班禄前的税率。班禄后，户增调三匹，谷二斛九斗；调外之费，原为每人帛一匹二丈，又增调外帛满二匹。班禄后的税率，较班禄前增加，除课于人身之二匹外，帛五匹，谷二十二石二斗，絮二斤，丝一斤，征收的物品，是随各地方的出产而不同。〔8〕均田以后的户调制度，以一夫一妇为课征单位，其民调一夫一妇，帛一匹，粟二石。男子年十五以上未娶者，四人

---

〔1〕《通考》卷一〇《户口考》。
〔2〕《通考》卷一五《征榷》。
〔3〕《二十四史九通政典汇要合编》卷一百十引《魏书·食货志》。
〔4〕《古今图书集成·经济编·食货典》卷二二。
〔5〕《魏书》卷三《太宗纪》。
〔6〕《魏书·食货志》。
〔7〕《文献通考》卷二。
〔8〕刘道元著《中国中古时期的田赋制度》一七四页引《文献通考》卷二。

出一夫一妇之调。奴婢八口，当未娶者四人，即奴婢八口，和一夫一妇相当。北齐税法，男子由十八岁起，负担调之义务；二十岁起征其力役，力役至六十岁免除，而租调义务则在六十岁还田时免除。至租调额数，输纳中央政府者二石，输郡以备水旱灾荒者五斗，合计二石五斗。一夫一妇之调，绢一匹，绵八两。奴婢各输良民之半额，每牛一头，纳调二尺，垦租一斗，义租五升。〔1〕后周的税法，人民自十八岁至六十四岁，皆负有租调义务，有室者岁不过绢一匹，绵八两，粟五斛，丁者半之；其非桑土，有室者布一匹，麻十斤，丁者半之。丰年则全征，中年半之，若遇凶年则不征。差役法，凡人自十八以至五十九岁，皆任力役，丰年不过三旬，中年二旬，下年则一旬。凡起徒役，无过家一人，其人有年八十者，有一子不从役，百年者家不从役，废疾非人不养者，一人不从役，凶年则无力征。〔2〕商税，则后魏规定税入市者，人各一钱，至于市中店舍，则分为五等，按等级的高下，以定税额的大小。北齐也设有关市店舍之税。后周对于入市也有税，税率订为每人一钱。北魏北齐后周，对于盐酒都有税。〔3〕

(四) 商业　南朝梁、陈时，凡货卖奴婢马牛田宅，有文件，率钱一万，输估四百入官，卖者三百，买者一百；无文件者随物所堪，亦百分收四，名为散估，南朝诸代，历以为常。至于国际贸易，据《宋书》和《梁书》所载，当时中土人士，西往大秦者甚少；但大秦商人之来交趾者则尝有之，当时此项贸易，并非直接操于中国人士的手中。北朝如《北史》所载，大秦多产珍奇货物，东南通交趾，水道通益州、永昌，这足以证北朝时有国外贸易。〔4〕《洛阳伽蓝记》载："自葱岭以西，至于大秦，百国千城，莫不款付，商胡贩客，且奔塞下，所谓尽天地之区矣；乐中国土风，因而宅者，不可胜数；是以附化之民，万有余家，门巷修整，阊阖填列，青槐荫陌，绿柳

---

〔1〕《文献通考》卷二《田赋考》，又王渔邨《中国社会经济史》一七六页。
〔2〕《隋书·食货志》。
〔3〕《魏书》卷一一〇《食货志》，《隋书》卷二四《食货志》。
〔4〕郑行巽著《中国商业史》九〇页。

垂庭，天下难得之货，咸悉在焉；别立市于洛水南，号曰四通市，民间谓永桥市，伊洛之鱼，多于此卖，士庶须脍皆诣取之，鱼味甚美，京师语曰：伊洛鲤鲂，贵于牛羊。”〔1〕由此可见外商贩卖于中土，且乐于移殖了。北朝魏之官吏，初因无俸，多兼商业，仰机射利，《魏书》载：“诏曰：刺史牧民，为万里之表，自顷每因发遣，迫民假贷，大商富贾，要射时利，旬日之间，增赢十倍，上下通同，分以润屋。故编户之家，困于冻馁；豪富之门，日有兼积。为政之弊，莫过于此，其一切禁绝。”〔2〕由此可知当时的官吏，有利用他的地位以经商获利。

商业之外，矿冶工业较为发达。南齐武宗永明时，南广郡界蒙山下，有城名蒙城，地有烧炉四所，高一丈，广一丈五尺。北魏宣武帝延昌三年春，有司奏长安骊山有银矿，二石得银七两。又白登山有银矿，八石得银七两。下诏并置银官，常令采铸。又汉中旧有金户千余家，常于汉水沙淘金。〔3〕铸铁为农器兵刃，各处都有，以相州牵口冶为工，故常炼锻为刀，送于武库。

（五）币制 宋文帝元嘉七年（西纪元四三〇），立钱置法，铸造四铢钱，重如其文，形式与汉之五铢钱相同。二十四年，因四铢钱之盗铸多，物价腾贵，所以铸造大钱，一文相当于四铢钱二文，钱形不一，人民殊感不便；二十五年，乃废大钱而铸造五铢钱。孝武帝孝建元年，铸四铢钱，面文刻孝建字样，背面为四铢，后除去四铢之文字，仅有孝建二字，钱面之记年号始于此。废帝永光元年二月，铸造二铢钱，同年三月废去；景和元年，又行使二铢钱，形式转细，官钱每出，民间即模仿之，而大小厚薄，皆不及官钱。其无轮廓不磨剪凿者，谓之来子，尤轻薄者谓之荇叶，市井通用之。此外还有一种薄小的恶钱，叫做鹅眼钱、綖环钱，入水不沉，随手破碎，因而物价暴腾，斗米价至万钱。明帝泰始初年，禁鹅眼钱、綖环钱，其余准许通用；且禁人民铸钱，官署亦停铸；泰始二年，普禁新钱，

〔1〕杨衒之《洛阳伽蓝记》卷三。
〔2〕《魏书》卷五《高宗文成帝纪》。
〔3〕《南齐书》卷三《刘悛传》，《魏书》卷一一〇《食货志》。

仅使用古钱。〔1〕

梁初，唯京师及三吴、荆、郢、江、湘、梁、益各州用钱，其余州郡，则杂以谷帛交易，交广之地，全以金银为货币。梁武帝天监元年，铸新钱，文曰五铢，另外铸无肉廓者，谓之女钱，二品并行。百姓或私以古钱交易者居多，故屡下诏书，非新铸二种之钱，不准通用，但好利之徒，私用更甚。普通四年，乃尽罢铜钱，更铸铁钱，人以铁钱易得，私铸大起，及大同以后，铁钱有如山积，物价腾贵，交易者以车载钱，不复计数目多少，而惟论贯；商旅奸诈，因之以求利。〔2〕武帝大同元年，乃下诏通用足陌钱，人民不从。敬帝太平元年，诏令杂用古今钱；二年，铸四柱钱，以一当二十；后又改为以一当十，未几复用细钱。

陈初，承梁代丧乱之后，铁钱不行，始使用梁末之两柱钱及鹅眼钱；两柱钱重，鹅眼钱轻，亦均同价流通，人民多镕毁两柱钱，而铸造鹅眼钱者日多，间有用锡钱，兼以粟帛为交易者。文帝天嘉三年，改铸五铢。此项五铢，一文当鹅眼钱十文使用。宣帝大建十一年，铸造大货六铢，以一当五铢之十，与五铢钱并行，后又以一当一，人皆不从。岭南诸郡，遂以盐、米、布交易，俱不用此钱，及宣帝卒，遂废六铢钱而行五铢钱了。〔3〕

北朝钱币，初尚完好，并准民间鼓铸，其后渐至滥恶，与南朝相同。北魏自孝文帝太和十九年起，始铸太和五铢，诏京师及诸州镇，皆通用之，内外百官的俸禄，皆准绢给钱，每一匹定钱二百，各处并派遣钱工，备炉冶，人民欲铸造钱者，准就官炉以铸之，铜必精炼，无所和杂。〔4〕宣武帝永平三年，又铸造五铢钱，京师及诸州镇或不用，或有止用古钱，不行新钱，致商货不通，贸迁隔阂。〔5〕孝庄帝之初，私铸益多，钱更薄小，至有飘风浮水之讥，时

〔1〕《文献通考》卷八《钱币考》，又日人吉田虎雄著《中国货币史纲》汉译本一八页。

〔2〕《隋书》卷二四《食货志》。

〔3〕同上。

〔4〕同上。

〔5〕《文献通考》卷八《钱币考》。

米一斗，几值一千。永安二年，准秘书郎杨偘之奏，铸造永安五铢，并欲抬高官钱，故特令在京邑二市出卖藏绢，每匹三百文者，均降低为二百文，因此，反使盗铸者日多。

北齐在高欢霸政之初，犹用永安五铢；迁邺以后，私铸日多，形式有种种，而自冀州以北，钱不通行，交易者皆以绢布，高欢乃收回国内之铜及钱，依旧文更铸，流之四境；其后渐铸造细薄之钱，致伪造竞起。及高洋（文宣帝）篡东魏而即帝位，天保四年，废永安钱，改铸常平五铢，以后仍不免有私铸之风。

后周之初，尚用魏钱，乃更铸布泉之钱，以一当五，与五铢并行。梁、益之境又杂用古钱交易，河西诸郡或用西域金银之钱，而官不禁。建德三年，更铸五行大布钱，以一当十，与布帛钱并行。四年，又以边境之钱人多盗铸，乃禁五行大布钱，不得出入四关，布泉之钱，听入而不听出。五年，以布钱渐贱，而人不用，遂废之。宣帝大成元年，又铸永通万国钱，以一当千，与五行大布、五铢凡三品，并通用。[1]

（六）交通　(1) 日本。日本在第四世纪与朝鲜半岛的关系日益密接，第五世纪间，遂进而与中国南朝交通。《南史·夷貊传》："晋安帝时，有倭王赞遣使朝贡，及宋武帝永初二年诏曰：倭赞、远诚宜甄，可赐除授。"《宋书·文帝纪》："元嘉七年正月，倭国王遣使献方物。……元嘉十五年，是岁倭国遣使献方物。"《宋书·夷蛮传》："二十年，倭国王济遣使奉献，复以为安东将军倭国王。"又载："济死，世子兴遣使贡献，世祖大明六年诏曰：倭王世子兴，奕世载忠，作藩外海，禀化宁境，恭修贡职，新嗣边业，宜授爵号，可安东将军倭国王。"《齐书·东夷传》："建元元年（齐高帝之年号），进新除使持节，都督倭、新罗、加罗、秦韩、慕韩六国诸军事，安东大将军倭王武为镇东大将军。"梁武帝新建国，亦仿齐高帝建国事，进倭王武为镇东大将军之例，进武爵号为征东大将军。由上引证以观，南朝对于日本的交通，是频繁的无疑了。(2) 西域。后魏

[1]《二十四史九通政典汇要合编》卷一一一《食货》引《通考·钱币考》。

统一江北时，国威日盛，西域诸国如龟兹、疏勒、乌孙、鄯善、焉耆、车师、悦般、汤槃陀、粟特九国，皆来朝贡，魏遣行人王恩生等二十辈报聘，然为柔然所执，不得达，太武帝乃灭其国。魏太延三年，又遣侍郎董琬等使西域，至乌孙，乌孙王遣导译送蒋琬等至大宛、康居二国，厚加报抚，旁国闻之，争遣奉贡，凡十六国之多。〔1〕后魏之世，洛阳有附化之西域人万有余家，此等附化之人，多来自葱岭、大秦之间；环居之处，门巷修整，阊阖填列，青槐荫陌，绿柳垂庭，有如今日北平之东交民巷。〔2〕(3) 南洋。南洋阿罗单国、阇婆达国、干陀利国，先后于元嘉、孝建年间，奉表入贡。阿罗单国治阇婆洲，与阇婆达国，同在今爪哇地。干陀利即后世所称三佛齐，在今苏门答腊东南境。此外，尚有盘盘（在马来半岛南境）、丹丹（亦在马来半岛南端）、婆利（今之婆罗洲）等地，在南北朝时候通贡的。干陀利国据《文献通考》在南海洲上，其俗与林邑、扶南略同，出斑布、吉贝、槟榔，特精好。宋孝武帝时，其王释婆罗郡邻陀，遣使竺留弛献金银宝器。〔3〕梁代马来半岛通中国者：有顿逊国，在今柔佛部地；丹丹国，在今马来吉兰丹地；又苏门答腊、婆罗洲等地，均遣使贡献方物。

(七) 官制　(1) 中央。南朝官制多承晋制，虽设宰相，非寻常之职。《通典》载："宋孝武帝初唯以南郡王义宣为丞相，而司徒府始如故，亦有相国。……齐丞相不用人，以为赠官。梁罢相国，置丞相，罢丞相，置司徒。陈又置相国，位列丞相上，并丞相并为赠官。按自魏、晋以来，宰相但以他官参酌机密，或委知政事者则是矣，无有常官。其相国、丞相或为赠官，或则不置，自为尊崇之位，多非人臣之职，其真为宰相者，不必居此官。"〔4〕又载："自魏、晋重中书之官，居喉舌之任，则尚书之职，稍以疏远。至梁、陈举国机要，悉在中书，献纳之任，又归

〔1〕洪涤尘编《新疆史地大纲》一一四页。
〔2〕张星烺撰《中西交通史料汇编》第一册七四页引《洛阳伽蓝记》卷五。
〔3〕刘继宣、束世澂合著《中华民族拓殖南洋史》八页引。
〔4〕《通典》卷二一《职官》三。

门下，而尚书但听命受事而已。”〔1〕至九卿之官亦皆设置，但均失其职，归入尚书各曹中，中央执政权者惟尚书、中书、侍中。兹列简表于下：〔2〕

区别	官名	员数	备　考
尚书省	尚书令	一员	后汉总谓尚书台，亦谓中台，宋曰尚书寺，亦曰尚书省，亦谓之内台。 又魏以五曹尚书二仆射一令为八座，宋齐八座与魏同。
	左右仆射	各一员	魏晋及江左省置无常，置二则为左右仆射，或不两置，但曰尚书仆射。
	列曹尚书	六或五员	晋太康中有吏部、殿中、五兵、田曹、度支、左民为六曹尚书，及渡江有吏部、祠部、五兵、左民、度支五尚书。宋有吏部、祠部、五兵、左民、度支、都官六尚书。齐梁与宋同。
	左右丞	各一员	晋时左丞主台内禁令，右丞掌台内库藏庐舍。
	尚书郎		晋尚书郎选极清美，号为大臣之副，武帝时有三十四曹，后又为三十五曹，置郎中二十三人，更相统摄，或为三十六曹。东晋有十五曹，官资小减。宋高祖时有十九曹，元嘉以后有二十曹。梁加三曹为二十三曹。陈有二十一曹。
中书省	中书监	一员	中书省自魏晋始。梁陈时，凡国之政事，并由中书省掌之。
	中书令	一员	
	中书侍郎	四员	中书侍郎，副掌王言，更入直省。
	通事舍人		晋宋以后，唯掌呈奏，宣达王言，甚用事。

〔1〕《通典》卷二二《职官》四。
〔2〕邓之诚著《中华二千年史》卷二第二〇七页。

续　表

区别	官名	员数	备　考
门下省	侍中	四员	门下省，后汉谓之侍中寺。给事黄门侍郎与侍中俱管门下众事，或谓之门下省。至齐亦呼侍中为门下。梁门下省，有侍中、给事黄门侍郎四人。梁侍中功高者，在职一年，诏加侍中祭酒，与散骑侍卫功高者一人，对掌禁令，有似宰相职。陈之侍中，亦如梁制。
	给事黄门侍郎	四员	魏晋以后，黄门侍郎并为侍卫之官。

北朝魏官制多属草创，至孝文帝太和中，王肃制官品百司位号，皆仿南朝。《魏书》载："魏氏世君玄朔……掌事立司，各有号秩，及交好南夏，颇亦改创……余官杂号，多同于晋朝。……其诸方杂人来附者，总谓之乌丸，各以多少称酋庶长，分为南北部，复置二部大人以统摄之。……太祖（道武帝）登国元年，因而不改，南北犹置大人，对治二部，是年置都统长，又置幢将及外朝大人官，其都统长领殿内之兵，直王宫。幢将员六人，主三郎卫士直宿禁中者，自侍中已下，中散已上，皆统之。外朝大人无常员，主受诏命，使出入禁中，国有大丧大礼，皆与参加，随所典焉。"〔1〕明帝神瑞元年春，置八大人官，大人下置三属官，总理万机，故世号八公。

北齐置官，多因后魏，虽有左右丞相之职，而其为宰相秉朝政者，多为侍中。后周仿《周礼》设官，乃以大冢宰为宰相之任，革侍中、中书之名而不用，然其所谓纳言内史，即门下中书职掌。丞相之外，别有三公：魏、晋、宋、齐、梁、陈、后魏俱以太尉、司徒、司空当之，后周以太师、太傅、太保当之。《隋书》载："周太祖初据关内，官名未改魏号，及方隅粗定，改创章程，命尚书令卢辩远师周之建职，置三公、三孤，以为谕道之官，次置六卿，以分

〔1〕《魏书》卷一一三《官氏志序》。

司庶务。"〔1〕所谓六卿，即是天官府、地官府、春官府、夏官府、秋官府、冬官府。兹列北周官制九命简表如下：

三　公	三　孤	六　　卿
太师 太傅 太保	少师 少傅 少保	天官府　管冢宰等众职 地官府　领司徒等众职 春官府　领宗伯等众职 夏官府　领司马等众职 秋官府　领司寇等众职 冬官府　领司空等众职
正九命	正八命	正七命

六卿之下，有诸上大夫，正六命；诸中大夫，正五命；诸下大夫，正四命；诸上士，正三命；诸中士，正二命；诸下士，正一命。

九卿列职，秦、汉最重，三国不废其制，晋、宋、齐因之。梁武帝时，以太常卿加置宗正卿，以大司农为司农卿，三卿，是为春卿；加置太府卿，以少府为少府卿，加置太仆卿，三卿，是为夏卿；以卫尉为卫尉卿，廷尉为廷尉卿，将作大匠为大匠卿，三卿，是为秋卿；光禄勋为光禄卿，大鸿胪为鸿胪卿，都水使者为大舟卿，三卿，是为冬卿；凡十二卿。后魏以太常、光禄、卫尉谓之三卿；太仆、廷尉、大鸿胪、宗正大司农、少府谓之六卿。北齐以太常、光禄、卫尉、宗正、太仆、大理、鸿胪、司农、太府合为九寺。后魏之世，九卿亦号九寺，但非官寺连称；官寺连称，自北齐始。至后周则废九卿之名，将其职掌隶于六卿。〔2〕

（乙）地方。南朝置丹阳尹，领京师所治；后魏初立代尹，后改为万年尹，迁洛以后，置河南尹，东魏改为魏尹，北齐则有清都尹，后周有京兆尹，南朝诸代，以扬州刺史为京辇重任，以诸王领之，其权势与丹阳尹相表里。后魏无司隶之官，而代以司州牧，北齐亦然，后周则别为雍州牧。东晋以后，疆域日削，喜多置州郡以自张大。于是侨置

〔1〕《隋书》卷二七《百官志》。
〔2〕章嵚著《中华通史》第三册六九四页。

的州郡甚多，往往仅有空名，实无辖境；当时军人多以个人而都督许多州的军事，辖境仍旧很大。后魏以守令治郡县，而县有大中小之分。北齐郡县分为九等。后周守令以户数多寡，定其命之高下，而无九等之繁。

（八）军制　（甲）中央。南朝京卫，略同东晋，惟梁代别立六军之称，而以领军、护军、左卫、右卫、游击、骁骑六将军，分统其众。南朝屯备京城之兵，称为台军，有事之时，常资之以备患。《宋书》："元嘉中，每岁为后魏侵境，令朝臣博议，何承天陈备京之要，其大略，一曰：移远就近，以实内地；二曰：浚复城隍，以增岨防；三曰：纂偶车牛，以饬戎械；四曰：计丁课役，勿使有阙。"〔1〕齐武帝末年，魏孝文欲迁都洛阳，声言南伐，下诏发扬州、徐州民丁，广设招募以备之。南朝用募兵法，有常备临时之分。常平军屯于建康及各重镇，遇有紧急临时招募者，谓之临时兵。北朝魏孝文帝行均田法，户口可以稽查，征兵之制渐复；当时每六十户出戎马一匹，其后每二十户出戎马一匹、牛一头。太和十九年，诏选天下勇士十五万人，为羽林武贲以充宿。〔2〕（乙）地方。刘宋以后，地方兵制多承东晋，故国内大镇举足重轻，系一代之安危者甚大。后魏强兵聚于六镇，迁魏以后，六镇邻边，其任渐轻，兵制以坏。后周分地方之兵为百府，每府有一郎将统之，分属二十四军，开府各领一军，大将军凡十二人，每一将军统二开府，一柱国主二大将，将复加持节都督以统之，凡柱国六员，众不满五万人。〔3〕其他尚有车战：如魏太武真君四年，北征柔然，利用兵车十五万辆。有水军：如宋文帝时，垣护之从王玄谟攻魏滑台，护之以百舸为前锋；梁韦睿装大舰为水军，以临魏垒是也。

（九）法制　梁陈二朝，各定新律，而享国日浅，祸乱相仍，当时习尚重黄老，轻名法，汉代总核名实之风，至是扫尽。北朝魏凡五次改定律令，孝文对于律令，至躬自下笔，凡有疑义，亲自临决，考订之勤，超越前代；齐律科条简要，仕门子弟尝讲习之。自晋代

---

〔1〕《二十四史九通政典汇要合编》卷一二一引《宋书·何承天传》。
〔2〕《北史》卷三《魏孝文帝纪》。
〔3〕《文献通考》卷一五一《兵考》三。

以后，律分南北二支，南朝之律至陈并于隋而止；北朝则自魏及唐，统系相承，至明清时犹沿其制。〔1〕宋及南齐，均沿用晋之律令。宋文帝时，侍中蔡廓建议，以为鞫狱，不宜令子孙下辞明言父祖之罪，自今但令家人与囚相见，无乞鞫之词，便足以明伏罪。朝廷从之。所谓乞鞫，即是请求覆讯，其意义与今日之上诉或控告同；所谓废除子孙下辞，在今日诉讼法上，为被告之亲属者，为被告之未婚配偶，为被告之法定代理人监督监护人者，皆不得为证人，其原即本于是。〔2〕齐武帝永明九年，令删定郎王植之集注张杜旧律，合为一书，凡千五百三十条，事未施行，其文殄灭。南齐法典仅有《永明律》，据《南齐书·孔稚珪传》所载，有一千五百三十二条，与《通典》、《通考》所载，数目不同。梁武帝时，取齐律制成梁律。据《隋书》载："天监元年，以尚书令王亮等，参议断定定为二十篇，一曰刑名，二曰法例，三曰盗劫，四曰贼叛，五曰诈伪，六曰受赇，七曰告劾，八曰讨捕，九曰系讯，十曰断狱，十一曰杂，十二曰户，十三曰擅兴，十四曰毁亡，十五曰卫宫，十六曰水火，十七曰仓库，十八曰厩，十九曰关市，二十曰违制，其制刑为十五等之差……凡定罪二千五百二十九条。"〔3〕陈代是结束南朝偏安最后之一国，据杨鸿烈于所著《中国法律发达史》说及陈代司法，似比梁代较为清明。恐不尽然！梁时有测罚之制，即是刑讯，至陈代，则更变本加厉，凡有赃验昭然而不款伏者，则以立测之罚加之。陈代法律，有四种与梁代不同者：(甲）禁止军人侵扰罪。(乙）不枉法受财罪。(丙）奢侈罪。(丁）左道不依经律罪。〔4〕兹将南朝刑名列表如下：

罪名	犯罪	等差
死	死	大罪枭首 次罪弃市

〔1〕程树德编《中国法制史》七〇页。
〔2〕拙著《中国法律史大纲》五九页。
〔3〕《隋书》卷二五《刑法志》。
〔4〕《陈书·武帝本纪》、《宣帝本纪》、《文帝本纪》、《后主本纪》。

续　表

罪　名	犯　罪	等　差
髡钳	五岁刑	
耐罪	二岁刑	
鞭	一岁、半岁、百日刑并科	二百、一百、五十、三十、二十、一十，凡六等鞭，有制鞭、法鞭、常鞭
杖	一岁、半岁、百日刑并科	杖有大杖、法杖、小杖

北朝后魏，原是游牧部落的民族，原始司法情形不脱幼稚状态，如《魏书·刑罚志》所说："置四部大人坐王庭，决辞讼，以言语约束，刻契记事，无囹圄考讯之法，诸犯罪者，皆临时决遣之。"可见是以酋长意思规定刑罚而执行的。他们自统治中国后，极力模仿汉族的文化，前后经过九次的立法，《隋书·经籍志》说："《后魏律》二十卷"，但到唐代时全部已不见，《魏志》不载《魏律篇目》，《魏书·刑罚志》所引者，有《法例律》、《贼律》、《盗律》、《斗律》；以《唐律疏义》考之，魏尚有《刑名律》、《宫卫律》、《户律》、《厩牧律》、《擅兴律》、《系讯律》、《杂律》、《捕亡律》、《断狱律》。据《通典》载："后魏起自北方，属晋室之乱，部落渐盛，其主乃峻刑法，每以军令从事，人乘宽政，多以违令得罪，死者以万计，于是国落骚然。"〔1〕及道武帝平定中原后，患旧制太峻，命三公郎王德除其酷法，约定科令。太武帝神麚中，诏崔浩定律令，复增减刑罚。后魏对于死刑，有轘、腰斩、殊死、弃市四等，至惩治反逆罪，更为野蛮。崔浩因修国史，即被籍没受诛，范阳卢氏、太原郭氏、河东柳氏因与崔浩有亲党关系，就全被诛戮。法官对于审囚，多为重枷，复以缒石悬于囚颈，伤肉至骨，勒令诬服，由此可知后魏的酷刑。

北齐是承继后魏以异族统治北部汉人，比较后魏，同化于汉人的程度少。北齐自文宣帝受禅后，命群臣刊定魏朝《麟趾格》，又议

〔1〕《通典》卷一六四《刑》二。

造齐律，积年不成，其决狱仍依魏制。所谓《麟趾格》，是东魏于麟趾阁，命群臣议定的法制。北魏（后魏）分为东西后，西魏则仍旧制，而东魏则孝静帝更改旧制，于麟趾阁议定新法，谓为《麟趾格》，颁行天下后，至齐代再为修改。《通考》载："北齐神武秉魏政，迁都于邺，群盗颇起，遂严立制。……又列重罪十条，一曰反逆，二曰大逆，三曰叛，四曰降，五曰恶逆，六曰不道，七曰不敬，八曰不孝，九曰不义，十曰内乱。其犯十恶者，不在八议论赎之限，是后法令明审，科条简要，又敕仕门子弟常讲习之，故齐人多晓法律，其不可为定法者，别制权令二卷，与之并行。"〔1〕北齐十恶之制，为后世所取法，直至清末，始行废除。章太炎在《五朝法律索隐》说："鲜卑僭盗，始有十恶之刑，十恶不尽对政府，其有反叛、恶逆、不敬诸条，则随事可以比傅，明以法律拥护政府，且重以拥护君后者，自汉之亡，其风渐息，昌之者，则鲜卑也。"不道、不敬，起于汉代，梁、陈二代，略有条例，北齐并非始作俑者。

后周是以鲜卑族承继中国北部之统治权，有如北魏醉心羡慕汉人的文化，甚至有实施周礼的举动。据程树德著《九朝律考·后周考序》有说："《绰（苏绰）传》云：太祖欲行周官，命苏绰专掌其事，绰卒乃令辩成之，并撰《次朝仪》，车服器用，多依古礼。《史通》谓宇文初习华风，军国词令，皆准《尚书》，太祖敕朝廷，他文悉准于此，陷于矫枉过正之失，乖夫适俗随时之义，谅哉言乎！今周令虽佚，而《隋书》、《礼仪》、《食货》诸志所采，与夫《通典》所集者，尚可得其大概；大抵官名仪制，一依《周礼》，并文句亦必求其相似，较之《太玄》之仿《周易》，《中说》之拟《论语》，殆尤甚焉。"《通典》载："后周文帝秉西魏政令，有司斟酌今古，通变修撰新律，革命后，武帝保定三年，司宪大夫拓拔迪奏新律谓之大律，凡二十五篇。"周代以法律之条项，用《尚书》之体裁，优孟衣冠，作伪日拙，故隋氏代周，其律令独采北齐，而不沿袭周制，一扫宇文迂谬之迹。兹将齐周刑制列表于下：

---

〔1〕《通考》卷一六五《刑考》。

北齐刑制		
刑名	差别	附刑
死	轘 枭首陈尸 斩 绞	
流		论犯可死，原情可降，鞭笞各一百，髡之，投于边裔，以为兵卒，未有道里之差。
耐	五岁，四岁，三岁，二岁，一岁。	各加鞭一百，五岁加笞八十，四岁加笞六十，三岁加笞四十，二岁加笞二十，一岁无笞。
鞭	一百，八十，六十，五十，四十。	
杖	三十，二十，一十。	

北周刑制		
刑名	差别	附刑
死	斩、绞、磬、裂、枭。	
流	卫服去皇畿二千五百里，要服去皇畿三千里，荒服去皇畿三千五百里，镇服去皇畿四千里，蕃服去皇畿四千五百里。	卫服鞭一百，笞六十。要服鞭一百，笞七十。荒服鞭一百，笞八十。镇服鞭一百，笞九十。蕃服鞭一百，笞一百。
徒	五年，四年，三年，二年，一年。	五年，鞭一百，笞五十。四年，鞭九十，笞四十。三年，鞭八十，笞三十。二年，鞭七十，笞二十。一年，鞭六十，笞十。
鞭	一百，九十，八十，七十，六十。	
杖	五十，四十，三十，二十，一十。	

（十）宗教　（甲）多神教。宋武帝永初二年正月，亲祀南郊。齐高祖受禅明年正月，有事南郊，未配牺牲。梁武帝即位南郊，为坛在国之南，致斋于万寿殿。陈武帝永定元年，受禅修圜丘，柴燎告天。后魏道武皇帝即位二年正月，亲祀上帝于南郊。北齐每三年一祭，以正月祀昊天上帝于圜丘。后周宪章，多依周制，正月祀昊天上帝于圜丘。明堂为一种合宫之制，齐高帝建元元年，祭五帝之神于明堂，有功德之君，配明堂制五室。梁、陈亦祀五帝于明堂。后魏文帝太和十三年四月，经始明堂，改营太庙。南北各朝，均祭日月星辰山川社稷。（乙）道教。《梁书》载："陶弘景，字通明，丹阳秣陵人也。年十岁，得《葛洪神仙传》，昼夜研寻，便有养生之志。"〔1〕《隋书》载："陶弘景者，隐于句容，好阴阳五行风角星算，修辟谷导引之法，受道经符录。"〔2〕齐高帝、梁武帝受其影响，加以礼义。北朝魏太祖好老子之言，咏诵不倦；天兴中，仪曹郎董谧因献《服食仙经》数十篇，于是置仙人博士，立仙坊，煮炼百药，道教大兴。太武帝时，嵩山道士寇谦之自说遇真人成公兴，后遇太上老君，授谦之为天师，而又赐之《云中音诵科诫》二十卷，并使玉女授其服气导引之法，遂得辟谷之术，弟子十余人，皆得其术。其后遇神人李谱，授予《图箓真经》六十余卷，及销炼金丹、云英、八石、玉浆之法。太武于代都东南起坛宇，亲备法驾而受符录。后周承魏，崇奉道法，每帝受箓，如魏之旧。可知道教于南北朝亦颇盛行。〔3〕（丙）佛教。南北朝时，惟魏太武及周武帝不信佛教，其余多皈依佛法，西域僧徒之来华者，后先相望。宋时有僧徒佛驼什、浮陀跋摩、僧伽跋摩、昙云密多、畺良耶舍、求那跋陀罗、僧伽达多、僧伽罗多哆、阿那摩低等来中国。齐时有求那毗地等来中国。梁时有拘那罗陀、求那跋陀等来中国。北周有攘那跋陀罗、达摩流支、阇那耶舍等来中国。其他弘法之士尚多。〔4〕自晋以后，寺庙之

〔1〕《梁书》卷五一《陶弘景传》。
〔2〕《隋书》卷三五《经籍志》四。
〔3〕《魏书·崔浩传》，又《隋书》卷三五《经籍志》四。
〔4〕柳诒徵著《中国文化史》上册五〇八页引。

建立，遍于南北，尤以南朝为盛。梁高祖以三桥旧宅为光宅寺，敕兴嗣与陆倕各制寺碑。谢举将宅内山斋，舍以为寺。何敬容舍宅东以为伽蓝，趋势者，因助财造构。〔1〕北魏在宣武帝时，民间私造寺庙，动盈百数，寺夺民居，三分且一。〔2〕佛法盛行，宗派因以不同，当时有成实宗、三论宗、涅槃宗、华严宗、禅宗、摄论宗、俱舍宗、净土宗、天台宗等。佛教之入中国，支派之分，以本时代为始，诸宗之外，别有律宗，虽已盛行，而尚附着于诸宗之间，未能自立。

(十一) 美术　(甲）音乐。梁武帝时，思弘古乐，他素通音律，遂平定乐器以准古音，又自为乐篇，被之声音，及侯景乱作，乐制中绝。陈代虽取法宋、齐、梁三朝，更制雅乐，实无当以古意，至其末叶，乐律荒落。元魏兴自北方，虽得中国乐器，然仍杂胡乐。《魏书》载："太祖初……正月上日，飨群臣，宣布政教，兼奏燕、赵、秦、吴之音，五方殊俗之曲，四时飨会亦用焉。凡乐者乐其所自生，礼不忘其本，掖庭中歌《真人代歌》(北歌)，上叙祖宗开基所由，下及君臣废兴之迹，凡一百五十章，昏晨歌之，时与丝竹合奏，郊庙宴飨亦用之。"〔3〕至孝文帝时，深慕华风，力求复古，魏之雅乐，始得粗具。《魏书》载："太和初，高祖垂心雅古，务正音声，时司乐上书，典章有阙，求集中秘群官，议定其事，并访吏民有能体解古乐者，与之修广器数，甄立名品以谐八音，诏可，虽经众议，于时卒无洞晓声律者，乐部不能立，其事弥缺；然方乐之制，及四夷歌舞，稍增列于太乐，金石羽旄之饰，为壮丽于往时矣。"又载："逮乎末俗陵迟，正声顿废，多好郑卫之音，以悦耳目，故使乐章散阙，伶官失守，今方厘革时弊，稽古复礼，庶令乐正雅颂，各得其宜；今置乐官，实须任职，不得仍令滥吹也，遂简置焉。"《通志》载："元魏孝文帝入洛，又收得江左所传旧曲，及江南吴歌，荆楚西声，总谓之清商，殿庭飨宴，亦兼奏之。"其后北齐传习，仍嗜胡

〔1〕《梁书》卷三七《何敬容传》。
〔2〕《魏书》卷一一四《释老志》。
〔3〕《魏书》卷一〇九《乐志》五。

音，后周初定江陵，大获梁氏乐器，及建六官，又有详定音乐之诏，而未克竟行。及武帝当国，始变古乐，有雅歌十二曲，如《俊雅》、《皇雅》、《胤雅》、《寅雅》、《介雅》、《需雅》、《雍雅》、《涤雅》、《牷雅》、《諴雅》、《献雅》、《禋雅》等。〔1〕至周宣帝即位后，好令城市少年有容貌者，著妇人服，而歌舞相随，引入后庭，与宫人观听，戏乐过度，游幸无节。〔2〕此是竞尚淫靡之音。（乙）书画。南朝善书者多，北朝较少，宋时王欣书法，师王献之，尽得其妙；孔琳以行草著，放纵快利；谢灵运书法，亦入右军之室。齐时王僧虔、王子敬均善书。梁时萧子云，笔法能自拔流俗，梁武帝甚赞美之。王智永，王右军之后，积年学书，笔力纵横，大有祖风。北朝魏初，有崔悦、卢谌，并以善书名。南北朝绘画名家，有刘宋之侍从陆探微，高士宋炳，萧齐之谢赫，梁之元帝，右军将军吴兴太守张僧繇，高齐（北齐）之直阁将军杨子华，朝散大夫曹仲达，宇文周之常侍田僧亮等。陆探微以顾恺之画法，作连绵不绝的一笔画，笔法秀丽，有顾得其神，陆得其骨，张得其肉（张墨）的批评。宋炳居室四壁皆画山水，其所作山水，不徒作高尚理想之写意画，多由实地写景，开后世画家的创格。谢赫描写人物，毫发无遗，著《画品录》批评前人的优劣，作后世论画的典型。元帝（名泽字世诚）善画人物，遗作《职贡图》一卷，唐代尚为传世之名品。〔3〕张僧繇，梁人，善传真，又能画云龙山水人物，有千变万化之精技。杨子华善画鞍马人物，为北齐文宣帝所重视。曹仲达最善画佛像。田僧亮以野服柴车之风俗画最为有名。冯提伽，北周人，其画风格精密，北朝画家，氏为第一。（丙）雕铸。南北朝因信仰佛教，故雕像益盛。刘宋明帝元嘉之际，丈六丈八铜像之制作，不一而足。萧齐之高帝、文惠太子及竟陵王，并造像甚多；武帝永明时，石匠雷卑之瑞石释迦像，可称极镌琢之巧。梁武帝信佛最笃，有光宅寺之丈八弥陀铜像，大爱敬寺之丈八铜像，同泰寺之十方佛银像等。陈武帝时造金铜像一

〔1〕《通志》卷四九《乐略》。
〔2〕《隋书》卷一四《音乐志》中。
〔3〕大村西崖著《中国美术史》汉译本四二页。

百万躯，宣帝亦造二万躯之金像。北朝造像更盛。元魏崛起，其艺术传自师子国，远非南朝所能企及，大同及龙门石佛，至今成为研究六朝雕刻的中心。〔1〕《魏书》载："兴光（文成帝纪元）元年秋，敕有司于五緞大寺内，为太祖已下五帝，铸释迦立像五，各长一丈六尺，都用赤金二万五千斤。"〔2〕太安初，昙曜白魏主于京城西武州塞北面石崖，就而镌之，开窟五所，镌佛像各一，自后续有开凿，佛像高者有七十尺，次六十尺，小至径尺。〔3〕（丁）建筑。刘宋而后，亭观台堂，代有增饰，齐末东昏侯以青油为堂，取名琉璃，堂南有楼，号曰穿针，其上悬佩千条，玉声不绝，地铺锦石，文采焕然。后魏迁洛而后，大夏门楼，峻杰崇闳，为洛邑新城之冠。至寺观之建筑，更为华丽。杨衒之《洛阳伽蓝记》载："皇魏受图，光宅嵩洛，笃信弥繁，法教愈甚。王侯贵臣，弃象马如脱履；庶士豪家，舍资财若遗迹；于是招提栉比，宝塔骈罗，争写天上之姿，竞模山中之影；金刹与灵台比高，宫殿共阿房等壮。"又载："永宁寺，熙平元年灵太后胡氏所立，中有九层浮屠一所，架木为之，高九十丈，有刹复高十丈，合去地一千尺，去京师百里遥已见之。"自文成帝至孝明帝之世，将作大匠蒋少游，殿中将军关文备、郭安兴，青州刺史侯文和等，皆以建筑机巧，称为绝代名匠。上述永宁寺的九层塔，雕梁藻柱，青锁金铺，庄严炳焕，波斯国胡人说，此寺精丽，遍阎浮所无的。可知当时建筑术的进步。

（十二）教育 （甲）南朝。宋武帝正位之后，便命有司立学，未及成功而死。他的儿子文帝，注意兴学育才。元嘉二十年，在京师设立四个太学：（1）玄学，即老庄之学，由丹阳尹何尚之主持。（2）儒学，由散骑尚侍雷次宗主持。（3）文学，由司徒参军谢元主持。（4）史学，由著作佐郎何承天主持。中国历代国立学校是以经术为课程的，而此时对于佛老学术及历史，且正式设立大学，从事

〔1〕邓之诚著《中华二千年史》卷二第三二四页。
〔2〕《魏书》卷一一四《释老志》。
〔3〕《续高僧传》，《昙曜传》，《大唐内典录》卷四，《开元释教录》卷六。

研究，面目独辟，很值得赞美的。〔1〕《宋书》载："凡四学并建，车驾数幸次宗学馆，资给甚厚。"〔2〕宋明帝太始中，初置总明观祭酒一人，有玄、儒、文、史四科，置学士十人。齐高帝建元四年，诏立国学，置学生五十人，令张绪为国子学祭酒，限定学生年岁须在十五以上，二十以下，入学资格是选派：(1) 王公以下至三将著作郎廷尉正；(2) 太子舍人；(3) 领护诸府司马谘议经除敕者；(4) 诸州别驾治中等见居官，或罢散的子弟。《南史》载："自是中原横溃，衣冠道尽，逮江左草创，日不暇给，以迄宋、齐，国学时或开置，而劝业未博，建之不能十年，盖取具文而已。"〔3〕可知此为高等教育，没有什么发达。梁代武帝天监四年，诏开五馆，建立国学，以五经教授，置五经博士各一人，各主一馆，每馆有数百学生。学生只问程度，不限资格，果具才能，虽寒门子弟，皆有入学的机会。学生由馆供给膳宿，凡射策通明者，即除为吏。七年，又诏皇太子宗室王侯，始就学受业，武帝亲自释奠于先师先圣，昭明太子萧统又引纳才学之士，讨论篇籍，讲诵经学的风气，盛极于一时。可惜武帝晚年迷于佛教，忽视经术，而学校由此渐衰了。

(乙) 北朝。北朝学校较南朝发达，一则由于国君的提倡，一则由于时局比较的安定。魏道武帝初定中原，即提倡经学，在首都平城设立太学，置五经博士，充当教授；天兴二年，增国子太学生员至三千人。世祖（太武）始光三年春，起太学于城东，后征卢元、高允，而令诸郡各举才学。献文帝太安初，诏立乡学，郡置博士二人，助教二人，学生六十人。后诏大郡立博士二人，助教四人，学生一百人。次郡立博士二人，助教二人，学生八十人。中郡立博士一人，助教二人，学生六十人。下郡立博士一人，助教一人，学生四十人。孝文帝太和中，改中书学为国子学，建明堂辟雍，及迁都洛邑，诏立国子太学、四门小学。世宗（宣武）时，复诏营国学、树小学于四门，大选儒生以为小学博士员四十人。其后海内淆乱，四方学校，

〔1〕陈青之著《中国教育史》上册一六〇页。
〔2〕《宋书》卷九三《雷次宗传》。
〔3〕《南史》卷七一《儒林传序》。

所存无几。[1] 北齐之国学博士，徒有虚名，国子一学，生徒仅数十人；诸郡并立学，置博士助教授经，学生多属备员，多被州郡官人的驱使，士流及豪富之家，皆不从调。[2] 关于选举制度：宋制，丹阳、吴会、会稽、吴兴四郡，岁举二人，余郡各一人，凡州秀才、郡孝廉，天子或亲临策试。齐代举士考试，定策秀才格五问，并得为上，四三为中，二为合，一不合与第。[3] 梁代定年未三十不通一经者，不得为官。陈代唯经学生策试得第，可以未壮而仕。北魏有中正掌选举，秀才对策，第居中上，可以表叙。北齐凡州县皆置中正，其课试之法，中书策秀才，集书策贡士，考功郎中策廉良。后周宣帝时，诏州举高才博学者为秀才，郡举经明行修者为孝廉；上州上郡，每岁一人。南北朝之选举，亦是沿袭魏、晋之阶级制度。

（十三）学术　南北朝学术大概如下：（甲）天文学。宋主颇好历数，太子率更令何承休私撰新法，他考校秘书监徐广《七曜历》，每记其得失，疏密差会，皆可得知。梁时置有铜仪，其运动得东西转以象天行，南北低仰，占验辰历，分考次度。[4] 后魏道武帝天兴初，崔浩上《五寅元历》。宣武帝景明中，诏太乐令公孙崇、赵樊生等，共同考验历法，并令太常卿芳率太学四门博士等，依所启示者，悉集详察。[5] 观测天体之位置，必须有计时间之精密仪器，昔黄帝创观漏水，制器取则，以分昼夜。漏刻之书，载于《隋书·经籍志》者如下：梁员外散骑侍郎祖暅之、梁中书舍人朱史、陈太史令宋景等，均撰有《漏刻经》一卷，可知漏壶之器，在南北朝时必很通用。此外，北齐命散骑侍郎宋景业造《天保历》；北周甄鸾造《天和历》，马显等上《丙寅元历》。历谱之用，所以揆天道，察昏明，以定时日，以处百事，为天文学所宜注重的。（乙）算学。南齐祖冲之有机思，又善算，注《九章》，造《缀述》数十篇。《隋书》载："南徐州

〔1〕《魏书》卷八四《儒林传序》。
〔2〕《通考》卷四六《学校考》七。
〔3〕《通考》卷二八《选举考》一。
〔4〕《隋书·天文志》四。
〔5〕《魏书·律历志》上。

从事史祖冲之，更开密率法，以圆径一亿为一丈，圆周盈数三丈一尺四寸一分五厘九毫二秒七忽；朒数三丈一尺四寸一分五厘九毫二秒六忽。正数，在盈朒二限之间。密率圆径一百十三，圆周三百五十五，约率圆径七，周二十二。”〔1〕茅以升说：“此第五世纪世界最精之圆率也。其时印度仅有三一四一六，欧人亦仅仅至三一四一五五二之率，视此自有愧色。祖率睥睨天下，九原有知，亦自豪矣。”〔2〕（丙）机器学。宋武帝平关中，得姚兴指南车，有外形而无机巧，每行，使人在内转之。顺帝升明中，太祖辅政，使冲之追修古法，冲之改造铜机，圆转不穷。冲之以诸葛亮有木牛流马，乃造一器，不因风水，施机自运，不劳人力。又造千里船于新亭江，试之，日行百余里。〔3〕朱新仲《猗觉寮杂记》说：“《南史》祖冲之，造千里船，不因风水，施轮自运，亦因木牛流马之制。”〔4〕（丁）医术。南朝人士虽考究医学不遗余力，然不明生理解剖之学。〔5〕梁世方书最称繁博，而陶弘景、阮文叔等，论录尤多。（戊）历史学。南北朝史家有名的如下：(1) 范晔，宋文帝时人，著《后汉书》，《纪》十，《列传》八十，以后汉尚气节之故，创为《独行》、《党锢》、《逸民》三传，表彰幽隐，史家之分门类自此始。(2) 沈约，梁武帝时人，撰《宋史》，凡一百卷，有《帝纪》十篇，《列传》六十篇，《志》三十篇。又撰《齐纪》二十卷，《梁武纪》十四卷，《晋书》一百一十一卷。东汉以下，编史者多无志，沈约始复其例。(3) 萧子显，梁武帝时人，撰《齐史》五十九篇，有《纪》八篇，《志》十一篇，《列传》四十篇。又著有《后汉书》一百卷，《晋史草》三十卷，这两部书，后世不传。(4) 吴均，梁武帝时人，撰《通史》，凡六百卷。(5) 何之元，陈时人，与刘璠合撰《梁典》三十卷，书已不存。(6) 崔鸿，后魏道武帝时人，撰《十六国春秋》，凡一百二十卷，原

〔1〕《隋书》卷一六《律历志上》。
〔2〕《东方杂志》十五卷十四号《中国圆周率略史》，《科学杂志》第三卷第四期第四一一至四一八页。
〔3〕《南齐书·祖冲之传》。
〔4〕朱新仲《猗觉寮杂记》卷下三五页，知不足斋本。
〔5〕《宋书·顾恺之传》。

本已佚。（7）魏收，北齐文宣帝时人，撰《魏书》一百一十四篇，有《帝纪》十二篇，《列传》九十二篇，《志》十篇。魏收修史，隐恶扬善，意存规避，为世所诟病。（己）经学。南北朝经学，据《北史·儒林传》所说，所为章句，好尚互有不同：(1)《易经》。河北盛行《郑易》，当时言《易》者，皆出郭茂之门，李铉作《周易义例》，与郭茂之旨相同。江左盛行王弼注，立于学官，至南齐时采陆澄之言，始郑、王并重。后又黜郑崇王。梁、陈两朝说《易》之儒颇多，以褚仲都之《周易讲疏》、周弘之《正义疏》集其大成。（2)《书经》。《郑氏书注》行于河北，惟刘芳作《尚书音》，则用王肃之注。南朝用《伪古文尚书》，至梁、陈时，则郑、孔并立。（3)《春秋》。服虔、左氏注行于河北。徐遵明作《春秋章义》，周乐逊作《左氏序义》，张仲作《春秋义例略》，对于《春秋》，亦有所发见。江左一带，左氏则偏崇杜预注，惟梁崔灵恩作《左氏隆义》，申服虔之注，而难杜预之注；虞僧诞则与其相反。(4)《诗经》。《诗》则毛传郑笺之学，行于河北；刘献之，魏之经师，作《毛诗序义》，李铉作《毛诗义疏》，刘铉作《毛诗述义》；河北治《毛诗》者，大抵兼崇毛、郑。江左亦崇《毛诗》，若伏曼容之《毛诗义》，崔灵恩之《毛诗集注》，何允之《毛诗总义》，张玑之《毛诗义》，顾越之《毛诗义疏》，对于郑玄、王肃之注，间有出入。(5)《礼经》。北朝崇郑玄《三礼注》，熊安生作《周礼》、《礼记义疏》，尤为北朝所崇。江左治三礼者，有何佟之、何承天、王俭、何允、沈不害等，多杂采郑、王之说。(6)《论语》。河北盛行郑注《论语》，如李炫作《语义》，乐逊作《论语序论》，皆以郑注为宗。江左治《论语》学者，以何氏集注为主，与北方墨守郑注者不同。梁武帝时，皇侃的《论语义疏》在中国虽失传，却流传到日本，嘉庆四年自日本传还中国，刊入《知不足斋丛书》中。〔1〕由上所引述，南北朝经学是风尚不同的。《中国经学史》论及其中的原因曾说及："南方水土和柔，兼被清谈之风，其学多华；北方山川深厚，笃守重迟之俗，其学多朴。华，故

〔1〕 日本本田成之著《经学史论》汉译本二五六页。

侈生新意；朴，故率由旧章。”[1] 南北经学，虽风尚不同，而诸儒治经之法，大抵相同，盖汉人治经，以本经为主，所为传注，皆以解经；至魏、晋以来，多以经注为主，其所申驳，皆以明注而已。(庚) 哲学。哲学以南朝为盛，而北朝无闻，兹将此时之代表哲学家，略论其思想如下：(1) 何承天。何承天，宋东海郯人，他在《达性论》有说：“人以仁义立，人非天地不生，天地非人不灵，三才同体，相须而成者也，故能秉气清和，神明特达，情总古今，制周万物；妙思穷幽赜，制作侔造化。”他此说，实承认人类之为超人，有三种之意义：(a) 人类与宇宙的关系。(b) 人类与社会的关系。(c) 人类与进化的关系。他不以人类分为贤智下愚不肖之种种等级，而以全人类为对象，视为神明特达的超人。[2] (2) 沈约。沈约，梁吴兴武康人，他难范镇之《神灭论》，而主张《神不灭论》。他说：“形既可养，神宁独异，神妙形粗，较然有辨，养形可至不朽，养神安得有穷；养成不穷不生不灭，始末相较，岂无其人；自凡及圣，含灵义等。”沈约是主张凡属人类都可以由修养而创造其不灭之价值的。他在《高士赞》中，提出哲人之含义：(a) 是避世的。(b) 不为富贵所淫的。(c) 立身清洁，不为世俗所污的。(d) 恬退自守，不与人争名利的。他是主张人格有独立性，尊严性的。(3) 范镇。范镇，梁人，常侍竟陵王子良；子良信佛教，而镇盛称无佛。他主张形神唯一论，是很精辟的。他在《神灭论》答客问说：“神即形也，形即神也，是以形存则神存，形谢则神灭也。”又说：“形者，神之质；神者，形之用。是则形称其质，神言其用，形之与神，不得相异也。”又说：“神之于质，犹利之于刀；形之于用，犹刀之于利。”有刀则有利，有利则有刀，舍刀无利，舍利无刀，这是自然的结论，可知他是破除形神二元论之说的。[3]

(十四) 文学　说到南北朝文学，不免带几分轻视，以为当时的

〔1〕马宗霍著《中国经学史》七八页。
〔2〕其详可参阅拙著《六朝时代学者之人生哲学》一书。
〔3〕《梁书·儒林·范镇传》，《弘明集》卷九、卷十。

文学全是绮丽颓靡，了无足观，其实南北朝文学大部分固然不脱绮靡之习，然当时的民歌、佛典与小品文字，也有很自然的作品，不能一概抹杀。兹分段述之：（甲）文章。要明了南北朝文章之贡献，非了解文与笔的区别不可，刘申叔说："偶语俪词谓之文，凡非偶语韵词，概谓之笔。盖文以韵词为主，无韵而偶，亦得称文。"〔1〕我的意思，以为文章不必分文与笔，只可分美文和通俗文。南北朝的文章，是骈文的大成时期，殊不愧为美文。南北朝骈文，要算永明时代为盛，《南齐书》载："永明（武帝纪元）末，盛为文章，吴兴沈约，陈郡谢朓，琅琊王融，以气类相推毂；汝南周颙，善识声韵。约等文皆用宫商，以平上去入为四声，以此制韵，不可增减，世呼为永明体。"〔2〕到了梁武帝受禅后，范云、江淹等并工诗文。《北周书》载："时肩吾为梁太子中庶子，东海徐摛为左卫率，摛子陵及信，并为抄选学士。父子在东宫，恩礼莫与比；既有盛才，文并绮艳，故世号为徐庾体焉。"〔3〕庾信有《小园》、《枯树》、《哀江南》等赋，至今传诵。南北朝也有散文家，如郦道元《水经注》，杨衒之《洛阳伽蓝记》，尤为有名。宋有临川王义庆，撰《世说新语》，可说是小品文字。〔4〕至梁昭明太子萧统，选了一部《文选》，是中国文学史上一部著名的选本，影响于后世文学很深。刘勰的《文心雕龙》是一部文学批评的书，在文学史上是很有价值的。（乙）诗歌。由宋到齐的诗，注重藻绘；由齐到梁、陈的诗，注重冶艳。声律，沈约以前，格调较古；沈约以后，向调平仄一条路上走，走得没有成熟，所以诗的音调不振。刘宋时代的大诗人，有谢灵运、颜延之、鲍照、谢庄、谢惠连等。梁朝有萧统、萧纲、萧绎，都能诗，所作的诗，多系轻艳一派，当时号为宫体。此外江淹、范云、柳恽、何逊、庾肩吾及其子信、徐摛及其子陵、吴均诸人，都是诗家，陈代有陈叔宝、徐陵、江总、阴铿、张正见等，都能诗，他们的诗，多偏于艳

〔1〕刘申叔著《中古文学史》一至三页。
〔2〕《南齐书·陆厥传》。
〔3〕《北周书·庾信传》。
〔4〕刘麟生著《中国文学史》一五九页。

体。但是与古诗平行发展的，还有那乐府诗，是不假雕琢的民众文学；宋、齐、梁、陈的诗人的小歌，大概都是模仿乐府民歌的；梁以后，此体更盛行，遂开后来五言绝句的体裁。南朝歌辞，有颜延之作的《南郊登歌》三首，王韶之作的《宗庙登歌》八首，谢庄的《明堂歌》九首，世祖《庙歌》二首，殷淡和明帝的《章庙乐舞歌》十五首等。梁代曾有改制乐器与曲名之事，今存的郊庙歌辞，皆为沈约所制。北朝北魏没有郊庙歌辞，北齐则很多，计有《享庙乐辞》十八首，《明堂乐歌》十一首，《五郊乐歌》八首，《南郊乐歌》十三首，作者为陆卬等。北周的郊庙歌辞，都是庾信所作，计有《园丘歌》十二首，《方泽歌》四首，《五帝歌》十二首，《宗庙歌》十首，《大祫歌》二首。〔1〕其他北方民歌中有《敕勒歌》、《木兰辞》，可说是千古绝调。（丙）小说。南北朝时，佛教很通行，高深经典，社会民众不能了解，佛教徒中的文士，就用佛教因果灵验的事，用志怪的故事体裁，发挥出来。这类的书籍，今存者有颜之推的《冤魂志》一卷，其他有逸文可考者，有《宣验记》、《冥祥记》、《集灵记》、《旌异记》四种，皆属小说之类。总之南北朝的文学，都是沾染了靡绮浮华，这种精神的表现，和时代环境有重大的关系；在文化史上所表现的，也为这种精神所支配而表现了颓放的动向。

〔1〕谭正璧编《中国文学史》一四八页。

第五章

隋代之文化

第一节 隋代之政治社会

从董卓入据洛阳以后，到隋文帝统一天下以前，中国实在经过四百年异族和军阀蹂躏的政治，及隋文帝统一天下以后，就换了一番新气象。〔1〕文帝名坚，姓杨氏，弘农华阴人，汉大尉震之后，父忠仕魏，及周以功封隋公，坚袭其爵。坚之女为周宣帝后，周静帝立，坚以太后父秉政，遂移周祚。〔2〕开皇九年，派总管贺若弼、韩擒虎进军灭陈。此时离西晋永嘉之乱有二百七十余年，南北形成对抗之势，由西纪元四三九至五八九年，约一百五十余年，及隋而南北统一了。〔3〕

隋文帝统政以后，有他的短处，即是猜忌、严酷，有他的长处，即是节俭、勤于民事。《通考》载："开皇九年，以江表初平，给复十年；自余诸州，并免当年租税。十年，以宇内无事，益宽徭赋；百姓年五十者，输庸停放。十二年，谓河北河东，今年田租，三分减一，兵减半，功调全免。则其于赋税，复阔略如此。然文帝受禅

〔1〕吕思勉著《本国史》一五三页。
〔2〕汤睡庵《历朝纲鉴全史》卷三一。
〔3〕陈登原著《中国文化史》三六五页。

之初，即营新都徙居之；继而平陈，又继而讨江南、岭表之反侧者；则此十余年之间，营缮征伐，未尝废也。史称帝于赏赐有功，并无所爱，平陈凯旋，因行庆赏，自门外夹道列布帛之积，达于南郭，以次颁给，所费三百余万段，则又未尝啬于用财也。夫既非苛赋役以取财，且时有征役以靡财，而赏赐复不吝财，则宜其用度之空匮也，而何以殷富如此？史求其说而不可得，则以为帝衫履俭约，六宫服澣濯之衣；乘舆供御，有故敝者，随令补用；非燕享不过一肉；有司尝以布袋贮干姜，以毡袋进香，皆以为费用，大加谴责。呜呼！夫然后知大《易》所谓节以制度，不伤财，不害民，孟子所谓贤君必躬俭礼下，取于民有制者，信利国之良规，而非迂阔之谈也。”〔1〕至对于吏治，褒赏守令，有功不遗，故州县多能称职，如梁彦光、樊叔略、房恭懿、刘旷等，所治之地，均著有政绩是也。其他对外的武功，亦有可述者如下：中国自周、秦一直到南北朝，汉族与北方外族匈奴等的交涉，告一段落。周、秦是汉族与外族对敌的时期，两汉是汉族征服外族的时期，魏、晋、南北朝是汉族与外族混合的时期。其结果这些外族有的消灭了，有的与汉族同化了。〔2〕隋代新兴的外族，就是突厥。突厥族在中国今称回族，西人称为土耳其族（Turks）。洪钧《元史译文证补》说：“今日葱岭西北西南诸部，我国统称之曰回，西人则称为突厥。回纥之盛，威令未行于咸海、里海之间，其衰播越未越于葱岭、金山以外。突厥盛时，东自辽海以西，至西海万里；南自沙漠以北，至北海五六千里。极西之部可萨，亦曰曷萨，西国古籍载此部名哈萨克，即曷萨转音，亦曰喀萨克，即可萨转音，里海、黑海之北，皆其种落屯集。”突厥族，我国古时称为丁令，后来称为铁勒。丁令、铁勒，本是一音两译；他们居住的地方，大约在现今西伯利亚的西南部。在南北朝以前，他们与汉朝的居住地域不相连接，先有匈奴人介在中间，后有鲜卑族介在中间。南北朝时，北魏的同族柔然，用了高车的群众侵扰北边，

〔1〕《通考·国用门》。
〔2〕韦休编《中国史话》卷二第八十页。

高车就是铁勒的一部。北魏分为东西两国之后，柔然族仍利用高车人和东西魏做敌国，至民国纪元前一千三百六十年时，始被突厥打破，突厥由是强盛。突厥之强，起于其首领土门，土门攻柔然，大破之，柔然可汗阿那坏自杀。土门于是自立为伊列可汗，伊列可汗卒，弟木杆可汗立。西南破吠哒，西北服结骨，北服铁勒诸部，东北服宝带、靺鞨，东南服奚、契丹，于是突厥的疆域，北包西伯利亚，东北至满洲，西接罗马，西南包俄领中央亚细亚，开北方外族未有的盛况。及木杆可汗卒，弟佗钵可汗继位，佗钵可汗卒，沙钵略可汗继立。沙钵略可汗时，周亡隋兴。先是周的人臣长孙晟，替周人送千金公主于突厥，对于突厥内情，颇为熟悉；隋文帝用了他的计划，令突厥内部构兵，分为东西。沙钵略可汗卒，都蓝可汗立。都蓝死后，突厥复又内乱，隋文帝乘机统有其部，于是周、齐以来北方的强敌，就给隋朝的武力和外交政策所制胜。

以上就隋文帝的政绩言之，至其失处，举其大者如下：(1) 诛戮大臣。文帝性猜忌信谗，功臣左右，无始终保全者，如梁士彦、宇文忻、刘昉、李君才、虞庆则、史万岁等，皆不能自保。(2) 轻视民命。利用酷刑，残害民命，盗取一钱，闻见不告者，致坐死。(3) 猜害诸子。文帝使诸子分据大镇，乃以猜忌之故，多不能自全。〔1〕开皇二十年，废太子勇，立广，杨素乘之，大建威权，兄弟诸父，并为尚书列卿，诸子位至柱国刺史，广营资产，第宅华侈，朝臣莫不畏附。文帝在位之二十四年有疾，杨素、柳述、元岩皆入阁侍疾，太子广虑有不讳，须预防，拟手自为书，封出问杨素。素条陈事宜以报，宫人误送帝所，帝览之大怒，所宠陈夫人，又说太子无礼，欲召勇付以大事。杨素闻以告广，乃矫诏执柳述、元岩系狱，尽遣后宫出入别室。俄而上崩，中外颇有异论，广即位，矫诏赐故太子勇死，缢杀之，并徙柳述、元岩于岭南。〔2〕司马光曾批评文帝说："昔辛伯谂周桓公曰：内宠并后，

〔1〕 章嵚著《中华通史》第三册七五六页。
〔2〕《纲鉴汇纂》卷一八。

外宠贰政，孽子配嫡，大都偶国，乱之本也；人主诚能慎此四者，乱何自生哉？隋高祖徒知嫡庶之多争，孤弱之易摇，曾不知势钧位逼，虽同产至亲，不能无相倾夺，考诸辛伯之言，得其一而失其三乎？”〔1〕

炀帝广即位以后，诸多失政，兹分述如下：(1) 营宫室。以洛阳为东宫，敕宇文恺与舍人封德彝等，营显仁宫，发大江以南、五岭以北奇材异石，输之洛阳；又求海内嘉禾异草，珍禽奇兽，以实园苑，自长安至江都，置离宫四十余所。又遣黄门侍郎王弘等，往江南造龙舟，及杂船数万艘，东京官吏，督役严急，役丁死者，十之四五。〔2〕(2) 恣巡幸。大业元年，帝驾龙舟，幸江都，舳舻相接，二百余里。二年，东都成，又发江都，沿途盛修仪仗。类此巡幸，不一而足，供亿烦苛，岁费甚巨。(3) 奢淫。炀帝广游幸无常，奢淫特甚；大业八年，密诏江、淮诸郡有童女端丽者，每岁进贡，宫廷秽乱，朝政日非。(4) 黩武。大业七年，发兵二十四军，总一百十三万三千八百兵，分道伐高丽，虽获胜利，而盗贼纷起。自大业九年以后，统计盗贼蜂起者，百余处之多，群雄割据要地者，有孟海公、甄宝车、刘元进、朱燮、管崇、吴海流、彭孝才、孟让、向海明、李弘、张大彪、张起绪、魏麒麟、李子通、朱粲、翟松柏、孙华、林士弘、窦建德、李密、李轨等。〔3〕大业十一年，炀帝北巡至雁门，为突厥始毕可汗所围，援兵至，乃解除。大业十二年，炀帝巡幸至江都，见中原已乱，无心北归，宇文述的儿子宇文化及等，因之作乱，遂弑炀帝，立秦王浩，拥众北归。隋将王世充立东都留守越王侗，和李密相持，继联李密，叫他把化及堵住，化及就弑杀秦王，自称许帝，后为窦建德所杀。

时太原留守李渊，起兵攻破长安，奉西京留守代王侑为帝，继废代王而自立。平定薛仁杲、李轨，灭掉刘武周。当窦建德据河北，河南则王世充和李密相持，世充击败李密，李密乃降唐。唐秦王世

---

〔1〕《资治通鉴》卷一八〇《隋纪》四。
〔2〕《纲鉴汇纂》卷一八。
〔3〕《隋书·炀帝纪》。

民攻王世充，围洛阳。世充求救于窦建德，世民分东都围军，东据虎牢，生擒建德，世充惧而投降。河南北州郡平定以后，乃发巴蜀兵，南击萧梁。唐将赵郡王孝恭、李靖，克荆门、宜都二镇，进至夷陵，破萧铣将于清江，直抵江陵，萧铣投降，送之长安，斩于都市。江淮之间，杜伏威最强，他灭掉李子通，入朝于唐；于是南方也平定了。北方则高开道为其下所杀，苑君璋据马邑，降突厥，后见突厥政乱，亦来降。梁师都本据朔方，后复被讨平。史家顾回澜批评说："斯时也，王世充专擅于东，薛仁杲窃据于西，梁萧铣角立于南，刘武周飞扬于北，其间哮噉之群风驱，熊罴之众雾集，盗称名字于草莱山谷间者，环隋区皆勍敌也。……惜哉！杨氏之业，不为不富，不为不强，不为不乂安，父子甫二传，宜未至遽为天下笑，而炀帝纵乐一时，乃至亡身，以及天下，何也？岂天心厌乱，富淫人以夺之魄，而李氏当为天子，乃苍苍之默有所寄欤？"〔1〕致堂胡寅说："武王伐商，数纣之罪则多矣，炀皆有之，而杀父杀兄，则纣之所未有，其当讨无疑矣；李渊声其大逆不道之罪，而举兵讨之，则虽德非成汤，亦无自愧于亳之载。"〔2〕由上引述而看，隋之灭亡，可以了然。

第二节　隋代之文化形态

隋代四帝，合三十八年，享国不久。谈到文化，当然不能有什么发展。兹略为分述如下：

（一）社会风习　隋代社会风俗习惯，上承南北朝，没有多大的变迁：（甲）衣服。《隋书》载："后魏已来，制度咸阙，天兴之岁，草创缮修，所造车服，多参胡制。……其魏、周辇辂，不合制者，已敕有司，尽令废除，然衣冠礼器，尚且兼行，今请冠及冕色并用

〔1〕《纲鉴汇纂》卷一八《隋朝总论》。
〔2〕《历朝纲鉴全史》卷三一。

玄，唯应著帻者，任依汉晋。”[1] 此是太常少卿裴正所奏请的，文帝纳其议，于是采用东齐之法，规定服制。“乘舆”有衮、冕、通天冠、武弁、黑介帻、白纱帽、白帢之制；服有五，若衮服、祭服之类。“百官”有祭服、朝服、公服、绛褠衣公服。六品以下，从七品以上，去剑佩绶。“武人”服武弁、绛朝服、平巾帻、紫衫、大口袴。隋文帝始服黄，百官常服，同于平民，皆著黄袍。炀帝时略有不同。《隋书》载：“炀帝时师旅务殷，车驾多行幸，百官行从，唯服袴褶，而军旅间不便。至六年（大业）后，诏从驾涉远者，文武官等皆戎衣，贵贱异等，杂用五色，五品以上，通著紫袍，六品以下兼用绯绿，胥吏以青，庶人以白，屠商以皂，士卒以黄。”[2]（乙）重视生日。文帝仁寿三年五月诏：“六月十三日，是朕生日，宜令海内为武元皇帝、元明皇后断屠。”[3] 此为后来民间重视生日之始，至今其俗不变。(丙) 歌舞之俗。炀帝于每岁正月，万国来朝时，留至十五日，于端门外，建国门内，绵亘八里，列为戏场，衣绵绣歌舞之妇人，殆有三万人之多。（丁）阶级。杨素诸子，家僮数千，后庭妓妾，曳绮罗者亦千数。[4] 又乐家的子弟，皆编为乐户，以别尊卑。[5]（戊）丧吊。江南丧哭，时有哀诉之言；山东重丧，则唯呼苍天；期功以下，则唯呼痛深，便是号而不哭。又出丧之日，门前燃火，祓送家鬼。[6]（己）游戏。有幻术：大业十二年，突厥来朝，集四方散乐于东都，为鱼龙衍变之戏。有马戏：以绳系两柱，二倡女对舞绳上，歌舞不辍。有竞渡：每年五月望日，为竞渡之戏。[7]

(二) 农业 自隋文帝统一中国全部以后，以前仅施于北朝的均田制度，至是扩展到整个中国。但隋代的统治为时甚短，对于这种

---

〔1〕《隋书》卷一二《礼仪志》七。
〔2〕同上。
〔3〕《隋书·文帝纪》下。
〔4〕《隋书》卷四八《杨素传》。
〔5〕《隋书》卷六七《裴蕴传》。
〔6〕《颜氏家训·风操篇》。
〔7〕《隋书》卷一五《音乐志》，《隋书·地理志》。

制度，究竟推行到如何程度，尚属疑问，不过在相当的限度内是实行了的。隋之均田制，即一夫受露田八十亩，妇人受露田四十亩，奴婢所受露田与良民同。每男女另受桑田二十亩，为永业田。倘土地不适于栽桑，则授麻田二十亩。园宅地，每三口分给一亩，奴婢每五口分给一亩。人民十八岁，为受田之期，六十岁，为还田之期。〔1〕《隋书》载："开皇十二年……时天下户口岁增，京辅及三河，地少而人众，衣食不给，议者咸欲徙就宽乡。……帝乃发使四出，均天下之田，其狭乡每丁才至二十亩，老小又少焉。"〔2〕可知均田之制，宽乡与狭乡是不同的。此外富贵之家，占田不同于平民。隋制自诸王以下至于都督，皆给永业田，各有差；多者至一百顷，少者至三十亩（《通典》作三十顷）。京官给职分田：一品者给田五顷，每顷以五十亩为差，至五品则为田三顷；六品二顷五十亩，至九品，乃为一顷。外官亦各有职分田，并给公廨田，以给公用。〔3〕富豪之家，并不以制度而停止兼并。杨素贪冒财货，营求产业，田宅至有千百数之多。〔4〕当时太常卿苏威建议，以为户口增多，民田不足，欲减功臣之地以给民，为王谊所反对而未果。〔5〕隋代均田制度，明末清初学者王船山曾批评说："均田令行，狭乡十亩而籍一户，其虐民可知矣；则为均田之说者，王者所必诛而不赦，明矣。"〔6〕王船山在私有制度下而为之张目，无怪其然。

隋代对于民食，注重设立义仓，在卫州置黎阳仓，陕州置常平仓，华州置广通仓，转相灌注，并漕关东及汾晋之粟，以给京师。开皇五年五月，工部尚书长孙平奏请，令诸州百姓及军人劝课当社，共立义仓，收获之日，随其所得，劝课出粟及麦，于当社造仓窖储之，即委社司执帐检校，每年收积，不使损败。若时或不熟，当社

---

〔1〕日人森谷克己著《中国社会经济史》汉译本二一四页，王渔邨著《中国社会经济史纲》一八七页。

〔2〕《隋书》卷二四《食货志》。

〔3〕《隋志》卷二四，陈登元著《中国土地制度》一二〇页。

〔4〕《隋书》卷四八《杨素传》。

〔5〕《隋书》卷四〇《王谊传》。

〔6〕王船山《读通鉴论》卷一九。

有饥馑者，即以谷赈给。这是以当社义仓补官仓之不足。后以社仓改以上中下三等税纳粮，而义仓制度遂发生变迁了。

隋代也注重劝农，炀帝大业三年，北巡狩，诏有司不得践暴禾稼。惟以国祚浅短，劝农之政不足观也。

（三）税制　隋代税制，课征的准则和以前各代略有不同。受田的户调，以床为课征单位，即是娶妻成床，纳单位的租税；单丁未娶者减半输纳。户调的税率，分为两点：一是户调的正税，一是户调的附加税。户调的正税，即继前代而来基于受田的户调，以床为课征的单位，《隋书》载："丁男一床，租粟三石，桑土调以绢絁，麻土以布。绢絁以匹，加绵三两；布以端，加麻三斤。"〔1〕绢絁和布，皆为一匹，文帝时，减一匹为二丈，此税有爵位者不负担，单丁及仆隶各一半，炀帝时，除妇人及奴婢部曲的课税。户调的附加税，即州县置社仓，积谷以备凶年，于户调税额之外，向人民征敛的。

实施均田制，征收赋税徭役，对于村落组织，不能不求其严密，所以文帝在颁布均田法制之时，同时即颁新令，使人民五家为保，保有长；保五为闾，闾四为族，皆有正；畿外，置里正比闾正，党长比族正，以相检察。男女三岁以下为黄，十岁以下为小，十七岁以下为中，十八岁以上为丁，丁从课役，六十为老，乃免。隋之兵役制度，和周略同，惟将役期缩短。开皇三年令："军人以二十一成丁，减十二番，每岁为二十日役。"〔2〕炀帝时，屡屡大兴土木军役，对于人民之劳动徭役诛求，实毫无限制；除前述租调而外，更课天下诸州各贡草木、花果、奇禽、异兽、骨角、齿牙、皮革、毛羽。〔3〕

（四）商业　隋当高祖时代，户口岁增，诸州调物，每岁河南自潼关，河北自蒲坂，达于京师，昼夜不绝。〔4〕可知当时民间的富

---

〔1〕《隋书》卷二四《食货志》。
〔2〕《隋书》卷一《文帝纪》。
〔3〕《隋书》卷二四《食货志》。
〔4〕同上。

力，及国内商业的繁盛，是如何的程度了。商业区之大者，如长安、洛阳等地。蜀郡僻处西陲，山川重阻，水陆所凑，货殖所萃，为中国西部一个商业大都会。丹阳人物殷富，人民多以商贩为业。京口东通吴会，南接江湖，西连都邑，四通八达，是一个商业的都会。宣城、毗陵、吴郡、会稽、东阳诸郡，四方商贾，多集此间。豫章商业也很发达，妇女亦有在阛阓之间，勦助其夫从事交易的。荆州自晋室东迁之后，南郡、襄阳都是重镇，为四方之人凑会之所，所以商业很盛。其他南海、交趾因近海，多产珍物，所以商贾之经营是间也甚众。〔1〕

关于国际贸易，据裴矩所撰《西域图》所载，由敦煌至于西海通商往来，可分三道：(1) 北道，从伊吾经蒲类海铁勒部、突厥可汗庭，度北流河水，至拂箖国，拂箖国就是东罗马，可知隋代和西域通商，不独以亚洲西北部为限，且达欧洲的东部。(2) 中道，从高昌、焉耆、龟兹、疏勒，度葱岭，又经钹汗、苏对、沙那国、康国、曹国、何国、大小安国、穆国，至波斯国，达于西海。(3) 南道，从鄯善、于阗、朱俱波、喝槃陀，度葱岭，又经护密、吐火罗、挹怛、忛延、漕国，至北婆罗门，达于西海。隋唐两代握中国对外贸易权者，为阿剌伯与波斯两国，外舶遍沿海及扬州各地，《太平广记》往往称之。〔2〕

(五) 币制 当南北朝时代，中国的货币制度混乱已极，隋高祖既统一天下，想革除此种弊端，《隋书》载："高祖既受周禅，以天下钱货，轻重不等，乃更铸新钱，背面肉好，皆有周郭，文曰五铢，而重如其文；每钱一千，重四斤二两。"〔3〕隋文帝铸新钱，旧钱依然流通，但钱既杂出，百姓或私有镕铸，乃极力设法提倡新币，以期画一。〔4〕《隋书》又载："开皇三年四月，诏四面诸关，各付百钱为样，从关外来，勘样相似，然后得过；样不同者，即坏以为铜入

〔1〕郑行巽著《中国商业史》九三页。
〔2〕《太平广记》卷四四一、卷四六四第三页。
〔3〕《隋书》卷二四《食货志》。
〔4〕邓之诚著《中华二千年史》卷三第三八页。

官。诏行新钱已后，前代旧钱，有五行大布、永通万国及齐常平，所在用以贸易不止。四年，诏仍依旧不禁者，县令夺半年禄，然百姓习用既久，尚犹不绝。五年正月，诏又严其制，自是钱货始一，所在流布，百姓便之。”开皇十年，晋王广在扬州立五鲈铸钱；十八年，汉王谅在并州立五鲈；蜀王秀在益州立十鲈；又从晋王广之请，在鄂州立十鲈；均许铸钱，因之钱渐滥恶。〔1〕是时见用之钱，和以锡镴，锡镴既贱，求利者多，私铸日盛，钱愈薄劣；初每千犹重二斤，后渐轻至一斤，或剪铁锞，裁皮糊纸以为钱，相杂用之，经济界的混乱可知了。〔2〕

(六) 交通　隋代对于交通事业，可说是很注重的。（甲）国内的。(a) 开通河渠：(1) 广通渠，开皇四年，东发潼关，西引渭水，因藉人力开通漕渠，命宇文恺率水工凿渠引渭水，自大兴城（隋都长安）东至潼关三百余里，名广通渠。(2) 通济渠，大业元年三月，发河南诸郡男女百余万，开通济渠；自西苑引谷洛水达于河，自板渚引河通于淮。又发淮南民十余万，开邗沟，自山阳至杨子入江。〔3〕(3) 永济渠，大业四年正月，诏发河北诸郡男女百余万，开永济渠；引沁水，南达于河，北通涿郡。〔4〕(4) 江南河，大业六年十二月，令穿江南河，自京口至余杭八百余里，广十余丈。〔5〕(b) 凿驰道：炀帝发丁男数十万掘堑，自龙门，东接长平、汲郡，抵临清关，度河至浚仪、襄城，达于上洛，以置关防。大业三年五月，发河北十余郡丁男，凿太行山，达于并州，以通驰道。〔6〕又发榆林北境，至其牙，东达于蓟，长三千里，廾为御道。〔7〕(c) 筑长城：高祖令发丁三万，于朔方、灵武筑长城。开皇七年二月，又发丁男十万余修筑长城。大业三年七月，发丁男百余万筑长城。大业四年七月，发

〔1〕日人吉田府雄著《中国货币史纲》汉译本二一页。
〔2〕《隋书》卷二四《食货志》。
〔3〕《资治通鉴》卷一八〇《隋纪》四。
〔4〕《隋书》卷三《炀帝纪》上。
〔5〕《资治通鉴》卷一八一《隋纪》五。
〔6〕《隋书》卷三《炀帝纪》上。
〔7〕《资治通鉴》卷一八〇《隋纪》四。

丁男二十余万筑长城。〔1〕对于国防的交通，甚为注重。（乙）国外的。(a) 南洋航线的开辟：炀帝大业三年，遣使至赤土国，按赤土国就是现在的暹罗国，而赤土国所贡的方物，有金芙蓉冠和龙瑙香之类。〔2〕有说马来半岛东北岸有赤土国，是扶南之别种，在南海中，其地土色多赤，故名。〔3〕据丁谦考证在巴大年、吉兰丹、丁加奴等部地。炀帝时，主事常骏、王君政等，请使赤土，帝遣斋物五千段，以赐赤土王。〔4〕又马来半岛之丹丹曾贡方物，婆罗洲上之婆利国，在隋时国王利利邪那，名护滥那婆，于大业十二年（西纪元六一六），亦遣使朝贡。〔5〕真腊国在林邑西南去日南郡，舟行六十日而至，并遣使贡献。〔6〕(b) 西域的交通：炀帝广在位，西域诸胡多有至甘肃张掖县与中国交通互市者。炀广使吏部侍郎裴矩调查诸国山川风俗人事，撰《西域图记》三卷，就其传闻，一一记之，得国四十四；仍别造地图，穷其要害，纵横所画将二万里，发自敦煌，至于西海。〔7〕又于西域之地，置西海、鄯善、且末等郡，谪天下罪人，配为戍卒。《北史》载："炀帝时，乃遣侍御史韦节、司隶从事杜行满，使于西藩诸国，得玛瑙杯、佛经、十舞女、师子皮、火鼠毛而还。帝复令闻嘉公裴矩，于武威、张掖间，往来以引致之。……大业中相率而来朝者，四十余国，帝因置西戎校尉以应接之。"〔8〕炀帝经略西域，招致诸番，且遣云骑尉李昱使波斯远地。〔9〕(c) 日本的交通。《北史》载："开皇二十年，倭王姓阿每，字多利思比孤，号阿辈鸡弥，遣使诣阙。"〔10〕日本与隋朝的交通路，据《隋书·东夷传》所载："上遣文郎裴清使于倭国，度百济，行至竹岛，南望耽罗国，经都斯麻，迥在大海中，又东至一支国，又至竹斯国，又东至秦王

---

〔1〕《隋书》卷三《炀帝纪》上。
〔2〕郑行巽著《中国商业史》九四页。
〔3〕刘继宣、束世澂合著《中华民族拓殖南洋史》一一页。
〔4〕《隋书·四夷传》。
〔5〕《北史》卷九五《婆利国传》。
〔6〕《北史》卷九五《真腊国传》。
〔7〕《隋书》卷六十《裴矩传》，《隋书》卷二四《食货志》。
〔8〕《北史》卷九七《西域传序》。
〔9〕向达著《中外交通小史》二一页。
〔10〕《北史》卷九四《倭国传》。

国，其人同华夏，以为夷洲，疑不能明也。又经十余国，达于海岸。自竹斯国以东，皆附庸于倭。”据《隋书》考察之，自百济至难波津之路，与第五世纪日本与中国南朝交通时代之路，大略相同。因为有了交通之路，日本遣留学生倭汉直福因、奈罗译语惠明等十余人至中国，吸收文化。〔1〕

（七）官制 （甲）中央官制。文帝即位，罢周六官之制，复汉、魏之旧，有三司、三公、五省、三台、九寺、五监等名，为前代所有。文帝炀帝两朝，官制略有不同。文帝时，行台省置总管。尚书令仆以下官，一如尚书省职。以前所称上柱国大将军，开府仪同三师，光禄大夫之属，并为散官，不理职务。炀帝时，罢诸总管，其散官名号亦有废置。〔2〕

隋代中央官制有五省：即尚书、殿内、门下、内史、秘书。三台：即谒者、司隶、御史。九寺：即光禄、太常、卫尉、宗正、太仆、大理、鸿胪、司农、太府。五监：即国子、将作、少府、都水、长秋。至太师、太傅、太保三师，是坐而论道，不主国事的。太尉、司徒、司空三公，是参议国家之大事的。《通典》载：“隋文帝践极，百度伊始，复废周官，还依汉、魏，其于庶僚，颇有损益。……至炀帝初存稽古，多复旧章。大业三年，始行新令。有三台、五省、五监……于是天下繁富，四方无虞，衣冠文物为盛矣。”〔3〕五省之尚书：分掌国之要事，下置吏部、礼部、兵部、都官、度支、工部等六曹，各置侍郎一人，以贰尚书；又增左右丞，阶与侍郎同，下有曹郎。门下：即侍中之职，掌献纳及进御之事。内史：即中书省之职，掌出纳王命之事。秘书：掌图籍著作之事。殿内：掌宫禁服御之事。三台之御史：掌查纠弹劾之事。谒者：掌受诏宣抚申奏冤枉之事。司隶：掌诸巡查之事。九寺之太常：掌礼仪之事。光禄：掌膳食之事。卫尉：掌禁卫之事。宗正：掌宗室之事。太仆：掌舆马之事。大理：掌刑辟之事。鸿胪：掌外藩朝会之事。司农：掌上林太仓之

---

〔1〕 日人木宫泰彦著《中日交通史》汉译本上卷七九页。
〔2〕 李泰棻著《中国史纲》卷二第二二〇页。
〔3〕《通典》卷一九《职官》一。

事。太府：掌府库财物之事。五监之国子：掌教育之事。少府：掌内府器物之事。都水：掌河堤水运之事。长秋：掌宦者之事。将作：掌营造之事。

（乙）地方官制　秦、汉地方制度，只郡县两级，每州皆置刺史，直隶于丞相，官职虽卑，而可以制太守。其后地方权重，地方制度，一变而为三级制。东晋以后，侨置州郡，无其地而有官者比比。隋统一以后，州郡名称虽异，辖境大小实无所别，文帝乃始废郡，以州治民。炀帝时，复废州置郡，郡置太守，县置县令，侨州郡至是尽废。郡太守之下，有丞、正及诸府曹，炀帝时，加置通守，位次太守。县令之下，有丞尉曹属，初分九级，后亦分三等。官品，隋时定为十八阶；官禄，随品级而分别；京官正一品，食禄至九百石，县则分大小，多者至百四十石，少者亦有六十石。〔1〕

（八）军制　隋之军制沿用后周之府兵制，籍民为兵，择其强健者，蠲其租调，令刺史于农隙教练之，合为百府，每府置主将，故有府兵之名，《通考》载："隋兵制，大抵仍周、齐府兵之旧而加润色。其十二卫：曰翊卫，曰骁骑卫，曰武卫，曰屯卫，曰御卫，曰侯卫，各分左右，皆置将军，以分统诸府之兵。有郎将、副将、坊主、团主，以相统治。其外又有骠骑、车骑二府，皆有将军。后更骠骑曰鹰扬郎将，车骑曰副郎将，别置折冲、果毅，此府兵之大略也。"〔2〕《隋书》载："凡是军人可悉属州县，垦田籍帐，一与民同，军府统领，宜依旧式。罢山东、河南及北方缘边之地，新置军府。"〔3〕文帝时，将统揽军务之权集于王室，开皇八年，以晋王广为尚书令，冬十月出师，凡总管卒兵五十一万八千，皆受晋王节度。以上为平时军制。至对外战时军制，略有不同。炀帝大业八年正月，下令四方之兵皆集涿郡，伐高丽，编为左右十二军，凡一百一十三万二千八百人，每军大将、亚将各一

〔1〕《隋书》卷二八《百官志》下。
〔2〕《通考》卷一五一《兵考》，《唐书》卷五〇《兵志》。
〔3〕《隋书》卷二《高祖纪》下，《通考》卷一五一《兵考》。

人；骑兵四十队，每队百人，十队为团；步卒八十队，分为四团，团各有偏将一人。其辎重散兵等亦为四团；使步卒挟之而行，进退有法。[1] 文帝时，对于军人死难，礼加二等，战亡之徒，许入墓域；可说是提倡军国主义的精神。至于水军，文帝命杨素造大战舰，名五牙，高至百余尺，可容战士八百人；造次战舰，号黄龙，可容百人；伐陈时，杨素亲统黄龙数千艘，规模算是很大的了。[2]

（九）法制　隋文帝统一以后，改定刑法官制，各朝代相传许多制度，到了隋代经过一番选择淘汰，成功了《开皇律》。《文帝纪》说："开皇元年冬十月戊子，行新律。"《隋书·刑法志》载："三年，因览刑部奏断狱数犹至万条，以为律尚严密，人多陷罪，又敕苏威、牛弘等，更定新律，除死罪八十一条，流罪一百五十四条，徒杖等千余条，定留惟五百条，凡十二卷，自是刑网简要，疏而不失。"[3]《通考》载："隋文帝初令高颖等，更定新律，其刑名有五。"[4] 兹列表如下：

五刑	
死刑	斩，绞
流刑	千里，居作二年 千五百，居作二年半
徒刑	一年 一年半 二年 二年半 三年

〔1〕《资治通鉴》卷一八一《隋纪五》，《通考》卷一五一《兵考》。
〔2〕《通考》卷一五八《兵考》。
〔3〕《隋书》卷二五《刑法志》。
〔4〕《通考》卷一六五《刑考》。

续 表

五　刑	
杖刑	六十 七十 八十 九十 一百
笞刑	一十 二十 三十 四十 五十

隋代蠲除前代鞭刑，及枭首轘裂之法，其徒、流刑之罪，皆减轻。惟大逆谋反者，父子兄弟皆斩，家口没官。又置十恶之条，多采齐制，略有损益。所谓十恶：即谋反，今之内乱罪。谋大逆，谋毁山林及宫阙。谋叛，谋背本国以通外国。恶逆，谋杀尊亲及丈夫。不道，惨毒杀人，或杀死一家数命。大不敬，对于君上有不敬之行为。不孝，诅骂或遗弃直系尊亲属，以及与直系尊亲属别籍异财，居三年丧而嫁娶，作乐，匿三年丧不条举，或诈称直系尊亲属死亡。不睦，杀死及谋卖亲属。不义，部民杀长官，军士杀军官，学生杀师傅，或妻匿夫丧而不举哀。内乱，四等宗亲以内之男女相奸。十恶及故杀人狱成者，虽会赦，犹除名。其在八议之科，及官品第七以上犯罪，皆例减一等。炀帝末年，外征四夷，赋敛繁多，盗贼蜂起，更立严刑，如杨元感反，竟罪及九族。

关于法院编制，据《隋书·百官志》："置大理寺，大理寺卿少卿各一人，丞二人，主簿录事各二人，大理寺不统署，又有正监评各一人，司直十人，律博士八人，明法二十人，狱掾八人。"所谓正监评与司直，很像现代之陪审制度。隋代审判制度沿袭汉、魏、晋成法，惟增加其级数为县州郡。〔1〕

〔1〕 朱方著《中国法制史》八二页，杨鸿烈著《中国法制史》上册三三三页。

(十) 宗教　(甲) 多神教。隋文帝受命再岁冬至日，祀昊天上帝于圜丘。炀帝大业元年孟春，祀感生帝，改以高祖文帝配，余并仍旧，十年冬至祀圜丘。隋文帝开皇十三年，议立明堂，季秋祀五方上帝于雩坛上，用币各依其方，人帝各在天帝之左。隋因周制，夏日至祭皇地祇，于宫城北郊十四里为方坛，以太祖武元配祀。时当旱干，乃祈岳镇海渎及诸山川能兴云雨者。春分朝日，秋分夕月，又祀星辰山川社稷。(乙) 图谶。图谶为迷信卜筮之一种，梁天监以后，颇重其制。及隋高祖受禅，禁之更严。炀帝即位，乃发使四出，搜海内书籍与谶纬相涉者，皆焚之，自是其学遂衰。[1] (丙) 佛教。隋代有嘉祥为一代大师，著述甚多，其较为重要者，有《中论疏》、《百论疏》、《十二门论疏》、《三论玄义》等书。(丁) 回教。回教即亚拉伯人穆哈默德所创的伊斯兰教 (Island)，为后世回纥人所崇拜，故中国名为回教；又以其出于天方 (即唐之大食，今之亚拉伯)，故又名天方教。隋炀帝大业年间，其徒苏哈巴 (一作撒哈八) 等，由海道入中国，于广东番州建怀圣寺，是为中国有回教寺之始。[2]

(十一) 美术　(甲) 音乐。隋开皇二年，诏太常卿牛弘、国子祭酒辛彦之、国子博士何晏等，议正乐。炀帝大业二年，诏修高祖庙乐。惟当时刊正礼乐之事，竟无成功。有音乐家王令言妙达音律，能闻乐声，而知兴亡之事。[3] 隋之清乐，有本汉所传者，有魏、晋时所拟者，更加以北魏所收江南吴歌，荆楚西声，也入于清乐之列。[4] 大业中，炀帝乃定清乐、西凉、龟兹、天竺、康国、疏勒、安国、高丽、礼毕九部。西凉五曲：《杨泽新声》、《神白马》、《永世乐》、《万世丰解》、《于阗佛舞》。龟兹二十曲：《万岁乐》、《藏钩乐》、《七夕相逢乐》、《玉女行觞》、《神仙留客》、《掷砖续命》、《投壶乐》、《舞席同心髻》、《泛龙舟》、《斗鸡子》、《斗百草》、《善善》、《还旧宫》、《长乐花》、《十二时曲》、《摩尼解》、《婆伽儿舞》、《小天

---

〔1〕 毛邦伟编《中国教育史》一三七页。
〔2〕 杨东莼编《本国文化史大纲》二六八页。
〔3〕《通考》卷一二九《乐考》。
〔4〕 许之衡著《中国音乐小史》四三页。

舞》、《圣明乐》、《疏勒盐》。天竺二曲：《沙石疆歌》、《天曲乐舞》。康国四曲：《戢殿农和正歌》、《末奚波池舞》、《前拔地舞》、《惠地舞曲》。疏勒三曲：《亢利死逊歌》、《远服舞》、《盐曲舞》。安国三曲：《附萨单诗歌》、《居和祇解》、《末奚舞》。高丽二曲：《芝栖歌》、《芝栖舞》。礼毕二曲：《单交路行》、《散花舞》。九部乐，可算为中国旧有音乐是清乐、礼毕二部，其余七部，是从西域输入的。〔1〕（乙）书画。隋人书法，以赵孝逸、史陵、丁道护为有名，上以接武六朝，下以开唐诸子，可说是继往开来，隋之名画，当以朝散大夫展子虔、中散大夫郑法士、睦州建德县尉孙尚子、光禄大夫殿中将军董仁伯、光禄大夫殿中将军杨契丹及于阗国人尉迟跋质那为著名。展子虔以画车马胜，孙尚子以鬼神鞍马胜，郑法士以游宴豪华胜，杨契丹以衣冠簪组胜，各有所长。隋代绘画之遗品，有夏侯郎所画之《三礼图》十卷，炀帝所撰之《古今艺术图》五十卷。〔2〕（丙）雕铸。隋文帝开皇十三年，十二月十八日，敕令废像遗经，悉令雕板，开我国印刷术之始。雕板始自隋时，行于唐氏，扩于五代，精于宋人。〔3〕隋代佛教造像之盛，非南北朝之比。文帝时，发诏修复废寺，造金银檀香夹苎牙石等像，大小一十万六千五百八十躯；炀帝也铸刻新像三千八百五十躯；礼部尚书张颖捐宅为寺，造十万躯之金铜像；天台之智者大师于一生之间，造像达八十万躯；略为引证，可知其盛况了。（丁）建筑。炀帝始建东都，每月役丁至二百万人。大业元年三月，造显仁宫，采海内珍异以实园苑。五月，筑西苑，穷极华丽。〔4〕又建迷楼，役夫数万，经岁而成；千门万户，工巧之极自古少见。〔5〕

（十二）教育　隋初，自京邑达于四方，皆立学校，一时称盛。文帝仁寿元年下诏，以学校生徒多而不精，惟简留国子学生七十人，

〔1〕《梦溪笔谈》卷五。
〔2〕日人大村西崖著《中国美术史》汉译本五八页。
〔3〕胡应麟《少室山房笔丛》卷四。
〔4〕《资治通鉴》卷一八〇《隋纪》四。
〔5〕韩偓《迷楼记》，冯贽《南部烟花记》。

太学四门及州县学并废，遣散生徒，无虑千万。炀帝即位，复开庠序国子郡县之学，征辟士人，讲论得失于东都之下，纳言定其次差，一以奏闻；其后教育随政治的腐败而衰落，著名学者亦寥寥数人，如刘焯、刘炫、王通而已。

选举之制度，诸州只岁贡三人，工商不得入仕，虽有秀才之科，而上无求才之意，下亦无能应诏之人，治书侍御史李谔以选才失中，上书说："自魏之三祖，更尚文词，忽人君之大道，好雕虫之小艺，下之从上，有同影响，竞骋浮华，遂成风俗，江左齐、梁，其弊弥甚，贵贱贤愚，惟务吟咏，遂复遗理存异，寻虚逐微，竞一韵之奇，争一字之巧。连篇累牍，不出月露之形；积案盈箱，惟是风云之状。世俗以此相高，朝廷据兹擢士；禄利之路既开，爱尚之情愈笃。于是闾里童昏，贵游总角，未窥六甲，先制五言，捐本逐末，流遍华壤，递相师祖，浇漓愈扇。及大隋受命，圣道聿兴，是以开皇四年，普诏天下，公私文翰，并宜实录；如闻在外州县，仍踵弊风，选吏举人，未遵典则，臣既忝宪司，职当纠察，请敕诸司，普加搜访，有如此者，具状送台。"〔1〕据此，可以知道当时选举的流弊及教育方法的错误，至隋代尚不能涤除，而卢恺摄吏部尚书，与侍郎薛道衡、陆彦师等虽想设法补救，而卢恺、薛道衡竟及于除名了。〔2〕

（十三）学术　（甲）天文学。隋代用张宾及张胄玄所造之历。《隋书·律历志》载："高祖受禅之初，擢宾为华州刺史，使与仪同（官名）刘晖等议造新历，仍令太常卿卢贲监之。宾等依何承天法微加增损，四年二月撰成奏上。"张宾等通洽古今，所造新历，高祖下诏颁布天下施用。天文仪器：隋代有《盖天图》，绘星座黄赤道及二十八宿度分。开皇十四年，袁充上《晷影漏刻》。大业初，耿询、宇文恺作古欹器，以流水注之。尚有钟车、鼓车、漏车，以报时刻。〔3〕（乙）经学。据《隋书·经籍志》所称：《易经》在南朝，以

---

〔1〕《文献通考》卷二八《选举考》。
〔2〕毛邦伟编《中国教育史》一三六页。
〔3〕朱文鑫著《天文考古录》九页。

郑、王二注，列在国学，在北齐唯传郑义，至隋王注盛行，郑学渐为衰微。《书经》在南方，还讲郑、孔二家（孔安国《尚书》为王肃所伪造），在北齐只传郑义。至隋虽孔、郑并行，郑氏较为衰微。《春秋》，北方只传《左氏服义》（服虔注），至隋代杜氏（杜预）盛行，服氏渐微。隋代以经学著名者，有刘焯、刘炫二人，是以北人而兼治南北二学，然焯是稍倾于北学，而炫是略倾于南学的。〔1〕《诗经》的《齐诗》魏代已亡，《鲁诗》亡于西晋，《韩诗》虽存，无传之者；惟《毛诗郑笺》至隋仍存在。〔2〕《礼经》，隋时郑注立于学官，而当时除《周官》六篇、《古经》十七篇、《小戴记》四十九篇外，其余多散亡。《论语》，至隋时郑氏注独盛于民间。《孝经》，刘炫作《孝经述义》，分二十二章。（丙）历史学。隋室统一，史学复振，命魏澹更撰《魏书》，矫正魏收之失；又诏修《齐史》，以李德林为主。王劭为《隋书》八十卷，但体例不完备。王胄所修《大业起居注》亦多散失。隋代史家，亦寥寥数人而已。（丁）图书馆学。开皇三年，秘书监牛弘等总集图书，并加编次，存为古本，召天下工书之士，补续残缺，为正副二本，藏于宫中，其余以实秘书内外之阁，凡三万余卷。炀帝即位，秘阁之书，限写五十副本，分为三品，于东都观文殿东西厢购屋以贮之；东屋藏甲乙，西屋藏丙丁。又置王府学士至百人，常令修撰。西京嘉则殿，有书三十七万卷，为之诠次，得正御本三万七千余卷，藏于东都修文殿。〔3〕

（十四）文学　（甲）散文。六朝以后，骈俪的作风之转移，在隋及初唐已然；文坛的复古思想，在隋及初唐已微露端倪。隋时如李谔、王通诸人所言，已启唐代复古论调的先声。李谔力攻骈体之失，王通复标明道之旨，不论在消极上积极上破坏上建设上，均足为唐代古文家的根据。〔4〕隋代是对于六朝文学革命的一大转机，开唐代文学的黄金时代，《隋书·文苑传序》说："隋文发号施令，咸

〔1〕《隋书》卷三二《经籍志》一，日人本田成之著《经汉史论》汉译本二六四页。
〔2〕《隋书》卷三二《经籍志》一。
〔3〕《资治通鉴》卷一二八《隋纪》六。
〔4〕郭绍虞著《中国文学批评史》上卷一七六页。

去浮华。”可知隋文帝是文学革命的领导者。（乙）诗歌。隋时杨素、虞世基、薛道衡的诗，已开唐初四杰的格律。当时以诗著者有四大家：薛道衡的清美，遍传江左；虞世基的诗，性理凄切，世以为工；孙万寿的五言诗，为当世所吟诵；王胄的五言诗，称为气高致远。隋时删定操弄古曲为一百四曲，大抵以诗为本，参以古调；炀帝时复大制艳曲，以悦性情。隋代文学，可称述者如上。

第六章

唐代之文化

第一节　唐代之政治社会

隋朝灭亡，中国复陷于乱，突厥部众渐强，中国北方避乱的人民，大都奔逃突厥，于是突厥大盛。而在黄河流域称强割据的豪杰，往往向突厥称臣，就是唐高祖李渊，从初起兵时到统一中国，始终对突厥是很恭顺、很屈辱的。〔1〕唐高祖得天下，大半由于秦王世民之力，而即位之后，却立建成做太子；于是宫府诸将薛万彻等，屯兵于玄武门，拥秦王世民，及武德九年八月，遂禅位于太宗。〔2〕

唐太宗是历史上一个贤主：（甲）用人。援用贤智之士，如房玄龄、杜如晦、温彦博、魏徵、李靖、戴胄、王珪等。〔3〕各人善建嘉谋，能断大事。〔4〕（乙）吏治。太宗留心亲民之官，致都督刺史县令，皆尽其职，仍恐有不尽职，乃出游而巡察之。〔5〕（丙）政绩。所论刑狱，皆无冤滥，东至于海，南至于岭，皆甚太平。〔6〕

---

〔1〕《唐书》卷五七《刘文静传》。
〔2〕《旧唐书》卷六四《隐太子建成传》，《旧唐书》卷六八《尉迟敬德传》。
〔3〕《唐书》卷九八《王珪传》。
〔4〕《旧唐书》卷六六《房玄龄杜如晦传论》。
〔5〕《唐书》卷一九七《循吏传序》，《旧唐书》卷三《太宗纪》下。
〔6〕《旧唐书》卷三《太宗纪》下。

（丁）耀扬国威。唐太宗积极训练军队，准备与突厥决胜负；民国纪元前一千二百八十三年，突厥颉利可汗进兵侵犯河西，太宗遣李靖分道攻突厥，破定襄及铁山；李世勣复败之于白道；颉利可汗逃至中途，被唐将张宝相擒送京师，投降兵士十余万，东突厥乃灭亡。又吐蕃弃宗隆赞带兵二十万，攻唐朝的松州，唐太宗派侯君集把他打败；弃宗隆赞来朝谢罪，其后他尽力介绍中国文化。民国纪元前一二六七年二月，太宗派兵渡辽河，克辽东，进攻安市（今盖平县境），破高句丽援兵十五万于城下。凡此，可以见太宗的武功，能树声威于国外了。太宗卒，子高宗继位，初年有长孙无忌、褚遂良、李世勣等一班文武名臣，辅翼扶佐，故天下尚继续贞观的太平。高宗的功业很像太宗，外征较内治为尤巨，遂使唐初四十年间，东中南三方的亚细亚大陆，皆不脱唐朝的羁绊，所以汉族的势力在当时成空前绝后的盛况。〔1〕民国纪元前一二五年，高宗因高句丽、百济攻新罗益急，遣苏定方渡海攻百济，百济王义燕降，百济人求救于高句丽、日本；高宗派刘仁轨大破日本兵于白江口，〔2〕继派李勣伐高句丽灭之。唐朝在平壤，设了一个安东都护府，以统治高句丽、百济的地方，于是对东方的声威大振。至于内政：史家曾批评道："帝溺爱衽席，不戒履霜之渐，卒使妖后斫丧唐室，贻祸邦家。"〔3〕太宗后宫的才人当中，有武氏者，高宗纳之为皇后，以高宗多病，遂乘机干预政治，卒致权倾朝野，经中宗而后唐室复兴，继而中宗皇后韦氏参预朝政，通武三思，弑中宗，立温王重茂，自摄政，同族皆置要津，于是睿宗之子临淄王隆基起兵讨诛韦后并其党羽，遂废温王而立睿宗；其后睿宗让位于隆基，是为玄宗。玄宗即位之初，举姚崇、宋璟为相，接续又有张嘉贞、张说、李元纮、杜暹、韩休、张九龄等良相辈出，国家遂益臻殷富，乃有开元三十年间之治。至于对外，因突厥内乱，特派朔方节度使王忠嗣出兵，把他灭掉。当时吐蕃也请和好，后又兵衅复

〔1〕日人高桑驹吉著《中国文化史》汉译本一八四页。
〔2〕《资治通鉴》卷二百一《唐纪》一七。
〔3〕《历朝纲鉴全史》卷三五。

起，玄宗饬诸军进讨，继取河西九曲之地；唐代国威作最后的振起。

玄宗在位既久，骄慢渐生，奢侈宴乐，以致国用匮乏，聚敛于民。起初任用宇文融，后信任杨慎矜、韦坚、王𫓧之徒。时宰相李林甫媚事左右，迎合上意，以固其宠；杜绝言路，掩蔽聪明，以成其奸；妒贤嫉能，排抑胜己，以保其位；屡起大狱，诛逐贵臣，以张其势；凡在相位十九年，养成祸乱，而玄宗不知悟。[1] 且复内行不修，废王皇后而宠幸武惠妃，又纳寿王妃杨太真为贵妃，由是杨氏一族，遽揽政权，杨国忠遂代李林甫为相，未几而安禄山之乱起。安禄山巧结杨氏之党，深得玄宗信任，兼平卢、范阳、河东三节度使，统揽大权，阴蓄异志，遂率其部下及奚、契丹之众十五万南下，风靡河北，陷洛阳，自号大燕皇帝；继破官兵，向长安进发，玄宗奔成都，传位太子，是为肃宗。时勤王之师李光弼、郭子仪等奋起讨贼，与史思明战于嘉山，大破之，复河北十余郡。[2] 其后安禄山因溺爱少子，为长子安庆绪所弑，安庆绪又为其将史思明所弑；史思明亦溺爱少子，为长子史朝义所弑，贼部纷乱，官军胜之，先复长安迎帝及上皇，次遣诸将讨贼。及肃宗死，代宗立，得回纥援兵，遣雍王适合诸道之兵，破史朝义，恢复洛阳，贼将李怀仙又斩朝义来降，而天宝安史之乱，至是遂告镇定。[3]

唐自安史之乱后，政局日趋混乱，影响所及：（甲）外患迭起。回纥、吐蕃、南诏，相继为中国患。或婪索无厌，或陷落长安，或屡寇四川。[4]（乙）财政紊乱。安、史乱后，赋敛不定，有司随意增科，自立名目。（丙）宦官为祸。宦官参预机务，假宠窃灵，挟主势以制下，居肘腋之地，为腹心之患，即人主废置亦常在掌握中；

---

〔1〕《历朝纲鉴全史》卷三八。
〔2〕《唐书》卷二二五上《史思明传》。
〔3〕日人高桑驹吉著《中国文化史》汉译本一九四页。
〔4〕张震南编《国史通略》一四三页。

自穆宗以后八世，为宦官所立者七君，可知其势力的凶横。[1]（丁）藩镇跋扈。自玄宗置十节度使，天下精兵，遂在藩镇；节度使多兼按察使、安抚使、支度使者，土地、人民、甲兵、财富皆为藩镇所统有，天子的力量，不能制之。[2] 唐自中世以后，弭乱收功，虽常靠镇兵，而其衰亡，亦终以此。[3] 当德宗即位之初，不许藩镇世袭，四镇遂举兵抗命，德宗命李晟、马燧、李抱真等分道讨之，凡四年，始少定。[4] 复以赏功问题，讨叛者复叛，李希烈、朱泚继之僭号，久乃平复。宪宗时，能以法度裁制诸镇，淮西节度使吴元济逆命，纵兵掠及东畿，帝以裴度为招讨使，裴度用李愬，计擒元济，送斩京师；于是河北三镇，先后纳质归朝，淄青、李师道不服，下诏诸道讨平之。自代宗以后，藩镇据两河以抗命约有六十年之久，至是始复隶中央。[5]（戊）朋党倾轧。穆宗时，李德裕与李宗闵有隙，互相构陷，朋党之争以起。文宗以后，李宗闵结牛僧儒以抗李德裕，力争政权，时相排挤。宣宗时，李德裕、李宗闵、牛僧儒等皆先后贬死，党争始息。[6]（己）流寇滋扰。懿宗时，裘甫作乱于浙东，庞勋发难于桂林，虽震动一时，然不久即为王式、唐承训等讨平。乾符二年，王仙芝起兵山东，旋为官军所破，败死；然其部将黄巢统其众，转略河南、江西、福建、广东诸州，继陷洛阳，取长安，称大齐皇帝，僖宗出奔蜀。[7] 僖宗中和元年，车驾在陕西南郑县，沙陀李克用军屯蔚州，郑畋、程宗楚、仇公遇、李孝恭、拓跋思恭、王重荣、王处存、杨复光等起勤王之师，会兵讨贼。自李克用破黄巢于渭南后，贼势遂瓦解。[8]（庚）群雄割据。黄巢之乱讨平，其部将朱温来降，赐名全忠，任节度使镇汴（开封府），以事

---

〔1〕赵翼《廿二史札记》卷二〇《唐代宦官之祸》。
〔2〕《唐书》卷二一〇《藩镇传序》，《新唐书·兵志》。
〔3〕《唐书》卷六四《方镇表序》。
〔4〕《旧唐书》卷一三三《李晟传》。
〔5〕《旧唐书》卷一二四《李正己附李师道传》，《国史通略》一四六页。
〔6〕《旧唐书》卷一七四《李德裕传》，《唐书》卷一七四《李宗闵传》，《旧唐书》卷一七二《牛僧儒传》，《唐书》卷一八〇《李德裕传》。
〔7〕《旧唐书》卷二〇〇下《黄巢传》。
〔8〕《唐书》卷二二五下《黄巢传》。

与克用有隙，二人互相敌视。僖宗卒后，弟昭宗立，抱恢复之志，以朱全忠近而势大，召其兵，全忠据河南北诸镇，有挟天子以令诸侯之意，以威震四方，遂进爵梁王。当是时，群雄四起，互相吞噬，其大而称王者，北有燕王刘仁恭据幽州，统直隶之地；晋王李克用据晋阳，占山西之地；西有岐王李茂贞据凤翔，并关中陇西；蜀王王建据成都，领四川；南有吴王杨行密据扬州，收江淮一带，西至沔口；吴越王钱镠据杭州，取浙江，东南至海；楚王马殷据潭州，定湖南，北距江，南逾岭。割据擅命，莫能相制，而朱全忠拥天子，据中原，地大兵强，既迁帝于洛阳，以杨行密、李茂贞、王建、李克用等，树兴复唐室的旗帜，起兵来讨，恐变生于中，遂弑帝，立其幼子祚，更名柷，是为哀帝。天祐四年三月，全忠、建国奉帝为济阴王，迁曹州，五年二月二十一日，帝为全忠所害，仍谥曰哀皇帝。唐传二十帝，凡二百九十年而亡。〔1〕以上略述唐代政治社会变迁得失的原因结果，其详可参阅新旧《唐书》、《资治通鉴》等书。致堂胡寅曾批评唐代君主有说："唐有天下，历二十君，为子所逼夺者，三焉；为妇所乘者，三焉；为贼所逐者，五焉；为妻所弑者，一焉；为宦官所立者，九焉；为所弑者，三焉，为所废者，一焉；为方士所败者，七焉；为强臣所弑者，二焉；不为小人所惑者，仅得二三，而无全德者矣。"然唐代虽祸乱相仍，而文治武功，冠绝各代，不能掩也。兹将唐代君主列表如下：

（1）高祖李渊——（2）太宗世民——（3）高宗治——（4）中宗哲——（5）睿宗旦——（6）玄宗隆基——（7）肃宗亨——（8）代宗豫——（9）德宗适——（10）顺宗诵——（11）宪宗纯——（12）穆宗恒——（13）敬宗湛——（14）文宗昂——（15）武宗炎——（16）宣宗忱——（17）懿宗漼——（18）僖宗儇——（19）昭宗晔——（20）昭宣帝柷

〔1〕《旧唐书》卷二〇下《哀帝纪》，陈庆年著《中国历史教科书·中古史》四七页。

第二节　唐代之文化形态

(一) 社会风习　(甲) 饮食。唐人食品，有汤料、腌炙、脍蒸、丸脯、羹脔、饳饤、馂饼、馄饨、糕酥、包子、面粽等名目。其所食之肉除六畜外，兼用鹿熊驴狸兔鹅鸭鹑子鳜鳖蟹虾蛤蜊蛙等类。每值时节，专卖一物，如元日之元阳脔，人日之六一菜，上元之油画明珠，二月十五之涅槃兜，上巳之手里行厨，寒食之冬凌粥，四月八日之指天馂馅等，可说是脍炙人口。[1] 此外，风俗又好宴饮。通志载："乃有堕业之人，不顾家产，朋游无度，酣宴是耽，危身败德，咸由于此；自非澄源正本，何以革兹弊俗。"[2] 都人士女，每至正月半后，各乘车跨马，供帐于园圃，或在郊野中，为探春之宴。[3] 在都城中，有园林别墅，岁时行乐，子弟侍侧，公卿在席，饮酒赋诗，竟日忘归。[4] (乙) 衣服。唐初士人，以棠苎襕衫为上服，一命以黄，再命以黑，三命以纁，四命以绿，五命以紫；士服短褐，庶人以白，而袍襕襕袖褾襈之制，始于太宗朝。其时袍为寻常供奉之服，长孙无忌请于袍上加襕，取象于缘，下诏从之。天宝初，贵游士庶，好衣胡服，为豹皮帽；妇人则簪步摇，衩衣之制度，衿袖窄小，识者怪之。[5] 天宝中，士人之妻，著丈夫靴衫鞭帽。[6] 唐末，士人之衣色尚黑，故有紫绿，有墨紫，迨兵起时，士庶之衣，俱尚黑色。[7] (丙) 婚姻。唐代婚礼纳采，有合欢、嘉禾、阿胶、九子蒲、朱苇、双石、绵絮、长命缕、干漆九事。胶漆取其固，绵絮取其调柔，蒲苇取其心可屈可伸，嘉禾义在分福，双石义在双固。

〔1〕 张亮采著《中国风俗史》一〇八页。
〔2〕《通志》卷四四《礼略》三。
〔3〕 王仁裕《开元天宝遗事》。
〔4〕《旧唐书》卷一六三《卢简辞传》附《卢简求传》。
〔5〕 姚汝能编《安禄山事迹》卷下。
〔6〕 马缟编《中华古今注》卷中。
〔7〕 王谠编《唐语林》卷七补遗。

常迎妇，以粟三升填臼，席一枚以覆井，枲三斤以塞窗，箭三支置户上；妇上车，婿骑而环车三匝；女嫁之明日，其家作黍臛；女将上车，蔽膝覆面；妇入门，舅姑以下，皆从便门出，复从门入，言当躏新妇迹；入门后，先拜猪楫及灶；行礼则夫妇并拜，或共结镜纽；娶妇之家，喜弄新妇；腊月娶妇不见姑。[1] 时通婚最重望族，依然六朝风气，《唐书》载："敬玄凡三娶，皆山东旧族，又与赵李氏合谱，故台省要职，多族属姻家。"[2] 山东士人，尚阀阅后虽衰，子孙犹负世望，嫁娶必多取赀，故人谓之卖婚。[3] 高宗下诏说："自今以后，天下嫁女受财，三品以上之家，不得过绢三百匹；四品五品，不得过二百匹；六品七品，不得过一百匹；八品以下，不得过五十匹。"由是观之，婚姻论财之俗未能革除，所以朝廷严加限制了。唐代婚礼，亦陷于奢华之弊，韦挺曾上疏太宗说："今贵族豪富婚姻之始，或奏管弦，以极欢宴，惟竞奢侈，不顾礼经。"可知当时社会的风气了。又唐代婚姻，亦不免早婚，唐代定制，凡男子十五岁，女子十三岁，依法可以婚嫁。（丁）丧葬。唐代注重三年之丧，夺情之举，或于国有金革时行之。代宗时下诏："三年之丧，谓之达理；自非金革，不可从权。"厚葬奢华，风气所趋，李义府改葬祖父，羽仪导从，轜辒器服，穷极奢侈。[4] 睿宗太极元年六月，右司郎中唐绍上疏说："王公百官，竞为厚葬，偶人像马，雕饰如生，徒以眩曜路人，本不因心致礼，更相扇慕，破产倾赀，风俗流行，下兼士庶，若无禁制，奢侈日增。"[5] 玄宗时下诏规定：冥器等物，仍定色数，及长短大小，园宅下帐，并宜禁绝，坟墓茔域，务遵简要，凡送终之具，不得以金银为饰，违者加刑。[6]（戊）阶级。唐代阶级之制，严于隋代，大体上有下列的阶级：[7]

---

〔1〕 张亮采著《中国风俗史》一一八页引《酉阳杂俎》。
〔2〕《唐书》卷一〇六《李敬玄传》。
〔3〕《唐书》卷九五《高俭传》。
〔4〕《旧唐书》卷八二《李义府传》。
〔5〕《通典》卷八六《礼》四六。
〔6〕《旧唐书》卷八《玄宗纪》上。
〔7〕 日人西山荣久著《中国奴隶制度概说》一文，《奴隶制度史》二六一页引。

- 人民
  - 良民
  - 贱民
    - 临时的…………随身
    - 永久的
      - 杂户
      - 番户…………官户
      - 奴婢

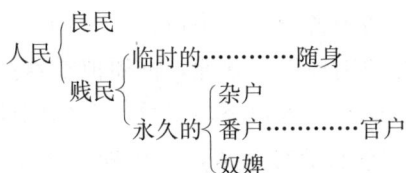

所谓随身，乃是根据雇佣契约的奴隶；所谓杂户，乃是永久的贱民中之最上级的，少府监所属之工乐杂户，及太常寺所属之太常乐人等；番户一称为官户，只属于本司，在州县没有户籍，有次于杂户的位置；奴婢乃是最下级的，由于相坐没官而成为奴婢的。尚有一种部曲，乃是将帅所私有之兵，经过六朝，到了唐代的时候，渐失去军队的性质，和奴隶差不多同样看待。《唐律疏议》说："奴婢贱人，律比畜产。"又说："部曲不同赀财，奴婢同资财。"可以看出两者的区别。此外，还有新得来的蛮人，而役使为奴婢的，大部分是由南方以至西南方来的，所以称为南口。〔1〕当时买卖奴婢之俗，以岭南一带为甚，唐之中世虽立禁止之法，而其俗仍未捐除。除由南方得来的奴婢外，还蓄有西北边疆之突厥奴、吐蕃奴、回鹘奴，而在东北之登州、莱州等处，则盛行贩卖新罗奴。〔2〕（己）博戏。唐时赌博之事，上至天子，下至庶人，不以为讳；如武后竟自置九胜博局，令文武官分朋为戏；杨国忠竟以善摴蒱得入供奉。民间多于清明节举行斗鸡戏，都中男女以弄鸡为事，贫者弄假鸡，互相竞博。〔3〕

（二）农业　唐之均田制大体仿照隋制，但有多少不同。一般耕作者，分受的公田有三种：(1) 谷田，即口分田，依收授法而收授的田地，后魏呼为露田，唐则呼为口分田；此种口分田，专门用作栽种谷物，对于十八岁以上，六十岁以下，凡有劳动能力的男子，每人分派八十亩，六十岁以上，则减为四十亩，如系笃疾废疾者，只能分配到四十亩，寡妇或妾可分三十亩，妇人及幼小者为户主的，

〔1〕《唐会要》卷八六。
〔2〕同上。
〔3〕陈鸿祖《东城老父传》。

则妇分给五十亩，幼小者分给二十亩。（2）园圃，在授田之始，各户得分受二十亩之园圃地以为永业，惟须植桑养蚕。（3）宅地，属永业性质，良民户籍在三人以下，能分一亩的宅地；三人以上，则每三人增给一亩；宅地中有余地，须作种菜之用。至僧尼、道士，亦得分二十亩乃至三十亩的公田；以商工为业者，其永业田、口分田，各减半。贱民中有杂户、官户及奴婢，杂户之地位，与良民最相近，可与一般农民受同等的田额。官户所得，仅及农民口分田的半额。关于最低地位的奴婢则无所规定。〔1〕

唐代所授之田，十分之二为世业，八为口分，身死则承户者便授之，口分则收入官，更以给人。〔2〕田土的分配不是机械地施行的。田土分配的原则，须依土地的宽狭而加以修正，田多足以分配的乡称宽乡，否则称为狭乡；狭乡的授田，比较宽乡，减少一半。硗地或须休耕之田，则加倍授与。人民有身死家贫无以供葬者，听卖永业田，流移者亦然，乐迁就宽乡者，可卖口分田。〔3〕田亩收授，每年十月举行；在授田的时候，先给贫者课役者及多丁之户；授田在原则上，是于县界内为之；只有当狭乡的田有不足时，方可受宽乡的田；死者的田收之，以授无田者；若身死于王事的，所受的分田，其子孙虽未达丁年，可以承继之；因王事没落外藩不能归者，在六年之内，其口分田可由亲属同居人代为管理，因战受伤者，是终身不减口分田的。

买卖田亩，在原则上是不承认的；不过尚有例外：除上述原因准卖永业田之外，口分田是不能卖的。补充住宅、邸店、碾硙的场合，准予出卖口分田，出卖田土以后，虽不足所定的亩数，也不能复受田土的分配。在买者方面，其所买亩数，只限于均田规定不足的亩数。卖者必须报官得其承认，否则无效。诸田不得贴赁及抵押，违者财没不追，地还本主。官人之永业田及赐田，欲卖及贴赁者，

〔1〕王渔村著《中国社会经济史》一九九页，日人森谷克己著《中国社会经济史》汉译本二二〇页。

〔2〕《旧唐书》卷四八《食货志》上。

〔3〕《通典》卷二《食货》二。

不在禁限。[1]

唐代之均田制实行到如何的程度，殊属疑问，刘恕说过：“魏、齐、周、隋，兵革不息；农民少而旷土多，故均田之制存。至唐承平日久，故田制为空文。”[2] 叶水心说：“要知田制所以坏，乃是唐世使民得自卖其田始。……民得自有其田而公卖之，天下纷纷，遂相兼并。”[3] 田可以自由买卖，则富豪可以兼并，富豪兼并，则均田制自然破坏了。《新唐书》载：“永徽中（高宗纪元），迁洛中，洛多豪右，占田类逾制；敦颐举没者三千余顷，以赋贫民。”[4] 太宗之时，张长贵、赵士达占部下腴田数十顷，夺之以赋贫民。[5] 所谓贫民，当然是无田可耕的人。其后虽禁口分田永业田买卖典贴，违者科罪，亦无济于事。[6]

唐代王侯官僚也有分受之田：(1) 永业田。亲王百顷，郡王五十顷，公侯伯子男，则由四十顷以至五顷；官吏无论职事官或散官，从正一品以下，至从五品为止，依各给差别而分给六十顷至五顷；勋官也依等级而分给。(2) 职分田。京官一品受二十顷，以下递减，至九品为二顷，诸州官吏二品十二顷，以下递减，至九品为二顷五十亩；镇戍关津兵渎及在外之监官，五品受田五顷，以下递减，至九品受田一顷五十亩；守护王宫的近卫队长以下，亲王府典军以下及外军的武官，多者为六顷，少者为八十亩。在事实上，王侯官僚所分受之田，也不心足，而自行兼并，玄宗天宝十一年（西纪元七五二年），下诏说：“如闻王公百官及富豪之家，比置庄田，恣行吞并，莫惧章程。”[7] 可知官民私相违制以破坏均田制了。

唐代曾行过汉代之屯田制。《新唐书》载：“唐开军府以扞要冲，因隙地置营田，天下屯总九百九十二，司农寺每屯三顷（按《通典》

---

〔1〕《通典》卷二《食货》二。
〔2〕《困学纪闻》卷一六《列代田制考》。
〔3〕《通考》卷二引。
〔4〕《新唐书》卷一九七《循吏传》。
〔5〕《新唐书》卷一〇五。
〔6〕《册府元龟》卷四九五。
〔7〕同上。

作三十顷以下，二十顷以上，为一屯，似《唐书》有误），诸镇诸军，每屯五十顷。水陆腴瘠，播殖地宜，与其功庸烦省，收率之多少，皆决于尚书省苑内；屯以善农者为屯官、屯副。”〔1〕天宝八年，天下屯收者，百九十一万三千九百六十石。屯田的地方，在河南道、关内道、河北道、河东道、河西道、陇右道、剑南道等。〔2〕

唐兴重视农事，制皇帝享先农亲籍田，皇后享先蚕亲蚕桑之礼。唐高祖下令有司劝农；太宗耕籍亲蚕，课考官吏；玄宗中兴唐室，重视农业；肃宗令地方官亲劝农桑；代宗贷种农民，务令安集；德宗勉务农桑，各安生业；宪宗注重民利，劝课农桑；敬宗多买耕牛，分给贫民；至唐代末叶，劝课农事，渐见衰微。唐代官吏以劝农著称者，有裴行俭、田仁会、李惠登、何易于等。〔3〕

唐代对于民食，也很注重。唐高祖武德元年九月，置社仓；太宗贞观二年，纳尚书左丞戴胄之言，设义食；高宗、武后之数十年间，贷义仓之谷，以济公私；玄宗天宝八年，义仓所储之粮，达六千三百十七万八千六百六十石。唐代尚平仓之设置，起于太宗，先就各州置仓，并规定其储藏年限；高宗永徽六年，在京东西二市置常平仓；玄宗开元七年，令关内、陇右、河南、河北五道，及荆、扬、襄、夔、绵、益、彭、蜀、汉、剑、茂等州，并置常平仓；天宝八年，常平仓储粮凡四百六十万二千二百二十石；德宗于京师两市置常平官；德宗之后，常平义仓若存若亡了。〔4〕

（三）税制 唐初税制，有租、庸、调之名，租者田租，即今之田赋，庸者力役，调则户税。唐之中叶，均田制度坏，租、庸、调亦不能复行，遂改为两税法。唐高祖武德二年，初定租、庸、调法。凡授田者，丁岁输粟二斛、稻三斛谓之租。丁随乡所产，岁输绫绢絁各二丈，布二丈五尺，输帛者加输绵三两，输布者麻三斤，非蚕乡则输银十四两，谓之调。用人之力，每岁二十日，闰加二日，不

〔1〕《新唐书·食货志》。
〔2〕万国鼎著《中国田制史》上册一九五页。
〔3〕《唐书·裴行俭传》、《田仁会传》、《李惠登传》、《何易于传》。
〔4〕冯柳堂著《中国历代民食政策史》六九页至七六页。

役者，每日为绢三尺，谓之庸。有事而加役二十五日者免调，三十日者租、调皆免，通正役，不过五十日。输以八月，发以九月。若岭南诸州则税米，上户一石二斗，次户八斗，下户六斗，夷僚之户，皆从半输。蕃人内附者，上户丁税钱十文，次户五文，下户免之。内附经二年者，上户丁输羊二口，次户一口，下户三户共一口。凡水旱虫蝗为灾，十分损四分以上免租，损六以上免租、调，损七以上课役俱免。太皇太后、皇太后、皇后缌麻以上亲，内命妇一品以上亲，郡王及五品以上祖父兄弟，职事勋官三品以上有封者，若县男父子、国子太学、四门学生、俊士、孝子、顺孙、义夫、节妇，同籍者皆免课役。凡主户内有课口者为课户，若老及男废疾、笃疾、寡妻妾、部曲、客女、奴婢，及视九品以上官皆不课。〔1〕唐武德年间，租、庸、调的单位，以丁为准。开元年间，规定每家十丁放两，五丁放一；原来之以丁为单位者，变为以田授丁、以丁属户、以户为单位的税法。因为唐初均田有宽狭乡之分，又有容许买卖的规定，在人口增殖中，已受者不还，成丁者不尽受，基于受田的租庸调，以不受田之故，新加的人口不为租税的负担。不能不由“有田则有租，有家则有调，有身则有庸”的一次变化之后，再变为以丁属户，而有放免的规定，完全成为以户为单位的租税立法了。

代宗大历四年，规定依户之等第定税钱之多少，《旧唐书》载：“自今以后，宜准度支长行旨条，每年税钱，上上户四千文，上中户三千五百文，上下户三千文；中上户二千五百文，中中户二千文，中下户一千五百文；下上户一千文，下中户七百文，下下户五百文。”〔2〕以户之等第为征收之标准，依财产之等级为定户之标准。玄宗天宝四年诏书说：“今欲审其户等，拯贫乏之人；赋彼商贾，抑浮惰之业；优劣之际，有深察之明；闾里之间，无不均之叹。”〔3〕定户之目的，欲想达到征税能够均平。但自开元以后，天下户籍久不更造，丁口转死，田亩卖易，贫富升降不实，及盗起兵兴，财用

〔1〕《唐书·食货志》，万国鼎著《中国田制史》上册二〇〇页。
〔2〕《旧唐书》卷四八《食货志》。
〔3〕《唐书》卷五《玄宗纪》。

益绌，而租、庸、调税法乃陷于败坏。陆贽说："天宝季岁，羯胡乱华，海内波摇，兆庶云扰，版图坏于辟地，赋法坏于奉军。"〔1〕《杨炎传》载："自开元承平久，不为版籍，贫富升降，田亩换易，悉非向时，而户部岁以空文上之。……天宝中，王鉷为户口使，方务聚敛，以其籍存而丁不在，乃按旧籍，除当免者，积二三十年，责其租、庸，人苦无告，故法遂大弊。至德（肃宗纪元）后，天下起兵，因以饥疠，百役并作，人户凋耗。……吏因其苛，蚕食于人。富人丁多者，以宦、学、释、老得免；贫人无所入，则丁存焉。故课免于上，而赋增于下；是以天下残瘁，荡为浮人，乡居地著者，百不四五。"〔2〕杨炎疾其弊，乃创两税制，《唐书》载："凡百役之费，一钱之敛，先度其数而赋于人，量出制入；户无主客，以见居为簿，人无丁中，以贫富为差。不居处而行商者，所在州县，岁三十分之一，度所取与居者均，使无侥幸。居人之税，秋夏两入之，俗有不便者正之；其租、庸、杂徭悉省，而丁额不废。其田亩之税率，以代宗大历十四年垦田之数为准，而均征之；夏税尽六月，秋税尽十一月。"〔3〕因为户籍、口籍、田册三者均不修，想行"以丁身为本"之租、庸、调旧制，是不可能的。但两税法行之日久，流弊复生。陆贽论两税有七弊，皆可以陷人民于困穷。〔4〕我们知道两税是以贫富为标准，资产多者税多，资产少者税少，若不能行均田之制，则两税制是不可易之法。

唐代尚有杂税：(1) 盐税。唐有盐池十八，井六百四十，皆隶度支，盐铁使刘晏上盐法轻重之宜，因民所急而税之，可以足国家之用。代宗大历末年，增盐利六百余万缗。〔5〕(2) 酒税。代宗广德二年，令天下诸州，各量定酤酒户，随月纳税。历宪宗、文宗、武宗、昭宗各朝，均收酒税。〔6〕(3) 茶税。德宗贞元九年正月，初税茶。

〔1〕《宣公奏议》卷一四。
〔2〕《新唐书》卷一四五。
〔3〕《唐书》卷一四五《杨炎传》，又《唐会要》卷八三，商务版一五三六页。
〔4〕《陆宣公集》卷二二年羹尧本。
〔5〕《唐书》卷五四《食货志》四。
〔6〕《通考》卷一七《征榷考》四。

穆宗时，增天下茶税。武宗时，又增江淮茶税。后立税茶十二法，人以为便。[1]（4）关税。唐代关税，可分二种：（子）内地关税，凡诸道津会所在，都设关置吏，专征往来商贾运输货物，如羊、马、绫、绢等物。[2]（丑）海关，凡南海番舶运货由广州上陆者，由市舶使征收进口税。（5）矿税。玄宗开元十五年，开始税银锡。德宗时之矿税，每年收入银锡各在万斤以上，而铜铁总数在十万斤以上。宣宗时之铅税，每年计得十一万四千斤。[3]（6）苛捐。唐自安、史乱后，民物凋弊，国用不足，往往厉行苛捐，其性质属于商税者，约有四种：(a) 率贷，就收什收其二的财产捐。(b) 间架税，凡屋两架为一间，分三等征税。(c) 除陌法，凡有买卖，每缗官留五十钱。(d) 僦柜纳质钱，凡以物质钱，赎出时，于母钱之外，更纳子钱。[4] 苛捐日多，人民当然是很困苦的了。

（四）工商业　（甲）工业。唐的官营工业，隶于少府、将作、军器三监。（1）制糖业。摩揭它国献波罗树，太宗遣使取熬糖法，即诏扬州上诸蔗榨沈，如其制，色味愈西域远甚。[5]（2）造船业。李皋常运巧思，造战舰，挟二轮蹈之，翔风鼓疾，若挂帆席然，所造省易而久固。[6]（3）纺织业。唐代的丝织物，名为绫、绢、纻、䌷、纱、罗、縠。麻织物称为布，葛布亦称布，毛织物则称为褐。官织机关有染织署，东都有官锦坊。[7] 产绢、绫、绝、䌷、绵、绕、葛、布等品，以河南道、河北道、山南道、淮南道、江南道、岭南道为盛。[8] 其时尚方（官名）织成毛裙，因日光映照而异色，为人所称。[9]（4）染色业。唐代染料，多为植物，《唐六典》载：

〔1〕《唐书》卷五四《食货志》，《唐书》卷一八二《裴休传》。
〔2〕《通考》卷一四《征榷考》一。
〔3〕郑行巽著《中国商业史》一〇五页。
〔4〕(a) 率贷《唐书》卷五一《食货志》一。(b) 间架税《续通志》卷一一五《食货略》四。(c) 除陌法《旧唐书》卷一三五《卢杞传》。(d) 僦柜纳质《旧唐书》卷一三五《卢杞传》。
〔5〕《唐书》卷二二一上《摩揭它传》。
〔6〕《旧唐书》卷一三一《李皋传》。
〔7〕《全唐诗》二八《织锦人》。
〔8〕鞠清远著《唐宋官私工业》一三一页引《唐六典·户部贡赋》。
〔9〕《旧唐书》卷三七《五行志》。

“凡染大抵以草木而成，有以花朵，有以基实，有以根皮，出有方土，采有时月，皆率其属，而修其职焉。”〔1〕(5) 金属工业。唐代打造金银器皿者，有诸冶署、中尚署。金工业之分类，有十四种：销金、拍金、镀金、织金、砑金、披金、泥金、镂金、撚金、口金、圈金、贴金、嵌金、里金等。〔2〕(6) 兵器工业。唐代武器制造工业，初属少府监，后属军器监。玄宗时，有北都军器监；诸冶监，兼造兵器；各节度使属下，亦有制造军器的场所。军器之铸造，据《唐六典》叙述甚多。以上略为引证，可知唐代工业的兴盛。

（乙）商业唐代甚注重商业，西京长安，东京洛阳，两京都市各设令一人，丞二人，录事一人，府三人，史七人，典事三人，常故一人，市令掌百姓交易之事，丞为之贰。长安设东西两市，计分为南北十四街，东西十一街，街分一百有八坊，每坊广长三百余步。东都则设南北西三市。各市的开业和休业时间，都有规定；每日午中击鼓三百声而会集，日入前七刻击钲三百声而散众。〔3〕德宗时，京师商业新创两种制度：(1) 常平，榷商贾钱，以充常平本钱，以屯积米、粟、布、帛、丝、麻，平定市价。(2) 宫市，长安宫中宦官往东西两市买物以充宫中之用，往往抑勒市价。〔4〕当时内地商业颇为繁盛，玄宗天宝年间，韦坚为水陆转运使，开运河以通渭水，各州货物由河道以入京师；诸州各揭其郡名，陈其所产货物于栿上，如广陵郡船即于栿背上，堆积广陵所出锦、镜、铜器、海味；丹阳郡船，堆积京口绫衫缎；晋陵郡船，堆积绫绣；会稽郡船，堆积铜器、罗、吴绫、绛纱；南海郡船，堆积瑇瑁、珍珠、象牙、沉香；豫章郡船，堆积名瓷、酒器、茶釜、铛茶碗；宣城郡船，堆积青石、纸、笔、黄连；始安郡船，堆积焦葛、蚺蛇胆、翡翠。〔5〕如是者凡

---

〔1〕《唐六典》卷二二。
〔2〕《图书集成·食货典》引《唐六典》。
〔3〕《唐六典》卷二〇。
〔4〕郑行巽著《中国商业史》九七页。
〔5〕王孝通著《中国商业史》一〇四页。

数十郡，可知当时货物之运输于京师者甚多。吴蜀之间，相距至千里以上，一在长江之极东，一在长江之极西，吴之盐，蜀之麻，互相交换，商业之进步如此。其他商业都市，如太原、范阳、凉府、汴州、益州、瓜州等，均为繁盛的地点。

关于国际贸易，唐初设互市监，专司大食诸番和中国往来通商之事。对外贸易的商港，有广州、扬州、龙编、泉州等。据九世纪阿剌伯地理学家伊般可达比（Ibn Khordadbeh）所著之道程及《郡国志》说："中国当时之通商口岸有四：南曰 Lonkin，稍北曰 Khanfan，更北曰 Djanfan，最北曰 Khanton。"经日人桑原骘藏之考证，断为龙编（河内）、广州、泉州、江都四埠。〔1〕(1) 广州。广州在唐代为国际贸易之重要地点，开元时设有市舶使，购买外国商品，抽收船脚。李肇《国史补》说："南海舶，外国船也，每岁至安南、广州、师子国，舶最大，梯上下数丈，皆积宝货。"《皇华四达记》载广州通海夷道有说："至师子国又西四日行，经没来国，南天竺之最南国……从没来国至乌剌国，皆缘海东岸行。"〔2〕元开撰《唐太和上东征传广州》条说："西江中有波斯、波罗门、昆仑等舶，不计其数。"可见其时贸易的兴盛。广州所聚居之阿剌伯人，至成蕃坊，可以反证中外通商的状况。〔3〕(2) 扬州。扬州在唐代以盐政及漕运关系，成为大商业都会，大食、波斯胡人之流寓者甚众。扬州胡店甚多，以珠宝为业；文宗时准外商自由通商，不得重加税率。(3) 龙编。龙编即安南之河内，唐时置安南都护，大食、波斯、犹太人等，均以此为来华起点，中国商船多往安南贸易。(4) 泉州。泉州为中日间往来的要道，海舶颇多，外番贡使多至此登岸。〔4〕当时中国商人，也有往阿剌伯一带贸易者，《通典》载："杜环随镇西节度使高仙芝西征，天宝十年，至西海；宝应初，因贾商船舶

〔1〕王孝通著《中国商业史》一〇七页。
〔2〕《新唐书》卷四三下《地理志》引唐代贾耽《皇华四达记》。
〔3〕《全唐文》卷七六七。
〔4〕王孝通著《中国商业史》一〇九页。

自广州而回，著《经行记》。”[1] 足征中国商舶有至红海一带贸易者，故杜环始能附贾舶而回。唐代南方海路贸易之发达，已如上述，而西北方面对外之陆路贸易，亦颇隆盛。当时通道，系由陕西西安，经甘肃兰州，沿新疆塔里木河，以达西部亚细亚，我国丝商之往土耳其斯坦等处，以与阿剌伯人贸易，系遵此道而行。商业中心以河西诸郡为盛，德宗建中元年时，居留西安之外人，达四千余家之多。据宋敏求之《长安志》、李肇之《唐国史补》、段成式之《酉阳杂俎》诸书所述，留寓外人以大食胡与波斯胡为最多。[2]

唐代的行会，亦有可观，东市市内货财二百二十行，西市内店肆如东市之制，可知唐代工商业之复杂化，分工之精密化。[3] 因为工商业之复杂化，商业的经营，视前代为兴盛，而商业政策的设施，也视前代的规模为远大；除市舶司之设立外，并且有密切关系的商法，我们看《唐律疏议》规定斛斗、秤、度、用物、物价，就可以知道了。

（五）币制 唐高祖入长安时，民间使用的钱是轻薄的小钱，因此，武德四年，废五铢钱，而行开元通宝。此钱径八分，重量二铢四絫，即以十枚为一两，千枚为六斤四两；并置钱监于洛、并、幽、益、桂等州，以铸造之；其后历代铸钱，概以开元通宝为标准。高宗显庆五年九月，以天下恶钱多，令官方以好钱一，换恶钱五的比例收买之。乾封元年，新铸乾封泉宝，其钱径一寸，重二铢六分，以其一当旧钱十，而与旧钱并行，如此一年，旧钱多不能通行，物价飞涨，于是废乾封泉宝，又行开元通宝。仪凤年间，私铸者甚多，乃令巡江官督，凡运送铜锡及铅在五百斤以上者，得没收于官。玄宗开元六年，禁绝恶钱，行二铢四絫钱，收恶钱熔毁之，改铸为二铢四絫钱。开元八年，恶钱一千文，重满六斤者，由官吏以好钱三百买入之，无好钱处，得依时价折算为

〔1〕《通典》卷一九一引。
〔2〕武堉干编《中国国际贸易史》二二页引。
〔3〕宋敏求《长安志》卷八《东市》条。

布绢杂物而买入之。开元二十六年，私铸之恶钱大为增加，因此，出绢布三百万匹而收回之。天宝十一年，又出钱二十万缗，收回两京之恶钱。肃宗乾元元年，户部侍郎第五琦请铸造乾元重宝钱，径一寸，重每缗十斤，以一当十，并与开元通宝相参用；及为相，请更铸重轮乾元钱，以一当五十，与乾元开元宝钱三品并行，因私铸大起，物价飞涨，一斗米至值钱七千文，乃减重轮钱的价格，以一当三十。代宗即位，乾元重宝钱改为以一当二，重轮钱以一当三，大小钱皆以一当一，人民称便。宪宗元和元年，因钱之流通少，禁止铜器之使用。敬宗宝历元年，禁止销钱而为佛像；文宗太和三年，禁止制造佛像用铜。武宗会昌六年，准许诸道观察使皆得置钱坊，又把天下的州名铸在钱面，京师铸造之钱为京钱，交易上不准使用旧钱。〔1〕

唐代信用纸币，始自唐高宗永徽年间，曾印大唐宝钞，横额书大唐宝钞，下书十贯。武宗会昌年间，又发行九贯及一贯，两种样式相同，饬发天下，任民使用，伪造者斩。〔2〕唐宪宗时，商贾至京师，委钱诸道院，及诸军诸使富豪家，以轻装趋四方，勘验合券，乃取之，号飞钱；此种飞钱，可节省货币现量，其功用与今世纸币、支票、汇票相同，所以顾亭林以为唐代的飞钱和明代的会票是相同的。〔3〕

(六) 交通　唐代国内交通机关名驿，驿有舍，其非通途大道则曰馆。三十里一驿，天下凡一千六百三十九所，二百六十所水驿，一千二百九十七所陆驿，八十六所水陆相兼。驿传最高机关为兵部，驾部郎中员外郎掌邦国之兴辇车乘，及天下之传驿厩牧官私马牛杂畜之簿籍。〔4〕其交通机关行政之系统，列表如下：〔5〕

---

〔1〕王溥撰《唐会要》卷八九《泉货》，日人吉田虎雄著《中国货币史纲》汉译本二五页。

〔2〕王孝通著《中国商业史》一一二页。

〔3〕顾炎武撰《日知录》卷一一。

〔4〕《唐六典》卷五。

〔5〕黄现璠著《唐代社会概略》二四二页。

<table>
<tr><td>监　察</td><td colspan="5">行　　　政</td></tr>
<tr><td rowspan="2">馆驿使</td><td>中央</td><td>诸道</td><td>诸州</td><td>诸县</td><td>诸驿</td></tr>
<tr><td>兵部</td><td>馆驿
巡官</td><td>兵曹司
兵参军</td><td>县令</td><td>驿长</td></tr>
</table>

唐代漕运，自开国时已有之，其后日益增多。玄宗以前，已注重江、淮之粟，但漕运办理不善，故靡费多而成功少。肃宗以后，漕运专仰吸于江、淮，惟因大财政家刘晏的调度得宜，所以漕运的规模大具。刘晏以后，杜佑、李巽等加以整理；当藩镇抗命，道路梗塞的时候，僻都长安的唐朝，能够苟延残喘到百余年之久，未始非漕运通达之功。〔1〕

关于国外交通：(甲）陆路由营州入安东道；夏州，塞外通大同云中道；中受降城，入回鹘道；安西，入西域道。（乙）海道。由登州，海行入高丽、渤海；安南通天竺道；广州通海夷道。〔2〕当唐太宗讨高丽时，舟师悉自莱州出。当时造船事业也甚发达，贞观十八年七月，敕将作大监阎立德等，往洪、饶、江三州造船四百艘；二十一年八月，敕宋州刺史王波利等，发江南十二州工人，造大船数百艘；〔3〕杜甫《后出塞咏》："云帆转辽海，粳稻东来吴。"《昔游》："吴门转粟帛，泛海陵蓬莱。"蓬莱，为当时登州之治所；吴门，即指苏州，似从松江入海，转往辽海上之某地点。〔4〕新罗在唐代，已沿海与中国交通，而中国亦由海路与新罗来往；《新唐书·地理志》引贾耽《四达记》，详载航海路程，且依《入唐求法巡礼行记》及日人桑原所引之《三国遗事》与《三国史记》等记事，可知新罗人不但来往于山东，且至大江（新罗国名，三韩之一）。日本与唐代交通，自舒明天皇二年（西纪元六三〇）犬上御田锹始，至宇多天皇宽平六年（西纪元八九四）九月止，前后共十九次，其间历二十六代，二百六十四年之

〔1〕常乃德著《中国财政制度史》一四九页。
〔2〕《新唐书·地理志》。
〔3〕《通鉴》卷一九七、卷一九八。
〔4〕日人藤田丰八著《中国南海古代交通丛考》汉译本一六二页。

久。第一期，自舒明天皇至齐明天皇，凡三十年，有四次遣唐使。第二期，为天智朝之两次遣唐使，时唐之百济镇将刘仁轨使郭务悰等为使，至日本之对马，致牒书并礼物。第三期，乃自文武天皇至孝谦天皇，约计五十年间，四次遣唐使，是时当唐中宗、睿宗、玄宗之世，为唐代文化达于极点之期，为日本遣唐使之最盛期；日本天平时代灿然美备的文化，多为此期留唐之学问僧及学生所负担。第四期，自光仁天皇至仁明天皇，凡六十年间，有三次遣唐使，是时当唐安史乱后，文运渐衰，日本之学问僧学生，留学于唐之期间亦较短。〔1〕日本遣唐使之人物，为大使、副使、判官、录事等官，选深通经史文艺优秀者任之；故在唐期间，虽只一年内外，于移植唐之文化上，实有大力。他们所游之地为长安，长安实唐代文化的中心，且为伊兰系文化、印度系文化朝宗之地，他们所见闻实在不少。自仁明天皇承和六年（西纪元八三九），至醍醐天皇延喜七年（西纪元九〇七），凡七十年间，往来唐、日间之船中，有日本船与新罗船。唐之船舶，则由明州（宁波）横断中国东海，经肥前国、松浦郡、值嘉岛，入博多津。日本文武朝以前，留学生多至中国北部，文武朝以后，多至中国南部；他们学习经史，博涉众艺，兼及医术针砭。

唐代与南洋诸国亦有交通通商，华侨之移殖南洋，自是始见于记载：(1) 马来半岛诸国中，有赤土、丹丹二国朝贡中国，并献方物。(2) 苏门答腊诸国，有堕婆登及室利佛逝遣使朝贡。(3) 爪哇诸国，有诃陵国献玳瑁、女乐、牛犀等。(4) 婆罗洲诸国，有婆利国献方物。〔2〕唐时爪哇、苏门答腊、马来半岛之南部，为中西海上交通要道，国人移殖者，当复不少，惟书阙有间，不可详考。颜斯踪《南洋蠡测》谓新忌利坡（即新加坡）有唐人坟墓。《东西洋考》谓爪哇国人分三种，即唐人、土人、西番贾胡。可证唐人往居诸土者正多。

唐代也曾与欧西交通。据《唐会要》载：“拂菻一名大秦国，在

〔1〕日人木宫泰岸著《中日交通史》汉译本上卷九四页。
〔2〕刘继宣、束世澂合著《中华民族拓殖南洋史》一五至一八页。

西海之北，东南与波斯接，地方万里，列城四百。……贞观十七年，其王波多力遣使献赤玻璃、石绿、金精等物，太宗降玺书答慰。”〔1〕拂菻之名，乃沿用《隋书·裴矩传》及《铁勒传》中之名，除抄录古史之外，其新有记载皆与东罗马帝国情形相合。唐初之东罗马，领土包埃及、犹太、叙利亚、亚美尼亚、小亚细亚、君士但丁堡，及多脑河南、巴尔干半岛诸地。总合之，与上书所述地方万里，列城四百，是相合的。〔2〕当时航行中国与外国之贸易船，有称：南海舶、番舶、西南夷舶、波斯舶、昆仑舶、西域舶、蛮舶、波罗门舶、师子国舶。〔3〕从上引述而观，唐代海外交通的兴盛，可以知道了。

（七）官制　（甲）中央。魏、晋、南北朝时，国家机要在中书、门下两省，尚书不过执行政务，到唐朝就用三省的长官，即中书令、侍中、尚书令；后以太宗世民尝为尚书令，臣下遂不敢居其职，就把次官仆射作为长官，与侍中、中书令同为宰相；其品秩既崇，不欲轻以授人，故常以他官宰相之职，而假以他名；其后又有所谓同中书门下、同平章事、同中书门下三品，大抵皆是宰相的别号。高宗以后，为宰相者，必加同中书门下三品之称。玄宗以后，宰相常领他职：时方用兵，则为节度使；时崇儒学，则为大学士；时急财用，则为盐铁转运使。唐制以侍中、中书令为真宰相，其余以他官参掌者无定员，以《新唐书·宰相表》考之，前后异称多至四十有余，其名或有为一人而设者。〔4〕中叶以后，翰林学士和天子十分亲近，又渐渐握起实权，玄宗于翰林院置待诏、供奉，命与集贤院学士分掌制敕；翰林学士的握权，和前此的中书省，如出一辙。〔5〕隋氏三省，尚书为其一，唐沿其法，六部尚书，以尚书省统之，吏、户、礼、兵、刑、工之名，于是确立。九卿之设，隋同北齐，

---

〔1〕《唐会要》卷九九《拂菻国》，又《旧唐书》卷一九八。
〔2〕张星烺撰《中西交通史料汇编》第一册一五九页。
〔3〕日人桑原骘藏著《中国阿剌伯海上交通史》汉译本六一页引新旧《唐书》。
〔4〕章嵚著《中华通史》第三册八九四页，《通典》卷二一《职官》。
〔5〕吕思勉著《白话本国史》二册一九四页。

唐又同隋，积世相沿，未尝更变。御史一官，太宗贞观末，威权渐重；武太后时，改御史台为肃政台，分置左右肃政二台，别置大夫、中丞各一人，侍御史、殿中、监察各二十人，左以察朝廷，右以澄郡县。〔1〕中宗复位后，复名御史台，仍分左右。睿宗时，命两台都察内事，后又把右台废掉。贞观末年，御史中丞李乾祐奏于台中置东西二狱，自后御史台就多受词讼，侵犯司法的权限。唐代中叶以后，又有宣徽南北院和枢密院，其初本以处宦官，没有重要的职权，后来宦官威权日大，这两种官的关系也就渐重。唐之设官，大抵皆沿隋旧，惟其格令，则规定于玄宗开元二十五年。据《文献通考》载："开元二十五年，刊定职次，著为格令。尚书省，以统会众务，举持绳目；门下省，以侍从献替，规驳非宜；中书省，以献纳制册，敷扬宣劳；秘书省，以监录图书；殿中省，以供修膳服；内侍省，以承旨奉引；御史台，以肃清僚庶；九寺（太常、光禄、卫尉、宗正、太仆、大理、鸿胪、司农、太府）、五监（少府、将作、国子、军器、都水），以分理群司；六军（左右羽林、左右龙武、左右神武）、十六卫（左右卫、左右骁卫、左右武、左右威、左右领军、左右金吾、左右监门、左右千牛），以严其禁御。一詹事府，二春坊，三寺（家令寺、率更寺、太仆寺），十率（左右卫、左右司御、左右监门、左右清道、左右内侍），俾乂储宫；牧守督护，分临畿服，设官以经之，置使以纬之（按察采访等使，以理州县，节度团练等使，以督府军事，租庸、转运、盐铁、青苗、营田等使，以毓财货，其余细务，因事置使者，不可悉数）。自六品以下，率由选曹，居官者，以五岁为限。"可见唐代中央官制之有条不紊。〔2〕

（乙）地方。隋代把州郡并做一级，唐沿其制，于其上再设一个道的区域，一道之中，是没有长官的。唐分天下为十道：关内道，二十二州；河南道，二十八州；河东道，十九州；河北道，二十五州；山南道，三十三州；陇右道，二十一州；淮南道，一十四州；江南道，五十一州；剑南道，三十三州；岭南道，七十州；凡三百

〔1〕《通典》卷二四《职官》。

〔2〕《文献通考》卷四七至卷六七，又《二十四史九通政典汇要合编》卷一三二至卷一三四、《通志》卷五一至卷五七、《通典》卷一八至卷四〇详为记载。

六十州。自后并省，迄于天宝，凡三百三十一州。[1] 每道各设巡察使，睿宗时，改为按察使，玄宗时改为采访处置使。肃宗以后，把天下分做四十余道，各置观察使；他的责任，是在州郡中访察善恶，并不直接理事，颇像汉代刺史的职权。然而到后来，往往侵夺州郡的实权，州郡不敢与抗；凡有军马的地方，都设了节度使，有节度使的地方，任凭有多少使的名目，都是由他一人兼任；因此，中央政府毫无实权可以管辖地方，成了尾大不掉之势。[2] 唐代视县令为亲民之官，颇加以注重，凡县令在任，户口增益，界内丰稔，清勤著称，赋役平均者，先与上考，不在当州考额之限；郡县官僚有共为货殖放债侵民者，准法处分。[3]

(丙) 藩属。唐代武功扩展，版图辽阔，对于藩属，特设六都护统辖之：(1) 安东都护府，初治朝鲜平安道、平壤，后移辽河沿岸之辽东城，辖今满洲及朝鲜之地。(2) 安北都护府，初治郁督军山之南狼山府，后移阴山之麓中受降城，辖今外蒙古之地。(3) 单于都护府，治山西大同府西北之云中城，辖今内蒙古之地。(4) 北庭都护府，治天山北路之庭州，今之迪化府，辖今天山北路。(5) 安西都护使，治天山南路之焉耆，今之哈喇沙尔，辖今天山南路及中央亚细亚。(6) 安南都护使，治岭南之交州，即东京之首府河内，辖今南海诸国。[4] 因辖地之辽阔，交通文化更发生密切的关系了。

(八) 军制 唐代军制，是沿袭南北朝的。京城诸军，有羽林军、龙武军、飞骑、神武、神策各军，以拱卫中央的政权。[5] 太宗时，依隋制置折冲府六百三十四于十道，其中有二百六十一属关内道。折冲府有上、中、下三等，一千二百人为上府，一千人为中府，八百人为下府，在赤县为赤府，在畿为畿府。卫士以三百人为团，

---

〔1〕《唐会要》卷七〇。
〔2〕吕思勉著《本国史》二册一九五页。
〔3〕《唐会要》卷六九。
〔4〕《读史方舆纪要》卷五，陈庆年著《中国历史教科书》卷三。
〔5〕《唐会要》卷七二。

有校尉，五十人为队，三十人为火，有长备六驼马驴，米粮介胄，戎器锅幕，贮之府库，以备兵事。关内置府三百六十一，积兵士十六万，举关中之众，以临四方，置十二军。[1] 府兵不仅镇压地方，并每年番上交代，而以宿卫京师。人民二十当兵，六十免役，能骑射者为越骑，其余则为步兵；每岁冬季，折冲都尉则集府兵而习军阵进退之法；平时则使之耕作，值番者则使之宿卫；事变起时，则待契符之下而出兵。高宗武后时，久不用兵，府兵法渐坏，至于宿卫不给，宰相张说请募兵宿卫，谓之彍骑。玄宗时，宿卫的兵有名无实，诸府空虚，所以安禄山一反，就无从抵御。

节度使，是当府兵制破坏以后才发生的，其性质很像割据一方的军阀，所以历史上称为方镇或藩镇。唐玄宗于民国纪元前一一七〇年，为注重边防起见，在沿边设置十个节度经略使，统揽一切军政民政的大权。兹列表如下：

十节度使表

藩 镇 的 名 称	所 管 区 域
平卢节度使	河北道东部（奉天省）
范阳节度使	河北道（直隶省）
河东节度使	河东道（山西省）
朔方节度使	关内道北部（甘肃宁夏）
河西节度使	河西道（甘肃西北部）
陇右节度使	陇右道（甘肃省）
安西节度使	龟兹焉耆于阗疏勒四镇
北庭节度使	起天山北路俄领七川州
剑南节度使	剑南道（四川省）
岭南节度使	岭南道（两粤及安南东京）

〔1〕《唐会要》卷七二。

唐初对于马政亦加注意，设监牧一官，领以太仆，有副监，有丞，有主簿等官以助之。自太宗贞观至高宗麟德，四十年间，养马七十万六千匹，置八使以董之，设四十八监以掌之；跨陇右、金城、平凉、天水四郡之地，幅员千里。穆宗长庆元年，召募一千五百人马骁勇者，以备边防；仍令五十人为一社，每一马死，社中之人共补之，营中之马无阙。〔1〕

唐初置军器监，贞观六年废，并入少府监。开元初，以军器使为监领、弩甲、二坊，以后废并不常。德宗贞元元年下诏，不许私家藏枪甲之属。宪宗元和元年，下令无故于街衢中带戎仗及聚射者，治罪。〔2〕

唐代自府兵法度不守，军士出于召募，以前更代番休之法不举；在外方镇可以专兵，在内宦官亦可以拥众（德宗委任宦官统带禁军），驯致内外交乱，而唐室遂亡。

（九）法制　中国法律，至唐而大备，可说唐代是集中国法律的大成，宋、元、明、清四代，皆奉为圭臬。我们试看留传到现在整部法典，如《宋刑统》、《元史刑法志》、或《元典章》的一部分、《明律集解》、《大清律例》等书内容虽有繁简之分，但体制相去不甚远，由此可知唐律为近代法典的模型。〔3〕然唐代的法律，非一蹴而成，是经唐代君臣几次之修订，而后有此伟大的成绩。唐高祖入关时，只有《约法》十二条，武德元年，诏刘文静与通识之士，因隋《开皇律令》而损益之，遂制为五十三条。太宗时命长孙无忌、房玄龄与法官更加厘改，定律五百条，分为十二卷，如《名例》、《卫禁》、《职制》、《户婚》、《厩库》、《擅兴》、《贼盗》、《斗讼》、《诈伪》、《杂律》、《捕亡》、《断狱》，自后律条始大备。〔4〕既定之后，加以增补，故唐之法律有四：即律、令、格、式；律，是问刑的科条；

〔1〕《文献通考》卷一五九《兵考》，《唐会要》卷七二。
〔2〕《文献通考》卷一六一。
〔3〕拙著《中国法律史大纲》七四页。
〔4〕《文献通考》卷一六六《刑考》五，《旧唐书》卷五〇《刑法志》，《唐会要》卷三九。

令，是国家的制度；格，是百官有司所治之事；式，是所常守之法；其犯罪者，一断以律。〔1〕兹将唐代修订之法制，列表如下：〔2〕

名　称	年　代	撰　者
武德律令式	武德七年三月	裴寂等撰
武德新格	武德九年六月	刘文静等撰
贞观律令格式	贞观十一年正月	房玄龄等撰
贞观留司格	贞观十一年正月	房玄龄等撰
永徽律令格式	永徽三年	长孙无忌等撰
永徽律疏义	永徽四年十月	长孙无忌等撰
垂拱留司格散颁格	垂拱元年三月	裴居道等撰
神龙散颁格及式	神龙元年正月	唐休璟等撰
太极格	太极元年二月	岑曦等撰
开元格	开元三年正月	卢怀盛等撰
开元后格	开元七年三月	宋璟等撰
开元令	开元七年三月	宋璟等撰
唐六典	开元十年至二十五年	张九龄等撰
开元律	开元廿五年九月	李林甫等撰
格式律令事类	开元廿五年九月	李林甫等撰
贞元定格后敕	贞元元年	尚书省进
元和格格式	元和二年七月	许孟容等撰
元和格后敕	元和十三年八月	郑余庆等撰
太和格后敕	太和四年七月	刑部撰
开成详定格	开成四年	狄兼謩等撰
大中刑法总要格后敕	大中五年四月	刘瑑等撰
大中刑律统类	大中五年四月	张戣等撰

〔1〕《文献通考》卷一六五《刑考》五。
〔2〕杨鸿烈著《中国法律发达史》上册三六七至三六八页。

唐代法制，号称完备，它的精神所表现的：(甲）偏重伦理。凡子孙有不孝行为，如杀伤毁打咒骂告讦等，固处以严刑；即无关于犯罪行为，如居丧嫁娶，居丧生子，父母在而兄弟别籍异财，亦分别处以徒刑，或一年，或三年，且不在八议之列，虽王亲国戚，亦一体治罪。(乙）偏重阶级。唐代对于叛逆之罪，特加严刑；丧师失地，罪不过斩，而谋反及大逆，除本身处斩刑外，子年十六以上皆绞，十五以下，及母女妻妾子孙兄弟姊妹等，并没官；甚至异籍之伯叔父母兄弟之子，亦须流二千里。(丙）严惩贪污。凡官吏有受人民或属下贿赂者，罪固不赦；即向人民及属下乞贷，或借用奴隶牛马者，亦以坐赃论；即受人民及属下供馈猪羊，亦以坐赃论；甚至其家人有受乞借贷役使，以及买卖者，亦治以相当之刑。(丁）重视执行死刑。决定死刑，京师须五覆奏，诸州须三覆奏，其重视生命如是。至唐代法律，有合于现代法律者，有数端如下：(1）刑事责任与刑之减免。刑事责任分二：(a）为责任能力，（b）为责任条件。责任能力即犯罪之能力，如未满十三岁者，心神丧失者，已过八十岁者，是也；而责任条件，则为故意或过失；其能力薄弱者，虽有罪得以减免，而过失与故意，亦有重大区别。九十以上，七岁以下，虽有死罪，不加刑；此是确定刑事责任及刑之减免。(2）自首减免。凡犯罪自首一律原罪，或减或免；大抵犯未发觉而自首者，原罪；知人欲告自首者，减二等。（3）规定共犯罪。（4）规定并合论罪。(5）规定累犯罪。(6）规定损害赔偿之制。(7）规定因伤致死之因果关系。凡此可见唐律的进步。〔1〕我国法制，以唐代法制为完成时期，以宋、元、明、清四代为承袭时期。《唐律疏议》一书，其所用名词意义，令人一目了然，现代法制多仿法欧美，其于刑法，亦多以唐律为依归。

唐代地方司法管辖，最下级有县，县之上有州或府，均以行政官兼理司法事务。县令之下，有里正、坊正、村正，凡民事案件，由里正、坊正、村正裁判之；不服，则申诉于县令；再不服，则申

〔1〕 朱方著《中国法制史》一一九页。

诉于州刺史。至刑事条件，在京师者，杖刑以下，由京师法曹参军事审断，徒刑以上，由大理寺讯断；遇有死刑，则由大理寺判决后，直接奏报皇帝；其徒流刑，则咨送刑部复核。倘遇有可疑的案，流徒以下，驳令更审，或径为复判，死刑或交大理寺更审；其由皇帝发交复讯者，则由刑部会同大理寺及监察御史同审，以期讯断公平，不致枉滥。〔1〕

（十）宗教　（甲）多神教。唐初天下太平，登封告禅之事，时时举行。太宗贞观五年，朝集使赵郡王孝恭等奏请封禅，展礼名山，以谢天地。贞观十一年，群臣复观封山，始议其礼。〔2〕太宗将有事泰山，诏公卿博士，杂定其仪，颜师古乃撰定《封禅仪注书》，以后举行，多从其说。高宗即位，公卿数请封禅，车驾东发巡狩，诏礼官博士，撰定封禅仪注；既封泰山之后，又欲遍封五岳，永淳二年十一月，封禅于嵩岳，诏国子司业李行伟等详定仪注，议立封祀坛，如圜丘之制。玄宗开元十二年十二月，文武百官吏部尚书裴漼等上请封东岳；开元十八年，百僚累表请封西岳；天宝九年，百僚累表请封西岳。中宗景龙三年，亲祀昊天上帝。德宗贞元十一月十一日，亲祀南郊。唐代诸州祭社稷仪，颇为隆重：当祭祀前三日，刺史散斋于别寝二日，致斋于厅事一日，亚献以下应祭之官散斋二日，各于正寝致斋一日，皆于坛所。诸里祭社稷仪：前一日社正及诸社人应祭者各清斋一日，于家正寝。而社稷及日月五星是四时致祭的。

（乙）道教。唐高祖时下诏立庙，祀老子。高宗曾至亳州老子庙拜谒，上尊号为太上玄元皇帝，认为始祖。〔3〕玄宗极力提倡道教；武宗尝召道士赵归真等八十一人，入禁中，于三殿修金箓道场于九天坛，亲受法箓。〔4〕又听了赵归真的话，拆毁佛寺四千六百余所，勒令僧尼还俗的，二十六万余人；三夷寺僧人勒令还俗的，三千余

〔1〕拙著《中国法律史大纲》八八页。
〔2〕《唐会要》卷七引《旧唐书·礼仪志》。
〔3〕《唐书》卷三《高宗纪》，《旧唐书》卷五《高宗纪》下。
〔4〕《旧唐书》卷一八上《武宗纪》。

人；并建天下观，总共一千六百八十七所。[1] 中唐以后，上自君相，下至人民，多信丹饵，受害不浅。[2]

（丙）佛教。佛教至唐代，可称极盛。唐太宗时，玄奘自长安西去经一百二十八国，取道天山南路、中亚细亚，以入印度，携经典六百五十余部以归，大输印度文化于中土。高宗咸亨二年，义净航南海，入印度，经二十五年，历三十余国，得梵本经论近四百部，合五十万颂。释不空于玄宗开元二十九年，附舶达师子国，广求密藏及诸经论五百余部，至天宝五年还京。释悟空于天宝十年，随使臣西去，至龟兹等地，翻成《十地回向轮经》。翻译事业，超越前代。据道宣《续高僧传》、赞宁《高僧传》三集，译经篇中，所载西来高僧不下数十人。当时天下寺庙总五千三百五十八所，凡僧尼之簿籍，三年一造；至武宗时寺庙增至四万余所。兹将唐代佛教宗派，列简表如下：[3]

宗名	开祖	印度远祖	初起时	中盛时	后衰时
成实	鸠摩罗什	诃梨　跋摩	晋安帝时	六朝间	中唐以后
三论	嘉祥大师	龙树　提婆	同上	同上	同上
涅槃	昙无谶	世亲	同上	宋齐	陈以后归天台
律	南山律师	昙无德	梁武帝时	唐太宗时	元以后
地论	光统律师	世亲	同上	梁陈间	唐以后归华严
净土	善导大师	马鸣　龙树 世亲	同上	唐宋明时	明末以后
禅	达摩大师	马鸣　龙树 提婆　世亲	同上	同上	同上
俱舍	真谛三藏	世亲	陈文帝时	中唐	晚唐以后

〔1〕《唐六典》卷四。
〔2〕《旧唐书》卷一七《裴潾传》，《唐书》卷七七《武宗王贤妃传》，《唐书》卷一八三《毕诚传》，《唐书》卷九二《杜伏威传》。
〔3〕吕思勉著《本国史》二册二一五页。

续　表

宗名	开祖	印度远祖	初起时	中盛时	后衰时
摄论	真谛三藏	无著　世亲	陈文帝时	陈隋间	唐以后归法相
天台	智者大师		陈隋间	隋唐间	晚唐以后
华严	杜顺大师	马鸣　坚慧　龙树	陈	唐则天后	同上
法相	慈恩大师	无著　世亲	唐太宗时	中唐	同上
真言	不空三藏	龙树　龙智	唐玄宗时	同上	同上

以上十三宗，只有俱舍、成实两宗是小乘，其余都是大乘；其中天台一宗，系中国人所自创。

（丁）祆教。祆教以宇宙有阴阳二神，阳神代表善，阴神代表恶，以火表阳神，故又名拜火教。祆教为波斯国教，南北朝时，乃稍传而东，唐初，盛行于中国。高宗武德时，敕立祆寺于长安，置萨宝府以掌其祭；有祆正、祓祝等官，皆以胡人充之。〔1〕

（戊）摩尼教。摩尼教始于魏、晋间，波斯人摩尼所创，源本于火教，参酌佛教、祆教、耶稣教而成。唐初，已由波斯传入中国，回纥人素崇其教。唐中叶以后，回纥人多移居中国内地，乃请于朝廷，于各地建摩尼寺，代宗赐额为大云光明。〔2〕武宗时，罢摩尼寺，其教至宋不衰。

（己）回教。回教即摩哈默德教，唐武德中，其徒撒哈八等自大食由海道入中国传教，建寺于杭州、广州，是为中国有回教寺之始；唐末，天山以南，佛教渐衰，回教乘之，遂布其地；因回纥人多尊奉其教，故有回教之名。〔3〕

（庚）景教。景教为耶稣教之一派，为东罗马教徒乃司脱利安（有译为涅士脱流斯）所创设，得波斯所尊信，波斯王斐鲁日斯建为国教，唐初与波斯交通，遂流入中国。太宗贞观中，波斯人阿罗本携

〔1〕《通典》卷四十《职官》二二。
〔2〕释志磐《佛祖统纪》卷四一。
〔3〕何乔远《闽书》卷七《方域志》。

经典来长安，太宗留禁中翻经，为建波斯寺，度僧二十一人，其徒自号景教，表示教旨光辉发扬之义。高宗时，更于诸州建波斯寺，其教大行。玄宗天宝四年，改波斯寺为大秦寺。〔1〕德宗之世，长安大秦寺僧景净建大秦景教流行中国碑，其碑日久隐没，至明末始掘见。〔2〕

(十一) 美术　(甲) 音乐。唐兴，以隋代所传南北之乐，梁、陈尽吴、楚之声，周、齐皆胡虏之音，未足为世法，于是武德九年正月，始命太常少卿祖孝孙考正雅乐。贞观初，张文收善音律，取历代沿革，截竹为十二律吹之，备尽旋宫之义；太宗召文收于太常，令与少卿祖孝孙参定雅乐。〔3〕雅乐合四十八曲，八十四调。玄宗时，分乐为三部：堂下立奏，谓之立部伎；堂上坐奏，谓之坐部伎；太常阅坐部不可教者隶立部，又不可教者，乃习雅乐。玄宗嗜音乐，设左右教坊以教授俗乐，当时教坊生员至二千人，太常乐工有万余户。其后因战乱音乐遂衰，然宣宗之时，犹有太常乐工五千余人，俗乐一千五百余人。唐代乐曲，以燕乐为最著，凡雅乐、清商、俗乐、胡乐等，后概以燕乐统之。著名乐曲，有《霓裳羽衣》、《六么》、《渭城》、《拓枝》等；乐曲是兼舞的。上所说的坐部伎，都是舞曲，是受西域龟兹曲的影响的。《唐会要》载："开元十三年，诏燕国公张说改定乐章，上自定声度，说为之词令，太常乐工就集贤院教习，数月方毕，因定封禅郊庙词曲及舞，至今行焉。"〔4〕据此，可知乐舞有举行于宗教祭祀之仪典中。唐时与外国交通频繁，故传来外国的音乐亦不少，如东夷二国（高丽、百济）乐，于太宗贞观中传入；南蛮诸国（扶南、天竺、南诏、骠国）乐，于德宗贞元中传入；西戎五国（高昌、龟兹、疏勒、康国、安国）乐，于太宗朝传入；北狄三国（鲜卑、吐谷浑、部落稽）乐，于玄宗开元中传入。〔5〕唐之十部

---

〔1〕《唐会要》卷四九。

〔2〕《景教流行中国碑颂并序》可参阅王昶《金石萃编》卷一〇二，又冯承钧编《景教碑考》七五页。

〔3〕《唐会要》卷三二。

〔4〕同上。

〔5〕《唐会要》卷三三。

乐，是混合中外的音乐。（乙）书法。太宗贞观六年正月，命整治御府古今工书钟、王等真迹，得一千五百一十卷。贞观十四年四月二十二日，太宗自为真草书屏风以示群臣，笔力遒劲，为一时之绝。玄宗开元六年正月三日，命整治御府古今工书钟、王等真迹，又得一千五百一十卷；十六年五月，出二王真迹及张芝、张昶等古迹，总一百六十卷，分赐诸王。〔1〕可见书法虽小技，亦得在上者极力为之提倡。当时以书法著名者六人：(1) 虞世南之书，有透逸之趣；(2) 欧阳询之书，善作小楷；(3) 褚遂良之书，工于楷隶；(4) 张旭得草书之妙；(5) 颜真卿之书，遒劲秀拔；(6) 柳公权之书，体势劲媚；皆为一时之选。〔2〕（丙）绘画。唐世画家，比较各代为繁盛。武周时之画家，有工部尚书大安县公阎立德，中书令博陵县公阎立本兄弟，并擅丹青，蜚声当代。骠骑尉张孝师，司徒校尉范长寿、何长寿，宿卫官尉迟乙僧等，亦唐初善画妙手。盛唐时代，有吴道宏、李思训、李昭道父子、曹霸、韩干、卢鸿、周昉、王维等辈，而画法一变；李思训为北派之祖，王维为南派之祖。《芥子园画传》说："禅家有南北二宗，于唐始分，画家亦有南北二宗，亦于唐始分，其人实非南北也。"南北二宗，各有传统。中唐画师，有毕宏、韦鹧及张璪等，得自然之画法；又有会稽僧道芬、处士郑町、天台项容、青州吴恬、梁洽及王默等出，皆能作山水。其余边鸾之花卉、戴嵩之水牛、萧悦之竹等，亦甚著名。晚唐名画，如佛教画张南本、山水荆浩，亦属有名。寺观画壁之盛，以唐为极，善导大师一生造净土变相三百余壁；吴道玄壁画，在长安、洛阳亦有三百余间。至宋时尚留存唐之壁画八千五百二十四间，可知其盛。帧画在唐代佛教画中，亦占重要位置，可以悬挂壁间或架上，以作供奉之用，即所谓功德画。〔3〕（丁）雕铸。雕刻与冶铸之术，本时代亦有进步。

---

〔1〕《唐会要》卷三五。

〔2〕(1)《旧唐书》卷七二《虞世南传》。(2)《旧唐书》卷一八九。(3)《唐书》卷一〇五《褚遂良传》。(4) 李肇《国史补》。(5)《唐书》卷一五三《颜真卿传》。(6)《旧唐书》卷一六五《柳公权传》。

〔3〕大村西崖著《中国美术史》汉译本九四页。

以言雕刻，唐代印玺碑碣甚盛，而唐文宗时，校定九经文字，旋令上石，是美术上之一大进步。唐末，始有墨版之书，此为书册雕版之始。〔1〕至于冶铸，当时江西之瓷艺日渐进步，唐高祖时，有陶玉者，浮梁县人，负瓷至陕州，而贡诸唐帝。杜甫诗："大邑烧瓷轻且坚，扣如哀玉锦城传。"可证当时陶瓷之进步。唐时茶碗，为世所宝者，有直隶顺德府（邢州）之白瓷，与浙江绍兴府（越州）之青瓷，其瓷皆发清妙和谐之乐音。〔2〕盛唐末，佛教之造像极盛；技巧发达，凌驾前代。高宗之世，有巧工吴智敏，塑士安生，巧匠张净眼，相匠韩伯通等；武周时，窦宏果、孙仁贵等出，而塑土雕木等，各尽其妙。如唐山之宣雾山，磁州之响堂山，邠州之大佛寺，历城之千佛山，益都之驼山，巩县及龙门之宾阳洞壁等，自唐初至盛唐末，磨崖龛像，雕造无数。又玄宗时，诏西京及天下州郡，各建开元观，以官铜铸天尊像安置之。〔3〕唐代黄金朱提之瓶，金削宝钿之刀，及一切器用之由于唐铸者，后世崇尚，号曰唐风。（戊）建筑。高宗永徽五年十一月，雇雍州夫四万一千人修京罗城郭，以工部尚书阎立德主其事。玄宗天宝二年正月，筑成都罗城，号曰金城。〔4〕其他，宪宗则有承晖殿之作，穆宗则有百尺楼之造，皆一代著名之事。

（十二）教育 唐代教育制度，比较前代进步。由中央直接设立的学校，大要分为三系：（甲）为中央六学，是为直系；（乙）为二馆；（丙）为医学，是为旁系。直系之六学，即国学、太学、四门学、律学、书学、算学，统隶于国子监。国子监的性质，等于现今的教育部；长官称国子祭酒，〔5〕等于现今的教育总长。高祖即位以后，恢复六朝旧制，把太学、国子学仍旧分开。（1）国子学。国子学隶国子监，学生名额三百人，文武三品以上的子弟尽归国学；教

〔1〕留庵编《中国雕板源流考》二页。
〔2〕波西尔著《中国美术》汉译本二〇页《陆羽茶经》卷中。
〔3〕日人大村西崖著《中国美术史》汉译本第十二章一一五页。
〔4〕《唐会要》卷八六。
〔5〕陈青之著《中国教育史》上册一七六页。

员博士二人，助教二人。(2) 太学。太学隶国子监，学生名额五百人，文武四品五品以上子弟，尽归太学；教员博士三人，助教三人。(3) 四门学。四门学隶国子监，学生名额一千三百人，勋三品以上无封、四品有封的子弟，及文武七品以上的子弟，尽归四门学；教员博士三人，助教三人。(4) 律学。律学隶国子监，高宗时，隶详刑，学生名额五十人，八品以下的子弟，及庶人之通律学者，年在十八以上二十五以下，入此学；教员博士一人，助教一人。(5) 书学。书学隶国子监，高宗时，隶兰台，学生名额三十人，八品以下的子弟，及庶人之通书学者，入此学；教员博士二人。(6) 算学。算学隶国子监，高宗时，隶秘阁，学生名额三十人，八品以下的子弟，及庶人之通算学者，入此学；教员博士二人。以上为中央直系之六学。(7) 弘文馆。弘文馆隶门下省，学生名额三十人，皇室缌麻以上亲，皇太后皇后大功以上亲，宰相及散官一品功臣身食实封者的子弟，及京官职事从三品中书黄门侍郎的子弟，入此学；教员无定额。(8) 崇文馆。崇文馆隶左春坊，学生名额二十人，入学资格同上，教员无定额。弘文、崇文二馆，地位高于国学，要算全国学校中最贵族的学校。(9) 医学。医学学生名额四十人，内有按摩生十五人；教员有医博士、助教各一人，针博士、助教各一人，按摩博士一人，按摩师四人，咒禁博士一人。以上是属于中央旁系的。中央六学二馆学生的定额，总共二千二百六十名；到太宗贞观年间，扩充学舍，增加名额，二馆六学的学生，达到三千二百名；而国外高丽、日本等国，亦派遣人员来京留学，于是中央的生徒，在国力强盛期，达八千余人。〔1〕

唐时学校课本是用三经：(子) 大经，即《礼记》、《春秋》、《左氏传》；(丑) 中经，即《诗》、《周礼》、《仪礼》；(寅) 小经。即《易》、《尚书》、《春秋公羊传》、《春秋穀梁传》。学生修习大经、小经各一种，或者中经二种卒业的，称为通二经；修习中经、大经、小经各一种卒业的，称为通三经；修习大经全数，中经、小经各一

〔1〕《文献通考》卷四一《学校考》二。

种卒业的，称为通五经，此是必修科；其余《孝经》、《论语》是随意科。此外书学、律学、算学皆有规定的教本。〔1〕

学校修业年期，除律学六年外，余均定为九年，期满不能毕业的，令其退学。假期：每旬休息一日，五月给田假，九月给授衣假数日。学生家乡在二百里以外的，于例假外，加给相当的行程。各学校考试分三种：举行于旬假以前，为旬考；举行于年终，为岁考；举行于毕业时，为毕业考试。学生已经考试及格，则加以举用；如仍愿留学的，四门学生升太学，太学转国学。学生有违犯校规，或请假逾时的，皆令退学。

唐代州郡学校，比较中央学校为简单，《通考》载："唐制，京都学生八十人，中都督府、上州各六十人，下州四十人，京县五十人，上县四十人，中县、中下县各三十五人，下县二十人。州县学生，州县长官补，长史主焉；每岁仲冬，州县馆监举其成者，送之尚书省。"又载："武德七年，诏诸州县及乡并令置学，有明一经以上者，有司试册加阶；玄宗开元二十一年，敕诸州县学生，年二十一已下，通一经已上，及未通经，精神聪悟，有文辞史学者，每年铨量举送所司简试，听入四门学，充俊士。"〔2〕唐之教育制度，有一特别的限制，即是私人不得设立学校。〔3〕

唐代行科举制度，凡举士铨官，皆重考试；自魏、晋以来，造成之九品中正门阀制度，至是始完全废除，且科举盛行，白衣及第，门第之风遂衰，此实中古社会上一大变革，值得注意的事。

唐制取士之科有三：(1) 由学馆取者，为生徒；(2) 由州县举者，为乡贡；(3) 由天子自诏者，为制举。〔4〕贡举科目，分秀才、明经、进士、俊士、明法、明字、明算、开元礼、童子、三传、史科道举。制举，各朝代所定科目不同。唐以试士属礼部，试吏属吏部；吏部主文选，兵部主武选。唐中叶以后，铨选制度渐坏，仕途

〔1〕徐式圭著《中国教育史略》三八页，毛邦伟编《中国教育史》一五〇页。
〔2〕《通考》卷四六《学校考》七。
〔3〕同上。
〔4〕《唐书》卷四四《选举志》上。

遂冗滥了。[1]

此外，足为士子留一线之生机者，即书院制。书院之始，起于唐玄宗，时有丽正书院、集贤书院，本建朝省，为读书地，后衡州李宽建石鼓书院，始为士人肄业，自由研究学术之风，此为先导。[2]

（十三）学术　（甲）天文学。唐代对于天文学有研究者，有曹士蒍、李淳风、瞿昙悉达、一行、梁令瓒、南宫说、郭献之、徐承嗣、徐昂、边冈、傅仁均、崔善为、祖孝孙等；他们或造历，或改历，或测各地晷影，以校其差。[3] 唐终始二百九十余年，而历八改，如《戊寅元历》、《麟德甲子元历》、《开元大衍历》、《宝应五纪历》、《建中正元历》、《元和观象历》、《长庆宣明历》、《景福崇玄历》，以李淳风之《麟德历》为精密。[4] 开元十二年，沙门一行等造《黄道游仪》以进，玄宗亲为之序，因遣太史官驰往安南及蔚州，测候日影，经年乃定。[5] 唐时测影，已立里差之法，恒星移动，已得岁差之实，足证天文学之进步。其他造仪器者，有姚元依古法立《八尺表》，梁令瓒造《黄道铜浑仪》，南中说设《水准绳墨植表》，李淳风造《木浑天图》，皆为唐代之杰出者。（乙）算学。《九章算术》、《海岛算经》诸作，唐之李淳风皆从事增注；唐代京师六学，算为其一，可知对于此学之注重。测天之术，非精于算学者不可。（丙）医学。唐之孙思邈著《千金要方》行世。[6] 于志宁与李勣修定《本草》并图，合五十四篇。[7] 甄权撰《脉经》、《针方》、《明堂人形图》各一卷，其弟立言撰《本草音义》七卷，《古今录验方》五十卷。[8] 唐代有专门的医学校，教授医学；有医、针、按摩、咒禁四科，以资研究；可知于医学，甚费讲求。（丁）养蚕学。唐代中西

〔1〕司马光《传家集》卷六八《百官表总序》。
〔2〕《益闻总录》卷中四〇页。
〔3〕朱文鑫著《天文考古录》一〇页。
〔4〕《旧唐书》卷七九。
〔5〕刘肃《大唐新语》卷九。
〔6〕《旧唐书》卷一九一《孙思邈传》。
〔7〕《唐书·于志宁传》。
〔8〕《旧唐书》卷一九一《甄权传》。

交通甚盛，当第六世纪的中叶，波斯僧侣有布教于中国境内者，得养蚕术，赍归君士但丁，其后遂产出希腊的良好蚕丝；经六百余年，乃传播于意大利、法兰西。〔1〕唐代对于斯学，虽未有专书可考，然其学必甚昌，方可传远。（戊）历史学。唐以前史皆私撰，而成于一人之手；唐以后史皆官撰，而成于多人之手；成于一人者，内容虽有可议之处，而精神常能一贯；成于多人者，编述比较公平，而卷帙多芜杂。唐初令狐德芬建议请修《史书》，高祖从其议，命萧瑀、王敬业、殷周礼主撰《魏史》，封德彝、颜师古主撰《隋史》，崔善为、孔绍安、萧德言主撰《梁史》，裴矩、祖孝孙、魏徵主撰《齐史》，宝琏、欧阳询、姚思廉主撰《陈史》，陈叔达、庾俭、令狐德芬主撰《周史》，经过数年，竟不能就而罢。〔2〕贞观三年，太宗再令魏徵等修史，遂撰成齐、周、梁、陈、隋、晋等书。命姚思廉在秘书内省撰陈、梁二史，著有《梁书》五十卷，《陈书》三十六卷。又令魏徵、颜师古、孔颖达、许恭宗参加修《齐史》，成书八十五卷。于志宁、李淳风、韦仁安、李延寿等合撰《隋志》，凡三十篇。贞观十八年，太宗命房玄龄、褚遂良等重修《晋史》，而许敬宗、来济、陆元仕、刘子翼、令狐德芬、李义府、薛元超、上官仪等八人，分功撰录，成《晋书》一百三十卷。〔3〕李延寿又尝删补宋、齐、梁、陈及魏、齐、周、隋等八代史，谓之《南北史》，凡一百八十卷。〔4〕唐玄宗时，吴竞与刘知幾同撰《唐史》，并与刘知幾、朱敬则、徐坚合撰《唐书》八十卷，至中宗时，与刘知幾重修《武后实录》三十卷，竞叙事简核，号称良史。〔5〕其他，吴竞之《贞观政要》、余知古之《渚宫旧事》、裴庭裕之《东观奏记》，后人列诸杂史类；樊绰之《蛮书》，后人列诸载记类；李吉甫之《元和郡县志》，后人列诸地理类；玄宗御撰之《唐六典》，后人列诸仪注类；刘知幾

〔1〕日人高桑驹吉著《中国文化史》汉译本二六〇页。
〔2〕《旧唐书》卷七三《令狐德芬传》。
〔3〕《旧唐书》卷六六《房玄龄传》。
〔4〕《旧唐书》卷七三《李延寿传》。
〔5〕《唐书》卷一三二《吴竞传》。

之《史通》，后人列诸史评类。[1]其尤著者，如杜佑之《通典》，网罗历代制度，书分《食货》、《选举》、《职官》、《礼乐》、《兵刑》、《州郡》、《边防》八门，不但注重精神生活的礼教，且注重物质生活的衣食。其后宋郑樵著《通志》，元马端临著《文献通考》，清高宗诏群臣撰《三通》与《皇朝三通》，受他的影响不少。观于唐代史学之盛，足征唐代文化的昌明。（己）经学。自太宗命孔颖达及颜师古等撰《五经正义》，而后经籍无异说，每年明经，依此考试，天下士民，奉为圭臬。[2] (1)《易经》。孔颖达崇信王弼注，故所作义疏用王而遗郑，于是汉学遂亡。惟李鼎祚崇郑黜王，采汉儒注《易》之说凡三十五家，作《周易集解》，汉儒学说，复重见于世。(2)《书经》。孔颖达治《尚书》，本崇郑义，及为《尚书》作义疏，则又以孔传为宗而排斥郑注，郑义遂亡。(3)《诗经》。自孔颖达作《诗义疏》，兼崇毛、郑，引申其说，不复以己意为进退，守疏不破注之例，由是《毛诗》古义赖以仅存。(4)《春秋》。孔颖达撰《五经正义》，《左传》取杜预注，而汉学遂亡；至若《公羊》则取徐彦疏，以何休解诂为主；《穀梁》则取杨士勋疏，以范宁集解为主。(5)《礼经》。孔颖达作《礼记正义》，贾公彦作《周礼》、《仪礼义疏》，皆宗郑注，故郑学得以留传。(6)《论语》。韩愈及李翱作《论语笔解》，开北宋说经之先河。(7)《孟子》。韩愈及皮袭美诸儒，咸尊崇孟子，开宋儒尊孟之先声。(8)《孝经》。刘子玄治《孝经》，力辨郑注之非；司马贞复黜其妄，故玄宗之御注《孝经注》，仍以十八章为定本。(9)《尔雅》。唐代治《雅》学者，有裴瑜之《尔雅注》，足补郭璞《尔雅注》之缺。[3]唐代定《五经正义》，使学者咸宗一义，以除南北学派之争；然当时取士，尊重诗文，虽有帖经之试，不足以劝奖专业之儒；幸有孔颖达诸家起来，使唐以前说经之书，后之人犹得按正义所引订者，以考见梗概。（庚）哲学，唐之思想界，殆为佛教所支配的，儒家思想的衰微，是当然的了；但为中国

〔1〕章嵚著《中华通史》三册九〇七页。
〔2〕马宗霍著《中国经学史》九四页，《旧唐书》卷一八九上《儒学传序》。
〔3〕徐敬修编《经学常识》一一八至一二一页。

本位思想，作复兴运动者，有韩愈、李翱。韩愈辨性之品，有上中下三级；情之品，有上中下三级；与孔子所说："中人以上，可以语上也；中人以下，不可以语上也。"主张是相同的。他对于道德的解释，以仁、道、德为社会之最高理想。李翱说性，与韩愈有异，《复性书》有说："人之所以为圣者，性也；人之所以感其性者，情也。"李翱论性，主平等，主一致，与其师之说性，是不同的；他使儒教生一种新活力新生面，是主张《中庸》"诚之道"，以复人类的本性。诚，是积极，不是消极；是活动，不是静止，此点是与佛家的哲学思想，立于反对的地位。

（十四）文学　唐代文学，在时期上区分，有分为四个时期的，始于元朝杨士弘；有分为三个时期的，始于清朝王士禛论唐诗；有称为三变的，见与《唐书·文艺传序》。[1]《文艺传序》载："唐有天下三百年，文章无虑三变。高祖、太宗大难始夷，沿江左余风，絺句绘章，揣合低昂，故王（勃）杨（炯）为之伯；玄宗好经术，群臣稍厌雕琢，索理致，崇雅绌浮，气益雄浑，则燕（张说）许（苏颋）擅其宗。是时唐兴已百年，诸儒争自名家，大历、贞元间，美才辈出，擩哜道真，涵泳圣涯，于是韩愈唱之，柳宗元、李翱、皇甫湜等和之，排逐百家，法度森严，抵轹晋、魏，上轧汉、周，唐之文，完然为一王法，此其极也。"[2]　兹将唐之文学分类说明如下：(1) 骈文。唐初以骈文擅长者，有王勃、杨炯、卢照邻、骆宾王，天下称四杰。[3]（2）制诰文。制诰文负盛名者，首推苏颋、张说；陆贽则以曲尽事情为能，陆贽所撰诏书，虽武夫悍卒读之，无不挥涕感激。[4]（3）散文。唐代散文，可说是从韩愈起首，韩愈以前，注重辞赋和骈语，虽散文中，如李白《上韩荆州书》等类，但不能完全脱离南北朝的习气；到了韩愈，觉得骈文太束缚，就起来提倡古文，使极呆板的骈文变为散体文，韩愈这种运动，虽号为复古，

〔1〕 胡朴安、胡怀琛共著《唐代文学》六页。
〔2〕《唐书》卷二〇一《文艺传序》。
〔3〕《唐书》卷〇一《王助传》。
〔4〕《旧唐书》卷一三九《陆贽传》。

但可以说是革命。[1] 韩愈喜作六经之文，如《原性》、《原道》、《师说》诸篇，是开宋代理学的文派，宋苏东坡批评其文“如长江大河，浑灏流转”，是实在的。[2] 韩愈提倡古文，附和者多，其中著名的是柳宗元，此外韩愈的学生，如李翱、张籍、皇甫湜诸人也很有名，但作品比不上韩、柳了。曾毅有说：“唐兴八世，百六十年间，文章承江左遗风，陷于雕章绘句之弊，贞元、元和（德宗、宪宗纪元）之际，韩愈、柳宗元出，唱为先秦之古文，与李翱、李观望、皇甫湜等相应和，遂能挽回八代之衰，上踵孟、庄、荀、韩，下启欧、苏、王、曾，盖古文之名始此，而唐以后之为文者，莫不以韩、柳为大宗。”[3] (4) 诗歌。唐代是诗歌的黄金时代，从形式上说，五言、七言、律诗、绝句，各种的体裁，到唐代已极完备了。诗歌作者，初期是以王勃、杨炯、卢照邻、骆宾王及沈佺期、宋之问为最著名，他们的诗，只讲表面的精美华丽，不在实质上注意，是一种贵族文学；直到李白、杜甫出来，才开辟新的局面，可以说诗歌的革新时期。[4] 在李、杜以前有陈子昂和张九龄二人，他们是革新的先驱者，不过没有成功，直到李、杜，才算大功告成。李白、杜甫，是洗净了六朝纤丽之习，自成一种唐诗。陈子昂和张九龄对于唐诗有很大的贡献，不过天才及工力，均比李、杜为低。稍后则有白居易创为浅显明白的诗歌，务使老妪能解，在当时可称为新体，而取材又多留意社会状况，所以被近人称为社会诗人。晚唐的古诗，如李商隐、温廷筠等所作，便流于轻艳，无足取了。[5] 唐诗之盛，据《全唐诗》所录，作者凡二千二百余人，诗四万八千九百余首，流传到今的数量，已有从《诗经》以至六朝一千多年的诗的数量几倍，不论在诗质上诗量上，都是开一新纪元。唐诗的特质，可说是创造的，音乐的，通俗的，时代的。中国文学的变迁，以文体作代表，

---

〔1〕胡怀琛编《中国文学史概要》八九页。
〔2〕朱炳煦著《唐代文学概论》上卷七四页引。
〔3〕曾毅著《中国文学史》一六七页。
〔4〕胡怀琛编《中国文学史概要》七四页。
〔5〕胡朴安、胡怀琛共著《唐代文学》一七页。

可分几个时期：自周到唐，都是诗的时代，宋是词的时代，元是曲的时代，明、清是小说的时代。在诗的时代中，周是四言诗时代，两汉是乐府诗时代，魏、晋、六朝是古诗时代，唐是新体诗时代。〔1〕唐代的诗，虽然发展到极高的限度，而在民歌方面，却没有甚么新的发展。唐代新发现的民歌，只有《竹枝词》一种，《竹枝词》是巴、渝、沅、湘间的一种民歌，它在文学界，是占一个重要的位置。唐代所谓乐府，可分为四种：(a) 是文人做的《郊庙歌》及《凯歌》，是可以入乐的。(b) 是文人借用汉、魏以来的乐府的旧题而作的诗，虽然称为乐府，不能入乐的。(c) 是文人创制的新乐府，就是白居易的《新乐府》五十首，是不能入乐的，惟有古代采诗观风的遗意，所以称为乐府。(d) 是伶人所唱的乐歌，乃是取文人诗略加改变，而成为乐歌的。(5) 小说。唐代是诗歌的黄金时代，同时也是文言小说的黄金时代。此文言小说，叫做传奇。它是六朝鬼神志怪书的演进，志怪书的题材仅限于神变怪异之事，而传奇则无所不包。以内容言，志怪书中多民间故事，而传奇的主人翁，非文士即贵族。但传奇的内容，有它的时代背景，唐代是佛、道二教并盛的时代，所以神怪故事自会继续六朝志怪书，而在传奇中特别发达。唐自武则天做了一时皇帝，女子的地位特别提高，女公主、女道士，在民间尊如神圣，在间接方面，恋爱心理自会流露出来，于是产生许多关于两性间的罗曼故事。唐代藩镇专横，受过他们压迫的人，都希望能有克服他们的人，而当时又曾出过几个有惊人绝技的刺客，因为这样，所以又产生了许多前所未有的豪侠故事。〔2〕唐代小说之流传者，今皆存载于《唐人说荟》(唐代丛书) 与《太平广记》二书，别其性质，略分三类：(a) 神怪类，有《秦萝记》、《枕中记》、《任氏传》、《柳毅传》、《南柯记》、《离魂记》。(b) 恋爱类，有《游仙窟》、《霍小玉传》、《李娃传》、《会真记》、《飞姻传》、《章台柳传》、《杨倡传》、《长恨歌传》。(c) 豪侠类，有《红线传》、《刘无双

〔1〕 胡云翼著《唐诗研究》一二页。
〔2〕 谭正璧编《新编中国文学史》二一二页。

传》、《谢小娥传》、《虬髯客传》、《昆仑奴传》、《聂隐娘传》。[1] 唐人所作传奇，以恋爱类为优秀，作者大都能以隽妙的铺叙，写凄惋的恋情，其事多属悲剧，故其文多哀艳动人。[2] (6) 戏曲。中国的戏曲，在宋以前，似乎是没有的。唐代的戏曲，确是唐代文学最少的一节。但联合歌舞而表演故事，这种粗具规模的戏曲，在唐时已经有之。如《大面》(《代面》)、《钵头》、《踏谣娘》、《参军戏》，是本于前代的；如《樊哙排君难》、《康老子》，是唐代所自创的。这时的歌曲，大都兼舞，并或有演故事的，与后来戏曲不相同处，就是有唱而无白，究竟不是成熟的戏曲。在唐人乐曲之中，有为后来南北曲中完全采用的，虽则在当时名之为词，然而已开曲体了，例如李白之《忆秦娥》、刘禹锡之《潇湘神》、白居易之《长相思》、王建之《宫中调笑》、李白之《菩萨蛮》、白居易之《忆江南》等是也。[3]

唐代文学的发达，为中国文化史上值得夸赞的事，但它的发达有什么原因呢？归纳来说，有三点：(子) 政治的统一，物质上的进步。(丑) 国家的提倡，树之风声。(寅) 思想的自由，能表现作者个人的意志。唐代可算得我国民族最光荣的时期，政治清明，武功显著，是不必说的了；就是文化远播，文学昌明，也是宋、元、明、清四世所莫及的。[4]

---

〔1〕 胡云翼著《新著中国文学史》一五二页。
〔2〕 谭正璧著《中国小说发达史》一六〇页。
〔3〕 卢冀野编《中国戏剧概论》二七页。
〔4〕 刘麟生编《中国文学史》一七一页。

第七章

五代之文化

第一节　五代之政治社会

梁、唐、晋、汉、周称为五代，共八姓，十三主，五十四年（自西历九〇七年至西历九六〇年），在此时代，真是纷乱极了。按梁、唐、晋、汉、周，旧各有一代之史，欧阳文忠公始删为《五代史》，司马温公修《资治通鉴》，虽取欧阳公一二论说，而所援引书多是旧史，其言词详略，与欧阳公《五代史》多有同异。〔1〕

后梁太祖朱全忠既篡唐室，据大梁称帝，其统治地北据河，东滨海，西至泾、渭，南逾江、汉，诸镇畏梁之强，皆奉正朔，惟晋、岐、吴、蜀仍称唐的年号。太祖与晋王李克用有旧怨，乃结好燕王，围晋之潞州（今山西潞安府），后克用卒，子存勖立，破走梁军，梁军谋吞镇（直隶正定府）定（直隶定州）两镇，两镇求援于晋，晋王大破梁军于柏乡（直隶赵州属县），合二镇兵，悉定燕地。太祖败还，竟以荒淫，为子朱友珪所杀，朱友贞又杀其兄友珪而自立，是为末帝。梁末帝性懦弱，不足以有为，晋李存勖收其河北诸州，与梁夹河而战，拔杨刘（在泰安府东阿县北），遣李嗣源取浑州（今泰安

〔1〕《纲鉴汇纂》卷二七《五代纪》。

府东平县)，斩梁将王彦章，进逼大梁(后梁都城，今河南省开封府)，末帝自杀。后梁称帝，凡二世，十七年而亡。〔1〕

晋王李存勖灭梁后，自称皇帝，迁都洛阳，是为后唐庄宗。即位后，宠任伶人宦官，不问政事，赏赐无度，疏忌宿将，不恤军士；又荒于游畋，蹂躏民稼，上下咨怨。魏博(今直隶大名府)的兵，戍瓦桥关(在直隶保定府雄县南易水上)而归的，就据邺都作乱，奉王族李嗣源据大梁；庄宗方谋东讨，遂为伶人郭从谦所弑；李嗣源入洛阳，即帝位，是为明宗。李嗣源本胡人，为晋王李克用养子，更名嗣源，既即位，尽革庄宗弊政，兵革少用，比较前代，粗为小康；在位八年卒，子闵帝嗣位。此时，明帝的养子从珂镇凤翔，其婿石敬瑭，素与从珂有隙，不得已自河东入朝，诏令移镇郓州，敬瑭拒命，求援于契丹，许赂以卢龙及雁门关以北之地。契丹太祖将五万大兵南下，败唐兵于汾曲(山西太原府城东)，遂立石敬瑭为晋帝，是为后晋高祖。高祖引兵向洛阳，废帝从珂自焚死，后唐四帝，十四年而亡。

石敬瑭既称帝，奉表向契丹称臣，事以父礼，割燕云十六州献之，并岁贡绢三十六万匹；自是契丹遂强，改国号为辽。〔2〕高祖卒，兄之子齐王重贵立，是为晋出帝。时景延广用事，致书契丹，称孙而不称臣。初，河阳牙将乔荣从赵延寿入契丹，契丹以为回图使(凡外国与中国贸易者，置回图务，犹今之回易场)，往来贩易于晋，〔3〕晋执其回图使乔荣，凡辽人贩易在晋的领土者，皆杀之，并夺其货。辽太宗立，大举南侵，都招讨使杜威以二十万投降，景延广被执自杀，契丹遂入大梁，捕出帝归，后晋遂亡。〔4〕

晋将刘知远在太原，闻后晋出帝被捕，便自立为皇帝；及契丹兵北归，乃发兵入汴，是为后汉高祖。其先沙陀人，仕晋以功，封北平王，及即位二年卒，子隐帝承祐立；在位任用群小，滥杀无

〔1〕陈庆年著《中国历史教科书》卷四。
〔2〕《旧五代史·晋高祖纪》。
〔3〕《资治通鉴》卷二八三《后晋纪》四。
〔4〕韦休编《中国史话》第二册一六一页。

宰，枢密副使郭威受命辅政，位任隆重，惧及祸，遂拥兵犯阙，杀隐帝；郭威为众所推，即帝位，是为后周太祖。后汉主中原，不满四年而亡。〔1〕

后周太祖和后汉隐帝叔父刘崇不协，刘崇乃建北汉国于河东。及周太祖卒，养子世宗立，北汉乘丧，借辽兵来伐，世宗大败之于高平。世宗是个奋发有为的君主，在位之时，已立一个安内攘外的计画，就做了宋朝统一事业的根本。他深知禁卫军的弊端，遂大加简汰，在各州招募壮勇，以补其阙；同时又减裁冗费，整顿政治。〔2〕遣将取秦、陇，平淮右，复三关；威武之声，四夷为之震慑。〔3〕世宗卒，子梁王宗训立，是为恭帝。时北汉与辽师南侵，诏令赵匡胤率兵抵抗，夕次陈桥驿，将士拥匡胤为主，遂入汴，即帝位，国号为宋，是为宋太祖，后周遂亡。〔4〕

五代，为中国历史上乱离的时期；臣弑其君，子弑其父，兄弟相杀，强藩相并，严刑峻法，横征暴敛，奸豪迭出，盗贼蜂起，为酿成纷乱的原因。五代帝王，或及身而弑，或子孙为戮，求能全其后者，周世宗一人而已。且五代帝王，皆以马上得天下，其出身本至微贱，故为军将者，初不惜屈身求进，及既为将而领方镇，则以为据有兵强马壮者，皆可取天子之位，因此，篡逆攻伐，互相迭出；视人民疾苦，国家丧乱，无足轻重。〔5〕在此时期中，文化没有若何的进步，是自然的道理。

五代，并不是统一中国的皇朝，只是割据中的一国。当时地盘，是在中原；都城不在大梁，便在洛阳，历史便把他们当作中央政府。其余割据的各国，自用皇帝的尊号，自立朝廷；即使有不称皇帝的，政治上亦是完全独立，不受五代皇帝的节制。所谓十国，不是同时并立，是前后合计而成的。如镇海镇东军节度使钱镠据两浙，是为

〔1〕《旧五代史·汉隐帝纪》。
〔2〕吕思勉著《本国史》第三册三三页。
〔3〕《五代史》卷一二《周本纪》。
〔4〕同上。
〔5〕《五代史·绪论》。

吴越。岭南节度使刘隐据岭南，是为南汉。武威军节度使王审知据福建，是为闽。淮南节度使杨行密据淮南，是为吴。武安军节度使马殷据湖南，是为楚。剑南节度使王建据东西两川，是为前蜀。荆南节度使高季兴据荆南自立，是为南平。剑南西川节度使孟知祥又据两川自立，是为后蜀。吴将徐知诰篡吴自立，建南唐国。后周时，后汉的北京留守刘旻据河东自立，是为北汉。吴之立国凡四世，共四十九年而亡。前蜀之立国凡二世，共二十三年而亡。楚之立国凡六世，共五十五年而亡。闽之立国凡六世，共四十九年而亡。吴越之立国凡五世，共八十四年而亡。南汉之立国凡五世，共七十年而亡。南唐之立国凡三世，共三十六年而亡。后蜀之立国凡二世，共四十一年而亡。荆南之立国凡五世，共五十八年而亡。北汉之立国凡四世，共三十一年而亡。〔1〕十国享国最久者为吴越，享国最短者为前蜀。十国之亡国最先者为前蜀，亡国最后者为北汉。

五代十国纷乱之中，所遗留于中国最大的恶影响，就是石敬瑭甘心向契丹外族称臣子，割了边塞要地，引狼入室，使汉族处于外族威迫威胁之下四百余年，成了历史上重大的伤痕，文化上重大的灾厄。从前五胡乱华，是他们降服中国后，对于汉族的一种挣扎一种扰乱，中国所受的影响，只是皇帝的朝廷被推翻，和人民受了很重的兵灾而已。至于石敬瑭割地媚外，开了军阀勾结外族的恶例，结果使中国开始被外族所征服，开始受外族所宰割，为蒙古、满洲覆亡中国的导火线。周、秦和两汉，与汉族交涉最繁的外族是匈奴；汉以后，他们差不多完全被征服了。魏、晋时代，与汉交涉最繁的外族是鲜卑；然而他们的一部分于五胡乱华的中间，为汉族所同化了。隋、唐时代，与汉族交涉最繁的外族是突厥和吐蕃；然而他们到唐朝末年，也都衰弱起来了。唐末五代时，兴起的外族是鲜卑遗族契丹，契丹太祖耶律阿保机立为可汗，建都临潢（今热河省属阿鲁科尔沁旗），他用兵吞并中国北方的各部族，西征回鹘（回纥），东北灭

〔1〕《五代史》卷六《吴世家》，卷六三《前蜀世家》，卷六六《楚世家》，卷六八《闽世家》，卷六七《吴越世家》，卷六五《南汉世家》，卷六二《南唐世家》，卷六四《后蜀世家》，卷六九《南平世家》，卷七〇《东汉世家》。

勃海（满族靺鞨人在今黑龙江、吉林两省的地所建之国），服室韦（契丹别种），西北服点戛斯（属突厥族，今居中央亚细亚），疆域东至海，西至金山（今阿尔泰山）、流沙（今新疆、甘肃两省的沙漠），北至胪朐河（今克鲁伦河），南与中国接界，成为中国东北一个大国；石敬瑭为了内争而援引契丹，以祸中国，其遗下的恶果，真是不可恕的罪孽啊！

第二节　五代之文化形态

（一）社会风习　（甲）饮食。五代时，江南善作道场羹，脯面蔬笋不等，士君子嗜之，名达九重，遂饬令御厨效法。〔1〕吴越富于鱼，而造鲜奇异，有一种玲珑牡丹鲊，以鱼叶斗成牡丹状，既熟，出盎中，微红如坐开牡丹。〔2〕后周广顺元年，下诏：天下州府旧贡滋味食馔之物，今后不须进奉，因当时各州县均进奉有名的土产，制成食物，供献帝王。〔3〕（乙）衣服。后唐时，庶人商旅只着白衣；社会妇女服饰异常宽博，多费缣绫；有力之家，不计卑贱，均穿锦绣；唐庄宗特下令纠察。〔4〕南汉僭制小国，乃作平顶帽以为冠，由是风俗一变，皆以安丰顶为尚。〔5〕南唐后主昭惠国后周氏，宠嬖专房，创为高髻纤裳及首翘鬓朵之妆，人皆效法。〔6〕（丙）婚姻。五代婚礼不详，其略可考见者，仅帝室之婚制而已。（丁）丧失廉耻。冯道历事四姓十君，当时人士皆仰为元老，而喜为之称誉。〔7〕郑韬光事十一君，越七十载，士人皆称颂之。〔8〕张全义媚事梁太祖，妻女为其迫淫，亦视作等闲。〔9〕欧阳修撰《五代史》，对于当时风俗

---

〔1〕《陶谷清异录》卷下。
〔2〕同上。
〔3〕《旧五代史》卷一一〇《唐太祖纪》一。
〔4〕《旧五代史》卷三一《唐庄宗纪》五。
〔5〕《陶谷清异录》卷下。
〔6〕陆游《南唐书》卷一六《后妃列传》。
〔7〕《五代史》卷五四《冯道传》。
〔8〕《旧五代史》卷九二《郑韬光传》。
〔9〕《五代史》卷四五《张全义传》。

上之灭绝伦理，丧失廉耻，皆严词痛斥，而于《冯道传》，言之尤切。世末风衰，是必然的趋势啊！（戊）阶级。自唐以皇族冠氏族之首，魏、晋以来，士大夫风习，已经动摇；自五代之乱，谱谍散亡，门第风尚乃完全摧毁。后汉乾祐元年，李屿仆夫葛延愚上变告李屿谋反，遂族诛李崧兄弟；自是士民家皆畏惮仆隶，不敢蓄奴；奴婢制度，遂根本推翻。〔1〕

（二）农业　自梁太祖开平元年（西纪元九〇七），至宋太祖陈桥受禅（九六〇），半世纪的纷扰，一切都陷于无制度，而田制当然不在例外。当时夺田之事，豪取巧得者甚多，如唐庄宗时，张全义降唐，封为齐王，然其中官各领内司使务，或夺其田园居第，全义乃悉录进纳。〔2〕以全义降王之尊，而不免被人豪夺，其他小百姓可知了。又李璘为唐宗室子，招致部下，侵夺民田百余顷，以为陵园壖地。〔3〕刘彦贞决水城下，使民田皆涸，以贱价买取人民之腴田后，复涨安丰塘水，致积资巨亿。〔4〕地主之巧借名义，以猎取田地，小百姓受苦不言而喻了。周世宗时，许人请射承佃，供给税租，如三周年内本户来归者，其桑田不计荒熟，并交还一半；五周年内归业者，三分交一分；如五周年外，除本户坟茔外，不在交付之限。其近北诸州陷蕃人户来归业者，五周年外，三分交还二分；十周年内还一半；十五周年者，三分还一，此外不在交还之限。〔5〕可知此时虽有荒土，国家不能计荒授田，只任人请射而已。至周世宗见元稹《均田图》，叹为致治之本，诏颁其图法，使吏民习知，期以一岁，大均天下之田；然只能谓之均租，不得与北魏之均田相提并论。〔6〕

五代迭经乱离，民生憔悴，后唐明宗尝问冯道以“今岁丰，百姓济否?”冯道诵唐人聂夷中《田家诗》以复之。〔7〕于此，可见五

---

〔1〕 黄现璠、刘镛合著《中国通史纲要》中卷一七二页，邓之诚著《中华二千年史》卷三第四一八页引。

〔2〕《旧五代史》卷六三《张全义传》。

〔3〕《五代史》卷五七《李璘传》。

〔4〕《南唐书》卷一七《刘彦贞传》。

〔5〕《容斋三笔》卷九。

〔6〕《新五代史》卷一二《周本纪》，《图书集成》卷四四引《册府元龟》。

〔7〕 聂夷中诗：“二月卖新丝，五月粜新谷，医得眼前疮，剜却心头肉。”

代民生之艰困了。

五代帝王间有知道劝农者，如后唐明宗三年下诏，准百姓自铸农器，以资利田。后周太祖广顺元年下诏，劝课耕桑，以丰储蓄。世宗显德三年，留心农穑，思广劝课之道。至贤吏之能劝农者，当推河南尹张全义。关于水利，周世宗显德三年，以尚书司勋郎中何幼冲为开中渠堰使，命于雍、耀二州界疏泾水以溉田。[1]

（三）税制 五代税制，大抵因袭唐之《两税法》，后唐明宗长兴元年，视各地节气早晚，分别两税及杂税征收日期，《册府元龟》载："访闻天下州县官吏，于省限前预先征促，致百姓生持送纳，博买供输，既不利其生民，今特议其改革，宜令所司，更展期限。"[2]所展期限如下表：[3]

	大小麦曲麦豌豆		正税、匹段钱、鞋、地头、榷曲、蚕、盐及诸色折科	
	起征期	纳足期	起征期	纳足期
节候常早处	五月十五日	八月一日	六月五日	八月二十日
节候较晚处	六月一日	八月十五日	六月十日	八月二十五日
节候尤晚处	六月十日	九月	六月二十日	九月

节候常早处，有河南府、华、耀、陕、绛、郑、孟、怀、陈、齐、隶、延、兖、沂、徐、宿、汶、申、安、滑、濮、澶、商、襄、均、房、雍、许、邢、邓、雒、磁、唐、隋、郢、蔡、同、郓、魏、汴、颍、复、曹、鄜、宋、亳、蒲等州四十七处。节候较晚处，有幽、定、镇、沧、晋、隰、慈、密、青、登、淄、莱、邠、宁、庆、衍十六处。节候更晚处，有并、潞、泽、应、威塞军、大同军、振武军七处。后周世宗显德三年，令夏税以六月一日起征，秋税以十月一日起征，永为定制。[4]五代是纷乱之世，所以民生日陷于痛

〔1〕《二十四史九通政典类要合编》卷一七二《五代食货》。
〔2〕《册府元龟》卷四八八。
〔3〕万国鼎著《中国田制史》上册二六〇页。
〔4〕《册府元龟》卷四八八。

苦，唐庄宗平定梁室以后，任孔谦为租庸使，峻法以剥下，厚敛以奉上，天下怨苦，民多流亡。〔1〕后汉隐帝时，三司使王章聚敛益急，吏缘为奸，民不堪命。〔2〕吴越之地，民间尽算丁壮钱，以增赋舆，贫乏之家，父母不能保守，或弃于襁褓，或卖为僮妾，至有将提携寄于释老以避税者。〔3〕刘铢移镇青州，立法深峻，在任擅行赋敛，每秋苗一亩，率钱三千，夏苗一亩，钱二千。〔4〕据此，可知五代赋税的繁重。

五代于两税之外，复多杂税。《册府元龟》载："后唐庄宗同光二年二月敕：历代以后，除桑田正税外，只有茶、盐、铜、铁出山泽之利，有商税之名，其余诸司，并无税额。伪朝以来，通言杂税，有形之类，无税不加。为弊颇深，兴税无已。"〔5〕所谓通言杂税，无税不加，可知当时的繁苛。《通考》载："五季暴政所兴，江东西酿酒则有曲引钱，食盐则输盐米，供须则有鞋钱，入仓库则有废钱。"〔6〕后晋出帝时，令州郡税盐，过税斤七钱，任税斤十钱，既案户征盐钱，又加征商税，使利尽归地官。〔7〕后汉乾祐中，青盐一石，抽税一千文，是比较出帝时，又为加重。后周太祖广顺中，始下诏青盐一石，抽八百文，盐一斗；白盐一石，抽五百文，盐五升；然盐价既因抽税增贵，而按户所征之盐税，又不放免，是一盐而两税，民生益苦了。

五代时，酒归官酿的时候，则禁私造；由民间自由私造的时候，则由官方征以酒税。后汉隐帝乾祐中，禁私曲，不论斤两，皆处死罪。后周太祖广顺中，凡酿五斤私曲，即处以极刑。〔8〕

铁税制度有明文可考者，如后唐明宗长兴二年，下诏开铁禁，准人民自铸农器什器之属，在夏秋田亩上，每亩收农器一钱五分，

〔1〕《旧五代史》卷一四六《食货志》，《通考》卷三。
〔2〕《新五代史》卷三〇《王章传》。
〔3〕释文莹《湘山野录》卷上。
〔4〕《旧五代史》卷一〇七《刘铢传》。
〔5〕《册府元龟》卷四八四。
〔6〕《通考》卷四。
〔7〕《廿二史札记·五代盐曲之禁》条。
〔8〕同上。

随夏秋二税送纳。〔1〕

五代商税有两种：(1) 后唐明宗大成元年，下诏各州府置税茶场，自湖南至京六七处纳税，以致商旅不能。〔2〕(2) 后周太祖显德五年，下令各州府，对于牛畜，只征以货物税，每一千抽税钱三十，不准抽通过税。〔3〕此外，正额之上，别加省耗，横征百出，重为民患。〔4〕

(四) 商业 五代干戈扰攘，争夺相寻，当无商业可言；然就《五代史》考之，则往来贸易，仍未稍绝，就中尤以大梁为梁、晋、汉、周帝都所在，水陆会通，远近辐辏，随政治的中心，而为商业的中心。其时南汉虽僻处南服，而与岭北通商，岭北商贾至南海通商者亦多。〔5〕湖南产茶，听人民自采，卖于北客，收其价以赡军；每以境内所余之物，易天下百货。五代各国与外夷通商者甚多，输入物品，以马匹、宝玉、铜银为大宗。唐明宗时，下诏沿边置场市马，诸夷皆入市中国，而回鹘、党项之马与宝玉亦同时输进。〔6〕高丽产铜，乃遣韩彦卿以帛数千匹，买铜于高丽。契丹在后晋也和中国有贸易往来，如河阳牙将乔荣入辽，辽以为回图使，专司两国通商事务，犹今世各国驻外领商务官，或商务专员一样。

(五) 币制 五代币制，亦属紊乱，唐代恶钱，至五代仍未尽绝，江南商人，有挟带锡镴小钱行使沿江各州县者。〔7〕唐庄宗同光二年，知唐州晏骈安奏请加以禁止，遂不许将恶钱换易好钱，如有私载，并行收纳。明宗天成元年，以诸道州府多销镕见钱以邀厚利，乃下令依盗铸钱律科断。〔8〕后晋高祖天福三年，禁止将铅、铁杂铸，诸道有久废铜冶，许百姓取便开炼，官中不取课利，除铸钱外，

〔1〕《旧五代史》卷四二《明宗纪》。
〔2〕《续通典·食货典》。
〔3〕《通考》卷十七《征榷考》。
〔4〕《册府元龟》卷四八八。
〔5〕《五代史·南汉世家》。
〔6〕《五代史·四夷附录》。
〔7〕《旧五代史》卷一四六《食货志》。
〔8〕同上。

不得别铸铜器。[1] 后周太祖显德二年，立监采铜铸钱，凡民间铜器，悉令输官给直，隐匿不输，五斤以上，加以死刑。[2] 五代相承用唐钱，诸国割据者，江南有唐国通宝，又别铸如唐制而篆文，其后铸铁钱，每十钱，以铸钱六，权铜钱四而行。乾德（前蜀王建僭元）后，只以铁钱贸易，凡十，当铜钱一。两浙河东自铸铜钱，亦如唐制。四川、湖南、福建皆有铁钱，与铜钱兼行。湖南有乾封泉宝，径寸，以一当十。福建如唐制。[3]

（六）交通　五代时交通比较显著者，为中日船舶之往来，此等来往船舶统属中国商船，而日本船则甚少；因日本是时对于海外，颇采消极态度的缘故。到日本之中国船舶，似皆发自吴越，横断中国东海，经肥前、松浦郡、值嘉岛而入博多津。航海时，概利用季节风，春夏来日，秋冬归国，与唐代之船舶无异。由中国往日之船，以贸易为目的，一面又为吴越国与日本间的国交。西纪元九五三年，蒋承勋为吴越王弘俶之使者往日，并赠锦绮等珍品，而吴越王弘俶则曾托商客，求《天台论疏》于日本。[4] 五代时，中日间文化的交涉，已不如前代之重大，日本渡海之伴侣颇少，而僧侣之求法者，惟以巡拜天台、五台之圣迹为重要目的；其受中国的文化影响则甚少也。五代为期五十三年之久，与西洋之交通，在此短少时间，当然没有若何的发展；惟据《五代史记》之《南汉世家》中记南汉刘𬬮宠波斯女之事有说："刘𬬮乃与宫婢波斯女等淫戏后宫，不复出省事。"可以反证当时与波斯等国必有交通，否则必无波斯女来中国之事也。

（七）官制　（甲）中央。五代承唐旧制，以同中书门下平章事为宰相。朱温篡位，改唐之枢密院为崇政院，至后唐复枢密使之名，郭重韬、安重诲等为使，枢密之任重于宰相，自后宰相遂失职。[5]

〔1〕《通考》卷九《钱币考》二。
〔2〕同上。
〔3〕同上。
〔4〕日人木宫泰彦著《中日交通史》上卷汉译本二五五页至二六四页。
〔5〕《廿二史札记》卷二二引欧阳修《五代史·郭崇韬传赞》。

当时枢密之权最重，等于人主，不待诏敕，可以易置大臣。后晋出帝开运元年，敕依旧置枢密院，以宰相桑维汉兼枢密使。后周太祖显德六年，命司徒平章事范质、礼部尚书平章事王溥同参知枢密院事。[1] 隋唐旧制，尚书之下，统列六部，五代六部之名亦不废。（乙）地方。地方之官，有京师、外州之别，京师所治，恒立尹以理之。五代梁都汴州，置开封尹；唐都洛阳，为河南尹；石晋都于汴，仍为开封尹。州郡：后梁有七十八，后唐有一百二十三，后晋有一百零九，后汉有一百零六，后周有一百十八，不隶藩镇的州郡均置刺史，以治其事；然朝廷委任刺史，多以武人为之，论者谓："天下多事，民力困敝之时，不宜以刺史任武夫，恃功纵下，为害不细。"[2] 因为武人出身军伍，对于民政不知抚循之故，自宋太祖易以文臣牧民，遂改变此种风气。

（八）军制 五代时，兵役颇为繁扰。梁太祖用法深严，将校有战没者，所部兵悉斩之，谓之拔队斩；士卒失主将者，多不敢归，乃文军士之面，以记军号，逃者皆处死。[3] 唐末帝时，下令各道州府县镇，宾佐至录事参军都押衙教练使以上，皆习骑队。晋初置乡兵，号天威军，教习岁余，村民不娴军旅，竟不可用，悉罢去之。[4] 周世宗即位后，谋肃军政，乃命大简诸军精锐者，升之上军，羸者斥去之；由是士卒精强，所向皆捷。南唐时，组织民间军队，有七种：(1) 新拟生军，(2) 新拟军，(3) 团军，(4) 凌波军，(5) 义勇军，(6) 自在军，(7) 排门军。[5]

关于水军：吴越王钱镠大举兵伐吴，以钱传瓘为诸军都指挥使，帅战舰五百艘以破吴。周太祖显德四年，以南方水军敏锐，乃于京城汴水侧，开地造船舰数百艘，招诱南卒，教习北人，数月之后，

---

〔1〕《二十四史九通政典类要合编》卷一七四《五代职官》。
〔2〕《廿二史札记》卷二二《五代藩郡皆用武人》一节引。
〔3〕《二十四史九通政典类要合编》卷一七三《五代兵》，《文献通考》卷一五二《兵考》四。
〔4〕同上。
〔5〕马令《南唐书》卷五《后主》。

纵横出没，遂胜唐兵。[1] 五代时，将帅拥兵自专，视兵为私有，所以争战未有宁日，而屡易朝代也。

（九）法制　五代对于法制，无甚改革，即有变易，不过形式而已。梁太祖开平四年，中书门下奏新删定令三十卷，式二十卷，格一十卷，律并目录十三卷，律疏三十卷，共一百零三卷，此为大梁新定格式律令。[2] 五代多用酷刑，如梁太祖之族诛王师范于洛，唐庄宗之族诛梁臣赵严等。[3] 晋时非刑，有以长钉篸人手足，以短刀脔割人肌肤者。[4] 五代非法之刑，莫甚于汉代，后汉高祖生日时，遣苏逢吉疏理狱囚以祈福，凡囚犯无轻重曲直，皆杀之。[5] 汉法，有窃盗一钱以上者，即处死刑。[6] 隐帝时，处流言者，不论罪之大小，均加以死刑。[7] 其次莫如周代，周代虽编订《大周刑统》，在五代诸律中，较为精审，然周法亦太严，群臣有小罪者，乃处以极刑。薛居正《旧史记》载其事甚详。[8]

五代法院编制：后唐有大理寺、御史台、刑部；地方司法管辖区域有县与府。后晋有大理寺、御史、刑部。后周有御史台、刑部。关于刑名：五代刑名，大概也与隋、唐相差不多，惟身体刑，后晋有刺面之法，而死刑则特别残酷。[9] 关于民法：五代史料颇感缺乏，惟《宋刑统》，后周有死商承继的敕条；《册府元龟》也保存后周广顺二年开封府的奏文，可略窥物权债权的大概。[10]

（十）宗教　（甲）多神教。后梁太祖开平二年十一月，自东京赴洛都，行郊天礼，自石桥备仪仗，至郊坛。三年正月，以河南尹张宗奭为南郊大礼使。后唐庄宗同光元年，奉太祖配享明堂。后周

---

〔1〕《九通政典类要合编》卷一七三《五代兵》。
〔2〕《册府元龟》卷一六三，《旧五代史·刑法志》。
〔3〕《旧五代史·王师范传》、《庄宗纪》。
〔4〕《旧五代史》卷一四七《刑法志》。
〔5〕《五代史》卷三〇《苏逢吉传》。
〔6〕《续通志》卷一五〇《刑法略》七。
〔7〕同上，又《廿二史札记·六代滥刑》一节。
〔8〕《二十四史九通政典汇要合编》卷一七三引洪迈《容斋随笔》。
〔9〕拙著《中国法律史大纲》九四页。
〔10〕《宋刑统》卷十二引《册府元龟》引《后周开封府奏文》，又见洪迈《容斋三笔》卷九《射田逃田》条。

太祖广顺三年九月，修建社稷坛以备崇奉。周世宗显德五年，下诏释奠武成王庙，每祭，差上将军、将军充三献官。后唐庄宗同光三年，寒食望祭于西郊。后周太祖广顺元年二月，寒食望祭于蒲地。世宗显德元年六月，车驾征太原，回祭嵩陵。以上略为引证，可以知道当时祭典，与前代没有多大的分别。（乙）道教。五代崇信道教者，惟苏澄隐得养生之术，名动当世。（丙）佛教。五代佛教较为衰落，后周世宗力排佛教，国内寺观之被毁者，计三万有余所。

（十一）美术　（甲）音乐。后梁雅乐绍承唐制，改《十二和》为《九庆》，今之所传仅存八曲，其轶者祀地只享宗庙皇后皇太子出入诸篇，惟郊祀之乐，尚可考见。后唐初用《十二和》旧乐，至明宗时，始有《长兴乐》之名，隶于太常，然皆教坊杂曲，仅可用以飨燕；且其篇名亦缺轶失传，其正声存者，惟庙中各室酌献五曲而已。后晋雅乐改唐《十二和》为《十二同》，而其目缺略不详。后汉雅乐有《十二成》曲，与《郑志》所载唐世用乐之法一一吻合。后周雅乐有《十二顺》曲：如《昭顺》、《宁顺》、《肃顺》、《感顺》、《治顺》、《忠顺》、《康顺》、《雍顺》、《温顺》、《礼顺》、《禋顺》、《福顺》，〔1〕有类于唐之《十二和》。〔2〕（乙）绘画。善画山水者，有后梁之关同，他的画，具巍峰穷谷峭拔之状，林麓平远杳漠之趣，一时为人所推崇。人物有前蜀之禅月大师贯休，及后蜀之石恪，贯休画十六罗汉，甚工致；石恪作壁画，能表示其个性。花鸟，有南唐之徐熙与蜀之黄荃，徐熙宦于南唐，最善花鸟之写生；黄荃尝画一雉，悬于八卦殿中，竟被鹰之误击，其技之工可知。〔3〕又南唐后主李煜善画林木飞鸟，别为一格。〔4〕梁之荆浩所画自成一体，能使学习者率循涂径。〔5〕（丙）雕刻。蜀相毋昭裔刻十经于石，石凡千

---

〔1〕《二十四史九通政典汇要合编》一七〇《五代乐》。

〔2〕唐之《十二和》为《豫和》、《顺和》、《永和》、《肃和》、《太和》、《舒和》、《休和》、《正和》、《承和》、《昭和》、《雍和》、《寿和》。

〔3〕日人大村西崖著《中国美术史》汉译本一二四页。

〔4〕《宣和画谱》。

〔5〕《五代名画补遗》。

数，历八年乃成。[1] 后唐明宗长兴中，诏国子博士田敏与其僚属校经，镂之板上。[2] 和凝有集百卷，自篆于版，模印数百帙，分惠于人。[3]（丁）陶器。（1）秘色窑，越州烧进，为供奉之物，故称秘色。[4]（2）柴窑，世传柴世宗时烧者，故谓之柴窑。其质薄如纸，声如磬。[5] 陶器柴窑最古，今人得其碎片，与金翠同价。

（十二）教育　五代是中国最纷乱的一个时期，说及教育，没有什么进展，其中梁太祖和周世宗，比较注意教育；梁开平三年，修建文庙；周显德二年，修建国子监；这是在军政时期注重教育的一个特例。其他南唐民间私立有白鹿洞书院，亦属著名。关于选举，五代之弊为甚：五代五十余年之间，惟梁与晋各停贡举二年，至于朝代更易干戈扰攘之岁，贡举未尝废也；每岁所取进士，其多者，仅及唐盛时之一半，而三礼三传学究明经诸科，唐虽有之，但每科所取甚少，五代自晋、汉以来，明经诸科中选者，常及百人，盖帖书墨义，太平之时，士鄙其学而不习，国家亦贱其科而不取。五代为士者，往往从事帖诵，而举笔能文者甚少，国家亦姑以是为士子进取之途，故其所取，反数倍于盛唐之时。[6]

五代学制之可考者，惟后唐一朝。后唐国学生限二百人，诸生入学，皆出束脩钱，及第后，出光学钱；是时为监生者，大都苟且冒滥，国学亦仅具其名而已。

（十三）学术　（甲）天文学。五代历家有马重绩、王处讷、王朴。初时用唐《崇元历》，晋高祖天福元年，马重绩造《调元历》。周广德二年，王处讷撰《明元历》。周显德二年，王朴造《钦天历》，分步日、步月、步五星、步发敛四术。当时民间有《万分历》，蜀有《永昌》、《正象》二历，南唐有《齐政历》，未详何人所造，其法亦

〔1〕王昶《金石萃编》卷一二二引《成都记》。
〔2〕晁公武《石经考异序》，《旧五代史》卷一二六《冯道传》。
〔3〕《旧五代史》卷一二七《和凝传》。
〔4〕赵德麟《侯鲭录》卷六。
〔5〕S. W. Bushel著《中国美术》下册汉译本二三页，谷应泰《博物要览》卷二。
〔6〕《二十四史九通政典汇要合编》卷一七一《五代选举》。

不可考。[1]（乙）历史学。五代为中国文化史的黑暗时期，故各种学术没有什么的发达，关于史学，只有后晋刘昫等奉敕撰著之《旧唐书》二百卷而已。是书与《新唐书》相比，互有短长，二书今并列于正史，犹《五代史》之有新旧二本也。[2]

（十四）文学　五代在文化史上虽是黯然无光，但在文学史上，则有多少的成绩。（甲）诗。五代诗人，有罗江东、孙光宪、韩致光、韦端己、罗昭谏、韩偓、吴融、韦庄等。[3]此时之诗，有足以表见当代社会实况者，有司空图、杜荀鹤等。司空图之诗，含蓄有民族的精神。[4]杜荀鹤之诗，以哀怨之微词，反对内战征徭及枉杀平民。[5]他们与吟风弄月的诗人，相悬甚远。（乙）词。五代文学，本以词为主体，《花间集》所集词有五百首，除去温庭筠、皇甫松所作外，都是五代词人所作。但作者虽散居各地，而作风一致，他们大都不能逃脱温庭筠的影响。[6]五代的词，盛于西蜀与南唐，这因两地比较平静，且两地君主多爱好文学，文人多归附之，其中尤以西蜀为最盛，《花间集》所录，多半蜀中词人，其首出者当推韦庄。[7]他作了一首长至一千六百六十六字之《秦妇吟》，写当时惨乱的状态，为中国七言诗中第一长诗。他的词，风流倜傥，冠绝一时。其他词人，有牛峤、李珣、毛文锡、顾敻、魏承班、欧阳彬、薛昭蕴、欧阳炯、王衍、孟昶等。此外，荆南词家有孙光宪；中原词家有和凝、李存勖；南唐词家有南唐二主及冯延巳、成彦雄、徐铉五人。五代词比唐词更加发达，翻开《花间集》便可知道。有人说："五代的大词家，当然要推李后主，其次要推冯延巳、韦庄了。"[8]周济说："后主词如生马驹，不受控制。"后主的词所以高

〔1〕朱文鑫著《天文考古录》一一页，《五代史·司天考》。
〔2〕《辞源》下册末部一九四页。
〔3〕王士禛《五代诗话例言》，《五代诗话》卷六引李忠定《梁溪集》，《全唐诗录》卷九四。
〔4〕刘克庄《后村居士诗话》卷上。
〔5〕陶宗仪《辍耕录》卷九三。
〔6〕谭正璧编《新编中国文学史》二三〇页。
〔7〕胡云翼著《中国文学史》一六一页。
〔8〕刘麟生著《中国文学史》二四五页。

妙：(1) 出于天才，(2) 家学渊源，(3) 由于环境。他于未亡国之先，词句偏于侧艳；国破家亡之后，始有衰艳之句；看他《忆江南》、《相见欢》等词，可以知道了。（丙）歌曲。唐及五代的民间叙事歌曲，今存有：《孝子董永》、《季布歌》、《太子赞》等。（丁）变文。变文讲佛经的故事，而趋于普遍化通俗化的，如《维摩诘经》变文、《降魔》变文、《佛本生经》变文、《目连救母》变文等。讲唱民间传说故事的，有《列国志》变文、《明妃》变文、《舜子至孝》变文等。（戊）小说。五代小说，有徐铉之《稽神录》、沈汾之《续仙传》、冯延巳之《黑昆仑传》、高彦休之《唐阙史》、尉迟偓之《中朝故事》、王仁裕之《开元天宝遗事》、刘崇远之《金华子》、杜光庭之《录异记》、《神仙感遇录》等，皆为后人所称述。

结　论

昔章实斋于《文史通义》中《原道篇》说过："天地生人，斯有道矣，而未形也。三人居室而道形矣，犹未著也；人有什伍而至百千，一室所不能容，部别班分，而道著矣。仁义忠孝之名，刑政礼乐之制，皆不得已而后起者也。"章氏在这里，实明显指出人类先有社会组织，而后产生文化，但他以为文化是不得已而后起的。我以为人类社会，因生活的需要而有组织，又因补助生活的便利，解决生活的困难，而有文化的创造和演进。中国民族，为世界众多的民族，立国已有五千年的历史，在世界文化的领域里，成为东亚文化的中心区，不论在纵的方面，横的方面，物质的方面，精神的方面，对于它自成体系的文化形态，都有探讨研究的必要。

中国过去的文化，已有了数千年的长期，它的文化之变迁演进，在每一时代中，自然有多少的不同，很像波涛起伏，不能成为固定的，故在某一时期中很进步，而在别一时期中，又很停顿了，很衰落了。我们不能维护中国几千年来的文化都是进步的，都是超越于世界各国的；我们只可以研究中国上古中古近代的文化，把它的实质表露出来，把它的真相揭发出来，从物质的精神的方面，发见它的质量；不能以自己的意思，而自行创造历史和文化。所以几千年的文化，有优良的，我们认他为优良；有卑劣的，我们认他为卑劣。在几千年来，我先民以其惨淡经营努力创造的成绩，完成历史的价值和文化的价值；我们后代人，不能把它一概轻视抹煞的。

一个民族，倘仍然在世界上占有生存的地位，而不被其他民族蹂躏而灭亡的，他对于文化仍然必在于不断的创造中，而促其发展进步。人类是进步的，文化也是进步的，希腊伊壁鸠鲁(Epicureans)派的学者，摒弃人类远古的黄金时代，及随后人类退化的传统信仰，而建立进步的观念；我以为他们的意见，是很对的。文化，是随人类的智识的开发而进步的，又随地理环境的适应而进步的；法国数学家及革命家康多塞（Condorcet）及十八世纪的《百科全书》派学者，他们相信人类是向上的，不是向下的；并相信人类将来的进步，是无止境的。我在拙著《中国政治思想史大纲》绪论中曾说过："历史是人类生活演进的状态，是人类在智识线上、道德线上、文化线上进步的纪录。"（见商务版五页）因此我们对于上古中古近代的中国文化，不能承认它为满足，为已达到于世界的高峰，且当树立了进步的观念，为现在的未来的文化而努力创造，以企图达到世界文化之至境。这是目前中国民族复兴和更生的指针。英哲罗素离中国时，在北京教育部临别赠言中有说："中国的文化，向来以孔子学说为基础，而又有佛学的意味，参杂在里面；到了现在，已达到自然剥落的地步，既不能成就个人的事业，更不足以解决目下国内外各种政治问题；因为从这千余年来，已渐渐的衰颓丧失活动的势力，正如欧洲蛮族南下以前希腊、罗马文化，丧失势力的一样；一味崇拜古人，不问他的价值，这种坏现象，一定免除不了。我以为一个时代，应该自谋适合自己的道理，祖先的方法，在祖先时代，固然适合，但是不应该把他拿来适合自己的现在。"我引了罗素之说，并补充他几句话：我以为现在时代，中国民族应该振起独立自由的精神，运用世界的新科学、新学术、新文化为基础，以谋适合现在的环境，达到中国民族新生命的途径，而后足以恢复千余年来已丧失的文化势力啊！

附录一

中国文化发展之路线

（见民国二十六年二月《更生杂志》）

人类生活的历史，因要适应自然的环境，凭着他应付的能力，表现他不绝的动作，而创造许多的文化；在这许多创造的文化中，形成他生活史全部的状态，保障他生存的地位。我们知道世界许多的国家，许多的民族中，因地理环境社会环境种种的不同，其文化特质必有所不同。然因世界交通制度之日益发达，各种不同的文化物质，渐渐改变而倾向于同一的路线。但是世界没有达到大同的一天，各国家各民族的文化，有他不同的特点，我们可说文化发展之目的是相同的，而文化所走的路线是不同的。

（甲）文化的概念　英国人类学者泰洛（Tylor）为文化下一个定义说："文化是包括知识、信仰、艺术、道德、法律、风俗，以及任何人在社会上所可获得的才干和习惯。"泰洛是注重人类能力和精神生活，以说明文化的意义的。有说："文化是调适于环境的产物"，有说："文化是精神生活、社会生活、物质生活的三方面所汇合的现象。"我在《中国文化复兴之基本问题》一书中，曾提出文化是人类以其精神力量，对于自然界创造的向上的努力的状态。总之凡说及文化，都是人类在无限的历史程途中发展演进的生活现象。倘某一个国家，某一个民族，他的文化型是固定的，最没有发展能力的，这个国家和民族，会到死亡的阵线上了！

（乙）中国文化的特质　中国过去的旧式的文化，有许多是不适于现代的，有许多是与现代的新生活不相适应的。这种种不良的文化，已随民族生命一部分的残垒，淘汰以去。然过去中国历史上，中国文化尚有适应于现代人民的生活者，也许承受而发挥光大之，或与欧美新式的文化，结了不断之缘，而别创造一崭新的优异的文化特质。从精神生活方面说：中国民族性是爱和平重人道的文化，但是爱和平重人道，要以中国民族本身能够在世界上占得生存的地位，然后能说到和平和人道。倘外族有危害中国民族生存的地位的，要从奋斗中以求和平，抗战中以求人道了。从社会生活说：中国历来是主张忠（忠于国家）孝仁爱信义、己立立人、己达达人之最高社会道德的文化。能够把这个道理扩大，可以巩固中国民族团结之基础，维系社会而不致破裂了。从物质生活方面说：中国向来是主张利用厚生的，是主张重农贵粟的，且主张生之者众，食之者寡，为之者疾，用之者舒的，这物质生活之基本信条，我中国民族生当现代，如从实际做去，然后能使中国文化发扬光大，否则将这个基本信条倒置，这数千年农业文化的国家将陷于坠落了，那有文化进展之可言呢？

中国文化进展的路线，是要中国民族跑到生活的路线，不要跑到死亡的路线。换句话说：中国民族本身要复兴起来，对欧美文化迎头赶上，而且要拼命赶上的。

（丙）中国文化发展的路线　中国文化发展之路线，是要重新估定中国文化的价值，是要中国民族走到更生之路，是要中国文化扫除本身将死灭的不良的气质，而换以有活力有生命的气质，是要吸收欧美新异的文化，而产生一较为人道的幸福的和平的进步的文化。中国人对于欧美文明的态度，是有三种：第一种，是保守的。这派人是具有一种成见，以为中国的过去文明样样都是好的，西方的文明除却穿衣吃饭以外，样样都是不好的；这种思想是不了解中国的文化，同时也是不了解西方的文化，是要不得的。第二种，皆盲目赞美西洋文化的，以为西洋的文化样样都是好的，样样都是美的，不论英国之君主立宪也好，法美之民主政治也好，俄罗斯之人民阵线也好，德意之法西斯蒂也好，都是一概接纳而包罗并蓄的。对于本国的文化，一概都是不好，一概都是要扫灭的，他们不知道西方文化真正之优点在哪里，劣点在哪里，好像把外国的树木，移植中国的泥土里，不问土地气候环境如何；以为总要移植，就可以生长的，他们的思想，对于保守派的惊醒，新青年之觉悟，是有益的。而对于中国文化本身，把优点也一概丢在茅厕里，是有害的。第三派是取批评的态度，而具有中正的合理的眼光，而加以别择的。以为西方欧美的文化，不是样样都是好的，他的优点在哪里，他的劣点在哪里，中国文化不是样样都是劣的，估定中西文化的本身价值，而以创造世界未来之新文化为目的，以更生中国民族之气息。文化是好像一条汪洋不绝的长江大河，它的本身是常在变迁的，又是常在吸收模仿中的。我们不要以为西方的文化是完全自生的，譬方希腊的文化，除却它本身具有的质素外，乃是吸收附近小亚细亚沿岸的文化而来，即是爱琴（Aegean Sea）文化。同时在其东邻有所谓东方文化，比之爱琴文化为更发达，常有刺激爱琴文化的事实，此等古代的东方文化，或依海上交通，或由陆路而来，遂与爱琴文化相接触，而刺激其进步。古代的西洋文化，是由希腊人与罗马人，及东方基督教筑其基础。欧洲人取希腊、罗马、犹太文化之特长，以完成其近代的文化。即在非洲北部的迦太基，上古以贸易殖民地的经济文化，提高欧洲地中海的西部文化。从上引证来看，就知道西方近代及现代文化之进步，也是由于上古中古时代邻近的国家，采择它文化的特长所致。

在中国文化发展史上有两个时期，是当注意的：（一）是汉代。汉代以农业、水利、盐铁、交通、商业种种政策之讲求，而文化大为发展；因文化充溢的现象，而文化向西移殖。（二）是唐代。唐代注重社会经济的调剂，国家财力，日益充溢，而文化大为发展。因文化发展而遂向东移殖，即日人多留学于唐而吸收中国的文化。兹列表如下：

汉——→

←——唐

在中国历史上光荣的时代，文化日益充实发挥，环居各国家因接触之故，而吸收中国的文化，这是必然有的现象。中国上古的文化，是由西北而伸展黄河流域、长江流域、珠江流域。它的文化进展的线路，是取弯曲的线路。从过去文化发展的线路而观察珠江流域的开发，是在最后。而近数十年来，南方文化之开发，又有由南伸展至北之势。我们知道洪杨民族革命运动，是由珠江以伸展至长江流域的。国民革命运动，是由孙总理之领导，由南方发动以及武汉起义，统一全国的。民国十五年革命军由广州之誓师北伐，而至东北易帜，全国统一。维新运动由南方康梁之领导，以至于戊戌政变的新政改革。西方商业制度之采取，西方学术之引用，由粤导其先驱。诸如此类，可以知道南方文化之开发虽在后期，而西方新文化之接触吸收，亦为全国的先导。今后新文化的继续创造，尤当负历史上的重大责任啊！

我们知道国家的文化，有许多地方是难以平均发展的。譬方有等国家有以工业见长，有等以农业见长，有等以军备见长而重工业反为落后（如日本），中国的文化，是以农业文化见长，而缺乏工业国家的文化，今后要平均发展，而后足以树立。最后要说到的：中国现代的文化，要以民族复兴、文化复兴为平行线，不能将这两个问题，视为可以先后缓急区分，而当同为着手解决的。在我海外旅行的程途中，如南洋，英荷两属，菲律宾，婆罗洲，澳洲，纽丝兰，日本，檀香山，南太平洋各群岛，南北美洲等地，我对于落后的民族，不少观察接触的地方，他们民族落后了，而文化也从而落后；他们的民族受了亡国之惨苦了，而文化亦遭受了灭亡的景况。他们的文化，而是被征服国家的文化，不是他们本身独立的文化。他们的民族虽能生存，而是被压迫呻吟痛苦的生存。民族没有独立的生存地位，而文化亦没有独立发展的地位。中国今后文化发展的路线，是要取平行线的。换句说：要民族复兴，同时要文化复兴。欲期文化复兴，而民族不复兴，是不可的。欲期民族复兴，而文化不复兴，是不可的。文化复兴，非是复古，是发展进取的意义，即是民族的更生与文化的更生，而恢复历史上的光荣时代之谓也。

附录二

中国唯心派的政治思想与唯物派的政治思想

在中大法学院政治系演讲

（见民国二十一年广州《民国日报副刊》）

这世界是人类思想大奔流的表现，有了事实，才有思想，有了思想，随发见人文种种制度、典章、文物和组织。人类道德、宗教、法律、文艺、伦理、哲学、政治种种的思想，虽千态万形，然不脱两个派流，即是唯物派的和唯心派的。各国思想有其特长，如印度以宗教思想见长，希腊以文艺美术思想见长，德国以哲学思想见长，而中国几千年在文化史上，不失却它的位置，是以政治哲学（思想）见长，孙中山先生在《民族主义》第六讲有说：

> 中国有甚么固有的智识呢？就人生对于国家的观念，中国古时有很好的政治哲学，但是说到他们（欧美）的新文化，还不如我们政治哲学的完全。

中国几千年政治哲学的完全，为甚么中国几千年的政治制度和政治组织，没有发达像欧美的政治制度和组织，至于今日各种的政制多是仿法欧美呢？论究当中的原因，是历代的专制君主为政的精神，虽有多少采用一般政治思想家所提倡所主张的理论和办法，而在政治社会中，因不许有政治的集团，成为有力的代表人民监督政府的组织，故历代有许多的政治思想家，所提倡所主张的政治理论和办法，虽为大多数人民的幸福利益而张目，到底没有民权政治的组织，不能成为民意代议制度的机关，所以几千年来都为君主专制政治的局面所笼罩。比方黄帝时有明台之议，尧有衢室之问，舜有告善之旌，夏禹立谏鼓于朝，汤有总街之庭，这种种都是君主容纳一般人民对于政治上的批评意见，然不是政治思想家以一个政治主张，号召人民组织政治集团，成为有力的民意监督机关，故此等临时所设备咨询民意机关，不久也随君主易位而烟消云散。郑有乡校之设，齐有啧室之议，也没有成为人民政治集团的组织，这可以说是君权政治专制的结果，致历史上许多良好的政治思想，没有成为良好的政治制度啊。其次，秦并天下，排斥士流，批评政治之得失，至弃市灭族，历代君主以儒家学说统于一尊，间有党与，只为猎得富贵功名的政争，不是以一个堂堂正正的主张，号召党徒，达到政治上企图的目的而政争，故卒为君主所威胁而扫荡以尽。我们知道政治思想不是凭空发生的，是根据时代的需要、社会的环境、国民的趋向而发生的；故由一代的政治情形，必发生一代的政治思想；又由一代的政治思想，影响到一代的政治制度和组织。政治思想本是应付环境而发生的，很像一个医生看见什么的病人，然后应用什么的方药；也许有很多的医生，没有看清楚病人的病症，而所下的方药是不对的；也许有很多的医生，看清楚病人的病症，而所下的方药是不对的。每一个时代，有一个时代的政治环境；每一个国家，有一个国家的政治环境；每一个民族，有一个民族的政治环境。判断每一个时代每一个国家每一个民族的政治环境是否优良，就要看那个时代那个国家那个民族，它的政治制度和组织是否优良就可以知道；看它的政治制度和组织是否优良，就要看那个时代那个国家那个民族它发生的政治思想有没有指导的实力，能不能发生影响，倘使政治思想没有指导的实力，在那个时代那个国家那个民族，又没有甚么影响，那末，这种政治思想就没有价值了。人类的智识思想，是创造社会和历史的工具，又可说是创造社会和历史的一种势力。这种工具不良，这种势力不固，它的结果会影响到社会的制度，会影响到历史的文化。有许多思想家，对于历史演进的情形，取自然发生的态度或方法（Genetic method），以为要找出那种制度所以发生的原因、所以变迁演化的道理，不得不认定那种制度适应当时的环境，或救济当时的弊病而设的。所以对于一种制度，不认为是永常不变，不认为是四海皆准的法则；人类智识思想也不是永常不变，是随时代环境发生的，不是四海皆准，是随社会状态变迁的。古今来人类思想的发生和变迁，有取唯心的态度的，有取唯物的态度的。取唯心的以为世界周遭事状的变迁，均是以心的原因为主动，故主张“我知故我存”。取唯物的以为世界周遭事状的变迁，均是以物的原因为主动，故主张“物在故我在”。有折衷于唯心唯物于两方面的：以为世界周遭事状的变迁，均是以心物二元交互作用为主动的，故主张“物在故心在，心在故物在”。思想家的方法是实验，舍却实验的知，就没有知；舍却实际的思想，就没有思想；凡百思想皆然，而政治思想亦然。《淮南子》说：“诸子之学，皆起于救世之弊，应时而兴。”可见思想家所观察的，都是社会的实际情形。但是何以在同一时代的思想家，其思想所主张有不同呢？这就是个人的特性及个人所接受之学术思想不同，或各人对于事物原体的观察虽是相同，而所观察的标准不同，故其结论不同。主张唯心的，以为除却心的原因之外，其他都是次要的原因。主张唯物的，以为除却物的原因之外，其他都是次要的原因。比方希腊的柏拉图看见希腊社会实际生活的情形，他不主张唯心的救济方法，而主张唯物的救济方法，即是将社会之组织，改为共产，废止金钱，并限制富人财额，不得过贫者四倍以上，且主张公共教育，公共食堂与体操训练的方法，除此以外，不能实现他所期望的理想社会。乐利主义派的思想家如边沁（Bentham 1718，1732），他主张达到最大多数之最大幸福，在法律基础上，注重人民的权利，法律的目的，所注重的是安定生存富裕平等，政治是为被治者公共利益存在的，可见他的政治思想，是注重于唯物的方面的。至欧美社会主义派的政治思想，注重社会生产，工人、农人的解放和种种组织的改善，不问而知是趋重于唯物的。进化论派的政治思想，如期宾寨，虽采用科学上的原理以立论，但是不知不觉流于唯心的。如《社会静止论》中所说的生命观念，就是从唯心主义中得来的，他反对近世社会主义家的国家职权论，而尊重个人的智识才能，以为个人才能发展到了极点，便能得到最大的幸福，个人的权利，是从天赋得来，故主张个人的自由，这无疑的，他的政治思想是注重于唯心方面的。中国几千年的政治思想，多是趋重于唯心的，很少趋重于唯物的。而今对于中国几千年的政治思想，作一个鸟瞰以证吾说。就道家的政治思想来说：老庄的政治论，是胚胎于哲学上之根本思想，他追踪于太古原始社会之理想组织，而极端注重无为自然，而排斥一切智识上的政治行动，所谓舟车甲兵，和一切的更张，皆非其所留意。列子之理想在于营无为之自然生活，与老子同，其于《说符篇》排斥专务于食与争的行动，所谓华胥国，全然反对唯物的物质欲望。庄子之政治论，也是由其本体论出发，他的政治论，在《在宥篇》可以表见：“闻在宥天下，不闻治天下。”所谓在者存之而不亡，自然任之而不益之意，宥者不囿于物之意。杨朱的政治论，根据于人类之利己心而发出，取独善的政治行为，以为人人不利天下，而天下可以治，可见道家的政治思想，是趋重于唯心的无疑了。就儒家的政治思想来说，孔子是推重唯心的，他所主张之德化德治主义，是推重于诚意正心修身的，所以说：“道之以政，齐之以刑，民免而无耻，道之以德，齐之以礼，有耻且格”，“仁者以其所爱，及其所不爱”，“政者正之，子率以正，孰敢不正”，“其身正，不令而行，其身不正，虽令不从”，对于人民要他们表现格心而免于遁心，孔子的政治论是趋重于唯心，是显明的了。孟子的政治思想宗源于孔子，他提倡仁义礼智四德，而特重仁义，他答复梁惠王说：“王何必曰利，亦有仁义而已”，就可以知道了，孟子政治上之理想为王道或仁政，如何以达到王道或仁政呢？是在于不忍之心，行不忍之政而已。但在另一方面，他又主张："有恒产者，乃有恒心，养生送死而无憾，为王道之始。"从此点而说，孟子的政治思想，也可说是折衷于唯心唯物两方的。荀子从性恶论观察，为其政治论的出发，以为人性不能无欲，有欲不能无求，有求不能无争，有争不能无度量分界以济其穷，使各人在某种限度内，为相当的享用，庶几物质分配不致竭蹶，"养欲给求"，是他政治上的策略，故说："裕彼民，故多余，裕民则民富，民富则田肥以易，田肥以易，则出实百倍，以上法取焉，而下以礼节用。"他驳墨子说："墨子之节用也，则使天下贫，粗衣恶食则瘠，则不足欲。"可见他是主张充溢人类的欲望的。梁启超批评他的理论，颇与唯物史论观调相近，诚然。就墨家的政治思想说来：墨子以兼爱交利为伦理说之根本思想，同时又为政治说之根本思想，日本三浦藤作于其所著《中国伦理学史》说："墨子根据兼爱交利之根本思想而倡实利主义之政治说。"他的立论似趋重于唯物的方面。但他说："圣人以治天下为事者也，不可不察乱之所自起；当察乱何自起，起于不相爱。"不相爱是由于自私自利，所以他提倡"兼以易别"，"爱人，待周爱人，然后为爱人"。墨子的政治论，虽许多是倾向于实利和功利的思想，然寻索根本的意义，是推重于唯心的。就法家的政治思想来说，管子为霸道之实行者，霸道之完成，在于讲富国强兵，其政治说带浓厚之功利主义的色彩："仓廪实，则知礼节，衣食足，则知荣辱。"可以表见他的思想是倾向于唯物的。法家主张法治，不主张德治；法是在外的工具，而藉以约束人类内部的意志行为，依《说文》之义法是模型，就是这个意思。大礼而论，法家的政治论是趋重于唯物的。商子提倡农战，以农战可以达到富国强兵之目的，纯是唯物派的理论，看他排斥诗、书、礼、乐、善、修、仁、廉、辩、慧十事，就可以知道了。慎到热烈提倡法治，他说："法者所以齐天下之动，智者不得越法而肆谋，辩者不得越法而肆议，士不得背法而有名，臣不得背法而有功。"无一不受法所裁定，不注重于唯心方面是无疑的。韩非对人性的观察，以为全由利己心所支配。修明政治，不是由于德治可以收效，而当应付人民以严刑峻法而后可以收效的。这理论当然不是唯心的主张。在中古时期，一般的政治思想家，如陆贾、董仲舒、刘向、淮南子、扬雄、桓宽、桓谭、王充、王符、荀悦、仲长统、崔实、徐干、傅玄、陶渊明、鲍敬言、刘勰、文中子、陆贽、韩愈、柳宗元等，近世的政治思想家，如周廉溪、邵康节、欧阳修、苏轼、王安石、陆象山、王阳明、朱舜水、黄宗羲、顾炎武、王夫之、戴震、曾国藩等，除黄宗羲外，大概趋重于唯心方面。现代政治思想家，如康有为，他主张变法维新，他的《大同书》所定社会改造的纲目十三条，可说是倾向于唯物的方面。谭嗣同反对国家，反对纲常名教，也是注重于唯物的。

至现代政治思想家如孙中山先生，他的政治论的伟大精深，已见于他各种的著述和演讲，他是注重唯心呢？抑是注重唯物呢？依我的见解，他是重视唯心的，但也不轻视唯物的。他在《建国方略》自序说："夫国者人之积也，人者心之器也，而国事者一人群心理之现象也；是故政治之隆污，系乎人心之振靡，吾心信其可行，则移山填海之难，终有成功之日；吾心信其不可行，则反掌折枝之易，亦无收效之期也。心之为用大矣哉！凡心也者，万事之本源也，满清之颠覆者，此心败之也，民国之建设者，此心成之也。"又在国民党恳亲大会训词有说："改造国家，要根本上自人民的心理改造起。"诸如此类，不遑胜纪。可见孙先生对于政治的理论是极重视唯心的，我们又看《建国方略》二册自序有说："中国富源之发展，已成为今日世界人类之至大问题，不独为中国之利害而已也……此后中国存亡之关键，则在此实业发展之一事也。"他六大计划，是主张物质之种种建设的，可见孙先生的政治论，也并不轻视唯物的。中国现在已到危急存亡之际，有许多人说：中国人心已死，不知抵抗外患，所以中国必亡。一般的军阀官僚，以地盘权利位置为政争的中心思想，不惜摧陷人民于水火中，陷国家于险境，以如此的人心，加以民族精神的散失薄弱，不论提倡任何的物质建设，也建设不来的，即有物质的建设，也必拱手让人，如现在东三省一样，故说唯心为重，而唯物为轻也。又有许多人说：中国现在是经济落后，生产凋敝，人民受万分的痛苦，加以帝国主义者之经济剥削，更苦上加苦。倘使不从于物质的生产，物质的建设，中国不受外国的侵略而亡，也必受贫困破产的威胁而亡。而且惟有物质的生产，物质的建设，然后可救亡，有了种种的生产建设，人心才可挽回，而不致今日人民精神的散失破碎。这种主张，就是以唯物为重，唯心为轻也。我以为今日中国人心的涣散，民族精神的薄弱，物质建设的凋零，社会生机的劫削，处处都是被迫整个的国家和民族接近于危虞之境，救之之法，非两者兼程并进不为功，然耶？否耶？

附 录 三

春秋时代之贵族政制

在中大法学院政治系演讲

（见民国二十一年广州《朝晖杂志》）

春秋战国时代，为中国政治制度思想学术开展的时期，在这个时期中，社会起了变动，脱离上古时期洪荒之治。夏、商、周之世，神权政治为极有力的支配，《国语·楚语》观射父有说："古者民神不杂，民之精爽不携贰者，而又能齐肃衷正，其智能上下比义，其圣能光远宣朗，其明能光照之，其聪能听彻之，如是则明神降之，在男曰觋，在女曰巫。是使制神之处位次之，而为之牲器时服，而后先圣之后之有光烈，而能知山川之号，高祖之主，宗庙之事，昭穆之世……而敬恭明神者，以为之祝。使名姓之后，能知四时之生，牺牲之物……坛场之所，上下之神，氏姓之出，而心率旧典者为之宗。于是乎有天地神明类物之官，谓之五官，各司其序，不相乱也。民是以能忠信，神是以能有明德。"从以上所引证知道：（甲）人民与神意是互相联系的。（乙）神意是与宗教权互相联系的。（丙）宗教权是与政权互相联系的。（丁）政权是与宗法权互相联系的。（戊）宗教权是与姓氏互相联系的。考姓氏一是表血统之意义。《说文》：

“姓，人所生也，因以为姓，从女生。”段氏引《释文》说：“女生曰姓，姓，谓子也。”《正义》释为“广子孙”之意。一是表统治之意义。《国语》：“百姓兆民。韦注：百姓，百官也；官有世功，受氏姓也。”《潜夫论》：“世能听其官者而赐之姓，是谓百姓。”一是表功德之意义。古人于姓之来源，每以为出于上之所赐：“天子建德，因生以赐姓，胙之土而命之氏。”《潜夫论》卷九说：“昔者，圣王观众于乾坤，考度于神明，探命历之去就，省群后之德业，而赐姓命氏，因彰德功。”一是表秩序之意义。《白虎通》卷八：“人所以有姓者何？所以崇恩爱，厚亲戚，远禽兽，别婚姻也。故礼别类，使生相爱，死相哀，同姓不得相聚，皆为重人伦也。”社会政制的演化，初有图腾，每一图腾，必有一种标帜，予游南太平洋各群岛，见土著之民仍不脱初民图腾之习，一图腾之内，禁止通婚，各有畔界。大抵中国的姓氏，初也是别婚姻划分部落之用意。往古的酋长，是一部落中出类拔萃的，他们因为要固结势力，指挥各族，乃有赐姓之举。（昔尧赐契姓姬，赐禹姓姒。）婚姻之别，为家族之起源，家族之扩充，遂为宗法与封建，而贵族制度乃以发达。姓氏，为维系家族宗法、封建贵族的连带。春秋时女人皆以姓称，如宣姜、庄姜之类，然有时亦称姜氏，可知姓氏是常相混用的。据《通志》，姓与氏也有不同之点，即姓为部落标帜，氏为贵族特有，所以别平民的标帜，故贵族有氏，平民无之。郑夹漈于《通志》说：“氏所以别贵贱者。贵者有氏，贱者有名无氏。今南方诸蛮，此道犹存。古之诸侯诅辞多曰：坠命亡氏，踣其国家。以明亡氏，则与夺爵失国同，可知其贱也。”氏已为贵族所专有，则研究春秋时代之贵族政制，不可不从姓氏的方面先着手。考隐公八年所纪：“天子建德，因生以赐姓，胙之土而命之氏，诸侯以字为谥，因以为族，官有世功，则有官族，邑亦如之。”胙土命氏，则被赐氏者必有世功，命氏之后必得有领土，以为食邑，食邑之下，必有人民足供驱遣，日久成为贵族的集团。柳宗元所说：“诸侯归殷者，三千焉，资以黜夏，汤不得而废；周者八百焉，资以胜殷，武王不得而易。”那时之所谓诸侯，不过是一个氏族扩充的部落，即是封建之前身，真正之封建制度，则自周代起；诸侯与贵族皆封建制度的产物，统是依据宗法制度以推行的。天子分封诸侯，诸侯分封贵族，贵族演进而统理政权。贵族之制已成，等级界限划分清楚，上下不可以混乱。鲁桓公二年师服说："吾闻国家之立也，本大而末小，是以能固。故天子建国，诸侯立家，卿置侧室，大夫有贰宗，士有隶子弟，庶人工商，各有分亲，各有等衰，是以民服事其上，而下无觊觎。"在封建贵族之世，阶级观念甚为重要，楚芋尹无宇有说："人有十等，下所以事上，上所以共神也；故王臣公，公臣大夫，大夫臣士，士臣皂，皂臣舆，舆臣隶，隶臣僚，僚臣仆，仆臣台。"可知春秋时代，各国自诸侯以下，必有许多阶级，名分之间，上尊下卑，井然不可混乱。春秋时代，各国已有贵族，贵族据有土地人民，世世相传，奴隶制度必从而辅翼。春秋时贵族在政治上具有雄厚的势力，常执诸侯的政柄，因为诸侯要连结贵族的势力，以扩张他的权威，久之成为尾大不掉之势，各贵族之间，又因利害冲突，时起政争，致成兼并的局面。如襄公十九年，齐崔杼杀高厚于洒蓝而兼其室，郑子展子西率国人杀子孔而分其室。襄公三十年，楚公子围杀大司马芀掩而取其室，类此者不一而足。贵族有城池人民，有官属，有兵车，故往往可以结成伟大的势力，一方又以宗族观念联系同宗，以巩固他的势力；以亲属观念联系异族，以保障封建的基础。梁启超《先秦政治思想史》说："同族相互间更有所谓宗法者以维系之，而组织愈极绵密。"意即指此。《周官》所说："以族得民。"也是此意。春秋时代贵族政制，严定阶级，共守名分，尊祖敬宗，以演成家族本位的政治。孔子为当时的政制拥护者，他先注重修身齐家，以修明政治。如《论语·泰伯篇》说："君子笃于亲，则民兴于仁；故旧不遗，则民不偷。"《论语·为政篇》说："或谓孔子曰：子奚不为政？子曰：书云孝乎，惟孝友于兄弟，施于有政，是亦为政，奚其为为政？"其次就是正名。正名就是定名分；定名分，就是上下等差不致有混乱。《论语》说："名不正则言不顺，言不顺则事不成，事不成则礼乐不兴，礼乐不兴则刑罚不中，刑罚不中，则民无所措手足。"可见正名的重要。胡适之以为："正名主义，乃是孔子学说之中心问题。"梁启超说："孔子正名之业，在作《春秋》。”但孔子何以要主张正名呢？就是孔子的政治思想，要维持春秋时代之贵族政制，以保持封建的制度。名何以可正呢？就是要遵礼。因为遵礼，就不致下层的社会凌夺上层的社会，上下不相凌夺，则政治社会之秩序可以维持，而不致有戕贼之轨外行动。《论语·泰伯篇》说：“恭而无礼则劳，慎而无礼则葸，勇而无礼则乱，直而无礼则绞。”《论语·里仁篇》说：“能以礼让为国乎何有？不能以礼让为国，如礼何！”《论语·先进篇》说：“为国以礼。”《论语·八佾篇》说：“事君尽礼。”又说：“君使臣以礼，臣事君以忠。”《论语·宪问篇》说：“上好礼则民易使也。”《礼运》记孔子之言有说：“礼义以为纪……示民有常，如有不由此者，在执者去，众以为殃。”可见孔子主张遵礼，所以定名分，定名分所以制裁社会凌乱越法的行为；因此，春秋时期之教育方针和制度，不能不根据于此为标准。《王制》说：“司徒修六礼以节民性，明七教以兴民德，齐八政以防民淫。一道德以同俗，养耆老以致孝，恤孤独以逮不足，上贤以崇德，简不肖以绌恶。”所谓六礼：是冠、昏、丧、祭、乡、相见。七教：是父子、兄弟、夫妇、君臣、长幼、明友、宾客。八政：是饮食、衣服、事为、异别、度、量、数、制。此外：“乐正崇四术，立四教，顺先王，《诗》、《书》、《礼》、《乐》以造士，春、秋教以《礼》、《乐》，冬、夏教以《诗》、《书》。”春秋时代，以礼维持社会之秩序，故教育之方针，遂倾向于礼教，而对于贵族子弟，尤为注重。成公十八年：“荀家、荀会、栾黡、韩无忌为公族大夫，使训卿之子弟恭俭孝弟。”昭公七年：“孟僖子病，不能相礼，乃讲学之，苟能礼者从之，乃其将死也，召其大夫曰：礼，人之干也，无礼无以立。”可见当时如何注重礼教了。

春秋时，以礼为维持名分尊卑上下之等差，使不能有所叛越，然必在社会上足以维持他经济的生活，而后贵族的权威才可以保持。《晋语》说：“公属百官，赋职任功，弃责薄敛，施舍分寡，救乏振滞，匡困资无，通商宽农，懋穑劝分，省用足财，利器明德，以厚民性，举善援能，官方定物，正名育类。昭旧族，爱亲戚，明贤良，尊贵宠，赏功劳，事耇老，礼宾旅，友故旧。胥、籍、狐、箕、栾、郤、柏、先、羊舌、董、韩，实掌近官。诸姬之良，掌其中官；异姓之能，掌其远官。公食贡，大夫食邑，士食田，庶人食力，工商食官，皂隶食职，官宰食加（家臣食大夫之加田），政平民阜，财用不匮。”襄公九年：“晋侯归，谋所以息民，魏绛请施舍，输积聚以贷，自公以下，苟有积者尽出之，国无积滞，亦无困人，公无禁利，亦无贪民；祈以币更，宾以特牲，器用不作，车服从给，行之期年，国乃有节。”襄公二十九年：“郑子展卒，子皮即位（代父为上卿），于是郑饥而未及麦，民病。子皮以子展之命，饩国人粟，户一钟（六斛四斗为钟），是以得郑国之民，故罕氏常掌国政，以为上卿。宋司城子罕闻之曰：邻于善，民之望也。宋亦饥，请于平公，出公粟以贷，使大夫皆贷。司城氏贷而不书（不书于策），为大夫之无者贷，宋无饥人。”文公十六年：“宋公子鲍礼于国人，宋饥，竭其粟而贷之。”贵族想保持他的尊严，当然要在经济上有舒展的地方，而封建时期中之食邑田地，及许多的奴隶，是他们经济的基础，这是明显的事实。

贵族维持他经济的基础，要靠食邑田地，食邑田地，有丰腴瘦瘠的不同。贵族子弟中有智愚贤不肖的分别，各率兵车以伸张他的势力（齐侯使公子无亏帅车三百乘、甲士三千人以戍曹），于是大的贵族并吞小的贵族，强的贵族兼并弱的贵族。所以这种贵族的政制遂崩溃起来了。（甲）平民增加的原因。一国中贵族只是少数，其外多是平民环族而居，平民人口日益增加，势力日益膨胀，不久自然可以压倒贵族的势力了。（乙）政治上的原因。贵族之受兼并者，失势者，失却政权者，因地位摇动而陷于崩溃。（丙）宗族维系松懈的原因。宗族观念为封建贵族维系的信条，异族联亲，宗族繁衍，宗族观念日益薄弱；宗族观念日益薄弱，那末，贵族保持宗族的主旨，日久遂失所依凭，而不能保障地位了。（丁）下层社会抬头的原因。东周以后，如管仲起于罪隶，宁戚起于牧竖，百里奚起于乞丐，商人的弦高，可以干预军国大事，白衣可以为卿相，就可以证明了。我们知道时代是随历史的演进而演进的；历史演进了，凡各时期之思想法律等等皆随之而变动的。特权阶级、官僚阶级，所演成的各种政制，虽然一时赫赫炎炎，然从过去历史所演进的轨辙观察一下，必随之而变革，而为真正的民主制代之而起，这是文化演进必然的趋势啊。

附录四

荀子对于教育思想的贡献

（二十五年《民国日报·教育周刊》）

儒家思想中，荀子的思想是值得注意的，而其教育之思想亦具有特点，值得注意的。《国学概要》说：“孟子贵理想，荀子征行事；孟子高谈仁义，荀子精于礼制而不为高远难行之言，较孟子尤为切实。”胡适《中国哲学史大纲》说：“荀子学问很博，曾研究同时诸家之学说，因为他这样博学，所以他的学问能在儒家中别开生面，独创一种很激烈的学派。”又称之说：“荀子在儒家中最为特色。”可知荀子在儒家之地位，能与孟子同等；在先秦诸哲之思想中，亦有优异之处。此篇特举其在教育思想之贡献，略申一二。

（甲）荀子主张教与养并重　孔子对于冉有问而答之曰：“既富矣，又何加焉，曰教之。”荀子的思想是师承孔子的，他是主张富与教并重。富就是养，不富则衣食之源不给。故可说教与养并重。《大略篇》说：“不富无以养民情，不教无以理民性，故家五亩宅，百亩田，务其业而勿夺其时，所以富之也。立大学，谨庠序，修六礼，明十教，所以道之，《诗》曰：饮之食之，教之诲之，王事具矣。”荀子何以主张教与养并重，因为徒养而不教，则发生很大的弊端。

《富国篇》说："天地生之，圣人成之，此之谓也。"所谓圣人成之，是重教的意思，故说："不教而诛，则刑繁而邪不胜也。"至徒教而不养，则凶年不能免冻馁之患，所以要"兼而覆之，兼而爱之，兼而制之，岁虽凶败水旱，使百姓无冻馁之患"。国家教育之成功失败，全在教养并进。中国数十年之新兴教育而不见有伟大之成效者，是徒然注重教而未有注重养也。换句话说：只注重理论的教育，没有注重生产的教育。

（乙）教育是变化原有的气质　荀子教人为善，主张必先移其性，移性之方法，莫过于积善。积善既久，必成习惯，则恶性不能发生，而教育之功可成。他说："性也者，吾所不能为也，然而可化也；情也者，非吾可有也，然而可为也。注错习俗，所以化性也，并一而不二，所以成积也；习俗移志，安久移质，并一而不二，则通于神明，参与天地矣。"然何以积善呢？他主张亲师。他说："有师法者，人之大宝也；无师法者，人之大殃也。"因此君子之学与小人之学不同，故说："君子之学也，入乎耳，著乎心，布乎四体，形乎动静，端而言，蠕而动，一可以为法则；小人之学也，入乎耳，出乎口，口耳之间，则四寸耳，曷足以美七尺之躯哉！"积善可以变化气质，而人之动静，乃可合于礼法啊。

（丙）教育是注重人为的力量　荀子哲学之中心思想，是推重人为而怀疑自然。主张自发的力量，而反对依赖。他以为人之性，顺其自然，就是恶的，自然的性是恶，故当以人为之力量使之善。他在《天论篇》说："大天而思之，孰与物畜而制之？从天而颂之，孰与制天命而用之？望时而待之，孰与应时而使之？因物而多之，孰与聘能而化之？思物而物之，孰与理物而勿失之也？愿于物之所以生，孰与有物之所以成？故错人而思天，则失为万物之情。"这是与近世西洋主张征服自然的精神相似（可参阅商务版拙著《中国政治思想史大纲》四四页）。自然的人性是恶的，故非以人为的力量，不能排除此种恶性，《性恶篇》说："直木不待檃栝而直者，其性直也；枸木必待檃栝然后直者，以其性不直也；今人之性恶，必将待圣王之治，礼义之化，然后皆出于治，合于善也。由此观之，然则人之性恶明矣，其善者伪也。”清代钱大昕跋《荀子》说：“古书伪与为通，荀子所言，人之性恶，其善者伪也。此伪字即作为之为……可学而能，可事而成之谓伪。”人之性恶，可改为善，作为之道如何？即教育是，《性恶篇》说：“今人之性，固无礼义，故强学而求有之也；性不知礼义，故思虑而求知之也。”“人无礼义则乱，不知礼义则悖。”可知荀子如何看重教育了。教育是求知的一种方法，也是求有的一种方法。所谓求有，即是求有礼义。人没有礼义即悖乱，不成其所以为人，故求有此礼义，而后人道立，有此礼义而后不致偏险悖乱。（荀子语）现代国家教育之所以未能遽收大效，只是看重求知，而没有看重求有。换句话说：即是没有看重做人，没有注重道德礼义。所以国家当到危急万分之际，许多有智识的汉奸如殷汝耕等辈，不胜其众。荀子说：“伪起而生礼义，然则圣人之于礼义积伪也，亦犹陶埏而生之也。”可见荀子是主张教育是可以改造人性的，这人为教育的力量，是万不可忽略的。法国现代大科学家赖朋（Gastave Le Bon）于所著《民族进化的心理定律》中，曾主张智慧上的性质，是教育可以改变的。民族上遗留之品性的特质，是逃出了教育的势力。他以为种族的特性，是遗传的累积，此种许多特性，经多年累积后，获得极大之固定性，而决定了每一民族的模样。但我以为个人之自我品质，和个人之种族品质，以教育人为的力量改造前者是易，改造后者是较为困难，非经数代后之潜移默化不为功。这先天的固定性，可以人为的力量改变，即荀子所谓从天而颂之，孰与制天命而用之之意也。

（丁）注重教与学并重　教育是包涵教与学，教与学不能分开，徒然知道教而不知道学，可说是形式的教育，而非实际的教育。荀子注重教，同时亦注重学。《劝学篇》说：“不登高山，不知天之高也；不临深溪，不知地之厚也；不闻先王之遗言，不知学问之大也；干、越、夷、貉之子，生而同声，长而异俗，教使之然也。”这是注重教的方法。他说：“学不可以已”，“真积力久则入，学至乎没而后止也，故学数有终，若其义则不可须臾舍也。为之，人也；舍之，禽兽也。”又说：“吾尝终日而思矣，不如须臾之所学也。”由此以观，荀子非常注重学。学，为人生不可已，不可离。他非常注重自我活动，所以说："真积力久则入"了，这是注重学的努力。

（戊）教育最高的目的　教育要具有目的，没有目的之教育，很像航海之没有目的地。教育之目的是什么？爱莲德（Eliot）定教育之目的为能率（efficiency），裴葛莱（Bagley）定教育之目的为群体生活之能率（social officiency），斯宾塞（Spencer）定教育目的为完全生活。荀子特提出教育之最高目的，为完成伟大之人格。他说："全之尽之，然后学者也。君子知不全不粹之不足以为美也，故诵数以贯之（使习《礼》《乐》《诗》《书》之数以贯穿之）……是故权利不能倾也，群众不能移也，天下不能荡也，生乎由是，死乎由是，夫是之谓德操；德操然后能定，能定然后能应；能定能应，夫是之谓成人。"教育要造就完成伟大之人格，而后教育之目的才能达到。"生乎由是，死乎由是"，这坚定不能倾移之人格，非教育，何以能"全之尽之"。

据此数端，足以见荀子对于教育思想的贡献。略抒管见，未足以概其全也。

附 录 五

民族的移殖与文化进展的相互关系

（二十四年六月二十二日《民国日报副刊》）

关于文化演进的诸问题，我先后于省港各报，发表九万余言的著论，然尚有许多未申之意，本题即当中的一个问题。我对于文化的见解，是采取多元说的，不是采取一元说的；以为文化是包含许多的复杂因素，不能以一个原因解释许多复杂的情形。

一个民族之向外移拓，是基于几种的原因：（一）是因人口过多，（二）是因原居地生产不足供其生存，（三）是民族的拓殖力量的充实，有不得不向外发展之势。民族的移殖与文化的传播有重大关系，各地方的民族，有各地方原有的文化，有具大陆的文化，有具狭小地域的文化；有具独创的文化，有模仿外族的文化。所以世界各民族有各民族的文化，而文化因民族移拓或传播的关系，文化的质素更趋于新异的动向（其详可参阅 Goldenweiser，Alerander A，*Early Civilization*，*An Introduction to Anthropology*，New York p. 123）。就历史上观察，中国民族迁徙移殖，是有种种的原因，而结果与文化的发展是有关系的。考之上古中国民族，自帕米尔高原下山，迁到平原，分道往东南东北两方面进行，往东南方面进行的有三族，历史家称之为东三系；往东北方面进行的，亦有三族，历史家称为北三系。汉族初迁到中国北部，就在黄河流域六省，植其根基，春秋战国时，汉族移徙至山东胶东道（即山东半岛），移徙前所居之民族是徐戎、淮夷、莱夷，经数百年之久，将此等民族同化之。春秋战国，南方民族一支在中国东南方，占领现在扬子江南岸与浙江北部钱塘江流域，《史书》称为吴越二国，于春秋末年，与晋楚争霸于中原，后吴灭于越，越并于楚，楚又吞于秦，此支民族完全同化于汉族。其他荆舒、群蛮、南越、巴庸、氐、羌等族，先后与汉民族的接触而被同化。五胡十六国异民族，多向中国本部移殖，不久亦丧失其所守，而被汉族同化。考五胡十六国时代，异族所以同化于汉族之故，有五种原因：（一）因杂居已久习于中国的政教；（二）因中国向来文化渊源长远，根深蒂固，不易受异民族的摇动；（三）因异族对中国文化素所信仰，故易吸收；（四）因异民族向中国移殖之后，各方割据多用汉人为政；（五）因异族的领袖，多领导部下倾向中国文化（唐史称石勒褫氈裘、袭冠带、释介胄、开庠序）。隋唐两代，突厥新兴，占据现在蒙古、新疆、满洲和西伯利亚、中亚细亚一带之地，分为乌孙月氏二部落，南北朝末年，建立极大之游牧帝国，南向中国移殖，唐代采积极政策，先后灭东西突厥，并其领土，融合其民族。唐室西境与吐蕃相接，吐蕃遣诸豪子弟留学中国，吐蕃移殖中国的遗民，渐次同化于汉族（参阅拙著《中国文化演进史观》五七页）。契丹自有唐中叶以后，时与中国发生事端，后唐明宗时乘中国内乱，每发兵南侵，后唐叛将石敬瑭灭后唐，割燕云十六州与之，及契丹改国号为辽，仿唐官制，采用科举制度，其后为女真所灭而国亡，契丹遗民在女真势力范围以内，渐次同化于汉族。元代蒙古族兴起，乘机举兵灭金室后，进侵中国，据《陔余丛考》载：元朝蒙古人色目人，移殖中国内地，与内地人联姻者颇多。据陈垣元《西域人华化考》："畏吾儿（即回纥）、突厥、波斯、大食、叙利亚等人，本有文字，本有宗教，然一旦入吾华地，改从华俗，且多在文学上占重要之地位（见北京大学《季刊》第一卷第四号）。"据《元史·释老传》："我国家肇基朔方，未遑制作，凡施用文字，因用汉楷及畏吾儿文字，以达本旨。”可见元朝之倾向汉化。清代入主中国，满人八旗驻防各省，习汉语，读汉书，满文满语，日久遂至沦亡，其住居于东三省者，又以汉人移殖于该地者日多，遂大部分为汉族所同化。从上引证来看，就知道一民族之移殖于别国的疆土，或以自己民族文化植基之厚，不致丧失原来的文化；或以自己民族移殖于别国领土之后，为其他较高文化的民族所同化。这两个定律，是不能违越的。

世界各民族文化的起源是单调的，其后种族繁衍，社交日多，文化渐复杂起来，又因人口的移动，受了地理环境特别气候的影响而变迁，各地的人种为适调各地的环境生活，而产生文化的特质与程度的不同，这是常有的事。又以人口迁移及接触的关系，而吸收异地不同的文化，这也是常有的事。就原始时代而论：中国文化与小亚细亚及北美一带的文化，具有很相近的文化形体，这是跟着种族迁移及接触的关系中形成的。同时北美与中亚细亚及中国等地一带的人种，其体质多属于蒙古利亚种，所以文化上较其他种族具有相同的倾向。

新石器时代的新疆，是一个中亚与远东文化交通的孔道，因为古代新疆，没有如现在沙漠连绵，同时山岭亦不能阻止两处民族的接触，所以甘肃河南一带的文化，皆和中亚发生了密切的关系。有人说：新疆是汉族文化的发源地，自汉族迁入黄河流域后，新疆便成了中国文化与西方文化交通的桥梁。中国汉族是由中央亚细亚迁入的，所以他的文化，是和中亚发生密切的关系。但汉族迁到中国境内后，因地理环境的不同，及与当地原有民族接触的关系，亦产生大量的异质文化。中国新石器时代的陶器（在河南发掘的）与俄属土耳其斯坦安奴（Anau）所采掘新石器时代的陶器，其特质是相同的，虽两民族间没有直接的交通，但是间接形成是可能的。因安奴的文化传播到中亚细亚的巴勒克什湖、伊犁河一带，便由新疆传到甘肃至河南一带。

新石器时代的满洲，所采掘的石器，多与北美一带之阿拉斯加、埃斯基摩人的石器相似，日本考古学家鸟居龙藏氏所著《南满远古人种考》，述半月式及长方式石刀很详。以为此种石器，与亚洲朱其察（Chukchee）人，及美洲北部埃斯基摩人的石刀的形式相似，考古家以为新旧石器时代之亚美两洲，是没有分开，故北美一带之埃斯基摩人的文化，始能从亚洲分播过去。

据上所引证，以知道中国民族从中亚新疆而迁入于黄河流域一带，在移动的程途中，是和迁入于小亚细亚一带之民族，发生过文化接触的关系；北美洲原始文化，是受了亚洲北部一带文化的影响；中国原始文化，是与西方特别是中亚细亚一带文化发生关系（其详可参阅《中国原始社会之探究》一书）。

一个民族迁移的原因，固然很复杂，但总结起来，不外取得比较优良的经济生活。其初虽然是纯为经济的生活，继续何以使经济的组织完善，何以使经济的生活改良，何以使经济的计划实现，是要靠新质文化的创造。因此，原有文化之可以利用者，则利用之；移殖后与当地民族接触的文化，有可采取者，则采取之。在人类世界的移殖史中，从未有见过一个民族把原有可以利用，可以根据的文化而全盘舍去的。又未见过，自己民族与他方民族接触的文化发生关系后，而不施以一种选择作用，而加以全盘运用的。近代英国民族移殖于加拿大、新西兰、维多利亚、新南威尔士、达斯马尼亚、澳大利亚西南部、好望角之肥沃部分、美国北部及加利福尼亚等地（英国移民移入于加拿大的为百分之四十，移入美国的为百分之二十七，澳大利亚与新西兰的为百分之十七，亚非利加的为百分之五），可参阅（Brown, R. N. *The Principles of Economic Geography*，p. 114）。英国移殖的人民，在海外各地方者，一方保持一部分原有的文化，一方从新创造一适应当地环境的文化。美国吸收了全世界的移民最多，通称为："世界人种熔矿炉。"惟美国民族，以英国民族为最多，其主要部分之文化，衔接于英国原有之文化者至巨。即就英语之普遍于美国全地，就可以知道了。中国民族百年来之移殖于外国殖民地者甚多，这等侨民，一方吸收了当地的文化，以为生存适应之张本；一方又保留多少原有中国文化生活习惯。日人川西正正鉴于其所著《经济地理学原理》曾说及："一八四八年，美国加里福尼亚省的金矿发见了以后，多数中国移民均渡航美国，从此形成显著的发展，但以风俗习惯不同，不能同化于移住国……结果至一八八〇年，限制中国移民人口，至一八八八年全然禁止中国移民，就是在加拿大，也遭受同样的运命。”居住于外国地方的中国移民，经多年的接触，尚不能全化为一外国人；居于中国本部的民族，岂能全化为一外国人么？我们知道文化的吸收与创造，无论如何变迁或进展，都有许多是受民族的生理条件和地理的社会环境所约制的。所以各国有各国相异的文化，各民族有各民族相异的文化，是自然的事实。然以交通移殖和接触的关系，有许多的文化，是可以选择吸收的，有等是可以共同发展的。这种历史事实，研究文化史的人们，是不可忽略的。

附录六

民族中兴与文化中兴之两个定律

（二十五年《中兴日报》）

我记得在去岁曾发表《历史转变与国人应有的思想态度》一文，其中曾说过："今日中国所遭遇之环境，自历史以来未有之恶劣环境也；今日中国所遭遇之时代，自历史以来未有之剧变时代也。"在这恶劣的环境剧变的时代当中，中国民族当如何以应付？换句说：当如何以挽救国家民族之危亡。这是当前一个重大问题，而不能忽略的。

第一，民族中兴当以文化中兴为条件

中国民族到现在已陷于危险的时期，倘中国民族不能自救自立自强，而为帝国主义的侵略者所并灭，则中国民族永不能翻身，所以要乘现在国家未亡的时候，而成中兴民族的伟业。中国在历史上有两代（即元清）为异族所统治，用极端的武力来镇压中国，但是元代不百年而灭亡，清代不三百年而亦灭亡，何以故？这就是民族意识尚未消灭，而至于终尚能举独立的旗帜，以推翻异族的统治之故。我们知道民族意识消灭，就是国家灭亡民族衰落的朕兆；而民族意识何以能增长？是赖于民族文化之培育；所以文化衰落的，他的民族是难以中兴的。当德国略取亚尔萨斯罗兰时，在小学校中禁止教习法语，在社会上禁止法报之发行，禁止法国的服饰，战后法国收回两省，亦采同样的手段对付德人，可知强者对付弱者，是以消灭弱者之文化为其手段的，文化之象征失掉，则民族的意识必随之而消灭；民族之意识随之而消灭了，则国家必随之而危亡。清代当隆盛时期，极力以科名富贵以消磨汉人之民族意识，而汉人之民族意识，尚潜伏于一部分的人民中，而为中国民族文化的寄托。故革命运动一起，遂随之而煽扬。今日中国受侵略者的压迫危害，已有如水益深如火益热之境，中国民族之中兴，须以文化之中兴为其条件。不然，文化衰落，而民族精神与民族意识无所寄托，而国家长此陷于不可挽救之深渊，这是多么危险？孙总理在《中国革命史》曾说过："对于世界各民族，务保持吾民族之独立地位，发扬吾固有之文化，且吸收世界之文化而光大之，以期与诸民族并驱于世界。"所以民族中兴，当以文化中兴为其条件，这是一个定律。

第二，文化中兴当以民族中兴为目的

文化中兴，当以民族中兴为目的，就是说：文化中兴当以民族中兴为对象而达到这个目的。倘中国吸收欧美各国之文化，而失却民族的立场，以欧美文化为装饰品，而不以欧美新兴之文化为救济民族之活命丹，以保持民族之独立地位，以恢复民族原有之光荣地位，则失去目标，而文化本身陷于惰性，入主出奴必为西洋文化之征服者，不为中国文化之创建者。失去文化之独立性，而民族之意识观念不能保存，民族之中兴独立亦必无希望。在法兰西革命之前夜，是陷于极难堪之现象，当时有从事于文化运动的领导人物，如福尔特（Valtaine）、狄地洛（Dederot）、孟德斯鸠、卢梭诸人，以思想之奋兴，刺激国民革命之热情，以使国家之中兴起来。所以中国民族之"自力更生"，要以文化中兴为条件；而文化中兴，当以民族之中兴为目的。文化中兴的标准：（一）是把中国历史上文化的光荣时代，增加其盛况。（二）是兴复中国固有之文化精神，而扫除其不良之文化质量。（三）是将民族意识觉醒使教育普及，学术科学深造，使中国文化在国际上之文化地位，能与列强同等。（四）以新文化之生机，为中国民族本质之活血，使民族强化，而达到民族之中兴地位。就是说：文化中兴，当以民族中兴为目的，这是一个定律。

民族中兴，而不以文化中兴为条件，则民族中兴没有途径；文化中兴，而不以民族中兴为目的，则文化中兴没有指针。中国民族之“自力更生”，我以为要实践这两个定律。

附录七

介绍中国近世文化史

（《书林》第一卷第三期）

《中国近世文化史》，陈安仁先生著，民国二十五年商务印书馆出版。陈先生是专门研究文化史的学者，著作甚丰，这一本是比较巨大的著作。书中的叙述分为四章：第一章宋代的文化，第二章元代的文化，第三章明代的文化，第四章清代的文化。每章各分为若干节，其于政治社会、社会风习、官制、军制、田赋、教育、学术、交通、农工、商业，以及家族制度、宗教、美术等，无不备具。在每一节里面，可以看见其时代的波动概况；由其时代波动的概况，即能审其时代的文化；再由其文化的代表事物，以及其关系的评论。我们读了此书，于不知不觉中，便很清晰的明了近世文化的情形。

人类以社会为组织的基础，未有社会则人类的集团无所寄托，社会又以文化为生活的基础，未有文化则社会的机能无所附丽。中国文化的进步，乃播种于伏羲、神农、黄帝、尧舜，而萌芽于夏、商，发扬于周、秦、汉、唐，停顿于宋、元、明、清之间。中国文化已开展于数千年前，在这数千年悠远的历史中，应当比世界任何国家为优秀，乃反而落后，不能等量齐观，斯则由于宋、元、明、清间文化停顿不进有以阶之。这是关系于民族的消长，国家的盛衰，吾人欲起其沉而救其衰，则不可不知习近世的史实。欲使文化的程度有进步，以发扬我故有的光明，迎头赶上他国，亦不可不知习近世的史实。这是此书作者著作的美意，实为吾人所切需而必读者。

此书于宋、元、明、清四代各为政治社会、社会风习一节，这样以时代而分段，当然比较以事类分段要忠实可靠多了，著者能忠实地维持其历史家客观的态度，而又济之以学者剔抉的精当，不杂感情，不夹意气，平明详尽，叙述无遗，这是此书的优点。

著者叙述史实，具特殊的眼光，捉住其时代文化消长的原因，与各节互相照应。虽属分代别段，又好像一气呵成，使读者兴趣浓厚，得益尤多。如叙宋代的政治社会，以证其时文化的停顿，宋承五代割据之弊，犹能削平群雄，统一中原，功绩至足称述。太祖于乱兵之后，致力于政治的改革，宽其法，薄其赋，求与民休息。又禁铸佛、火葬、赌博的恶习，倡重农、尚俭、崇廉的厚风，开国之规模具矣。太宗时承其先人遗绪，遂有事于辽夏，但是北方的辽，势焰方炽，北伐之役，宋师败绩，于是和好之盟绝，辽人窥宋之心益急了。自真宗澶渊之盟，迄于徽宗政和之世，苟且偷安，犹未能免于异族之患，甚至二帝被掳，国都南迁，终宋之世，河域非中国所有，况且大江南北，亦不免异族的蹂躏。我国从汉到唐，是汉族征服异族的时期，自宋至清，是异族征服汉族的时期，而其创痛之深，耻辱之大，亦莫过于宋代。不过北宋一代最有力的思想是苟安和平，上自君臣，下至士大夫平民，都有同一的见解。对外务求屈服忍辱，纳币讲和，甚至西北小夏，亦愿拿钱媾和。对内也是苟安敷衍，闹得民穷财困。这样暮气，不能不说是停顿。虽然另一方面的文化也在畸形的发展，到底救不了宋的灭亡。但是宋自开国以来，很尊重智识阶级，而他们也很有威权，他们的势力常能影响国政。宋朝末年蔡京、童贯等小人执政，有大学生陈东等伏阙上书，请除奸救国。南宋初年，这种士气因外患的结果，一变而为民族的义愤，李纲、岳飞之伦，对金人主张取强硬态度，终不失为失败的英雄。崖山之役，战败不屈，自沉而死者十数万人，那种壮烈雄伟的气魄，诚足为历史上精神文化放一异彩。到南宋末年，更有文天祥、陆秀夫一流志士出来替宋朝作最后的挣扎。宋亡以后，遗民如谢皋羽、郑所南辈更大大的鼓吹民族思想，宋虽然终于亡了，而速元朝的灭亡，未始不是这种思想的影响。一直到明末清末和现在，一方面是历史的事实，他方面就是其时代文化波动的概况。著者对于这些都能运用他的技巧，把握住政治的背景，各节里的文化情形，就很清晰的显示出来了。

风俗习惯为人类生活的表现，此社会优劣，文化文野，俱于此而验之。此书于各代的文化，特详其时代的社会风习，如饮食、衣服、婚姻、丧葬等，拘稽典籍，别而出之。我想这一类的材料对文化方面最有功用，只可惜许多人不能应用它。

家族制度为文化的表征，其制度之良否，亦可验其文化的盛衰。宋朝的暮气不振，即以儒家为中心思想，敬宗和睦，而宗法转盛，遂成其为大家族制度。其弊在缺乏国家思想，养成忍耐的习惯，著者作此一节，盖欲以之反证宋代文化不进的原因。元以异族入主中原，牧野之民，本无纲常礼教之可言，兄收弟妻，子烝父妾，上下相习，沿以为俗。他扫平了欧亚许多国家，灭了南宋，建立了一个大帝国，四个大汗国，在政治史、文化史上，蒙古人都是一颗大彗星。他有了世界上几个文化中心，如中国、波斯、阿剌伯、印度、欧洲等都屈服于他势力之下，他若稍有智识，至少可以做到融和世界文化的功作，可惜他是游牧民族，生性又固执，只有一往不反的破坏，没有建设。他由行国变为居国的时候，反被中国故有文化征服了。由游牧民族进而为家族社会，承宋之弊，文化亦无进展。此书作者于人民生活有密切关系的文化诸方面，取材俱得其切要，吾人读其书，视线之所至，其时代文化之情形，不劳拘稽而得矣。

明初即当十五世纪之时，正欧洲航海事业刚发展的时候，中国的航海事业，也同时发达。当元朝征服后印度半岛及南洋群岛的时候，中国人对于航海已渐注意。到明成祖时代，遣宦官郑和出使南洋，前后数次，其行踪东至菲律滨群岛，西至非洲东海岸，所至征服土著诸小国，替中国民族开了一条发展的新路，此后南洋寖成为我族之殖民地。由郑和之出使南洋而后，葡萄牙人华士哥德噶马，发现了南非洲的航路，自此欧亚交通开了一条新路径。元世祖时罗马教皇有派遣教士来华之拟议，因当时教会本身腐败，卒未成功。葡萄牙人租了澳门，罗马教徒遂逐渐向中国谋发展。神宗时代意大利人利马窦来华，游南北二京，凡居中土三十年，替罗马教在中国树下了规模。教会人士对于中国文化之贡献甚大，如历法、机械、炮术、地理、医药等学，具有很好的成绩，而明末徐光启之翻译《几何原本》，开中国数学界之先路，尤为很大的成绩。凡此者皆有赖于交通便利致之也。他如清代之交通，亦足促进我国文化之进步，作者于此类原原本本，和盘托出。我国关于历史的著述，往往忽略了我国和世界的关系，今此书却能放开眼光，从这一方面着手，诚为得当。

文化史的缺乏，正是现在学术界的饥渴，虽然也有不少的著述出卖，可是务乎大体，切于实际的书确很少见。所见各别，持论则偏，若此书之忠诚丰富能供人以研究之资料者，尚不多见。余读此书，深叹其精核，故乐为介绍。

二十六年四月六日于中山图书馆专门学术研究室